언어권력으로서 사법권과 헌법

이 덕 연

신 조 사

머 리 말

말할 수 없는 것에 대해서는 침묵해야만 한다; 윤리는 말해질 수 없다; 윤리학과 미학은 같다… 맥락은 다르지만, Wittgenstein의 말과 함께 "말로써 말 많으니 말 말을까 하노라"라는 현인의 시조 한 구절을 곱씹어 보면, 말 속에 말로서 존재하고, 말로 말해져야 하는 법, 그리고 일종의 '말놀이'라고 할 수 있는 법학에서도 소통과 설득을 위해 뭔가 의미 있는 말을 자신 있게 하는 것에 대해서는 비관적일 수밖에 없다.

하지만, 토굴 속에서 묵언정진하는 선사가 아닌 다음에야 침묵이 방침일 수는 없다. 말 속에 존재하는 국가에서 말로 법을 만들고 집행하는 입법부와 행정부도 그러하지만, 말로서 판결을 내리고, 그것을 해명하고 설득해야 하는 법원 또는 법관이야말로 침묵할 수는 없는 일이다. Gramsci의 말대로 지적으로는 비관적일지 몰라도 의지적으로는 낙관주의자가 되어야만 한다. 그 자체가 소통의 망 또는 마당이고, 소통의 과정인 민주적 법치국가에서는 말할 것도 없거니와, 설령 불통과 비통의 독재국가나 전체주의 국가에서조차 기만의 분식(粉飾)과 허장성세의 변일망정 말은 필수불가결하기 때문이다. 특히 승패가 엇갈리는 일종의 게임이라고 할 수 있는 법적 분쟁에서 법을 준거로 하여 판결을 내리고, 법적 판단과 결정을 말로서 논증을 통해 정당화하고 설득해야만 하는 점에서 법관에게 말은 짐이기도 하지만, 동시에 법관에게 주어진 힘은 '법을 말하는 권한', 말하자면 '구속력 있는 말'을 할 수 있는 일종의 '정언권'(定言權)뿐이다. '법을 말한다'는 뜻 그대로 재판과 사법권을

'Rechtsprechung', 'rechtsprechende Gewalt'라고 하는 독일어 용어도 시사하는 바와 같이, 사법권은 오롯이 '언어권력'이다.

하지만, 화포와 총검의 물리적 힘을 장악하고 있는 군과 경찰에 대한 대통령의 통수권도 말로 행사되는 것이듯이, 국가작용의 수단인 돈과 힘, 그리고 법을 직접 또는 일차적으로 관장하는 행정과 입법권은 물론이거니와, 두 말할 나위 없이 모든 통치권은 '언어권력'이다. '정언권'만을 갖고 있는 법원의 '언어권력'도 권력이다. 오히려 '언어권력'이야 말로 권력이다. 법복(法服)을 입었을 뿐이고 완력도 없고 아무런 무장도 하지 않았다고 해서 비권력(기관)인 것은 아니다. 높은 법대(法臺)와 근엄한 법복 자체가 힘이고, 권력성의 핵심이다. 사법권은 '물리적 폭력이 은폐된 양태의 권력'이라는 말도 그 함의는 이해되지만, 실제로 그 은폐의 가면이 작동되지 않는다는 점에서 더 이상 타당하지 않다. 헌법재판소에서 법언어로 정치적 결정을 내리거나, 형사법정에서 말 그대로 생사여탈권을 행사하는 경우는 말할 것도 없고, 예컨대, 돈이든 양육권 문제이든 상징적인 의미에서의 삶과 죽음의 문제를 재단하는 민사재판에서도 법원 및 법관의 힘은 여실히 권력이고 권력기관이다. 어린아이가 아닌 한 교도관과 집행관이 진정한 힘의 소유자가 아님은 다 알기 때문이다.

그럼에도 불구하고 종래 '통제받지 않는 절대권력은 절대 부패한다', 따라서 '모든 권력은 통제되어야만 한다'는 대명제에서 벗어나 있는 듯한 분위기 속에서 법원 또는 법관을 '권력통제기관', '기본권수호의 최후의 보루' 등으로 우호적인 관점에서만 주목하고, '통제되어야 할 권력(기관)'으로서의 측면, 예컨대 '법관에 대한 권리(법)보호'(Rechtssschutz gegen den Richter)와 같은 명제에 대한 관심이 소홀했던 것은 어떤 연유에서였을까? 법(률)의 정당성 및 법관의 양심 또는 공직윤리에 대한 믿음? 법관의 선발과 양성프로그램에 대한 긍정적인 평가?, 법이성과 특별한 결정형식으로서 '법적추론' 및 소송절차를 포함한 사법시스템 자체에 대한 기대? 아니면 선판례를 통해 축적된 중립성과 공정성에 대한 신뢰자본? 선뜻 마뜩한 이유가 찾아지지 않는다.

생각건대, 우선 법학과 법이론의 차원에서는 전통적인 법실증주의적 개념법학의 '포섭의 도그마', 말하자면 그 자체가 법인 법률 또는 법률을 제정한 입법자나, 법과 돈을 수단으로 하여 구체적으로 힘을 행사하는 행정부가 권력의 소재지이고 소유자이지, Montesquieu가 말한 바와 같이 법관은 '단순히 법을 말하는 입', 즉 실질적으로 결정권을 행사하지 않고, 따라서 도대체 책임을 추궁하고 통제를 할 당위성과 필요성이 없는 이른바 '사실상 무권력'으로 보는 방법론적 인식의 오류에 기인한 것으로 여겨진다. 또 한편 현실적인 관점에서는, 적어도 권력통제의 측면에서는 법이 힘에 복속되고, '정치의 시녀'에 불과했다고 해도 과언이 아닐 정도로 헌법의 규범력이 실종되었던 군사독재 및 권위주의 통치체제 하의 헌법 부재의 시대상황 속에서는 유착관계를 유지하면서 권력의 그늘에서 안주하였던 법원과 법관에 대해서도 저항은커녕 부분적인 견제와 비판의 시도조차 쉽지 않았다. 더 나아가서는 오랜 기간 동안 이름하여 '고시'를 통해 배출된 일부 극소수 '법 elite'집단에 의해 법원과 검찰, 그리고 법률서비스 직역이 장악되었던 '법벌(法閥)체제'도 적지 않은 영향을 끼쳤을 것으로 생각된다. 적극적인 참여나 동조, 기생(寄生), 또는 무관심과 외면 속의 안주 등 다양한 정치사회적 행태와는 무관하게 전체적으로 '알음알이'에 급급하였던 수준미달의 우리 법학도 적극적인 통제자로서 역할은커녕 전체 시민사회에 건강한 비판력의 토양과 씨앗을 제공하는 데조차 의지부족,

역부족이었음도 고백하지 않을 수 없다.

반면에, 적어도 '민주화 이후', 말하자면 1980년대 후반에 권위주의체제가 끝난 이후 법과 법관에 대한 시민들의 의식과 태도, 특히 요즘 주목되는 판결이 공론의 장에서 논란될 때마다 흔히 언급되는 이른바 '국민 법감정'과 과거의 그것들 간의 천양지차는 어떤 연구나 조사의 수고도 필요 없을 만큼 분명하다. 각설하고, '부러진 화살', '7번방의 선물', '변호인' 등의 영화에 대한 폭발적인 관심 자체가 그 증좌이기도 하거니와, 영화관을 나서는 수많은 관객들의 착잡한 표정에서 일종의 '법감정의 anomy'를 읽을 수 있었던 것이 저자만의 경우는 아니었다고 믿는다.

말 그대로 '법을 맡고 있는' 사법(司法)의 건강한 권위를 확립하기 위해서는 부분적이고 피상적인 개선이 아니라 전체적이고 근본적인 개혁의 과제가 긴절하다고 보는 문제인식의 지평 속에서 고민해 본 흔적을 모아 보았다. 헌법에 의해서 신분과 기능상의 독립성이 보장되는 법관이, 헌법과 법률에 의해 선결된 합리적인 분쟁해결방법, 즉 소송절차를 통해 헌법과 법률에 의해 양심에 따라 심판하는 경우 가능한 최대한의 공정성과 중립성이 확보될 수 있고, 궁극적으로 법적 진리 또는 '진리가치'에 가장 근접할 수 있을 것이라는 '규범적 기대'가 어린 소녀가 꾸미는 시화첩 속의 꿈이 아니라 현실 속에서 민주적 헌법국가의 '지속가능한 발전'을 담보할 수 있는 수준에서 충족되어야만 한다는 당위명제를 해명 및 확인하고, 이 명제가 구현되는데 필수적인 조건들을 탐색해 본 글들이다.

법적 판단 및 결정의 요소로서 법감정과 함께 심리학의 관점에서 법관의 법인식작업의 본질과 구조를 되짚어 본 서두 논문 외에는 이전에 학회지와 법률신문 등에 발표되었던 글들을 나름 체계성을 고려하여 편하였다. 말 속에 존재하는 헌법이 '언어권력'으로서 사법권, 그리고 법관에 대하여 무엇을 요구하고 기대하는지 살펴보았고, 법원과 법관이 얼마나 헌법적 요구와 기대에 부응하고 있는지, 아니면 '헌법적 분노'를 불러일으키고 있는 것은 아닌지 등등을 곱씹어 본 것들이다. 판례들에 대한 평석문들은 일관된 구상 속에서 정리한 글들이 아니라 산만한 편린들에 불과하지만, 현황에 대한 진단과 전망, 그리고 처방을 위한 '구체적인 반성'에 자료와 단서를 보탠다는 관점에서, 일부 중복되는 것을 감수하고라도 종합해 보는 것이 나름 의미와 효용이 없지는 않다고 생각했다. 생태철학 및 환경정의와 관련된 평론도 특수한 문제이기는 하지만, 환경위기의 시대적 상황에서 우리가 일반적으로 법관에 대하여 기대하는 인식의 지평과 생태윤리적 감지력의 관점에서 법관의 법감정에 관한 글과 연결하여 읽어봄직하다 싶어서 함께 묶었다.

설마 화려한 수상과 적지 않을 인세수입에 대한 시샘 때문에 그런 것은 아니겠지만, 간혹 경제학자들 사이에서 통하는 가장 걸진 욕을 먹는다는, 말하자면 '사회학자'로 칭해지기도 한다는 Cambridge 경제학자 장하준의 '경제는 경제학자들에게만 맡겨 두기에는 너무 중요한 문제이다'라는 말과, '다들 가만히 전문가의 말만 듣고 있어야 한다면 민주주의가 무슨 의미가 있겠는가?'라는 정치사회학적 반문이 기억난다. 법이야말로 법학자와 법관 등 전문가들에게만 맡겨 두기에는 더더욱 중요하지 아니한가? 쉽게 설명하고, 건조하지 않게 쓸 수 있는 능력이 부족하여 초대장을 내미는 것이 민망하기는 하지만, 함께 만들고 가다듬어 나가자는 권유에 많은 성원이 있기를 기대한다. 응답하라! 2-0-1-4-9-9.

2014년 초가을 이른 아침 광복관 연구실에서

이 덕 연

차 례

법인식작업의 본질 -법이성과 법감정

법관의 공평무사성과 헌법국가

판례평석

평론 - 생태철학과 환경정의

법인식작업의 본질 – 법이성과 법감정

[1] 탈 '포섭도그마'의 법인식과정과 법관의 법감정
[2] '거창사건'에 대한 대법원판결(2008. 5.29. 2004다33469) 평석
[3] '텍스트학'의 관점에서 본 헌법해석의 이해

법인식작업의 본질 - 법이성과 법감정

[1] 탈 '포섭도그마'의 법인식과정과 법관의 법감정

Ⅰ. 머리말 - 문제의 제기와 세 가지 전제

의도적이었던지, 비의도적이었든지 또는 의식적으로 그랬던 것인지, 무의식적으로, 말하자면 나도 모르게 그리 되었는지 잘 모르겠지만, 속된 말로 그냥 꽂혀서 본능적으로 주목을 하게 된 판결이 단초가 되었다. 판결을 도저히 납득할 수 없을 것으로 여겨지는 패소한 원고와 아픔을 같이 하고, 답답하고 억울한 심정을 누군가는 헤아려 주어야 한다는 일반적인 감정의 차원에서 시작된 것을 부인할 수는 없지만, 글을 쓰고 있는 현 시점에 이르기까지 문제의식과 관심은, 후술하는 바와 같이 현대 심리학의 유력한 연구성과를 빌려 말하자면, 인식과정을 '자동적인 과정'과 '통제된 과정' 둘만으로 나누는 단순한 이분법으로는 해명하기 어려운 복합적인 심리상태 속에서 촉발되고 지속되었기 때문이다.

거창한 정의의 법이념을 들 것도 없다. 보수든 진보든 그 어떤 이데올로기적 성향과도 무관하다. 도대체 무고한 시민에게 고문을 가하여 아홉 살 어린 소녀를 강간하고 살해한 파렴치범으로 몰아 15년 이상 감옥살이를 하게 하고, 한 가정을 풍비박산하게 만든 국가, 천신만고 끝에 재심을 통해 무죄가 확정된 피해자가 제기한 손해배상청구에 대하여 소멸시효완성을 주장하는 국가, 이를 정당화하고 용인하는 법, 그리고 그것이 법이라고 확인하고 선언하는 법관(원)에게서 티끌만큼이라도 윤리적 가치나 감정을 공유할 수 없는 것이 비단 저자만의 입장은 아닐 것이다.[1] 나름 법을 전문적으로 공부하고 있는 법률가로서 정의와 법적 안정성, 규범과 현실의 불가피한 괴리든, 법해석방법론의 가능성과 한계, 법해석자 또는 법형성자로서 법관(원)의 역할과 기능 등등, '구별은 되지만 단절은 될 수 없는' 법철학과 법이론, 그리고 법도그마틱상 논제들을 연상하며 아무리 뒤척여보아도 도무지 선해의 실마리를 찾을 수 없는 것을 '미흡한 공부'의 탓으로 돌릴 수 없는 것도 적어도 이 경우에는 불의(不義)의 가식이고 비례(非禮)의 겸손일 뿐인 것으로 생각되기 때문이다.

"오해는 이해의 한 형식이다"라고 하는 Wittgenstein[2]의 말을 빌려 말하자면, '오류는 원인뿐만 아니라 근거도 있고, 따라서 오류는 오류를 범하는 자의 올바른 지식 안에 편입될 수 있다'는 인식은 법과 법원의 법적 판단 및 결정의 오류의 경우에도 적용될 수 있다. 법을 만들고 집행하는 입법자과 법집행자도 마찬가지이지만, 법을 유권해석하고 적용하는 법관의 경우에도 또는 정당화의 논증을 설시해야 하는 법적 의무를 지고 이른바 '법적 추론'(legal reasoning)의 작업을 하는 법관의 법인식작업의 경우야말로 오류가 있다면 그 원인과 함께 근거가 있고, 그것이 편입되는, 달리 표현하자면, 그것을 정당화하는 오류의 논리와 지식의 체계가 분명하게 드러난다. 다만, 후술하는 바와 같이, 오류의 선이해 또는 선판단을 전제로 하여 이 글에서 일련의 판례들, 정확하게 말하자면, 판결을 내린 법관들의 인식과정을 일종의 현상학적 접근방법을 통해 규명해보고자 하는 것은 판결문상 그 오류를 정당

1) 사태의 성격과 상세한 내용, 그리고 대법원의 '심리불속행' 결정(2014.5.29. 2014다205539)에 이르기 까지 일련의 판결의 구체적인 맥락은 다음 제Ⅱ장에서 발췌하여 전재하는 판결문을 참조할 것.

2) 확실성에 관하여, 이영철(역), 33면, 74번.

화하는 법리적 근거와 논증방식이 아니라, 선택가능한 대안들 중에 특정한 대안을 선택한 또는 다른 선택가능한 대안이 없다고 본 법적 확신과 그 결론에 이르는 인식의 과정을 하나의 '사태'(Sachverhalt)로 보고 그 원인을 탐색하는데 초점을 맞추고 있기 때문이다.

따라서 본고는 다음 세 가지 사항을 전제로 한다. 첫째는 법해석방법론의 한계를 넘어서지 않는 범위에서 법원의 해석론과 다른 대안이 선택될 수 있는 가능성이 없지 않다는 점이다. 말하자면 소멸시효법제를 당해 국가배상사건에 적용하는 해석론 자체를 포함하여 소멸시효정지에 관한 민법규정을 준용하여 소멸시효가 완성된 것으로 본 법원의 판단이 현행법상 '법적 추론'에 따른 논리적 필연의 유일한 결론은 아니라는 점이다. 따라서 설령 판결의 내용이 '국민의 법감정'과 거리가 멀다든지 또는 정의이념에 배치된다고 하더라도 그에 대한 비난과 비판의 대상은 입법자이지, 해석에 앞서 결정되어 선재하는 법규범을 단순히 발견해낸다는 의미에서 법률을 해석하여 적용했을 뿐인 법관(원)에게는 어떤 책임을 물을 수 있는 하등의 이유가 없다는 면책의 논리는 성립되지 않는다.

둘째는 해석방법과 해석론상 다른 선택 가능한 대안이 없지 않은 법리적 상황에서 법원이 오류의 선택을 한 것은 결국 법관의 '법적 확신'을 지배한 '법감정'(Rechtsgefühl)에 기인한다는 전제이다. 후술하는 바와 같이, '법적 추론'의 작업을 근본적으로 논리적이고 형식적인 사유작업, 즉 인지과정으로 파악하여 주관적인 '감정'의 개입을 금기시하거나 가능한 한 배척되어야 하는 것으로 보는 법학방법론은, '이성'과 함께 또는 '이성'보다 우선하여 '감정'을 중시하는 인식론을 확립한 현대 심리학의 유력한 연구성과들을 거론할 것도 없이, 이른바 '포섭의 도그마'(Subsumtionsdogma)의 오류를 통렬하게 지적하고 극복해낸 '법학적 해석학'(juristische

Hermeneutik)에 의해서도 더 이상 설득력을 갖지 못하는 것으로 확인되었다.

셋째는 판결을 내린 법관들이 '법적 확신'에 이르게 된 인식과정을 스스로 어떻게 인식 또는 이해하고 있는가 하는 점에 관한 전제이다. 이는 법관 개개인의 심리에 속하는 문제이기 때문에 기본적으로 설문조사 등의 실증적인 방법으로만 접근될 수 있는 것이기는 하다. 다만, 설령 설문조사를 한다고 하더라도 '자기인식의 오류'나 복선적 또는 이중적인 대답의 잠재적인 가능성 등과 관련된 조사방법론의 기술적인 한계 등으로 인해 법관의 주관적인 심리적 사실을 확인하는 것은 거의 불가능할 뿐만 아니라, 확인이 가능하다고 하더라도 그것을 객관적인 사실로 일반화하는 것은 가당치 않다. 이러한 이유로 본 연구에서는 법관이 자신의 법해석작업의 본질에 관하여 생각할 수 있는 가능한 두 가지 대안을 놓고 전적으로 가설적 추측에 의거하여 전자의 가능성에 초점을 맞춘다.

두 가지 가능한 대안은 다음과 같다. 첫째는 전술한 두 번째 전제와 관련한 '무지의 오류'에 기인하는 '자기인식의 오류'의 가능성이다. 말하자면 법관의 법해석작업을 근본적으로 '감정적 요소'와는 무관한 오로지 이성적인 인지과정, 즉 논리적이고 형식적인 방법으로 객관적인 법을 발견하는 인지적 판단으로 이해하는 입장에서 '법적 확신' 또는 '법적 결정'에 이르는 과정에서 감정적 요소는 원천적으로 개입되지도, 개입될 될 수도 없는 것으로 보거나 또는 적어도 직접적으로 유의미한 결정의 요소로 작용되지는 않는다고 생각하는 입장이다. 둘째는, 있다고 하더라도 적어도 본 연구에서 관심의 대상은 아닌, 어떤 숨은 동기가 있을 수 가능성을 차치한다면,[3] 법관 스스로 감정적 요소 개입의 필연성 또는 그 불가

3) 여기에서 '숨은 동기'는 후술하는 바와 같이, 적어도 법학방법론의 맥락에서 논의될 수 있는 법이론적 전제나 이데올로기적 동기 등을 상정한 것이다.

피성을 인식하고 있으나 그 표출을 금기시하거나 또는 개별적인 사안의 맥락에 따라 표현의 당위성이나 필요성을 차별화하는 입장에서 경우에 따라 부정적으로 판단하여 의도적으로 표현을 하지 않은 경우를 추측해 볼 수 있다. 예컨대, 항소법원의 판사들에 초점을 맞춘 것이기는 하지만, 자신이 어떻게 판결을 내렸는지에 관해 솔직하지 못한 법관들의 일반적인 경향, 즉 자신들은 '자신들이 창조하지 않은, 즉 주어진'(given to them, not created by them) 법을 적용했을 뿐이라고 즐겨 말하는 것을 지적하면서 R. A. Posner가 제시하는 동기들을 그 이유로 상정할 수 있을 것이다. 패소자를 비롯하여 판결의 결과에 대하여 불만인 관련 당사자 측의 비판과 적대심을 비켜 나가려고 하는 목적이나, 입법부나 행정부와의 갈등을 피하기 위한 동기와 함께 근본적으로 '법복을 입은 정치인'(politician in robes)이 아니라, '기술자'(technician)나 '전문가'(expert)로 생각되기를 원하는 기대 등이 그것이다.[4)]

후자의 가능성을 사실로 전제하는 경우에는 법적 판단의 최종 결론과 법리적 논증을 자료로 하여 간접적으로 추단되는 법관의 선판단과 법감정에 대한 비판에 초점을 맞출 수 있을 뿐이고, 법도그마틱 차원에서의 법리적 비판과 논쟁은 사실상 무의미하다. 이 경우 거의 대부분 '법적 확신'에 이르게 된 인식과정에 대한 해명은 전혀 반영되지 않고, 그렇기 때문에 법적 판단의 주체인 법관의 선판단과 법감정을 추단할 수 있는 직접적인 단서와 준거는 거의 찾아보기 어려운 법리적 논증, 그리고 그것을 담아내는 설시는 법도그마틱의 앞 또는 바깥에 있는 선판단에 따라 예정된 결론

이른바 '전관예우'나 인사 등 개인적인 이익추구를 비롯하여 여론이나 정치적 압력에 따른 법왜곡 등 법관 스스로 양심을 저버리는 현실적인 동기나 이유들은 여기에서 관심의 대상은 아니다.

4) Formalism and Realism in Appellate Decision Making, in; Reflections on Judging, 2013, 106면.

을 사후적으로 정당화하는, 다분히 기술적인 차원의 작위적인 논증에 불과하기 때문이다.

이러한 맥락에서 전자의 가능성을 가설적 전제로 한 본 연구는 법을 해석하고 적용하는 법인식작업의 본질과 구조에 대한 법관 자신의 인식의 오류를 인식론 및 심리학적으로 지적하고 규명하는데 초점을 맞춘다. 우선 기록과 기억의 관점에서도 의미가 적지 않은 것으로 생각되거니와, 지면의 제한을 이유로 생략하기에는 '사태'의 본질과 성격을 가늠하는데 유용한 원자료로 또한 전술한 첫째 전제, 즉 소멸시효(정지)법제의 적용과 관련하여 적어도 법원의 판결과 다른 결론 및 법리선택의 가능성이 없지 않았다는 점을 적시하기 위한 자료로 관련된 대법원 전원합의체의 판결문을 비롯한 일련의 판결문을 발췌하여 전재한다(Ⅱ). 이어서 이른바 '법적 추론' 작업, 특히 하나의 인식작업이라고 할 수 있되, 다만 특별한 형식의 인식과정인 법관의 '법적 판단' 또는 '법적 결정'의 과정에서 종래 다분히 금기시되거나 별로 주목되지 않은 결정요소로서 법감정의 의미와 역할을 재조명한다(Ⅲ). 이를 토대로 하여 법관의 법인식작업을 하나의 인식과정으로 보아, 특히 결정요소로서 이성과 감성이 어떤 선후, 주부(主副), 병행 또는 상호 교차의 구조와 및 기능적 관계 속에서 작용되는지 등을 인식론 및 심리학적으로 해명하는 후속작업(Ⅳ)은 '법적 확신'에 이르게 되는 인식과정에서 법관의 '법감정'이 '법이성'과 함께 또는 그보다 우선되는 결정요소로 영향을 미친다는 또는 적어도 그 가능성이 배제될 수는 없다는 점을 논증 또는 재확인하기 위한 심화된 일반론으로서 의미를 갖는다고 할 수 있다.

Ⅱ. 선택가능한 법리구성 대안의 전제 - 준거와 단초로서 일단의 판례들

법원의 재심을 통한 무죄확정으로 그나마 일차적인 신원(伸冤)은 되었다고 보아 이제는 이름을 붙여 말할 수 있는바, '정원섭 사건'은 법감정이라는 논제에 대하여 이제까지 가져왔던 막연한 관심을 더 이상 무관심하게 방치하지 못하게 만든 단초인 동시에, 법학도로서 저자의 법감정을 되돌아보게 하는 계기를 마련해 주었다.

이 글의 관심사는 동 사건에 대한 일련의 판결 자체에 대한 평석이 아니라 '법적 판단'에 이르는 법인식과정을 일종의 '심리학적 과정'으로 보는 입장에서 인식 또는 판단요소로서 법관의 법감정의 영향을 조명하는 것이다. 전술한 바와 같이, 본고는 찬반의 입장과는 무관하게 (대)법원의 최종적인 '법적 판단'과는 다른 방향과 내용의 법리구성이 선택 가능한 대안으로 주어진다는 것을 전제로 한다. 따라서, 국가배상사건, 특히 이른바 '양민학살사건'을 비롯한 '국가불법행위'에 대한 손해배상사건에 민법상의 소멸시효 법제를 그대로 적용하는 법리선택의 타당성 여부에 대한 상론은 약한다.[5] 동 사건에서 주목되는 '소멸시효정지' 법리를 적용하는 도그마틱의 문제도 마찬가지이기는 하지만, 다만, 법해석방법론의 한계를 넘지 않는 범위에서도 다른 법리구성의 대안이 없지 않았다는 전제와 연관되는 한 가지 의문의 단초를 제시하되, 기록의

5) 이 점에 관해서는 이덕연, '거창사건'에 대한 대법원판결(2008.5.29. 2004다33469) 평석 - 견벽청야(堅壁淸野)의 군사작전과 법리구성의 구조적 유사성을 주목하며, 저스티스, 통권 제129호, 2012.4, 307-311면; 김제완, "국가권력에 의한 특수유형 불법행위에 있어서 손해배상청구권의 소멸시효", 인권과 정의 제368권(2007.4.) 50-88면; 강우찬, "국가배상소송에서 국가의 소멸시효완성중장에 대한 기산점인정 및 신의칙위반여부에 대한 검토", 법조 제593권(2006.2), 258-294면, 특히 265-268면.

목적과 함께 사태의 본질과 성격을 분명하게 파악하는 데 가장 효율적인 것이라는 점을 고려하여 판결문을 발췌하여 그대로 전재한다.

결론부터 말한다면, 다음 서울고법의 판결에서 소멸시효기간이 도과되었다고 본 판단과, 선례로 따른 다음 대법원 판결에서 민법상 시효정지를 동 국가배상사건에 준용하는 것이 타당한지 여부에 대해서는 적어도 의문이 없지는 않다고 본다. 우선, 대법원이 설시하는 바와 같이, “국가기관이 수사과정에서 한 위법행위 등으로 수집한 증거 등에 기초하여 공소가 제기되고 유죄의 확정판결까지 받았으나 재심사유의 존재 사실이 뒤늦게 밝혀짐에 따라 재심절차에서 무죄판결이 확정된 후 국가기관의 위법행위 등을 원인으로 국가를 상대로 손해배상을 청구한 경우”를 일반 민사사건과 같이 취급하는 것은 재검토되어야 할 것이다. 다만, 대법원도 이러한 경우 재심절차에서 무죄판결이 확정될 때까지는 손해배상을 청구하는 것을 기대할 수 없는 사유가 있었다고 보는바, 이에 대해서는 이견이 없다. 하지만, 과연 그 사유가 대법원이 해석하는 것같이 단순한 ‘사실상의 장애사유’에 해당하는 것인지 또한 그렇기 때문에 피해자는 특별한 사정이 없는 한 그 장애가 해소된 재심무죄판결 확정일(형사보상청구를 한 경우에는 그에 대한 심판확정일)로부터 민법상 시효정지의 경우에 준하는 6개월의 기간 내에 권리를 행사하여야만 하는 것인지에 대해서는 심각한 의문을 금할 수 없다. 재심절차를 통해서 무죄가 확정되기 전까지 피해자는 수형자 또는 전과자일 뿐이고, 도대체 법적으로는 불법행위도 없고, 따라서 그로 인한 손해와 손해배상청구권 자체가 존재하지 않는 법상태임이 분명하고, 그렇다면 손해배상청구를 할 수 없게 만들었던 사유는 사실과 연관되는 사유이기는 하되 실질적으로는 원천적으로 소멸시효의 진행 자체를 정지시키는 ‘법률상의 장애사유’로 보는 법리구성이 얼마든지 가능하고, 정의의 법이념에 더 가까운 것으로 생각되기 때문이다.

주지하는 바와 같이, 원래 민법상 소멸시효법제 자체가 법적 안정성과 정의라는, 일응 상충될 수 있는 법이념의 요청을 합목적적으로 절충한 것이고, 구체적으로는 사회질서의 안정이나 이중변제의 위험을 야기할 수 있는 입증곤란으로부터 채무자를 보호해야 할 필요성 등을 법정책적으로 수렴한 것이다. 이를 고려할 때, 원천적인 입법흠결의 상태가 법관의 창조적인 법형성으로 제대로 보정될 수 있는지 그리고 그것이 가능하다고 하더라도 바람직한 것인지 여부에 관한 판단은 유보하더라도, 과연 국가를 피고로 하는 동 사건에서 소멸시효법리 자체는 물론이고, 민법상 시효정지규정을 준용하는 해석론을 정당화할 수 있는 사유, 즉 피해자 또는 채권자의 권리행사의 태만이나 입증곤란에 따른 이중변제의 위험으로부터 채권자를 보호해야 할 필요성 등 그 어떤 단서도 찾아볼 수 없다. 이와 관련해서, 1980년 헌정중단의 와중에 당시 신군부에 의해 강행된 이른바 '언론통폐합조치'와 관련된 헌법소원심판사건에서 소수반대의견을 낸 권 성 재판관의 설시는 여전히 되새겨 봄직 하다.

『민법과 같은 사법(私法)은 대등한(혹은 대등할 수 있는) 당사자 사이에 적용되는 법률인데 이 사건의 경우에는 국가가 개인과 대등한 지위에서 법률행위를 한 것이 아니고 오히려 헌정중단사태를 빌미로 그 공권력을 무제한으로 증폭하여 사용한 경우이므로, 평범한 개인이 국가와 대등한 지위에 있었다고는 도저히 말할 수 없는 상황이었다. 이러한 상황에 대하여는 그에 딱 들어맞는 실정법규정이 없어 구제가 불가능하다고 재판부가 보기 쉽다. 그러므로 이를 해결하기 위하여는 의사표시이론의 보편적인 법원칙(자유 없는 의사의 무효)을 재확인하여 이를 이 상황에 적용하는 결단이 필요하지만 이것이 실제로는 어려웠던 것이다. 또한 이와 같은 재산권의 귀속변동을 집행한 공무원의 행위는 법률에 근거한 것이 아니라는 점

> 에서 비록 위법하긴 하지만 당해 공무원이 개인적 차원에서 고의나 과실로 법집행을 잘못한 경우가 아니고 정부가 결정한 정책의 집행을 담당한 것에 해당하여 대등한 관계에서 고의나 과실로 벌어진 불법행위와는 차이가 있는 것이므로 이러한 차이를 극복하고 이를 통상의 불법행위와 동일시하여 민법이나 국가배상법을 제대로 적용하려면, 제척기간의 적용이 배제되어야 하는 사유 또는 시효의 진행이 마땅히 정지되어야 하는 사유가, 제척기간이나 시효기간에 관한 실정법 규정들의 배후에, 선험적으로 전제되어 있음을 밝혀내는, 역시 새로운 법발견적(法發見的) 해석이 요구되었던 것이다.』[6]

이른바 '포섭의 도그마'에 대해서는 후에 상술하거니와, 여기서는 소멸시효규정과 같은 절차법규정에 대한 일반적인 해석지침 한 가지만 강조한다. 일반적으로 법정책적인 고려를 제도화한 점에서 다분히 사회공학적인 목적의 기술법적 규정들의 해석에 있어서는 기능적 양식과 해석에 의해 유도되는 행태 및 그 변화에 대한 예측과 기대를 고려하는 방법이 요구되는바, 특히 이러한 해석의 경우에 해석과 그에 따른 법적 판단이 재판에 대하여 요구되는 정당성의 수준에 부응하는지 여부는 이른바 '포섭의 도그마'로는 답이 찾아질 수 없다. 대상 규정이 원천적으로 '체계정당성'의 요청에 부응하지 못하는 입법흠결, 말하자면 '새로운 법발견적 해석'이 요구되는 법상태에 있는 경우에는 더더욱 그러하다. 요컨대, 법정책적 목적과 기능적 맥락에 초점을 맞춘 해석작업이 필요하고, 이 작업에서 관건은 단순한 '포섭'의 형식에 따른 논리적 판단이 아니라 역사적 관점과 함께 법정책 및 윤리적인 판단이 반영되어야 하는 복합적인 형량과 입체적인 고려이다.

---

6) 헌재 2003.3.27. 2001헌마116, 판례집 15-1, 313면.

『서울중앙지법(제33민사부) 2013.7.15. 2012가합540547』[7)]

1. 기초사실

가. 수사 및 기소

1) 1972.9.27. 20:50경 춘천시 우두동 소재 논둑에서 춘천경찰서 소속 경찰간부의 딸(9세, 이하 '범죄피해자'라 한다)이 강간을 당하고 사망한 사건(이하 '이 사건 범행'이라 한다)이 일어났다. 범죄피해자는 1972.9.27. 19:00경 만화가게에 간다고 집을 나가 19:30~21:00 사이에 강간 살해당한 것으로 추정되었고, 범행 현장에는 범인이 흘린 것으로 보이는 연필과 빗이 떨어져 있었으며, 범죄피해자의 바지 주머니에는 주택만화가게 TV시청표가 있었다. 사건 발생 후 내무부장관은 10.10.까지 범인을 검거하도록 지시하고 검거하지 못할 경우 관계관을 문책하겠다는 시한부 검거령을 내렸다.

2) 춘천시 우두동에서 왕국만화가게를 운영하던 원고 정○○은 1972. 9.29. 경찰에 연행되어 1차 조사를 받으면서, '범죄피해자가 사건 당일 왕국만화가게에 왔다간 사실은 없는 것으로 안다'고 진술하였다. 원고 정○○은 같은 해 10.7.경 경찰에 재연행되어, 9.26.부터 9.28.까지 행적에 대한 진술서 작성 및 이 사건 범행사실 자백을 강요받았다. 춘천경찰서 소속 경찰관 5명은 원고 정○○을 구타하거나 기합을 주었고, 잠을 재우지 않고 식사도 제공하지 않았으며, 옷을 벗기고 양 손을 묶은 채 양 팔 사이로 양 무릎을 넣어 무릎 아래로 봉을 통과시키고 양 책상 사이에 봉을 걸쳐 매달리게 한 뒤 얼굴에 수건을 덮고 찬물을 붓는 등의 가혹행위를 하며 자백을 강요하였다. 결국 원고 정○○은 가혹행위를 견디다 못해 자신이 이 사건 범행을 저질렀다고 자백하였다.

3) 경찰은 1972.10.7.경부터 원고 정○○의 주변 인물에 대한 수사도 진행하였다. 원고 정○○의 아들 원고 정□□(당시 9세)는 경찰이 제시하는 연필은 자신의 것이고, 빗은 왕국만화가게의 종업원 김

7) 한 가지 분명하게 확인하고 유의해야 할 것은 제1심 판결문 중에 소멸시효와 관련한 설시내용은 전혀 찾아볼 수 없는바, 피고, 즉 법무부장관을 법률상 대표자로 하는 대한민국은 소멸시효완성을 전혀 주장하지 않았던 것으로 추측된다.

○○의 것이라고 진술하였다. 김○○은 경찰 조사에서 빗의 목격 여부에 대해 추궁을 받았는데, 경찰이 제시하는 빗은 처음 보는 것이었으나, 경찰관이 원고 정□□ 앞에서 김○○에게 욕설을 하며 구타와 발길질을 하자 고문에서 벗어나기 위하여 위 빗이 원고 정○○의 것이라고 허위진술하였다. 김○○은 경찰이 묻는 대로 모두 인정하는 진술을 하였는데도 이후 증거보전절차에서 증언할 때까지 6일간 강변여관에 감금되어 있었다. 원고 정○○의 이웃 이□□는 '10.5. 소양강에서 원고 정○○의 내의 등을 하이타이로 세탁하였는데, 그때 팬티 앞부분에 불그스레한 것이 묻어있는 것을 보았다'고 진술하였다(이□□는 이후 재심 재판에서 경찰의 강압수사에 의해 위와 같은 진술을 한 것이며, 피 묻은 팬티는 경찰 조사시에 처음 보았다고 진술하였다). 그러나 원고 정○○에 대한 1차 조사시에는 위 원고의 집에서 피 묻은 팬티가 발견된 바 없었고, 원고 정○○이 입고 있던 팬티에도 혈흔이 없었다. 경찰은 이□□의 위 진술 이후 원고 정○○의 백색 팬티를 압수하고, 피가 묻은 부분을 오려 감정의뢰하고 그 사진을 기록에 첨부하였다. 경찰은 그 밖에도 이 사건 범행 전후 원고 정○○의 행적에 관하여 조사하면서 참고인 송○○, 이□□, 한○○ 등을 회유하여 허위진술을 유도하였다.

4) 원고 정○○은 같은 해 10.10. 춘천경찰서 후평동파출서 숙직실에서 검사와 면담하면서 이 사건 범행을 자백하였다. 경찰은 원고 정○○과 검사의 대화 내용을 비밀리에 녹음하였고(위 비밀녹음은 추후 재판과정에 증거로 제출되었다), 원고 정○○이 이 사건의 범인이라는 수사결과를 발표하였다. 경찰은 다음날 원고 정○○에 대해 구속영장을 집행하였고, 춘천지방법원에 증거보전을 신청하여 김○○, 원고 정□□ 등의 진술 및 원고 정○○의 범행 실연에 대한 증거보전재판이 열렸다.

5) 원고 정○○은 같은 해 10.19. 검찰에 송치된 후 1, 2회 피의자신문시 이 사건 범행을 자백하였다가, 김○○과의 대질신문에서 김○○이 '경찰이 제시한 빗이 원고 정○○ 소유라고 허위진술하였으나, 사실 그 빗은 처음 보는 것이었다'고 말하자, 원고 정○○도 '고문 때문에 경찰에서 범행을 자백하였고, 이를 번복하면 경찰의 보복을 받을까 두려워 검찰에서도 허위자백을 하였다'고 진술하였다.

6) 원고 정○○은 자백을 번복하여 범행사실을 부인하였음에도 불구하고 1972.11.7. 강간치상, 살인 혐의로 춘천지방법원에 기소되었다.

나. 재 판

1) 원고 정○○은 재판과정에서 자신은 경찰의 가혹행위로 인해 허위자백을 한 것이며 이 사건 범행을 저지른 사실이 없다고 일관되게 호소하였다. 김○○은 '경찰에게 가혹행위를 당하여 빗이 원고 정○○의 것이라고 허위 진술하였다'는 취지로 증언하였고, 원고 정□□도 '경찰들이 강변여관에서 김○○이 바른 대로 말을 안 한다며 발길로 차는 것을 보았다'고 증언하였다.

제1심 공판과정에서 이 사건 범행 현장에서 발견되었다는 연필이 증거물로 법정에 제시되었는데, 이는 길이 15.8cm의 하늘색 연필이었다. 원고 정□□는 '경찰 조사를 받을 때 경찰이 제시한 연필은 노랗고 짧은 연필이었는데, 경찰이 회유하여 허위로 내 것이라고 하였다'고 증언하였고, 이 사건 범행 현장을 처음 발견한 이●●도 '현장에서 목격한 연필은 누런 빛깔이다'고 증언하였다. 한편, 원고 정○○의 처 원고 이○○은 '경찰이 원고 정□□의 필통을 가지고 오라고 해서 가져간 일이 있다'고 증언하였다. 김○○, 이●●은 법정에서 증언을 하고 난 뒤 위증 혐의로 구속되었는데, 이●●은 구속 상태에서 다시 법정에 출석하여 자신이 목격한 연필은 파란 것이라고 증언을 번복하였다. 위와 같은 재판과정을 거쳐 춘천지방법원은 1973.3.30. 이 사건 범행에 관하여 원고 정○○에게 강간치사죄를 적용하여 무기징역형을 선고하였다(위 법원 72고합131, 이하 '이 사건 재심대상판결'이라 한다).

2) 검사와 원고 정○○은 모두 위 판결에 불복하여 항소하였는데, 항소심인 서울고등법원(73노627)에서는 1973.8.9. 쌍방의 항소를 모두 기각하였고, 이에 원고 정○○이 상고하였으나, 대법원은 같은 해 11.27. 상고를 기각하여 이 사건 재심대상판결이 그대로 확정되었다.

3) 원고 정○○은 위와 같은 판결 결과에 따라 광주교도소에서 복역하다가 1987.12.24. 모범수로 가석방 출소하였다.

다. 과거사정리위원회의 진실규명결정

진실·화해를 위한 과거사정리위원회는 원고 정○○의 신청에 따라

이 사건 범행 수사와 관련하여 원고 정○○에 대한 고문 및 가혹행위 여부, 증거 조작 여부, 참고인들에 대한 허위 증언 강요 여부 등 의혹을 조사한 결과, 2007.11.20. '이 사건 범행 수사 과정에서 경찰은 원고 정○○에게 고문 및 가혹행위를 하고 증거를 조작하였으며, 원고 정○○은 이로 인하여 임의성 없는 자백을 하였으나 검찰과 법원은 수사상의 위법을 제대로 살피지 못하여 무고한 원고 정○○에게 무기징역형을 선고하고 약 15년간 복역하도록 한 결과를 가져왔으므로, 원고 정○○이 피해 및 명예를 회복할 수 있도록 할 책임이 있다'는 취지의 진실규명결정을 하였다.

라. 재심판결 및 형사보상

1) 원고 정○○은 춘천지방법원에 재심을 청구하였고, 위 법원은 2008.7.14.

재심개시결정을 하였다. 위 법원은 2008.11.28. 원고 정○○의 자백은 상당한 정도의 폭행·협박 내지 가혹행위를 동원하여 강요된 것일 가능성이 높아 증거능력이 없고, 그 밖에 원고 정□□, 김○○, 이□□의 진술내용도 일관성이 없거나 경찰의 강압 또는 회유에 의하여 이루어진 것으로 보여 신빙성이 의심스럽다는 이유로 모든 공소사실에 대하여 무죄를 선고하였다(위 법원 2008재고합1, 이하 '이 사건 재심판결'이라 한다).

2) 이 사건 재심판결에 대하여 검사가 항소하였으나 서울고등법원은 2009.2.6. 항소기각판결을 선고하였으며(위 법원 2008노3293), 검사는 다시 상고하였으나 2011.10.27. 상고도 기각되어(대법원 2009도1603), 위 재심판결은 그대로 확정되었다.

3) 원고 정○○은 2012. 5. 8. 이 사건 재심판결에 의하여 춘천지방법원 2011코169호로 형사보상결정을 받아 그 무렵 960,249,600원의 형사보상금을 수령하였다. 〈중략〉

2. 손해배상책임의 발생

가. 수사과정의 불법행위

위 인정사실을 종합하면, 춘천경찰서 소속 경찰관들은, ① 강압수사, 고문, 회유와 협박 등의 가혹행위를 하여 원고 정○○으로부터 허위의 자백을 받아내었고, ② 이 사건 범행 현장에서 발견된 연필에 대해 조사하는 과정에서, 처음에는 원고 정□□와 이●●에게 현장에서 발견된 노란색의 짧은 연필을 제시하였다가 이후 원고 정□□의 필통을 가져오라고 하여 원고 정□□ 소유의 하늘색 긴 연필이 현장에서 발견된 것처럼 증거를 조작하였으며, ③ 참고인 김○○에게도 불법구금과 가혹행위를 하여 현장에서 발견된 빗이 원고 정○○의 소지품이라는 허위진술을 강요하였고, ④ 참고인 이□□에 대한 강압수사로 원고 정○○의 팬티를 세탁할 때 혈흔을 보았다는 허위진술을 강요하였으며, 원고 정○○의 피 묻은 팬티를 조작하여 감정의뢰하였고, ⑤ 기타 참고인들에게도 강압적인 수사로 허위 진술을 유도하고, ⑥ 검사와 원고 정○○의 면담을 비밀리에 녹음하여 재판에 증거로 제출하였다. 결국 원고 정○○은 검찰에서도 같은 내용의 자백을 하게 되었고, 이러한 자백을 토대로 하여 위 원고에 대하여 앞서 본 바와 같은 유죄 판결이 확정되었다.

위와 같이 수사과정에서 나타난 피고 소속 공무원들의 행위는, 국민을 보호할 의무를 지니는 국가가 오히려 가해자가 되어 범죄혐의자에 대한 수사라는 직무집행의 외관을 갖추어 저지른 위헌적인 불법행위에 해당하므로, 피고는 국가배상법 제2조 제1항에 따라 위와 같은 일련의 불법행위로 인하여 원고 정○○과 그 가족인 나머지 원고들이 입게 된 모든 손해를 배상할 책임이 있다.』 〈재판과정의 불법행위를 부인한 설시의 부분은 생략함〉

『서울고법(제8민사부) 2014.1.23. 2013나2015702』[8)]

『이 사건 손해배상청구권이 시효기간의 경과로 소멸하였는지에[8)]관

8) 전 주에서 기술한 바와 같이 제1심에서 소멸시효완성을 전혀 주장하지 않았던 피고가 어떤 과정을 거쳐 항소심에서 소멸시효완성을 주장하게 되었는지 외부자의 입장에서는 전혀 알 수 없고, 본 연구에서 관심의 대상도 아니다. 다만, 사안의 내용과 성격을 고려하건대 실무상 소송을 대리한 검사 개인 차원에서 결정되었을 것으로는 볼 수 없고, 그렇다면 당연히 헌법과 법률에 따라 직무를 수행해야 하는 법률상 대표자인 법무부장관, 대통령의 명을 받아서 내각을 통할하는 국무총리, 또는 대통령 중 누군가의 주도로 모종의 지시와 협의 또는 상신과 보고 및 승인 등의 내부절차를 거쳐 방침을 정반대로 선회하였을 것인데, 관련 기록물이 제대로 생산 및 보존되어 있을지 의문이고, 정보공개를 청구한다고 하여도 성사를 기대하기 어려울 것으로 생각되지만, 그 과정을 들여다 볼 수 있으면 하는 바람을 갖는 것도 단순한

하여 보건대, 원고들 주장의 수사과정과 재판과정의 불법행위가 종료한 날은 원고 정원섭의 석방일인 1987.12.24.로 볼 수 있고, 이 사건 소는 2012.11.28. 제기되었음이 기록상 명백하므로, 원고들의 이 사건 손해배상청구권은 이 사건 소제기 이전에 이미 국가재정법 제96조 제2항, 제1항에서 정한 소멸시효기간인 5년이 경과하여 소멸하였음이 계산상 분명하다.
이에 대하여 원고들은, 원고 정원섭의 유죄판결에 대한 재심사유의 존재가 뒤늦게 발견되어 손해배상청구권을 행사할 수 없는 사실상의 장애가 있었으므로, 피고의 소멸시효 항변은 권리남용에 해당한다고 주장한다.

그러므로 보건대, 국가기관이 수사과정에서 한 위법행위 등으로 수집한 증거 등에 기초하여 공소가 제기되고 유죄의 확정판결까지 받았으나 재심사유의 존재 사실이 뒤늦게 밝혀짐에 따라 재심절차에서 무죄판결이 확정된 후 국가기관의 위법행위 등을 원인으로 국가를 상대로 손해배상을 청구하는 경우, 재심절차에서 무죄판결이 확정될 때까지는 채권자가 손해배상청구를 할 것을 기대할 수 없는 사실상의 장애사유가 있었다고 볼 것이다. 따라서 이러한 경우 채무자인 국가의 소멸시효 완성의 항변은 신의성실의 원칙에 반하는 권리남용으로 허용될 수 없다. 다만 채권자는 특별한 사정이 없는 한 그러한 장애가 해소된 재심무죄판결 확정일로부터 민법상 시효정지의 경우에 준하는 6개월의 기간 내에 권리를 행사하여야 한다. 이때 그 기간 내에 권리행사가 있었는지는 원칙적으로 손해배상을 청구하는 소를 제기하였는지 여부를 기준으로 판단할 것이다. 다만 재심무죄판결이 확정된 경우에 채권자로서는 민사상 손해배상청구에 앞서, 그보다 간이한 절차라고 할 수 있는 「형사보상 및 명예회복에 관한 법률」(이하 '형사보상법'이라 한다)에 따른 형사보상을 먼저 청구할 수 있다. 그런데 형사보상 금액은 구금의 종류 및 기간

호기심의 발로만은 아니다. 기술한 바와 같이 소멸시효완성의 주장에 대한 법원의 법적 판단에서도 그러한 것처럼, 항소를 포함하여 소멸시효완성의 주장 여부에 대한 당국자의 정치적, 정책적 결정 및 그 과정에서의 법적 판단에서도 다른 대안의 선택, 즉 포기의 가능성이 없지 않다고 보는 입장에서 그 속내는 학문적 차원에서도 중요한 관심사이기 때문이다.

의 장단 등 관련되는 모든 사정을 고려하여 산정하되, 구금 1일당 보상금 지급한도를 보상청구의 원인이 발생한 해의 최저임금법에 따른 일급 최저임금액을 하한으로 하여 그 금액의 5배까지로 한다고 되어 있어(형사보상법 제5조 제1항, 제2항, 그 시행령 제2조), 구체적인 형사보상금의 액수는 법원의 형사보상결정을 기다려 볼 수밖에 없다. 게다가 형사보상법 제6조 제3항은 "다른 법률에 따라 손해배상을 받을 자가 같은 원인에 대하여 이 법에 따른 보상을 받았을 때에는 그 보상금의 액수를 빼고 손해배상의 액수를 정하여야 한다"고 규정하고 있다.

따라서 채권자가 재심무죄판결 확정일로부터 6개월 내에 손해배상청구의소를 제기하지는 아니하였더라도 그 기간 내에 형사보상법에 따른 형사보상청구를 한 경우에는 소멸시효의 항변을 저지할 수 있는 권리행사의 '상당한 기간'은 이를 연장할 특수한 사정이 있다고 할 것이고, 그때는 형사보상결정 확정일로부터 6개월 내에 손해배상청구의 소를 제기하면 상당한 기간 내에 권리를 행사한 것으로 볼 수 있다. 다만 이 경우에도 그 기간은 권리행사의 사실상의 장애사유가 객관적으로 소멸된 재심무죄판결 확정일로부터 3년을 넘을 수는 없다고 보아야 한다(대법원 2013.12.12. 선고 2013다201844 판결 등 참조).

위 법리에 비추어 이 사건에서 보건대, 원고 정원섭에 대한 무죄의 재심판결은 2011.10.27. 확정된 사실, 원고 정원섭에 대한 춘천지방법원 2011코169호 형사보상결정은 2012.5.11. 원고 정원섭에게 송달되어 2012.5.18. 확정된 사실은 당원에 현저하고, 앞서 인정한 바와 같이 원고들이 위 재심판결확정일이나 형사보상결정 확정일로부터 6개월이 경과한 2012.11.28. 이 사건 소를 제기하였으므로, 원고들의 이 사건 소는 손해배상청구권을 행사할 수 없는 사실상의 장애가 해소된 날로부터 상당한 기간 안에 제기된 것으로 볼 수 없다. 따라서 피고의 소멸시효 항변이 권리남용에 해당한다고 볼 수 없고, 원고들의 주장은 결국 더 나아가 살필 필요 없이 모두 이유 없다.』

【대법원 2013.12.12. 2013다201844】

『채권자에게 권리의 행사를 기대할 수 없는 객관적인 사실상의 장애사유가 있었던 경우에도 그러한 장애가 해소된 때에는 그로부터 상당한 기간 내에 권리를 행사하여야만 채무자의 소멸시효의 항변을 저지할 수 있다. 이때 권리를 '상당한 기간' 내에 행사한 것으로 볼 수 있는지 여부는 채권자와 채무자 사이의 관계, 손해배상청구권의 발생 원인, 채권자의 권리행사가 지연된 사유 및 손해배상청구의 소를 제기하기까지의 경과 등 여러 사정을 종합적으로 고려하여 판단할 것이다. 다만 소멸시효 제도는 법적 안정성의 달성 및 입증곤란의 구제 등을 이념으로 하는 것이므로 그 적용요건에 해당함에도 불구하고 신의성실의 원칙을 들어 시효완성의 효력을 부정하는 것은 매우 예외적인 제한에 그쳐야 한다. 따라서 위 권리행사의 '상당한 기간'은 특별한 사정이 없는 한 민법상 시효정지의 경우에 준하여 단기간으로 제한되어야 하고, 특히 불법행위로 인한 손해배상청구 사건에서는 매우 특수한 개별 사정이 있어 그 기간을 연장하여 인정하는 것이 부득이한 경우에도 민법 제766조 제1항이 규정한 단기소멸시효기간인 3년을 넘어서는 아니 된다고 할 것이다 (대법원 2013.5.16. 선고 2012다202819 전원합의체 판결 참조).

국가기관이 수사과정에서 한 위법행위 등으로 수집한 증거 등에 기초하여 공소가 제기되고 유죄의 확정판결까지 받았으나 재심사유의 존재 사실이 뒤늦게 밝혀짐에 따라 재심절차에서 무죄판결이 확정된 후 국가기관의 위법행위 등을 원인으로 국가를 상대로 손해배상을 청구하는 경우, 재심절차에서 무죄판결이 확정될 때까지는 채권자가 손해배상청구를 할 것을 기대할 수 없는 사실상의 장애사유가 있었다고 볼 것이다. 따라서 이러한 경우 채무자인 국가의 소멸시효 완성의 항변은 신의성실의 원칙에 반하는 권리남용으로 허용될 수 없다. 다만 채권자는 특별한 사정이 없는 한 그러한 장애가 해소된 재심무죄판결 확정일로부터 민법상 시효정지의 경우에 준하는 6개월의 기간 내에 권리를 행사하여야 한다. 〈중략〉

따라서 채권자가 재심무죄판결 확정일로부터 6개월 내에 손해배상청구의 소를 제기하지는 아니하였더라도 그 기간 내에 형사보상법에 따른 형사보상청구를 한 경우에는 소멸시효의 항변을 저지할 수 있는 권리행사의 '상당한 기간'은 이를 연장할 특수한 사정이 있다고 할 것이고, 그때는 형사보상결정 확정일로부터 6개월 내에 손해배상청구의 소를 제기하면 상당한 기간 내에 권리를 행사한 것으로 볼 수 있다. 다만 이 경우에도 그 기간은 권리행사의 사실상의 장애사유가 객관적으로 소멸된 재심무죄판결 확정일로부터 3년을 넘을 수는 없다고 보아야 한다.』

Ⅲ. 법감정의 개념과 '탈 포섭도그마'의 관점에서 본 법관의 법인식작업

1. 법감정의 개념과 의의

추상성과 보편성을 고려하여 '차이와 동일의 확인'이라는 개념정의의 일반적 요청에 충실하게 말하자면 법감정은 '법문제와 관련된 인간의 직관적인 가치감정'이라고 할 수 있다. 법의 본질과 개념, 그리고 (법)인식과정에서 이성 및 감성적 요소의 영향 및 그 상호관계에 대한 철학적, 심리학적 이해에 따라 법감정의 개념은 다양하게 정의될 수 있지만,[9] 여기에서 상론은 약하고, 다만 위 개념정의에 포함된 세 가지 하부개념, 즉 법, 직관, 가치감정의 요소를 단서로 한 간략한 분설을 통하여 유사한 개념과의 '차연'(差延)을 확인하여 본고에서 초점을 맞추고 있는 일종의 심리적 현상으로서 '법관의 법감정문제'의 범주를 획정하고, 세 가지 특수한 측면을 부각시킨다.

이러한 맥락에서 접근하는데 법감정의 의미를 세 가지로 구별하여 파악한 E. Riezler[10]의 견해는 문제의식의 교두보로서 또한

9) 법감정의 개념에 관한 개괄적이고 총합적인 논의는 E. -J. Lampe(Hrs.), Das sogenannte Rechtsgefühl, 1985., 12-36면. 국내문헌은 대표적으로 임웅, 법감정에 관한 연구, 법철학연구, 제1권, 1998, 87-90면.

10) E. Riezler, Rechtsgefühl, Rechtspsychologische Betrachtungen, 3. Aufl.,1969. M. Rehbinder, Fragen an die Nachbarwissenschaften zum sog. Rechtsgefühl, JZ 1982, 3면에서 재인용함. 이에 관한 개략적 논의와 비판은 M. Kriele, Rechtsgefühl und Legitimität der Rechtsordnung, in;

비판의 단서를 탐색하는데 유용한 선도연구로서 여전히 유효하다. 그에 따르면 법감정은 세 가지 종류의 '느낌'으로 구별되는바, 1) 현행법이 무엇인가에 대한 감정, 2) 무엇이 법이어야만 하는가에 대한 감정, 3) 법과 일치하는 것, 즉 합법적인 것이 실현되어야만 한다는 감정이 그것이다. 첫째는 현행법을 직관적으로 파악하고 옳게 적용하는 능력을 내용으로 하는 이른바 '실증적 법감정'이고, 두 번째는 '이상적 법감정'이다. '법의 이상'(Rechtsideal)에 대한 감성적 경향의 뜻이다. 마지막으로 세 번째는 흔히 법철학에서 법의 효력근거를 설명할 때 중요시되는 공동체적 감정으로서 현존하는 법질서에 대한 존중, 말하자면 준법의식을 뜻하는 '일반적인 법감정'(allgemeines Rechtsgefühl)이다.[11]

하지만, 인식과정 속에서 감정적 요소의 중요한 또는 우선되는 영향을 상당 부분 규명해낸 인식철학 또는 심리학, 그리고 법관이 '법적 확신'에 이르는 법인식과정을 비롯한 모든 '법적 결정' 속에서 법감정이 독자적인 요소로 작용한다는 인식이 정론으로 자리를 잡은 오늘날 법학방법론의 흐름을 고려하면, 포괄적인 법감정 개념의 전제 하에 그것을 세 가지 종류로 구분하는 것은 적실성이 인정되기 어렵다. M. Kriele가 지적하는 바와 같이, 통합적인 일종의 '융복합의 인식과정'으로 이해되는 법인식 또는 법적 판

E. -J. Lampe(Hr.), 위의 책, 23-24면.

11) Riezler의 3분설은 특히 두 가지 관점에서 학문적, 실무적 가치를 높게 평가할 수 있다. 우선 법감정의 근원에 관한 이른바 '생래설'과 '획득설' 간의 논쟁의 무용성을 분명하게 재확인하는 점이 주목된다. 또한 법과 법감정의 상호영향관계를 해명하고, 2원적 대립구도의 해소 이후의 문제, 즉 법감정이 생래적인 소질과 함께 역사와 현실환경 및 그 속에서의 경험과 교육 등 후천적인 요인에 의해서도 영향을 받는다고 보는 절충설 이후에 부각되는 문제들에 대한 분화된 접근방법의 필요성과 가능성을 제시한 것은 후속 연구에 미친 영향이 지대하다고 할 수 있다. 이에 관해서는 M. Rehbinder, Fragen an die Nachbarwissenschaften zum sog. Rechtsgefühl, JZ 1982, 2-3면; K. Obermayer, Über das Rechtsgefühl, JZ, 1986, 1면.

단의 작업에서 그 영향이 교차되는 상호의존관계에 있지만 또는 바로 그러하기 때문에 이론적으로 분명하게 구별되어야 하는 인식의 부분 또는 측면들을 사유함(Denken), 느낌(Fühlen), 의도함(Wollen) 등 세 가지로 구분하는 것이 가능하고 필요하다고 보면,[12] 법감정의 '세 측면' 또는 '세 종류'를 구별하는 Riezler의 개념틀은 재검토되어야 한다. 법감정 문제의 지평을 일종의 '지향계'(intentional system)로 상정될 수 있는 법존재 또는 법실천의 영역 전체로 확장하는 데는 유용하였지만, '지향대상'(intentional object)의 근본적인 이질성, 그리고 '감성적 경향'의 본질과 특성을 제대로 포착할 수 없는 한계를 갖기 때문이다.[13]

말하자면, 예컨대 1)의 '실증적 법감정'은 법문제의 해결은 위한 준거로 실정법의 의미, 즉 규범을 탐색하는 논리적인 사유작업과 연관되는 점에서 '이성적인 인지'의 속성에 초점을 맞춘 '법인지'(Rechtswissen)로, 3)의 '일반적인 법감정'은 실정법질서의 정당성, 달리 말하자면 실정법의 효력을 시민들이 용인하는지 또는 얼

---

12) M. Kriele, 앞의 논문, 23면.

13) 철학용어로서 '지향적 자세'는 "어떤 (인식 또는 교섭: 저자 부기)대상의 행위를 그 대상이 스스로의 '믿음'과 '욕구'를 고려하여 '행위'를 '선택'하는 합리적 행위자라는 전제 아래 이해하는 전략"을 말하고, '지향계'는 어떤 대상을 지향하는 행위자나 인식주체의 의도나 목표, 믿음 또는 욕망과 그 대상이 드러내는 믿음과 욕망의 특수한 내용이 서로 민감하게 반응하고 교섭하는 체계를 뜻한다. 직접인용한 부분과 이에 관한 세밀하고 깊은 논의는 D. C. Dennett, 이희재(역), 마음의 진화(Kinds of Minds), 2006(1996), 59-60, 71면. 다른 존재를 바라볼 때 '지향적 자세'를 위한다는 것이 그 존재를 의인화하는 것과 유사하고 또한 이것이 매우 유용한 발상이라고 한다면, 잠정적으로 긍정의 입장을 전제로 하되, 이 발상을 "공허한 비유와 거짓말 사이에서 줄타기"를 하는 심정으로 신중하게 그 존재가 법인 경우에도 해당하는 것으로 보려는 시도가 '경솔한 연구자의 심각한 오류'로 귀결되는 오류일지, 아니면 "현상의 밑바닥에 깔려 있는 통일성을 드러내고 중요한 실험들로 관심을 끌고 또한 다양한 영역에서 튼실하고 알찬 관점"을 제시하는 정론이 될지에 관한 판단은 일단 유보한다. 직접 인용한 부분은 Dennett, 위의 책, 60-61면.

마나 용인하고 지지하는지, 그리고 이것에 의해 결정되는 일반 시민의 준법의식과 연관된 '의지의 문제'인바, 이 경우는 '법의지'(Rechtswille)의 독자적인 개념으로 대체되어야 한다. 결국 이러한 용어사용례에 따르면 법감정은 2)의 '이상적 법감정', 즉 "정의의 관점에서 수행되는 실정법에 대한 도덕적 판단" 의 능력 또는 이 도덕적 판단력과 연관된 '감성적 경향'이라는 독자적인 개념으로 정립되는바, 이는 바로 이 글에서 복합적인 인식과정으로서 파악되는 법관의 법적 판단 또는 법실천의 행위 속에서 선재하는 규범을 일방적으로 수용하는 의미의 법발견에 해당하는 '법인지'와 도덕적인 감정상 최소한 현행 실정법질서의 근간과 대강을 정당한 것으로 인정하는지 여부와 그 정도에 따라 결정되는 '법의지'를 개념상 공제하고 남게 되는 의미의 법감정과 외연을 같이한다.

이와 같이 '법인지'와 '법의지'의 개념과 구별되는 독자적인 의미로 법감정의 용어를 사용함으로 해서 '정당성의 문제'와 '법감정의 문제'를 동일시함으로써 야기될 수 있는 어의혼란과 그에 따른 문제인식의 오류의 잠재적인 위험성을 피할 수 있고, 자연스럽게 보편적이고 추상적인 '정당성문제'의 '법인지의 문제' 및 '법의지의 문제'로서의 구체적인 본질과 구조가 부각되어 '법인지'와 '법의지', 그리고 '법감정'의 통합적이고 복합적인 상호관계 속에서 법감정의 독자적인 의미와 기능을 주목하면서 '정당성문제'를 접근할 수 있게 된다.

요컨대, 법감정은 일종의 '지향계' 속에서 '지향대상'으로서 '법인지' 및 '법의지'와 상호 영향을 주고받는 관계에 있고, 이 복합적인 통합관계 속에서 또한 이 관계의 특수성을 주목하면서 제기되고 접근되어야 하는 '정당성문제'의 맥락에서 '도덕적인 판단능력'에 유보되어 있는 독자적인 의미영역으로 그 외연이 획정된다.

2. '외연'과 '내포'의 재확인 – 유사개념과의 구별

(1) 개 요

이러한 법감정 개념의 전제 하에 세 가지 구성개념, 즉 법, 직관 및 가치감정의 요소에 대한 간략한 분설을 통해 유사개념들과 구별하고자 하는 것은, 논리학을 빌려서 말하자면, 바로 법감정의 개념에 포섭되는 사물 또는 사물들의 집합인 '외연'을 좀 더 명료하게 하는데 도움이 되는 동시에, 더 나아가서 이 사물 또는 사물들의 집합을 선택하고 결정하는 특별한 준거이고 '지향성'(intentionality)의 방식인 '내포'(intensionality)의 포착을 위해 생략될 수 없기 때문이다.

(2) 법감정과 정의감정

우선 법감정의 '지향대상'으로서 법은 '실체'가 아니라 일종의 '과정' 또는 '행위'로서 존재론적 의미가 전제된다. 이에 관해서는 다음에 상술할 것이되, 아무튼 여기에서 우선 확인하고자 하는 것은 법관을 비롯한 모든 법해석자에게 이른바 '객관적인 소여'로서 확정된 법이 주어져 있지는 않다는 명제이다. 주어진 법이 있다고 한다면 그것은 보이는 또는 보이지 않는 '법텍스트'이고, 이는 사태와의 상호 교섭을 통해서 가공되면서 법을 구성하고 법을 형성해나가는데 필요한 원자료일 뿐이다. Kaufmann이 적확하게 표현하는 바와 같이, 이러한 관점에서 보면 해석되는 법텍스트와 함께 법해석자의 법감정도 '해석학적 상황'의 한 구성부분이고, 결국 이른바 법탐색자로서 법관은 그 자체가 법발견과정의 한 부분이라고 할 수 있다.[14] 우선 '인지적 작업'으로 파악하여 접근되어야 할

---

14) Gedanken zu einer ontologischen Grundlegung der juristischen Hermeneutik, in; Beiträge zur Juristischen Hermeneutik sowie weitere rechtsphilosophische Anhandlungen, 1984, 92면.

'법인지'와 직관적인 도덕적 판단력과 관련된 '법감정'을 종류의 논리형식이 아니라 개념적으로 분리하는 것은 바로 이 '법해석학적 상황'과 그 속에서 두 요소의 상호연관성을 부정하는 것이 아니라, 오히려 통일된 복합관계를 주목하면서 그 관계를 세분하여 파악하기 위한, 말하자면 '통합을 위한 구별의 전략'이다. 또한 실정법형식의 법을 매개로 또는 소재로 하는 도덕적 판단에 중점을 두는 의미에서 법감정은 현행법과는 직접 관련되지 않고, "오로지 정의의 문제에 직면해서 작용하는 감정"인 '정의감정'과 구별된다. 이는 또한 일견 '형용의 모순'(contradictio in adjekto)[15]으로 여겨지지만 주목되어야 하는 표제어로서 '지성적인 감정'(intellektuales Gefühl)의 함의, 특히 후술하는 바와 같이 최근 실험심리학의 다양한 실증적인 연구를 통해 규명되고 있는 감정이 논리적인 인지작업에 미치는 중요한 영향[16]에 유의하고자 하는 의도에도 부합된다.

(3) 법감정과 법의식

또한 법감정은 법 및 법문제에 대한 직관적인 판단인 경향인 점에서 '법의식'(Rechtsbewußtsein)과는 구별된다. 법감정은 즉각적이고 감각적인 반응의 현상으로 나타나지만, '법의식'은 '일정한 사유와 성찰'을 통해 축적된 심리상태이고, 이것에는 "계획된 목적을 향하여 조종하는 정신작용"까지도 포함시킬 수 있다.[17] 또한 내용의 특성을 기준으로 하여 법감정은 일반적, 추상적, 단선적이고, '법의식'은 특수적, 구체적, 복선적인 점에서 구별하거나, 명료성의 관점에서 '일차적인 심리적 요소'로서 '법의식의 씨앗'이라고 할 수

15) M. Rehbinder, 앞의 논문, 3면.
16) 특히 I. Blanchette/S. Gavigan/K. Johnston, Does Emotion Help or Hinder Reasoning? The Moderating Role of Relevance, Journal of Experimental Psychology: General, Vol. 143.3, 2014, 1049-1064면.
17) 임웅, 앞의 논문, 89면.

있는 법감정과 법감정이 성숙되어 사유의 명료성을 확보한 의식으로서 '법의식'을 구별하기도 한다.[18] 다만, 일견 즉각적이고 통제되지 않는 감각적 반응, 즉 심리학에서 말하는 '자동적인 과정'(automatic process)으로 이해되어 온 직관적 판단의 구조와 메커니즘에 대한 새로운 이해, 특히 후술하는 바와 같이 인식과정을 '자동적인 과정'과 '통제되는 과정'(controlled process) 두 가지 종류로만 구별하는 이원론을 지양하는 보다 다원화된 구별모델에 따르면 이 구별은 다분히 상대적인 것으로 볼 수 있다.

(4) 법감정과 법양심

마지막으로 '가치감정'은 법감정의 근원인 동시에, 법의 인식 또는 법실천의 과정에서, 특히 조종의 수단인 법이 법문제의 해결에 필요한 적합한 법규범 또는 적합한 선택의 준거를 제공하지 못하는 경우, 말하자면 법관 자신이 입법자로서 새로운 규범을 창조해야만 하는 경우에 법관의 '법적 판단', 즉 법관법의 질을 결정하는 도덕적인 판단능력의 핵심요소이다. 후자의 맥락에서 관심의 대상은, 정확하게 말하자면, 가치 자체가 아니라 '가치평가체계'(evaluative system)이다. G. Radbruch에 따라 '법이념에 봉사하는 특수한 현실'이 법이고, 따라서 법학을 가치관계적인 학문이라고 한다면, 법학방법론 또는 법이론의 관점에서 주목하는 법감정은 법이성과 법현실의 상호작용 속에서 형성되고 작동되는 '가치평가체계'와 관계되는 감정이고, 결국 평가 또는 판단의 대상에 대한 관심과 주의(注意) 여부와 그 방향과 정도에 결정적인 영향을 미치는 '법감정'과 그 핵심인 '가치감정'의 지속적인 영향 하에 운용되는 '가치평가체계'는 전체 공동체와 개인, 당위와 현실의 상호교차관계 속에서 또한 자연법성과 실정성이라는 법존재의 이중적 속성

18) 위의 논문, 89면.

과 연계하여 고려되어야 한다. 이성과 현실의 변증법적인 교섭의 맥락에서 법의 역사성을 강조하는 것도 그래서이거니와, 법감정의 요소로서 가치나 '가치평가체계', 그리고 그 속에 내포된 가치판단 척도의 보편성과 객관성을 이념적 목표로 제시할 수는 있다고 하더라도 그것이 '간주관성'(Intersubjektivität)이 아니라 '절대성'(Absolutheit)의 의미라면 용인될 수 없는 것도 이 때문이다. 따라서 실질적인 가치윤리학을 법학에 끌어들인 이른바 현대 자연법론자들이 법감정을 하나의 '가치기관'(Wertorgan), 즉 초실정법의 절대적이고 객관적인 가치척도에 대한 하나의 진정한 인식원(認識源)으로 보는 경우에도[19] 그 역사성과 가변성을 부정할 수는 없다는 점에서 논리적 모순을 피하기 어렵다. 자연법적 관점에서 흔히 현행법과 직접적인 관련성이 배제된 상태에서 논의되는 '정의감정'이나 본질적으로 주관성이 부각될 수밖에 없는 '법양심'(Rechtsgewissen)과 법감정을 구별하는 것은 이러한 맥락에서도 가능하고 필요하다.[20]

요컨대, 이러한 점에서 볼 때, '가치감정'에서 방점의 자리는 '지향대상'인 '가치'보다는 '감정'이라고 할 수 있는 바, 이는 궁극적으로 가치의 보편성과 객관성이라는 이상과 특수성과 주관성의 현실간의 변증법적인 대립 속에서 지양(止揚)의 계기를 마련하고 또한 건강한 조화점을 찾아낼 수 있는 일종의 '감성능력', 말하자면 이성에 의해 복속되거나 치환될 수 없는 법감정의 독자적인 의미와 기능에 대한 주목의 요구로 귀착된다.

---

19) Rehbinder, 앞의 논문, 3면.

20) 다른 관점에서의 논의이지만 '정의감정' 및 '법양심'과 법감정의 구별에 관해서는 임웅, 앞의 논문, 88-89면. 법관의 양심에 관해서는 이덕연, 헌법 제103조에서 법관의 독립과 양심, 공법연구 제38집 제2호, 2009.12, 349-375면.

3. 법관의 법감정과 법실증주의의 '포섭도그마'

(1) '포섭의 도그마'의 금기로서 법감정

이른바 '논리적 환원주의'(logical reductionism)와, 윤리적 공술을 의미 없는 감정의 분출에 불과한 것으로 보는 '윤리적 주관주의'(ethical subjectivism)의 전제 하에 관찰이 불가능한 존재에 관한 공술의 진위문제를 무의미한 것으로 보는 '논리적 실증주의'(logical positivism)[21]의 법이론적 아류라고 할 수 있는 법실증주의 이론, 특히 이른바 '포섭의 도그마'를 고수하는 형식적인 개념법학의 관점에서 법관의 법인식작업상 결정요소로서 '법감정'은 기본적으로 금기시되거나 유의미한 영향력은 부정된다. 법의 객관성과 보편성을 추구하는 수단으로 법률과 법을 동일시하는 형식론과 법개념체계의 폐쇄적인 구조 안에서 엄격한 '논리적 추론'의 인식방법에 집착하는 이른바 '순수법학'의 입장에서는 법의 효력근거로서든, 법적 결정의 요소 또는 준거로서든 법감정은 관심의 대상이 아니다. 오히려 법규범 및 법적 결정의 객관성과 보편성의 요청을 전제하고 지향하는 법학 및 법학방법론의 순수성을 오염시키는 이데올로기적 이물질로 배척될 뿐이다. 특히 법을 알고 있거나 또는 법발견의 방법, 즉 '법적 추론'(legal reasoning)을 알고 있어야 하는 법률전문가, 특히 법관의 법해석 및 적용작업에서 법감정은 법인식상 오류의 잠재적인 근원으로서 절대 배제되어야 할 '심리학적 사실'로서는 주목될 수는 있을지언정 방법론의 범주에서는 원천적으로 불필요한 것으로 여겨진다.

법감정을 금기시하는 이러한 인식은, 법인식의 대상과 방법론을 작위적으로 축소하고 의제한 점에서 일종의 '구조화된 구조'라

---

21) (사회)과학철학의 관점에서 이에 관한 요론과 Quine의 인식론을 중심으로 한 비판으로는 H. Kincaid, Philosophical Foundations of the Social Science, 1996, 16-27면.

고 할 수 있는 이른바 '3단계이론'에서 극명하게 드러난다. 즉 대전제로서 공준으로 확립된 방법을 통해 법텍스트에 담긴 의미, 즉 규범을 발견해내는 법해석의 단계와, 소전제로서 사태파악의 단계, 그리고 이 개념과 파악된 사태의 부합에 대한 판단, 즉 '포섭'을 각각 단절된 상태에서 순차적으로 진행되는 독자적인 단계의 인지적 사유작업으로 이해하는 논리형식 속에서 주관적인 또는 주관적일 수밖에 없는, 그렇기 때문에 비논리(illogical) 또는 반논리적인 법감정은 근본적으로 객관성을 토대로 하고 또한 지향하는 법 또는 법해석작업과 친할 수 없는 '불상용(不相容)의 이질적인 것'인 것으로 여겨질 수밖에 없다.[22] 3단계이론의 핵심인 추론의 '논리'(logic)가 문의에 집착하여 곧이곧대로 법문을 해석하는 '문리해석'(literalist interpretation)과 동일한 것은 아닌데, '논리'에 초점을 맞추어 비판을 하지만 실제로는 대부분 '문리해석'을 대상으로 하여 공격을 했다고 할 수 있는 이른바 '법현실주의자'(Legal Realist)들의 착시(錯視)에 대한 Hart의 날카로운 지적을 인정한다고 하더라도,[23] '논리해석'을 비롯한 '체계적 해석', '역사적 해석' 등의 법해석방법론의 틀에 '법감정'이 직접적인 판단요소로 편입될 수 있는 여지가 없는 것은 마찬가지이다. 법관의 인식과정에서 법감정의 간접적인 또는 부차적인 영향을 인정한다고 하더라도, 구체적인 역사적 윤곽조건 속에서 법문제를 해결하는 '현실세계의 법

22) 여기에서 '비논리적인'의 용어는 상식이나 실질적인 가치공준에 부합되지 않는다는 의미, 예컨대, '법적 논증(legal argument)은 논리적인데, 그 결론은 비논리적이다'라는 말이 논리적으로 모순이 아닌 맥락에서와 같이 '타당하지 않은' 것과는 다른 기술적인 의미, 즉 본질적으로 논리적인 설명 및 입증과 친하지 않다는 뜻으로 사용된 것임을 밝혀둔다. 이와 관련해서는 N. MacCormick, Legal Reasoning and Legal Theory, 1978, 39면.

23) H.L.A. Hart, The Concept of Law, 1961, 132-137면. M. S. Moore, The Plain Truth about Legal Truth, Harvard Journal of Law and Public Policy, Vol. 26, No. 1, 2003, 25면 주석 7번 재인용함.

관'(real-world judge)이 아니라 당위와 존재의 단절을 전제로 '이상적인 법관(ideal judge)이라면 어떻게 할 것인가?'[24]라는 추상적인 질문에만 초점을 맞추고 또한 그렇기 때문에 '객관적인 진리'와 '주관적인 견해'를 준별하는 전통적인 철학의 명제[25]에 집착하여 애매하고 근거가 불명확한 감성적 느낌이나 직관적 판단 등을 철저히 외면해 온 형식주의적인 법학방법론에서 그 유의미성은 결코 고려할 만한 것이 되지 못하고 또한 그래서도 아니 된다는 인식론적 전제 하에 관심은커녕 원천적으로 '주목금지'의 대상일 뿐이기 때문이다.

(2) '포섭도그마'의 방법론적 오류

하지만, Fechner가 명쾌하게 지적한 바와 같이, 순수법학이론은 '과학적인 방법론'을 통해서 권력요소를 배제하려고 한 반권력적 구상이었지만, 동시에 그 인식방법론 자체는 특정한 가치판단을 전제로 한 '이데올로기적 술화'였다.[26] '정의=강자의 이익'의 명제를 객관적인 법으로 포장해주는 '은폐된 이데올로기'의 오용에 대해서는 되짚어볼 것도 없거니와, 법실증주의의 원조인 일반적인 실증주의와는 정반대로 법실증주의의 핵심요소인 과학적 이데올로기의 요체는 '사실의 절대화'가 아니라 오히려 '사실의 절대적인 부정'이다.[27] 말하자면, 인식대상의 존재의 문제와 인식방법의 문제 또는 인식(입증)의 불가능성과 부존재를 혼동한 것이다. '무지의 오류'에 따른 것이었든 아니면 의도적인 이론적 의제였든, 법감정

---

24) 이에 관해서는 C. R. Sunstein/A. Vermeule, Interpretation and Institutions, 101 Michigan Law Review, 2003, 898면.

25) 이에 관해서는 강진철, 법해석학-영미에서의 논의를 중심으로, 한국법철학회(편), 1996, 117-120면.

26) E. Fechner, Ideologie und Rechtspositivismus, in; W. Maihofer(Hg.), Ideologie und Recht, 1969, S. 97ff.

27) 위의 논문, 107면.

을 금기시한 것도 맥락을 같이 한다. 가치상대주의를 영원히 민주주의와 조화될 수 없다고 비판하는 C. S. Lewis의 말대로, "정확하게 생각한다고 해서 악인이 선인이 되는 것은 아니지만, 순수한 이론적 오류는 악에 대한 감독과 억제 자체를 없애고 또한 좋은 의도에 대해서도 본심에서 우러나오는 지지를 받지 못하게 한다."[28]

기본적으로 법을 '추상적이고 확정된 규범'과 동일한 것으로 보는 잘못된 법개념정의에서 비롯된 '포섭의 도그마'는 '전제의 오류'에 의해 '예정된 오류'일 뿐이었다. 대부분의 도그마가 그러하듯이, 이 오류가 오랜 동안 정론의 자리를 보전해왔던 것은 그것을 지적하고 극복하려는 시도들이 합리적인 이유 때문이 아니라 특정한 이념과 체제의 수호와 연관된 이데올로기적인 동기들에 의해 금기시되는 상황에서 그 실현을 거의 기대하기 어려웠었기 때문이었다고 보는 A. Kaufmann의 분석은 적확하다.[29] 이성보다는 감성에 의해, 법치화보다는 민주화에 의해 실현되었다고 여겨지는 이른바 '패러다임의 전환'에 의해 비로소 '포섭의 도그마'와 그것을 둘러싸고 있었던 개념법학방법론의 방어벽이 해체되고 극복된 오늘날 포섭'(Subsumtion) 또는 '포섭'이 포함된 법해석작업은 더 이상 선재하는 법을 단순히 적용하는 '하나의 순수한 형식논리적인 추론'으로만 이해되지 않는다. 법인식주체가 전인격을 걸고 법을 형성 또는 실현해나가는 결단적 행위, 즉 일종의 '인격의 행위'(ein Akt der Persönlichkeit)로 파악된다. Kaufmann이 인용한 Engisch에 따르면 "법을 찾는 사람은 자기 자신을 완전히 지워버릴 수 없고 또한 그래서도 아니 된다. 오히려 자신을 지키고 끼워 넣어야

28) Christian Reflections, 1967, 72, 81면.
29) Die ipsa res iusta – Gedanken zu einer hermeneutischen Rechtsontologie, in; 앞의 책, 58-59면.

만 한다".[30] 해석론상 이견의 여지가 없는 이른바 '정리된 법'(the settled law)에 의해서 '하나의 옳은 답'(one right answer)에 이르는 간명한 길이 안내되지 않는 법문제, 이른바 '어려운 사건'(hard case)의 경우 더욱 부각되기는 하지만, 당연히 일반적으로 요구되는 법관의 '제도적 역할'(institutional role)[31]이 컴퓨터 같이 단순히 정보를 기계적으로 처리하는 '자동포섭기'(Subsumtionsautomat)로 전락되지 않기 위해서 또한 그렇게 되지 않도록 우리가 정작 요구하는 것은 우선 당연한 전문가로서 법률지식과 함께, 또는 그보다 앞서서, 삶의 경험과 경륜을 바탕으로 하는 자기성찰의 자세와 도덕적 판단력, 그리고 이들이 응축된 법관의 인격이다.[32] 법감정은 바로 이 인격의 토대이고 핵심이다.

(3) Esser의 '선이해와 방법선택' - '포섭도그마'의 사망선고

법발견작업, 특히 법관이 하는 재판의 이러한 '인격의 행위'로서의 가치평가와 가치실천의 요소를 포함하는 구조의 복합성, 결정체계의 맥락에서 법형성 및 법발전의 기능은 이미 오래 전에 J. Esser[33]에 의해 주목되고, 충분히 해명되었다. 구체적이고 다양한 예들을 통한 치밀한 논증도 압권이지만, 거시적인 법학방법론의 차원에서, 특히 준거규범을 탐색하고 선택하는 법해석의 작업과 단순한 사실확인을 넘어서 사태의 규범적 의미에 대한 평가가 포함되는 사태파악의 상호의존적인 교차관계, 그리고 이 교차적 관

30) K. Engisch, Wahrheit und Richtigkeit im juristischen Denken, 1963. Gedanken zu einer ontologischen Grundlegung der juristischen Hermeneutik, in; 앞의 책, 91면에서 재인용.

31) 이와 관련해서는 M. K. Temin, Toward an Account of the Truth of Proposition of Law, Cincinnati Law Review, Vol. 49, 1980, 341-349면.

32) A. Kaufmann, 위의 논문, 91면.

33) Vorverständnis und Methodenwahl in der Rechtsfindung, durch-gesehene und ergänzte Ausgabe, 1972.

계의 토대이고 중심축이라고 할 수 있는 이른바 '선이해'(Vorverständnis)와 연계된 '포섭'의 본질과 구조를 규명한 탁월한 성과는 전통적인 '포섭의 도그마'에 대한 최종적인 사망선고로 보기에 모자람이 없다.

『외견상 법적용은 사태와 적용규범의 이른바 포섭이라는 연역의 논리형식으로 진행되는 단일한 행위인 듯 보이지만, 결정적인 요소는 이 추론에 선행하는 판단, 즉 분쟁규율의 필요성 여부와 그 크기, 그리고 규범의 부합성, 말하자면 인식된 필요성에 부응하는 규범의 적합성에 대한 판단이다. 이 두 가지 판단을 위해서는 사태에 대한 있는 그대로의 '완전한'(vollständig) 규명과 평가만으로는 부족하고, 이를 넘어서는 사전적인 숙고가 필요하다. 즉 어떤 관점에서 사태를 평가해야 하는지가 관건이고, 이는 준거규범에서 찾아진다. 이 준거규범을 찾는 것 자체도 (단순히 논리적인 추론작업으로만 진행되는: 저자 부기) 체계적인 탐색행위가 아니라 주어진 사태의 상황에서 또한 법체계적 관계와 법정책적 결과와 관련하여 고려되어야 하는 다수 규범들의 효용에 대한 평가가 요구되는 복합적인 작업이다.』[34]

'포섭의 도그마'가 극복된 이상, 그 앞과 뒤에서 노정을 같이 해 온 사유의 결과들, 말하자면 개념이나 텍스트에 대한 이해작업을 포함하여 일반적인 인지과정에서 인지적 판단 또는 결정의 핵심요소로서 감정의 필수불가결성과 중요성을 새롭게 조명하고 실증적으로 세밀하게 분석 및 입증해나가고 있는 현대의 인식철학과 심리학의 유력한 연구성과들, 그리고 이러한 흐름과 궤를 같이 하고 있는 것으로 여겨지는 '법학적 해석학'(juristische Hermeneutik)[35]

---

34) 위의 책, 31면.

35) A. Kaufmann, Durch Naturrecht und Rechtspositivismus zur juristischen Hermeneutik, in; 앞의 책, 79-88면; R. Ogorek, Hermeneutik in der Jurisprudenz, in; Aufklärung über Justiz: Zum Problem des richtigen Gesetzesverst ndnisses, 2008, 105-119면. 국내

이 제시하는 설득력 있는 법학방법론을 외면하지 않는 한, 법관의 법인식작업에 대한 이해에서 또한 '법적 판단'에 이르는 법인식과정 자체에서 법관의 법감정은 결코 금기시되거나 경시될 수 없다. Essser도 의미의 탐색작업으로서 법해석에서, 결정대상인 사태의 법적 의미와 법적 판단의 준거로 고려되는 규범들의 규율의도에 대한 법적용자의 이해, 즉 '선판단'의 영향이 불가피하고 필연적일 수밖에 없음을 지적하면서, 이러한 결정상황 속에서 법률가들에게 요구되는 능력으로 법학교육을 통해 획득한 능력, 즉 '명백하게 관련 없는 것'과 '추측건대 관련되는 것'을 구별하고 또한 경쟁관계에 있는 규범들을 특정한 체계적 위계질서에 따라 효력을 판별하는 능력과 함께 합리적인 사건해결을 위한 판단력과 법감정 또는 법실무가들이 말하는 '감식력'(Judiz)을 각별하게 강조하고 있다.[36] 법현실주의 또는 실용주의적 관점에서 주목하는 것인 점에서 맥락은 좀 다르지만, 이른바 '법과 경제'(Law and Economy)의 대표자인 동시에 미국 항소법원 연방법관이기도 한 R. Posner[37]가 법관의 감성을 포함하여 기질이나 경험, 개인적 배경 및 이데올로기가 재판에 미치는 영향을 강조하는 것도 이른바 '개념법학'의 틀을 벗어나서 실제 일종의 통합적인 심리적 과정으로 진행되는 법인식작업의 본질에 초점을 맞춘 것인 점에서는 다르지 아니하다.

'법학적 해석학'의 입장에서도 전통적인 개념법학과 달리 법관이 '법적 확신'에 이르게 되는 인식과정을 대전제와 소전제 및 '포섭'이 각각 단절된 채 순차적으로 진행되는 것으로 이해하지 않고,

---

문헌으로는 특히, 강진철, 앞의 책, 97-125면. 해석학에 대한 일반적이고 포괄적인 개론으로는 R. E. Palmer, 이한우(역), 해석학이란 무엇인가?(Hemeneutics), 2004(1969).

36) 위의 책, 31면.

37) Judicial Method: Internal Constraints on Judging, in; How Judges Think, 2008, 174면.

법텍스트작업, 즉 법개념의 이해를 내용으로 하는 법해석작업과 법을 적용해야 하는 대상인 사실을 확인하는 사태파악의 작업이 선후의 관계가 아니라 서로 영향을 주고받는 상호교차의 관계 속에서 동시적으로 진행되는 것으로 보는바, 이러한 관점에서 법관의 법인식작업은 결코 일방적으로 선재하는 법규범을 일방적으로 수용하고 기계적으로 적용하는 것이 아니라 적극적으로 법규범을 형성하는 구성적 행위로 파악되기 때문이다. 어떤 것이 먼저라고 할 것 없이 자신을 아는 인식주체로서 그리고 윤리적, 정치적 정체성의 주체로서 자신을 늘 의식하고 반성하면서 법텍스트 또는 규범, 그리고 사태 사이를 왕래하며 눈길을 번갈아 주는 교호적이고 입체적인 인식과정 속에서 수행되는 법관의 법실천행위는[38] 어떤 위치와 어떤 단계에서도, 그리고 어느 한 순간과 부분도 법관의 '인격' 또는 '관점'과 단절된 상태에서 진행되지 않는다.

(4) 소 결

이러한 맥락에서 볼 때, 오늘날의 법학방법론에서 또는 본고에서 주목하는 바와 같은 부류의 판례를 평석하는 논의에서 법관의 범감정을 주요 논제로 다루지 않는다면, 서두에서 언급한 바와 같이 그것은 '무지의 오류'나 '이데올로기적 동기'[39] 둘 중의 하나에

---

38) 이에 관해서는 K. Engisch, Logische Studien zur Gesetzesanwendung, 3. Aufl., 1963, 15면. A. Kaufmann, 앞의 책, 63면, 주석 49번에서 재인용함.

39) 법실증주의에서 법관이 헌법국가의 중립성의 원형으로 전제되고, 법관의 중립성은 체제에 내장된 당위의 요청으로 의문을 가질 수도 없고 또한 그럴 필요도 없는 절대명제인데 반해, 이데올로기 담론의 차원에서 법체제와 법운용주체의 중립성 자체를 부정하는 이른바 '비판법학'의 입장에서 법관의 편파성은 은폐되어 있지만 구조적으로 내장된 핵심장치이고 체제유지의 필수적인 수단으로 여겨지는바, 폭로와 규명의 대상일 뿐이다. 논의의 맥락상 여기에서 상론은 약하되, 다만 당위명제의 절대성이 의문제기금지의 합당한 이유가 될 수 있는 것은 '반증의 가능성' 자체가 상정되지 않는 이념세계에서나, 아니면 자기정당화의 작위적이고 폐쇄적인 이론체계 속에서만 성립될

기인되는 것으로 판단될 수 있다. 다소 성급한 예단일 수도 있겠으나, 다만 이에 대한 반박은 전술한 '포섭도그마'의 오류에 대한 지적과 다음의 인식론에 대한 적확한 반론이 없이는 유효할 수 없다. 즉 사안의 영역과 내용에 따라 상대적인 차이는 있겠고, 또한 그 자체가 법감정이 작용된 것이라고 볼 수 있거니와, 아무튼 법리적 논증 또는 판결문상 명시적으로 표현 또는 반영되었는지 여부나 그 정도와 무관하게 법관의 범감정은 법관의 '법적 확신' 또는 '포섭'을 경유하여 최종적인 '법적 결정'에 이르는 과정에서 - 전술한 Esser[40]의 말대로 '선이해'를 매개로 하여 또는 '선이해'와의 연관체계 속에서 '구별되지만 단절될 수 없는' 상호교섭의 관계에 있지만, 작위적으로 나누어서 말하자면 - 사태의 속성과 그 규범적 의미를 파악하고 또한 법개념을 해석하는 입체적이고 복합적인 인식과정의 모든 단계와 부분에서 윤리적 관점과 이익 또는 가치형량의 단서 그리고 법해석의 방법과 준거를 선택 또는 조합하는데 시종일관 유의미한 영향을 미친다는 점이 그것이다.

4. 보론 - '생리적 지표'로서 법감정

다음 꺽쇠 안의 내용은 저자가 2012년에 발표한 판례평석의 일부인데, 핵심 표제어인 '생리적 지표'(somatic-marker)를 법감정

수 있고 또한 적어도 '법률을 말하는 입'이 아니라 현실과 당위의 교차점에서 전인격을 걸고 법을 형성해나가는 이데올로기와 감정의 주체, 말하자면 '현실 세상의 법관'의 공평무사성에 대하여 문제를 제기하는 것은 법률가에게 지극히 당연한 관심사라는 점만을 재확인해 둔다. 아무튼 이러한 맥락에서 '비판법학'의 비판에 대한 유효한 방어전략은 비판의 대상, 특히 법관의 파당성에 대한 의문 자체를 금기시 하는 법실증주의적 관점이 아니라, 그 가능성과 필요성을 인정하는 전제 하에, 특히 실증적인 반증에 초점을 맞추어 수립되어야 한다. 본고에서 법관의 법감정을 논구하는 것도 그 일환이라고 할 수 있다.

40) 앞의 책, 31면.

으로 치환하여도 읽으면 무리가 없고, 또한 법감정의 본질과 특성에 대한 이해에 도움이 될 것으로 생각되어 가감 없이 전재한다.

> 『법해석론상 진지한 논제로 관심을 갖는 법관의 양심과 분노의 태도는, 규범과 현실의 교차점에서, 그리고 비관과 절망의 한가운데서 낙관의 근거와 희망의 단서를 찾고, 이성과 감성 그리고 윤리와 도덕의 융합을 통해 정의를 구현해나가기 위하여 항상 인간존재 및 법의 한계와 함께 그 가능성을 탐색하는 '해석론'의 구도 속에서만 상정되는, 법관이 지녀야 하는 일종의 '생리적 지표'[41]이다. 여기에서 몸을 뜻하는 그리스어 'soma'를 어원으로 하는 생리적(somatic)이라는 것은, 도덕적 결정을 함에 있어서 이성과 함께 감성의 요소를 강조하는 맥락에서, 사람들이 여러 가지 선택 대안들 중에 특정한 것을 선별하여 즉각적으로(immediately) 용인하거나 배척하게 되는 동인으로 경험하는 어떤 긍정적인 또는 부정적인 느낌을 강조하는 의미를 내포한다. 이 느낌은 Gadamer가 말하는 "음식을 선택하고 거부하는 활력 있는 감각의 확실성만큼 높은 것"으로 단순히 육체적인 것만이 아니라 공생체로서 몸과 마음이 동시에 작용되는 감지력으로 이해된다. '진리와 방법'에서 Gadamer가 이른바 '놀이'(Spiel)를 중심으로 한 '철학적 해석학'의 맥락에서 제시하는 핵심개념인 '교양'(Bildung), '취미'(Geschmack) 또는 '공감각'(common sense)과 유사한 것으로 이해하여도 무리가 없을 것으로 생각된다.[42] 말하자면 어떤 결정을 내려야 할 것인지 고민하는 과정에서 자신의 선택과 판단이 가져 올 긍정적인 결과와 부정적인 결과에 유의하게 만드는, 이성과 함께 감성이 일종의 '공생체'(symbiosis)로서 작용하는 느낌이다. 합리적인 고려를 배척하는 것이 아니라 대안을 줄

41) A. R. Damasio, Decartes' Error: Emotion, Reason, and the Human Brain, 1994, 173면 이하.

42) H.-G. Gadamer, 이길우 외(역), 『진리와 방법 I』, 문학동네, 2000, 41-76, '감지력'에 관해서는 91면. 이에 관한 간명한 해설은 특히 R. J. Bernstein, Beyond Objectivism and Relativism: Science, Hermeneutics, and Praxis, University of Pennsylvania Press, 1985, 118-126면.

여서 선택할 수 있게 단순화하여 결정과정의 정확성을 제고하는 가능을 갖는 이 느낌은 법관의 '법적 판단'의 행위에도 그대로 적용된다. 적어도 법의 해석과 적용, 즉 '포섭'(Subsumtion)의 작업을 '하나의 순수한 형식논리적인 판단 및 추론'으로 이해하는 '법형식주의'(legal formalism)의 틀을 집착하지 않는 한 그렇다.

Kaufmann이 단언하는 바와 같이, 법을 말한다고 할 때 법관은 "항상 자기 자신, 즉 자신의 선이해의 어떤 부분을 말하는 것이다.[43] 그렇지 않다면 그는 법률과 사건을 전혀 대응시킬 수 없다." 이미 극복된 법실증주의에서 전제하는 바와는 정반대로, 법규범이 해석에 앞서 '순수한 객관성'(reine Objektivitaet)과 '순수한 사물성'(reine Sachlichkeit)을 지니는 확정된 상태로 선재하는 것이 아니라, 해석의 결과물, 즉 "법관 자신의 선판단, 확신, 관심 및 의견(개인적인 것이든 사회적인 것이든) 등과 함께 자신의 인격을 끌어들이는 '이해'(verstehen)의 과정" 속에서 비로소 산출되고 형성되어 나가는 것으로 본다면, 도대체 이 작업에 앞서, 이 과정의 바깥에 있는 법의 '객관적 옳음'은 존재하지 아니한다.[44] 법률과 사태에 대한 이해는 단순한 '앎의 작업'이 아니라 일종의 '수행'의 인격적 행위, 즉 이해의 주체가 전인격을 걸고 하는 창조적인 법형성의 행위인 바, 법관의 법해석행위와 판결을 판단하는 기준은 구체적인 판단 및 결정의 과정 바깥에 있는 '법의 옳음'이 아니라 이해와 행위의 주체의 인격, 즉 법관의 이성과 감성, 그리고 윤리의 합체인 '생리적 지표' 및 결정의 상황과 연계되어야만 한다. 법관의 중립성의 명제는 바로 이 '생리적 지표'를 자신의 성찰 속으로 끌어 들이는 과정에서 요구되는, 특수한 공직자로서 법관에게 각별하게 요구되는 공평무사(公平無私)의 공직윤리를 의미하는 것일 뿐이다. 정의를 지향하고, 부정의에 대하여 분노하는 양심의 '생리적 지표' 자체를 형성하고 발전시켜 나감에 있어서 법관은 철저하게 비중립적이

43) "Durch Naturrecht und Rechtspositivismus zur juristischen Hermeneutik", in; 앞의 책, 87면.

44) 위의 논문, 87면.

어야 한다. 말하자면 정의와의 동맹관계를 항상적으로 유지해 나가야 한다.』 [45]

Ⅳ. 심리학적 인식과정으로 본 법관의 법인식작업과 법감정

1. 개요 - 논의의 범위와 한계

법감정을 도덕적인 판단과 연관된 감성적 경향이라고 한다면, 우리는 그것을 어디에서 어떻게 찾아볼 수 있는가? 우리의 삶과 마찬가지로 우리의 삶을 규율하는 법과, 그것을 준거로 하여 판단하고 결정을 내리는 법관의 법인식작업도 윤리를 벗어날 수 없다. 어떤 이유와 동기에서건 이성과 논리의 '수사'(rhetoric)에 집착하여 판결문에서 감성적 언어의 표현을 금기시하거나 극도로 절제한다 하더라도 법관의 내심으로는 '법적 확신'에 이르는 과정에서 시종일관 옳은 것과 그릇된 것 또는 편안한 것과 거북한 것을 분류할 것이다.

이 글을 쓰게 만든 주된 동인이라고 할 수 있는 일련의 판례에 대한 관심부터 그러하거니와, 이 관심이 또 다른 관심을 낳아서 법에서, 법해석방법론에서 또한 법을 해석하고 적용하는 법관의 법인식작업에서 법감정의 역할과 기능은 무엇인지, 특히 양형의 적정성을 둘러싼 논란에서 흔히 '국민 법감정'이 거론되거니와, 법과 법을 해석 및 적용한 판결의 내용이 당사자나 공동체구성원인 일반 시민들의 법감정과 거리가 먼 경우에 그것은 '국민 법감정'을 제대로 반영하지 못한 법적 판단, 즉 '법이성'의 문제일 뿐인

45) 이덕연, '거창사건'에 대한 대법원판결(2008.5.29. 2004다33469)평석 - '견벽청야'(堅壁淸野)의 군사작전과 법리구성의 구조적 유사점을 주목하며, 저스티스, 통권 제129호, 212.4, 316-317면.

것인지, 본질적으로 논리적이고 형식적인 이른바 '법적 추론'을 하는 법전문가인 법관에게 법감정은 법원(法源)으로서는 물론이고 하나의 결정요소로서도 관심을 가질 만한 것이 아니며, 오히려 무용하거나 해로운, 그래서 그 개입이 배척되어야만 하는 것인지 등등 본고의 구상에서부터 집필에 이르는 전 과정에서 주의(注意)를 이끈 것도 시종일관 필자의 법감정과 연통되어 있다. Decartes를 패러디하여 말하자면, '생각하기 때문'이 아니라 '느끼고 있기 때문'에, 아니면 '생각하기 때문'이라고 하여도 '느끼고 있는 것을 생각하기 때문'에 존재하는 내가 법관의 말, 즉 판결을 접한 순간 즉각적으로 또는 직관적으로 느낀 '뭔가 마음에 거북함'이 그 핵심이다. 이제까지 논의는 필자가 느끼는 이 '거북함'을 '법적 확신'에 이르는 과정 속에서 법관은 느끼지 못한 것인지, 느끼지 않은 것인지, 아니면 어떻게 느꼈든 판결문에 표출하지 않았을 뿐인 것인지 등에 관해 의문을 제기하고 답을 찾아본 것이었다. 결론은 법관의 판결을 비롯한 모든 법적 판단에서 법감정의 개입은 회피할 수도, 회피해서도 아니 된다는 것, 그리고 그것이 논증에 반영되고 설시로 표출이 되는지 여부나 그 정도와 무관하게 비평자에게는 늘 각별한 관심과 주목의 대상이라는 것이다.

하지만, 감정으로부터 자유로울 수 없다는 것을 인식하는 것과 그 감정을 뒤흔드는 데는 특효인 유행가 노랫말대로 '나도 모르는 내 마음'이 구체적으로 어떻게 형성되고 작용되는지를 파악하는 것은 별개다. 전자는 존재론, 후자는 인식론의 화두이다. 인간의 '의식'(conscious ness), '자아'(self), 그리고 그것이 작동(용)되는 '인식과정'(cognitive process)에 대한 인식론의 물음은 철학을 비롯한 모든 인지과학의 영원한 숙제인 '몸과 마음의 관계'에 대한 물음으로 귀착된다. 달리 말하자면 '내 몸이 나인가?', '내 마음이 나인가?', 아니면 몸과 마음 그 어느 것만은 아니고 '몸과 마음이 합쳐진 것이 나인가?', 그렇다면 '나는 어떤 정태적 실체로 존재하는 것인가?' 아니면 '나는 동태적 과정일 뿐인가?' 등등 감당하기 어려운 화두들이다. 종교와 학문 간의 경계, 철학과 심리학은 물론이고 물리, 생물, 화학 등 모든 학문 간의 경계를 무색하게 만드는 난제들이다. '존재론적 물음과 인식론적 물음을 혼동하지 말라'는 철학자들의 경고를, D. Dennett[46]의 표현을 빌리자면, '귀담아들을 만한 충고'로 못이기는 척하면서라도 받아들일 수밖에 없게 만드는 물음들이다.

장광설을 늘어놓는 것은 다음 논의의 범주를 불가불 작위적으로 제한하고 또한, 당연한 얘기지만, 물음과 답이 일면적이고 피상적일 수밖에 없는 것에 대한 변명이 필요하다고 생각하기 때문이다. 우선 대표적으로 E. O. Wilson에 의해 '새로운 종합'의 대담한 시도로 제창되어 주목되고 있는 '사회생물학'(sociobiology)[47]이나, 근본적으로는 지식의 한계 때문이지만 문외한이 아니더라도 발전의 앞머리를 따라잡기 어려운 '뇌과학'(brain science)[48] 등 관련 학문분야에서의 접근방식과 연구성과를 분석, 평가하고 그것을 활용하는 것은 저자의 능력 범위 밖에 있다. 하지만, 이러한 까닭에 다

---

46) D. C. Dennett, 이희재(역), 앞의 책, 19면.

47) Sociobiology: The new synthesis, 1975. 하버드 대학의 동물학 교수인 Wilson은 많은 논란 속에서 생물학, 동물학, 유전학, 생태학을 포함하여 인간행위에 관한 모든 연구를 통합하려는 담대한 시도를 계속 이어나가고 있다. Wilson은 '사회생물학'을 '모든 사회적 행동의 생물학적 토대에 대한 체계적 연구라고 정의하며, '유전자의 도덕성'(The Morality of the Gene)이라는 제목의 제1장에서 인식론의 경우라면 몰라도 윤리를 설명하기 위해서는 '모든 층위에서'(at all depth) '자연선택'(natural selection)이 적용되어야만 한다고 주장한다. 위의 책, 3면.

48) 인간의 마음, 의식, 또는 이와 연관된 윤리의 본질과 작용방식에 관한 철학과 뇌과학 또는 신경과학(neuroscience)적 접근의 가능성과 한계, 특히 신경과학이 인간의 경험의 본질에 대해 우리에게 어디까지 말해줄 수 있는지에 관한 깊은 통찰로는 특히 J.-P. Changeux/P. Ricoeur, M. B. DeBevoise (trans.), What makes us think?, 2000.

음에서 관점을 좁혀서 시도해보려고 하는 법관의 법인식작업과 법감정에 대한 심리학적 이해도 작위적으로 축소된 접근방법에 따른 한계가 분명한 것은 물론이고, 비전공자로서 책가방 하나면 담아낼 수 있는 정도의 몇 편 논문과 연구서에 의존한 만큼 주의환기와 문제제기의 관점에서라면 몰라도 비슷하게라도 답에 근접해가는 것과는 거리가 멀다.

전술한 Damasio와 그의 동료들이 실험을 통해 입증하는데 성공하고 제시한 이른바 '생리적 지표'(somatic marker)를 원용하여 말하자면, 이 부분의 소박한 시론도 선별된 심리학 연구성과를 빌려서 정리 및 기록한 일종의 "어떤 것에 대한 앎(knowing)이 없는 상태에서의 생리적인 반응(somatic response)"이라고 할 수 있다.[49] 일단 선택 및 반응한 것이고, 그것을 명백하게 설명하거나 의식적으로 합리화하고 정당화할 수 있는 것은 훗날에나 가능한 과제이다.

다만, 당장 이 '생리적 반응'이 적어도 '불합리성'을 이유로 하여 '법적 추론' 또는 '법적 판단'의 본질 및 구조와 관련된 인식론적 논쟁에서 배제되어서는 아니 된다는 전제와 그 이유는 나름대로 확신을 갖고 분명하게 제시할 수 있는바, 이는 '합리주의와 직관주의의 통합'(integrating rationalism and intuitionism)의 명제를 제시한 이른바 '사회적 직관주의'(social intuitionism)[50]의 관점과 주장에 대한 일종의 '즉각적인 동감' 또는 '포괄적인 동의'라고 할 수 있다.[51] 그 핵심은 도덕적 판단에서 감정을 직접적인 요소로 취

---

49) J.-P. Changeux/P. Ricoeur, M. B. DeBevoise(trans.), 위의 책, 197면에서 재인용함.

50) 특히 J. Haidt, The Emotional Dog and Its Rational Tale: A Social Intuitionist Approach to Moral Judgement, Psychological Review, Vol. 108, 2001, 814-834면; J. Haidt, 강인구(역), 도덕적 판단에 대한 사회적 직관주의 모델, 서현사, 2003.

51) Haidt는 번역서 '서문'에서 기본적으로 합리론의 관점이 서구적인 관점이라 동양의 시각에서는 적합하지 않을 수 있다는 이유를 들어 한국학생들이 자

급하지 않고 이성만을 주목하는 합리론의 관점을 탈피하여 도덕적 정서와 직관을 중시하는 관점, 그리고 감정, 이성 및 직관이 상호 작용하여 도덕적 판단에 영향을 미치고, 이 과정에서 이성보다 오히려 정서와 직관의 작용이 선행된다는 점에 대한 강조이다.[52]

2. 인식과정의 다분화모델로 본 법관의 법인식과정과 법감정

(1) 법적 추론의 과정으로서 법인식과정과 법감정

자연과학적 방법을 기초로 하는 '도덕적 추론'의 모델에 따라 이해하는 입장에서는 도덕적 판단도 가설의 제시와 검증, 그리고 결론에 이르는 추론의 한 과정으로 본다. 도덕적 판단은 우선 관련되는 준거를 탐색하고, 이를 변별한 후, 이론작업을 통하여 준거들을 조합하여 결론(정)에 도달하는 단계적인 논리적 작업이라는 것이다. 그렇다고 해서 이 추론의 전 과정이 의식적이고 통제되는 작업으로만 진행된다고 보는 것은 아니고 또한 부분적으로 편견과 오류가 발생되고 개입될 수 있는 가능성 자체를 부인하는 것은 아니다.[53] 다만, Galloti의 포괄적인 개념정의, 즉 추론을 "결론(목표, 초점: 저자 부기)에 도달하기 위해 '주어진 정보'(일단의 전제들)를 변환하는 정신적 활동"[54]으로 정의하는 입장에서 보면 그 개념론적 핵심은 '외연'과 '내포'의 양 측면에서 다음 두 가지로 정리된다. 전자는 이성과 감성, 그리고 추론(reasoning)과 상상(imagination)을 독자적인 또는 상호 배척관계에 있는 별개의 능력

신의 관점에 쉽게 동의할 수 있을 것이라고 추측하였는데 전적으로 동의한다. 다만 이 동의는 일반화할 수는 없되 '저자의 동감'으로 실증되는 점에서 '생리적인 반응'이라고 할 수는 없을 것이다. 위의 책 4면.

52) 위의 책 3-4, 118-130면. 윤리학과 직관에 관한 개관은 P. Singer, Ethics and Intuitions, in; The Journal of Ethics, Vol. 9, 2005, 331-352면.

53) Haidt, 앞의 책, 37면.

54) K. M. Galotti, Approaches to studying formal and everyday reasoning, Psychological Bulletin, 1989, Vol. 105, No. 3, 333면.

이나 성향으로 보는 종래의 입장[55]에서는 이성적 사유에 포함되는 것으로 보기 어려운 일정한 범주의 정신적 또는 심리적 과정을 포섭의 개념정의에서 배제하는 것이다. 예컨대 순간적이고 직관적인 반응으로 구성되는 어떤 생각이나 상상, 한 단계의 정신적 과정으로 나타나는 '찰나적인 통찰', 기타 분석되지 않은 상태의 무모한 반응, 정보처리과정을 포함하지 않는 단순한 기억의 재생 등은 추론의 정의에서 배제된다.[56] 후자, 즉 '내포'의 측면에서는 추론의 전체 진행과정에 대하여 추론자 스스로 인식한다는 점, 그리고 적어도 의도적이고 통제되는 다단계의 과정으로 진행되는 정보처리 작업으로서의 특성을 추론 형식의 도덕적 판단의 본질적인 요소로 보는 것이다. 인식 또는 판단작업으로서 형식과 준거자료, 기타 실제 효과 등 상이한 점이 없지는 않지만, 도덕적 추론과 판단에 대한 이러한 전통적인 합리주의적 입장, 그리고 이에 대한 반론의 대강과 요체는 그 대상을 '법적 추론'과 판단으로 대치하여 그대로 이해하여도 전혀 무리가 없다. 전술한 바와 같이, 당위와 현실, 법과 도덕을 준별하는 법실증주의의 인식론적 전제의 오류는 이미 확인된 지 오래 되었고, 이 '오류의 전제'를 고수하지 않는 한, 도덕적 판단과 법적 판단이 '한 마당'에서 샅바를 같이 걸고 가장 궁극적인 철학문제의 하나인 "인간의 행위를 바르고 그르게 만드는 것은 무엇인가?"(What makes actions right or wrong?)[57]라는 화두

---

55) 이러한 입장에 대한 심층적인 분석과 비판, 특히 상상이 건강한 추론에 미치는 영향에 대해서는 D. N. Perkins, The Mind's Best Work, 1981. 추론과 모험적인 상상의 밀접한 관계에 대해서는 D. N. Perkins, Reasoning as Imagination, Interchange, Vol. 16, No. 1(1985, 봄), 14-26면.

56) K. M. Galotti, 위의 논문, 333-334면.

57) P. Thagard는 순번을 매기 않는 전제 하에 '실재란 무엇인가?'(what is reality?), '실재를 어떻게 알 수 있는가?'(How do we know reality?), '삶은 왜 살만한 가치가 있는 것인가?'(Why is life worth living?)라는 문제들을 근본적인 철학의 질문들로 제시한다. The brain and the meaning of life, 2010, 3면.

와 씨름하는 '실재'(reality)는 부인될 수 없다. 또한 이른바 '실증적 합리주의'를 토대로 하는 과학자형 사고와 접근의 전형으로서 자연과학의 방법론을 차용하여 법학과 법해석방법론에 적용한 것이 법실증주의 및 형식주의적 개념법학이고, 법실증주의와 자연법론의 전통적인 대립구도를 변증법적으로 지양하여 '현상'(phenomenon)으로 파악되는 법의 본질적인 양면성, 즉 합리적 측면과 연계되는 '실정성', 그리고 비(초)합리적 측면과 관계되는 '자연법성'을 수렴하여 제3의 대안을 제시한 것으로 평가되는 것이 '법학적 해석학'이거니와, 인식과정의 본질과 구조, 특히 '이성과 감성' 또는 '의식과 무의식'의 기능적 관계에 대한 존재론적, 인식론적 관점의 근본적인 상위와 연관되는 점에서 논의의 궤적과 맥락이 다르지 않기 때문이다. 이는 도덕적 판단의 준거가 되는 실체적인 내용은 판단과 결정 및 그에 따른 실천행위의 맥락 속에서 필연적인 연계를 통해서만 발견될 수 있다고 보는 이른바 '맥락주의'(contextualism)의 관점에서도 다르지 않다. 도덕적 판단의 문제에 대하여 철학적 방법보다는 현상학적인 접근이 더욱 유효하다는 것을 강조하면서, 특정한 상황에서 결정주체 또는 결정에 대한 비평자에게 구체적인 도움을 주어야 하는 윤리학이 '논리' 또는 '단순하고 추상적인 결정과정'으로 환원될 수는 없다고 본 D. E. Marietta의 인식은 법적 판단의 경우에도 타당한 것으로 여겨진다.[58)]

---

58) D. E. Marietta Jr., Beyond Certainty A Phenomenological Approach to Moral Reflection, Lexington Books, 2004, 49-50, 61-62면. 특히 도덕적 판단이 '추상적인 결정절차'로 환원될 수 없다고 본 점에서 N. Luhmann의 『Legitimation durch Verfahren』(1969)의 핵심내용이라고 할 수 있는 이른바 '체계이론'(Systemtheorie)에 대한 Esser의 비판과 현상학적 인식론의 토대를 같이 한다. 특히 법적 확신(자신의 판결의 옳음이나 의견이나 판단의 대안들에 대한 법관의 판단의 옳음에 대한 확신)의 획득과 통제에 대한 방법 및 방법론을 제시하지 못한다는 점, 말하자면 법적 확신의 체험적 과정은 인식론의 범주를 훨씬 넘어서는 것으로 보는 점에서 그러하다. 앞의

따라서, 전술한 바와 같이 법감정을 '법문제와 관련된 인간의 직관적인 가치감정'이라고 한다면, 이는 오롯이 도덕적 선판단의 핵심요소이고, 결국 이 글에서 법관의 법인식과정을 이성과 감성이 상호 영향을 주고받는 통합적인 인식과정으로 보고, 그 과정 속에서 법적 결정 또는 판단의 요소로서 법감정의 문제를 논구하는 것은 우선 도덕적 추론과 도덕적 판단을 동일시하는 합리론과 인식(방법)론의 차원에서 법과 도덕을 준별하는 법실증주의, 그리고 이른바 '포섭도그마'의 오류를 법이론적으로 규명하고, 더 나가서 '법적 확신'에 이르는 법관의 법인식과정에 대한 보완적인 인식모델을 제시하고자 하는 데 그 목적이 있다. 제2장이 전자의 과제에 초점을 맞춘 법이론적 논의였다고 한다면, 여기에서 관심은 도덕적 판단의 요소로서 감성의 요소와 직관의 인식체계의 중요성을 주목하는 이른바 '사회적 직관주의'의 모델을 비롯한 현대 심리학의 연구성과를 원용하여 '법적 추론'과 법관의 법인식작업을 동일시하는 입장에서 '도덕적 선판단'의 과정과 결정요소로서 법감정과 그 중요성을 외면하고 간과해 온 종래 법이론 및 법학방법론의 편견을 보정하는 것이다.

다만, 당연한 것이라 사족같이 보이지만, 생략할 수 없는 단서가 하나 있는 바, 말하자면 직관과 감정의 중요성을 강조한다고 해서 전통적인 합리론적 관점이나 '법적 추론'의 중요성을 간과하는 것은 아니다. 또한 L. Green이 법실증주의의 대가인 Hart의 명저 『The Concept of Law』 제3판(2012)에 추가된 '개설'에서 양식이 다르다는 전제 하에 법이론과 함께 법과 재판의 정치성을 강조하면서 적시한 바와 같이,[59] 그렇지 못하다고 하더라도 법은 경우에 따라서는 객관적인 체 해야만 한다는 것을 부인하는 것도 아

책, 특히 21면; 205-216면.

59) Introduction, xv면.

니다. 여기에서 관심은 우선 법이성적 판단과의 관계 에서 도덕적 선판단과 법감정이 중요하고 또한 어떻게 영향을 미치는가 하는 것에 모아지는 것이기는 하되, 그렇다고 해서 합리론적 모델과 같이 법이성과 법감정을 서로 무관하고 상호 배척적인 별개의 변인(變因)으로 보는 것은 아니고, 법감정과의 관계에서 법이성의 중요성과 그 영향 또한 주목의 대상임은 물론이다.

(2) 특별한 양식의 인식과정으로서 법관의 법인식작업

'인식'의 개념에 대한 통일된 정의는 여전히 찾아보기 어렵지만, '인식'은 대체로 인지, 주의, 생각, 언어, 사유, 상념, 행위, 반응, 동인 등 뇌를 필수적인 토대로 하는 것으로 여겨지는 다양한 종류의 기능들을 기술하는 용어로 사용된다.[60] 다만 여기서는 인식을 전술한 바와 같이 P. Thagard[61]가 존재론과 인식론을 아울러서 제시한 철학의 근본적인 질문들, 즉 '실재'와 '실재에 대한 앎의 방법', '삶의 가치', 그리고 '인간행위의 바르고 그름에 대한 판단의 준거'의 문제들에 대하여 답을 탐색하는 모든 '정신적 작업'(mental work)을 포괄하는 개념으로 사용한다. 다만, 여기에서 '정신적 작업'이란 '몸과 마음' 또는 '이성과 감성'의 관계에 대하여 단절적인 이원론이 이해하는 맥락에서와는 달리 포괄적인 뜻을 갖는다. 말하자면 일반적으로 사용되는 단순한 '육체적 작업'과 구별되는 것이되, 그 내용은 '논리적인 추론'의 형식을 요소로 하는 '이성적인 사유작업'을 뜻하는 '인지작업'과 함께 감성의 직관적인 반응을 요소로 하는 '감각'을 포함하는 또는 '감각'이 더 우선되고 중요한 요소로 작용되는 일종의 '융복합의 정신적 작업'으로서 '지각행위'에

---

60) C. Morawetz, Faszination Gehirn: Eine kurze Einführung in die kognitive Neurowissenschaft, in; R. V. Alexandriwicz/Th.-Ch. Gablonski/J. Glück(Hg.), Psychologie, 2014, 63면.

61) 위의 책, 3면.

해당하는 개념으로 사용된다.

'법의 발견', '법의 구체화' 또는 '법의 형성' 중에 그 어떤 것으로 보든, 아니면 복합적인 것으로 이해하든 간에 '법적 확신'에 이르는 법관의 법인식작업도 이러한 포괄적인 의미의 '정신적 작업', 즉 '인식'개념의 외연을 벗어나지는 않는다. 말하자면 법을 소재 및 준거로 하여 상대적으로 확립된 형식의 프로그램, 즉 정립된 법해석방법론과 절차법규칙에 따라 특별한 효력을 갖는 법적 판단에 이르는 '정신적 작업'이라는 점에서 특별한 양식의 '인식'이다. 그 특수성은 각별하게 주목되어야 하지만, 그렇다고 해서 그것이 철학이나 심리학 등 인접 학문분야에서의 '인식' 및 '인식과정'에 대한 괄목할 만한 연구성과들을 외면하는 것을 정당화하는 이유가 될 수는 없다. 특히 법관의 법적 판단의 요소로 법감정의 중요성과 그 영향을 논구하는 이 글의 맥락에서는 더더욱 그러하거니와, 법에서 상상력의 필수성을 강조하는 O. Bülow의 말은 되새겨봄직 하다: "법은 상상(Phantasie)에 별다른 도움을 주는 친구가 아니지만, 상상력의 도움 없이는 법은 존재할 수 없는 것으로 보인다."[62]

우선 법관의 '자아'(self)에 초점을 맞추어서 법인식작업의 특수성을 검토하고, 이는 반대방향에서 보면 일반적인 인식과정과의 공통점을 확인하고 규명하는 것이기도 한바, 이를 토대로 하여 법감정과 관련하여 주목되는 이른바 뜨거운 '열인식'(hot cognition)과 차가운 '냉인식'(cold cognition)의 분류를 차용하여 일반론의 차원에서 그 구조적, 기능적 특성을 규명해본다.

---

62) R. Ogorek, Virtual Reality and Rechtsanwendung, in; 앞의 책, 2008, 361면에서 재인용함.

(3) 법명제 및 법적 판단의 '진리성' 또는 '진리가치'

'사회적 직관주의'의 관점에서 도덕적 판단은 한 사람의 정신에서 발생하는 단일한 행동이 아니라 시간, 즉 역사 속에서 또한 공동체의 다양한 사람들과의 관계 속에서 형성되고 확산되어 나가는 일종의 '진행과정'(ongoing process)이다.[63] 여기에서 관심사는 아니지만 극히 사적인 도덕적 추론을 하는 드문 경우에도 타인들과의 관계에서 순환하고 영향을 주고받는 것은 다르지 않다.

도덕적 판단의 역사 및 공동체 연관성과 동태성을 확인하고 강조하는 이러한 관점은 도덕적 선판단과 구별은 되지만, 단절될 수는 없는, 특히 공동체의 도덕 및 법감정과 분리될 수 없는 법적 판단의 경우에도 적확하다. '법적 확신'에 이르는 과정을 전통적인 3단계론과 달리 법관이 법과 사태에 대하여 눈길을 번갈아 주는 일종의 '순환적 인식'의 과정으로 보는 '법학적 해석론'에 대해서 전술한 바 있거니와, 이러한 관점에서는 인식의 주체인 법관도 주어진 법텍스트를 기계적으로 분석하여 사태에 적용하는 이른바 '자동포섭기'가 아니라, 자신의 전인격을 투입하는 법해석과 사태파악의 작업에 앞서 또는 그 속에서 상시적으로 '자아'(self)에 대한 반성을 하는 '자기해석적 존재'(self-interpreting being)[64]로 상정된다. 말하자면 도덕적 판단 및 도덕적 선판단과 시종일관 연통되어 진행되는 법적 판단의 '진행과정' 속에서 인식주체로서 법관이 그 자신 해석의 대상이기도 한 일종의 매개체로 공여되는 것으로 보는 것이다.

전술한 바 있듯이, 이러한 매개체로서 공여되는 법관은 '이상적인 법관'(ideal judge)이 아니라, '현실 세계의 법관'(real-world

---

63) J. Haidt, 강인구(역), 앞의 책, 119면.

64) M. Schechterman, The narrative self, in; Shaun Gallagher(ed.), The Oxford Handbook of The Self, 2012, 395면.

judge)이다. 흔히 법관을 일종의 성직자라고 하거나 또는 훌륭한 법관을 '사도'(使徒)로 칭하는 표현을 빌려서 말하자면, 절대적으로 보편타당한 법을 뜻하는 '이상적인 법'을 상정하는 경우 그것을 우리는 신 또는 신의 말씀(Words)과 같은 개념으로 볼 수 있는바, 법관은 성직자가 그러한 것처럼 당연히 신이 아닌 사람으로서 신의 뜻과 말씀을 헤아리고 전달하는 '사자'(使者)일 뿐이다. 또한 그 뜻을 헤아리는데 준거가 되는 법텍스트도 개방된 구조의 규칙으로 주어진다. 본질적으로 불확정적일 수밖에 없는 개방된 법텍스트에 대한 법관의 작업에서, '보기 좋은 장난감'(pretty plaything)이 아니라 일종의 규칙인 점에서 당연히 법에게도 해당되는 기대, 즉 적어도 법관이 무엇을 법이라고 말할 것인지 예측하거나[65] 또는 타당한 판단을 하는 법관을 확보하는데 도움이 되는 한에서 중요한 법의 효용[66]은 충족되기 어렵다. 불완전한 사람과는 거리가 먼 '이상적인 법관이라면 어떻게 법을 해석하고 적용할 것인가?'라는 물음과 '이상적인 추론'의 방법론에만 초점을 맞추는 전통적인 법학방법론을 넘어서, 그 자체가 감성의 동인과 무관한 것일 수 없기는 하지만, 아무튼 합리적인 '사유'(Denken)와 함께, H. L. Dreyfus가 말하는 바와 같이 몸이 없고, 그렇기 때문에 소망과 기대의 지평을 가질 수 없는 '인공지능'(artificial intelligence)이 아니라 이른바 '육화된 인지'(embodied intelligence),[67] 말하자면 주관적인 감정과 욕망, 그리고 미래에 대한 기대와 변이의 가능성을 내포한 능동적인 인식주체로서 '현실 세계의 법관'의 가능성과 한계

65) F. W. J. Schelling, 한자경(역), 인간자유의 본질, 1998, 44면.

66) Karl N. Llwellyn, The Bramble Bush, 4th ed., 2008, 7면.

67) 인간의 인지활동의 개방성과 비형식성을 강조하는 기술철학자 Dreyfus의 '현상학적 인식론'에 대해서는 관해서는 What Computers can't Do: The Limits of Artificial Intelligence, 1972. 국내 문헌으로는 양해림, 현상학과의 대화, 2003, 246-247면.

를 주목해야 하는 것은 바로 이 때문이다. 생동하는 실재를 포착하지 못하고, 실재론의 근거가 결여된 경우 공허하고 추상적인 독단론으로 전락하게 되는 것은 철학의 차원에서 관념론에만 국한되는 것은 아니다.

'조응설'(correspondence theory), '정합설'(coherence theory) 등 진리의 본질에 관한 입장에 따라, 특히 언어와 진리의 관계에 대한 근본적인 선이해에 따라 '법적 판단' 또는 '결정'의 진리적격에 대한 답은 다르겠지만,[68] 법관의 법적 판단을 포함하여 법영역에서 제시되는 명제(proposition)와 언술(statement)들도 '진리가치'(truth-value)에 대한 담론의 주제가 될 수 있다. 이는 이른바 '애매함'(vagueness)과 '진리의 등급'(degree of truth)을 전제하는 다원적 진리론의 맥락에서는 당연한 것이거니와,[69] 적어도 어의학적으로 접근 및 해석될 수 있는 언어형식의 '상징의 연속'(sequence of symbols)으로 주어지기 때문에 그러하다. 진리 또는 '진리가치'의 본질과 그에 대한 접근과 판단의 방법, 준거 등에 관해 근본적으로 상이한 관점에서 접근하는 '실재론'(realism)과 '구성주의'(constructivism)도 진리나 '진리가치' 자체가 아니라 '진리메이커'(truth-maker)의 본질에 관한 전제와 선이해를 달리하는 것일 뿐이다.[70] 예컨대, 법현실주의의 철학적 토대인 형이상학 차원의 '실재론'(realism)[71]을 심리학이나 사회과학에서의 진리와 마찬가지로

---

68) M. Dummett, The Seas of Language, 1993, 117–165면.

69) 대표적으로는 '어의학적 불확정성'(semantic indeterminacy)과 함께 '진리의 등급'을 전제하는 이른바 'fuzzy plurivaluationism'을 제시한 N. J. J. Smith, Vagueness and Degrees of Truth, 2008.

70) Moore, The Plain Truth about Legal Truth, Harvard Journal of Law and Public Policy, 2003, 41면. 법명제의 진리성 또는 진리가치에 대한 '실재론'과 '비실재론', 즉 구성주의의 상반된 이론적 입장에 대해서는 A. K. Temin, 앞의 논문, 346–350.

71) '실재론'과 '비실재론'의 개념, 특히 의미론적 논제로서 '실재론'에 관해서는

'법적 진리'에 대한 '실재론'에 대하여 그것을 '하나의 순수한 가능성'(a genuine possibility)으로 인정하는 관점으로 이해한다고 하더라도, 그 존재론적 핵심전제로 주장되는 진리명제의 독립성, 즉 '마음'(mind)이나 '진리가치에 대한 앎과 발견', '진리가치에 대한 현실적인 결정력'(actual capacity to decide what the truth-value is) 등과의 무관함은 공술에 대한 관찰자의 마음과 관습으로부터의 독립을 의미하는 것이지, 공술 주체와의 관계에 해당되는 것은 아니다.[72]

또한 진리의 본질에 관한 형이상학적 '진리론'(theory of truth)과 인식론 차원의 '정당화이론'(theory of justification)은 구별되어야 한다는 전제 하에, '정당화이론'을 어떤 명제를 진리로 믿는 것이 합리적이기 위한 조건을 정하데 초점을 맞추는 것이라고 보더라도[73] '합리성'(rationality), 말하자면 '정당화이론' 차원의 '진리가치'는 문장 또는 명제의 구성과의 정합성을 준거로 하는 이른바 '의미론적 가치'(semantic value)[74]와는 달리 오로지 '논리성'(logicality)만으로 결정 또는 담보되는 것은 아니다. 누구도 법적 결정을 내리는 법관에게 비논리적(illogical)일 것을 요구할 수는 없지만,[75] '모든 언술은 확정적으로 참 아니면 거짓이다'라는 '진위양가성의 원칙'(principle of bivalence)[76]의 실재론적 전제 하에 논리적이기만 할 것을 요구할 수는 없다.

(4) '설화적 실재'로서 법관의 '자아'

법관의 법감정을 논구하는 것도 바로 이러한 맥락에서이거니

M. Dummett, 앞의 책, 230-276면.

72) Moore, 앞의 논문, 42면.

73) Moore. 앞의 논문, 42-43면.

74) Dummett, 앞의 책, 234면.

75) Moore, 앞의 논문, 25면.

76) Dummett, 앞의 책, 230면.

와, 이 가능성과 한계는 구체적인 법인식작업에 인입되는 법관의 인격, 즉 양심의 수준과 그 내용에 의해 결정된다고 보면, 결국 이 한계는 논리와 언어로 설명하고 표현될 수 없는 법관의 법감정과 그 중요성에 대한 외면과 간과가 아니라 이성과 감성, 사유와 느낌(Fühlen), 그리고 욕구함(Wollen)의 건강한 조화를 통해서만 극복될 수 있다. Searl의 말대로, 외부적 실체가 아니라 이른바 '의식적 작인'(作因: agency)과 '의식적 합리성'이 합쳐진 것을 '자아'(self) 라고 한다면, 법인식과정에서 법관이 이 둘 간의 건강한 조화를 지향하는 '자아'이기 위해서는 '통합된 의식의 장'과 함께 숙고능력을 갖추어야 하는바, 이를 위해서는 인지능력뿐만 아니라 지향적 의식상태들을 조화시켜서 합리적인 결론을 도출하는 능력이 필수적이다.[77] 법관의 '자아'의 핵심요소로서 법감정을 주목해야 하는 것은 그것이 바로 법관의 의식대상에 대한 주목(aboutness)과 의식의 정향성(directedness)을 결정하고, 인지 및 의식상태를 종합하고 조화시키는 '작인'(作因)이기 때문이다.

전술한 바와 같이, 법적 판단에 '자기해석적 존재'로 작용하는 법관의 '자아'는 '진행과정' 에 있는 '설화적 실체'(narrative entity)로 이해된다.[78] 설화의 본질과 함의에 대해서는 다양한 견해가 있지만, 설화의 형식 자체와 그 유용성에 대해서는 대체로 이견이 없는바, 이른바 '해석학적 설화관'(hermeneutical narrative view)[79]에 따르면, '자아감'(sense of self)과 '자아의 삶'(life of self)은 단절된 것이 아니라, 눈길을 번갈아 주어야 하는 동전의 양면과 같은 관계에 있는 '자아'의 구성요소로서 각각 그 내용과 구조의 측면에서 설화적 특성을 공유하는 것으로 본다. 말하자면 삶의 '진행

---

77) J. Searl, 강신욱(역), 신경생물학과 인간의 자유, 2010(2004), 101-102면.
78) Schechterman, 앞의 논문, 394-395면.
79) Schechterman, 앞의 논문, 395면.

과정'의 앞머리에 있는 '자아'를 설화의 형식으로 본다는 것은 그것을 단순히 종래의 삶의 궤적 대한 기억이나 그것이 반영된 결과로 보는 것을 넘어서 장래 삶의 선도자로서의 기능을 주목하는 것이고, 여기에서 '자아의 삶'을 선도한다는 것은 설화로서 자신의 삶을 이해하고 반성하는 것과 함께 자신의 삶으로 여기는 특정한 설화를 실연(實演)에 옮기는 것, 그리고 새로운 설화를 만들어 가는 것을 포함한다.

이러한 맥락에서 본다면, 법관의 법감정과 유리될 수 없는 법관의 '자아감', 그리고 그것에 의해 선도되는 법관의 '자아'가 작용하는 법적 판단도 적어도 일정 부분은 설화로서 '자아'를 반추하고 성찰하는 것인 동시에, '자아의 삶'을 말하고 또한 만들어 가는 과정으로 이해된다. 최종법원인 대법원과 대법관의 경우에는 앞으로 말하고 만들어갈 이야기를 암시하고 예고하는 것이기도 하다.

3. 심리적 과정으로서 법인식작업의 특성과 법감정

(1) 법인식작업의 '다중적 과정성'과 법감정

법의 개념을 정의의 법이념에 근접해가는 일종의 '진행과정'으로 정의한다면, 전체적으로든 개별적으로든 또는 거시적, 미시적 차원과 무관하게 법을 해석하고 적용하는 모든 법인식작업은 복합적인 '다중적 과정성'을 가진다. 법인식작업은 인식의 대상인 '법의 과정성', 인식 주체의 '자아의 과정성', 그리고 이 두 과정을 포괄하는 시공간적 환경, 즉 '맥락의 과정성'이 겹치고 섞이는 과정으로 진행된다. 법학방법론의 관점에 따라 법해석작업의 본질을 달리 보는 다양 표현들, 예컨대 '법의 발견'이든, '법의 형성'이든 또는 '법의 구체화', '법의 확보' 그 어떤 것도 법인식작업의 이러한 '다중적 과정성', 그리고 그것이 표출되는 인식과정의 복합적인 구조와 역동적인 메커니즘을 제대로 포착해내지 못한다. '언어로 표현할 수 없는 전(前)논리적 사고의 형태'[80]가 누락된 관념의 틀을 벗어나지 못하는 한 그럴 수밖에 없다. 관점과 방법, 그리고 궁극적으로는 논리와 언어의 한계이다.[81]

하지만, 오랜 기간 택일을 강요하는 경쟁 구도 속에서 대립되어 왔지만 '폐쇄된 법체계'의 전제와 연역의 추론방법에 집착하는 점에서는 다르지 않은 자연법론과 법실증주의의 방법론을 고수하는 경우에는 이 흠결을 메울 수 있는 가능성을 전혀 기대할 수 없다는 점은 확인할 수 있다. 특히, '주어진 법', 말하자면 해석작업에 앞서 '선재하는 법규범'의 전제 하에 그것을 단순히 '발견'해내는 것으로 법해석의 기능을 이해하면서 이른바 '포섭의 도그마'에 집착하여 법인식의 수단으로 '법적 추론'의 논리형식만을 주목하는 형식주의적인 개념법학의 근본적인 방법론적 오류에 대해서는 이미 상술하였거니와, 바로 법인식과정의 '다중적 과정성'을 전혀 설명할 수도, 수렴할 수도 없는 한계는 이 '전제의 오류'와 그에 따른 법인식작업의 본질에 대한 '오해'의 논리적, 현실적인 흠결이 가장 극명하게 드러나는 부분이다.

반면에, 자연법론과 법실증주의를 변증법적으로 극복한 '제3의 방법론'으로 평가되는 '법학적 해석학'은 '다중적 과정성'과 함께 미흡하게라도 하나의 특별한 '인식과정'으로서 법인식작업의 속성

---

80) R. Root-Bernstein/M. Root-Bernstein, 박종성(역), 생각의 탄생(Spark of Genius), 2007(1999), 23면.

81) 고도로 복잡한 이론과 논리, 그리고 그것을 담아내는 수학적 언어의 동원이 필수적일 것으로 생각되는 물리학의 대가 Einstein이 J. Hadamard에게 한 얘기는 법학방법론에 대해서도 그 시사하는 바가 예사롭지 않다. "언어라는 것, 글로 된 것이건 말로 된 것이건 간에 언어는 나의 사고과정 안에서 아무런 역할도 하지 못하는 것으로 보인다. 사고과정에 필수적인 역할을 수행하는 심리적인 실체들은 일종의 증후들이거나 분명한 이미지들로서, 자발적으로 재생산되고 결합되는 것들이다. 내 경우에 그 요소들이란 시각적이고 때로는 '근육까지 갖춘 것'들이다." 위의 책, 23면.

을 해명하는데 유용한 토대와 관점을 제공해준다. 특히 그 자체가 '진행과정'인 인식주체로서 '자아'가 '해석론적 주체'로서 일면 매개체로 공여되고, 타면 법텍스트와 사태에 대하여 번갈아 눈길을 주면서 '법적 판단'에 이르는 '인식과정'을 선도해나가는 것으로 파악하는 '법학적 해석론'의 방법론은 심리과정과 인지과정이 혼합된 일종의 통합적인 법인식과정 속에서 판단의 요소로서든, 동인(動因) 또는 변인(變因)으로서든 '법감정'의 역할과 기능이 간과될 수 없다는 점을 확인시켜 주는 동시에 또한 그것에 대한 파악의 과제를 던져준다.

"궁극적인 규범적 전제들은 사유된 것이 아니고 또한 '일련의 논리적 추론'(a chain of legal reasoning)의 산물도 아니다"라는 MacCormick[82]의 말을 그 대상을 개별 법규범으로 하여 다음과 같이 바꾸어 말해도 전혀 무리가 없다. 즉 모든 개별 법규범은 사유된 것만은 아니고 또한 '일련의 논리적 추론'만의 산물도 아니다. 인식과정에서 감정의 작용 자체와 그 중요성을 간과하거나 또는 단순히 '인지 후(後)적'(postcognitiv)인 것, 말하자면 주된 인지작용이 완결된 후에야 생성되는 심리작용으로만 보았던 종래의 심리학적 이해는 과학사의 한 대목으로 기술(記述)될 수는 있겠지만, 인간의 인식과정에 대한 이해와 설명으로서는 더 이상 설득력을 갖지 못한다. 이는 법인식과정을 대상으로 하는 경우에도 다르지 아니하다.[83]

---

82) MacCormick, 앞의 책, 5면.

83) 이에 관해서는 특히 R. B. Zajonc, Feeling and Thinking – Preferences Need No Inference, American Psychologist, Vol. 35, Feb. 1980, 151면.

(2) '냉(冷)인식' - '열(熱)인식' 이분설로 본 법인식과정과 법감정[84)]

선호(preference)와 태도(attitude), 그리고 '인상형성'(impression formation) 등에 대한 실험심리학의 연구결과에 따르면, 적어도 감정적 판단의 상당 부분은 흔히 그것의 토대로 여겨져 왔던 개념 및 인지작용과 독립된 것일 수 있고 또한 오히려 시간적으로도 선행될 수 있는 것으로 규명되었다. '육체와 정신', '몸과 마음', '이성과 감성'의 관계와 마찬가지로 그 구조적, 기능적 관계의 세밀한 내용은 여전히 연구과제로 남겨져 있고, 치열한 논쟁의 대상이기는 하지만, 감정과 인지작용은 다양한 방식으로 상호 영향을 미칠 수 있되, 적어도 부분적으로는 독립된 별도의 체계들 속에서 통제되고 또한 이 두 요소는 정보처리의 효과, 즉 인식 또는 판단의 결과에 대하여 각각 독자적인 원천으로 작용된다고 보는 점에서는 이견이 없다. 일반화하는 것은 성급한 예단일지 몰라도, 특히 '논리적 추론'에 대한 감정의 순기능적 촉진효과를 실험을 통해 분석 및 입증하고 있는 최근의 유력한 연구성과들을 더욱 주목하는 것도 이러한 맥락에서이다.[85)] 이에 따르면, 실험실 차원에서는 긍정

---

84) 법감정이 모든 법적 인식에 관여된다는 전제 하에, 관심은 통합적인 인식주체의 유기체적 구조 속에서 법감정이 구체적으로 작용되는 기능적 양식, 특히 그것들의 관계에 대한 정밀한 분석에 모아진다. 예컨대 인식기능의 부문을 생리, 심리 및 정신 인식기능으로 구별하는 것도 통합적인 인식과정의 틀 속에서 입체적으로 접근할 수 있는 점에서 유용한 시도로 생각된다. 대표적인 예로는 E.-J. Lampe, Rechtsgefühl und juristische Kognition, in; ders.,(Hr.), 앞의 책, 110-126면. 다만, 여기에서는 법인식과정에서 법감정과 논리적인 사유의 상호의존관계, 특히 법감정의 기능적 필연성과 중요성을 재확인하는데 초점을 맞추어 '냉인식'과 '열인식'의 2분설을 비판적으로 검토한다.

85) 특히 I. Blanchette/S. Gavigan/K. Johnston, Does Emotion Help or Hinder Reasoning? The Moderating Role of Relevance, Journal pf Experimental Psychology: General, Vol. 143.3(2014.6), pp. 1049-1064; J. Yiend, The effects of emotion on attention: A review of attentional processing of emotional information, Cognition and

적이든 부정적이든 '감정상태'(state of affect)가 논리적인 추론의 능력을 저해하는 것으로 볼 수 있지만, '형식적인 추론'을 포함하여 대부분의 실제 인식과정에서는, 특히 높은 수준의 인식능력이 요구되는 경우에는, 오히려 인식대상에 대한 관심(interest)과 주목(attention)을 이끌고 또한 인식목표에 대한 집중을 지속하게 하는 자극을 제공하는 점에서 감정이 더 적확한 추론에 도움이 된다는 것이다.[86)]

인식과정에서 감정작용의 필연성과 그 중요한 영향을 주목하는 이러한 인식의 전환과 그것을 뒷받침하는 유력한 실험심리학적 연구성과들에도 불구하고, 법이론과 법학방법론이 그 흐름에 합류하는데 가장 결정적인 장애는 '철학적 구성주의'(philosophical constructivism)와 계보를 같이하는 전통적인 실증주의적 법학방법론과의 부정합성이었다고 할 수 있다. 이른바 '단일한 법적 명제'(singular legal proposition), 말하자면 모든 특정한 법문제에는 법의 고유한 탐색방법, 즉 'p가 참이고, p가 q를 내포하면, q도 필연적으로 참이다'라는 '추론의 규칙'에 따라 찾아지는 '유일한 옳은 답'(only one right answer)이 대응되어야만 하는 것으로 보는 인식론에 수렴될 수 없었기 때문이다. 적어도 '정당화의 명제'에 의해서 지배되는 '법의 세계'에서는 가장 큰 '진리가치'를 담보하는 논리형식과 도대체 '기술(記述)될 수 없는 전(前) 논리' 또는 '증명될 수 없는 초(超) 논리'의 감성과 직관, 열정과 의욕은 근본적으로 친할 수 없는 것이었다.

전술한 바와 같이, 법실증주의의 근본적인 '구성주의적 전제', 특히 '단일한 법적 명제'와 그 핵심인 '포섭의 도그마'가 적어도 이론적으로는 이미 극복된 지 오래 되었지만, 법인식과정에서 '논리'

Emotion, 2010, 24, 3-47면.

86) I. Blanchette/S. Gavigan/K. Johnston, 위의 논문, 1050-1052면.

와 '논리적인 사유'의 형식으로서 '법적 추론'의 방법은 여전히 중심의 자리에 있다. 법이론의 차원에서 '포섭의 도그마'가 극복된 것이 법실무에 그대로 반영되어 나타날 수 없는 것은 그 자체가 G. Radbruch가 말하는 '특수한 현실'로서 법의 한계 때문이 아닌가 생각된다. '한계의 부정'이 아니라 '한계인정'의 전제 하에서라도, 좀 더 정확하게 표현하면, 한계를 인정하기 때문에 더더욱 정당화의 준거로 객관적인 합리성을 지향해야 하는 법의 당위적 요청은 실정성과 함께 모든 법적 판단의 '진리가치'에서 간과될 수 없는 것은 물론이거니와, 법실무상 구체적인 법적 분쟁에서 생사여탈을 결정하고 승패를 가리고, 그것을 언어를 매개로 하는 논증을 통해 정당화해야 하는, 그렇기 때문에 최대한 '객관적인 체'할 수밖에 없는 법관의 입장에서 '나도 모르는 내 마음'이 법적 판단에 개입되었음을 인정하고 토로하는 것을 기대하는 것은 무리일 것이다. 필요하고 바람직한 것인지 여부와는 무관하게, 어휘 구사력이 뛰어나고 예민한 시적 감수성을 갖춘 법관이라도 그것을 판결문에 표현 또는 기술하는 것은 적어도 Wittgenstein[87]이 어려운 예로 드는 '커피의 향기'를 기술하는 것보다 쉽지 않을 것이다.

이와 같이 가설적 조건에 의해서건 또는 정언적 명제에 따른 것이든 합리적인 추론의 형식으로 진행되어 법적 판단에 이르고, 그 정당화의 근거가 논리의 언어로 표현되는 법인식의 과정에는 적어도 외견상으로는 법감정이 개입되는 것으로 보기 어렵다. 이러한 점을 고려하건대, 인식을 '선호'나 '끌림' 등의 느낌이나 분위기 등 감정적인 반응과 태도가 작용하는 '뜨거운 인식'(hot cognition: 이하 '열인식'으로 약칭함)과 '인지'(recognition)나 범주화(categorization) 등 합리적인 사유작용을 내용으로 하는

87) Wittgenstein, 이영철(역), 앞의 책, 283면, 610번.

'차가운 인식'(cold cognition: 이하 '냉인식'으로 약칭함)으로 나누는 2분설로 보면,[88] 법인식과정은 자연스럽게 후자의 '냉인식'에 속한다고 할 수 있을 것이다. 근본적으로 '육체와 정신', '몸과 마음'에 관한 2원론과 마찬가지로 '이성과 감성'에 대한 단절적 이원론도 부정하면서 양자 간의 상호의존적 연계성을 강조하되, 그 본질과 속성을 기준으로 하여 감정의 느낌과 인지적 사유를 구별하는 Zajonc에 따르면, 우선 에너지와 정보가 작용되는 점에서는 느낌과 사유가 다르지 않지만, 느낌은 주로 에너지의 전달과 그에 대한 즉각적인 반응으로 경험되고, 사유는 기본적으로 일종의 정보처리과정으로 이해된다는 것이다.[89] 사유양식의 인식과 차별화되어 부각되는 감정적 반응의 속성으로는 선행성, 근본성, 불가피성, 자율적인 통제불가능성, 불가역성, 자아내재성, 언어적 표현의 어려움, 인식 비의존성, 내용으로부터 독립성 등을 적시한다.[90]

(3) 제3의 범주 – '양(凉: cool)인식'

하지만, 여기에서 관심은 감각과 사유가 서로 영향을 주고받는 교차적 의존의 관계에 있고, 그리고 완전한 평형상태이건 그렇지 않건, 긍정적이건 부정적이건 이 관계가 '진행과정'이라는 것에 대한 심리학적 재확인에 모아진다. 감정은 항상 사유의 동반자로 현전하는데 반해서, 감정에 대하여 인식은 늘 그러하지는 아니한 것으로 보는 것이 타당한지, 적어도 일반적으로 또는 법인식과정에 대해서도 그러한지 또한 동반되는 경우 그 구체적인 교섭의 방식과 내용 등등에 대한 세밀한 관심은 불가불 자제할 수밖에 없다. 다만, 여기에서 일종의 '심리적 과정'으로서 감정의 작용과 전술한 '자기해석적 존재'로서 '자아'와의 관계에 대해서는 재확인할

88) 이에 관해서는 특히 R. B. Zajonc, 앞의 논문, 151-175면.
89) Zajonc, 앞의 논문, 154면.
90) Zajonc, 앞의 논문, 154-160면.

필요가 있는바, Zajonc의 말대로 감정적 판단은 판단의 대상인 사물이나 사건의 본질이나 내용을 기술하는 것이라기보다는 '자아' 속에 있는 무엇인가를 기술하는 것,[91] 즉 '자아의 삶'을 만들어 나가는 것이라는 점이다. 즉 감정적 판단은 늘 '자아'에 대한 것이고, 따라서 그것은 인지적 사유에 의해서 영향을 받는 방향에서건 또는 사유에 개입을 하는 맥락에서건 그 대상과의 관계에서 늘 인식 또는 판단주체의 '감정상태'와 '태도'를 드러내는 것일 수밖에 없기 때문이다.

결국, 이러한 맥락에서 보면, 법관의 법인식작업의 경우 우선 '열인식'에 속하는 것으로 볼 수는 없지만, 일견 보이는 바 그대로 '냉인식'으로만 분류하는 것도 간명하기는 하지만 일종의 '상투적인 범주화'의 오류라는 비난을 면하기는 어렵다. 일종의 제3의 인식의 형식으로 '냉인식'과 '열인식'의 경향과 속성이 융합된 서늘한 '양(凉)인식'(cool cognition)[92]의 범주를 추가하여 그 전형적인 예로 법인식과정을 설명하는 것은 작위적기는 하지만, 적어도 '궁즉분'(窮卽分)의 방법론지침에 따라 해봄직한 시도로 생각된다. 말하자면 '법적 판단의 '진리가치'와 그 준거로 우선 합리적인 객관성을 지향하고, 건강한 절제를 전제로 하되, 다만 법감정의 영향으로부터 자유로울 수 없는 '통합적인 인식과정'으로 법관의 법인식작업

---

91) Zajonc, 앞의 논문, 157면.

92) 느낌 또는 느낌의 차이를 담아낼 수 있는 어휘의 결여를 절감케 하는 전형적인 예이지만, '양인식'의 의미는 우리 사회에서 인성에 대해 긍정적으로 평가하는 뜻의 외래통속어로 일반화된 '쿨하다'라는 말의 뉴앙스를 연상하면 효과적으로 파악될 수 있을 것으로 생각된다. 굳이 정리해보자면, 합리적으로 판단하여 설득력이 인정되는 것은 흔쾌히 수긍하고, 그렇지 않은 경우에는 단호하게 거부하고 부정하는 태도나 성향, 실행의 관점에서는 고상하되 유아독존은 아니고 또한 이웃을 배려는 하되 남들의 판단이나 시선을 의식하지 않고 나름대로 객관성을 유지하려고 애쓰면서 독자적인 가치관과 감성에 충실하게 살아가는 자율적인 행동방식을 형용하는 것이라고 할 수 있다.

을 이해하면, 몸의 생리적 구조가 그러하듯이 '현실 세계의 법관'의 '차가운 머리'와 '뜨거운 가슴'은 '구별은 되지만 단절될 수는 없는' 이른바 '삼투압적 관계'로 연결되어 있고 또한 그러해야만 하기 때문이다. 관건은 건강한 절제와 소통이다. 희소하여 아쉽기도 하지만, 그래서 더더욱 반갑게 주목하게 되는 건강한 '양(凉)인식'의 판례로 상론을 대신한다.[93]

---

93) 대전고법 2006.11.1. 선고 2006나1846 판결[각공2006.12.10.(40),2570]. 임대주택의 실수요자인 고령의 무주택자가 처의 병수발 때문에 직접 대한주택공사를 찾아갈 수 없어 자신의 돈을 관리하고 있던 딸을 통해 딸 명의로 임대차계약을 체결한 후 혼자서 임대주택에서 생활해 온 경우, 위 임대주택 거주자를 우선분양권에 관한 임대주택법 제15조 제1항 제1호의 '임차인'으로 본 판결로서, 비록 대법원에서 파기되기는 하였지만, 법해석방법론, 설시문의 양식 등 다양한 관점에서 눈길을 끈다. 한 지면에 같이 놓고 곱씹어봄 직하다 생각되어 대법원의 판결(2009.4.23. 2006다81035) 이유 중 일부를 전재한다.

『법은 원칙적으로 불특정 다수인에 대하여 동일한 구속력을 갖는 사회의 보편타당한 규범이므로 이를 해석함에 있어서는 법의 표준적 의미를 밝혀 객관적 타당성이 있도록 하여야 하고, 가급적 모든 사람이 수긍할 수 있는 일관성을 유지함으로써 법적 안정성이 손상되지 않도록 하여야 한다. 그리고 실정법이란 보편적이고 전형적인 사안을 염두에 두고 규정되기 마련이므로 사회현실에서 일어나는 다양한 사안에서 그 법을 적용함에 있어서는 구체적 사안에 맞는 가장 타당한 해결이 될 수 있도록, 즉 구체적 타당성을 가지도록 해석할 것도 또한 요구된다. 요컨대, 법해석의 목표는 어디까지나 법적 안정성을 저해하지 않는 범위 내에서 구체적 타당성을 찾는 데에 두어야 할 것이다. 그리고 그 과정에서 가능한 한 법률에 사용된 문언의 통상적인 의미에 충실하게 해석하는 것을 원칙으로 하고, 나아가 법률의 입법 취지와 목적, 그 제·개정 연혁, 법질서 전체와의 조화, 다른 법령과의 관계 등을 고려하는 체계적·논리적 해석방법을 추가적으로 동원함으로써, 앞서 본 법해석의 요청에 부응하는 타당한 해석이 되도록 하여야 할 것이다.

한편, 법률의 문언 자체가 비교적 명확한 개념으로 구성되어 있다면 원칙적으로 더 이상 다른 해석방법은 활용할 필요가 없거나 제한될 수밖에 없고, 어떠한 법률의 규정에서 사용된 용어에 관하여 그 법률 및 규정의 입법 취지와 목적을 중시하여 문언의 통상적 의미와 다르게 해석하려 하더라도 당해 법률 내의 다른 규정들 및 다른 법률과의 체계적 관련성 내지 전체 법체계와의 조화를 무시할 수 없으므로, 거기에는 일정한 한계가 있을 수밖에 없다. …

『법률용어로서의 '임차인'이라는 단어가 임대차계약의 양 당사자 중 부동산을 빌리는 측 당사자를 의미한다는 사실은 굳이 법률가가 아니더라도 잘 알고 있다. 그러나 법률 문언의 올바른 의미를 밝히기 위해서는 법률용어로서의 의미만이 아니라 그 법률이 달성하고자 한 정책목표와 우리 사회가 법체제 전체를 통하여 달성하고자 하는 가치를 아울러 고려하여야 한다. 위 법률의 문언만이 아니라 위 법률이 달성하고자 한 정책적 목표와 위 법률이 의도한 계획의 관점에서 보면, 피고 2의 주거안정은 당초부터 위 정책목표와 계획상의 보호범위 내에 있었던 것이지 그 바깥에 있었다고 생각되지 않는다. 정책적 목적과 계획을 분명하게 하기 위하여 사용된 언어가 그 정책적 목적과 계획의 실행을 제한하고 억제하는 방향으로 해석되고 집행되는 것은 옳은 일이 아니다.

이러한 법해석학의 관점에서 볼 때, 이 사건에서 피고 2가 무주택자이고 이 사건 임대주택에 대한 실수요자였음에도 불구하고 위에서 본 특별한 사정 때문에 임대차계약상의 임차명의인이 아니라고 하여 그의 권리를 부정하는 것이 이 법의 공익적 목적과 계획에 부합한다고 생각되지 않는다. 오히려 이 법상의 임차인의 요건을 그렇게까지 문언적, 법형식적으로 해석할 것이 아니라 이 사건과 같은 특별한 사정이 있는 예외적 사안에서 임대차계약의 목적과 재정적 부담과 실제 거주자라는 실질적 측면에서 사회적 통념상 임차인으로 충분히 관념될 수 있는 피고 2가 위 법상의 임차인 요건을 갖추었다고 보는 것이 위 법의 공익적 목적과 계획에 부합하는 해

원심은 이 사건에서의 특별한 사정에 대한 구체적 타당성 때문에 위와 같은 법적 안정성의 요청이 후퇴되어야 한다고 판단한 것으로도 보인다. 하지만, 특별한 사정이 있는 예외적 사안을 구체적 타당성 있게 해결한다는 명분으로 위와 같은 법률해석의 본질과 원칙을 뛰어넘을 수는 없다. 무엇이 구체적 타당성 있는 해결인가 하는 문제는 차치하고서라도, 법률해석의 본질과 원칙에서 벗어나 당해 사건에서의 구체적 타당성 확보라는 명분으로 1회적이고 예외적인 해석이 허용된다면, 법원이 언제 그와 같은 해석의 잣대를 들이댈지 알 수 없는 국민은 법관이 법률에 의한 재판이 아닌 자의적인 재판을 한다는 의심을 떨치지 못할 것이며, 이는 법원의 재판에 대한 국민의 신뢰를 크게 해칠 뿐만 아니라 모든 분쟁을 법원에 가져가 보지 않고서는 해결할 수 없게 함으로써 법적 안정성을 심히 훼손하게 될 것이기 때문이다.』

석이라고 생각한다.

가장 세심하고 사려 깊은 사람도 세상사 모두를 예상하고 대비할 수는 없는 법이다. 가장 사려 깊고 조심스럽게 만들어진 법도 세상사 모든 사안에서 명확한 정의의 지침을 제공하기는 어려운 법이다. 법은 장래 발생 가능한 다양한 사안을 예상하고 미리 만들어 두는 일종의 기성복 같은 것이어서 아무리 다양한 치수의 옷을 만들어 두어도 예상을 넘어 팔이 더 길거나 짧은 사람이 나오게 된다. 미리 만들어 둔 옷 치수에 맞지 않다고 하여 당신의 팔이 너무 길거나 짧은 것은 당신의 잘못이니 당신에게 줄 옷은 없다고 말할 것인가? 아니면 다소 번거롭더라도 옷의 길이를 조금 늘이거나 줄여 수선해 줄 것인가? 우리는 입법부가 만든 법률을 최종적으로 해석하고 집행하는 법원이 어느 정도 수선의 의무와 권한을 갖고 있다고 생각한다. 이는 의회가 만든 법률을 법원이 제멋대로 수정하는 것이 아니라 그 법률이 의도된 본래의 의미를 갖도록 보완하는 것이고 대한민국헌법이 예정하고 있는 우리 헌법체제의 일부라고 생각한다.

가을 들녘에는 황금물결이 일고, 집집마다 감나무엔 빨간 감이 익어 간다. 가을걷이에 나선 농부의 입가엔 노랫가락이 흘러나오고, 바라보는 아낙의 얼굴엔 웃음꽃이 폈다. 홀로 사는 칠십 노인을 집에서 쫓아내 달라고 요구하는 원고의 소장에서는 찬바람이 일고, 엄동설한에 길가에 나앉을 노인을 상상하는 이들의 눈가엔 물기가 맺힌다.

우리 모두는 차가운 머리만을 가진 사회보다 차가운 머리와 따뜻한 가슴을 함께 가진 사회에서 살기 원하기 때문에 법의 해석과 집행도 차가운 머리만이 아니라 따뜻한 가슴도 함께 갖고 하여야 한다고 믿는다. 이 사건에서 따뜻한 가슴만이 피고들의 편에 서있는 것이 아니라 차가운 머리도 그들의 편에 함께 서있다.』

4. 법인식과정과 법감정의 통제가능성

(1) 법이성과 법감정의 상호작용 – 법감정 개입의 불가피성과 통제가능성

법적 판단에서 '이성과 감성의 건강한 조화'라는 명제는 애매하고 또한 현실성이 결여되어 있다는 의미에서 다분히 관념적이다. 또한 조화의 요청이 늘 '균형'(Symmetrie)을 요구하는 것도 아니거니와, 균형의 정향점을 상정한다 하더라도 그것은 판단 주체의 '마음의 평의회'(council of one's own mind)[94]에서 스스로를 설득하는 맥락에서 법이성과 법감정 간의 일종의 '경쟁'에 따른 결과로 주목되는 것일 뿐이고, 지나치게 크지 않은 경우에는 오히려 경쟁과정을 촉진하는 '불균형'(Asymmetrie)을 원천적으로 배제하는 것은 아니라는 점에서 이성과 감성의 적정한 역할분담에 대하여 황금비율 같은 객관적인 기준은 상정될 수 없다.[95] 적어도 일반적으로는 그러하다.

아무튼, 법관의 법인식과정 속에서 법감정의 개입이 불가피하고 그 영향이 중요하다는 것이 확인 및 해명되었다고 하더라도, 본질적으로 기술할 수 없거나 극히 어렵고 또한 법적 판단에 이르는 법인식과정의 공식기록이라고 할 수 있는 판결문에 거의 표현되지 않는 감정적 판단과 태도를 구체적으로 어떻게 인식하고 통제할 수 있을 것인지는 자못 난감한 문제이다. 더구나 법인식과정은 '논리' 또는 '논리형식'이 핵심인 '법적 논증'의 방법만으로 진행되며, 그 과정 속에서 감정적 판단이 개입될 여지는 전혀 없다거나 또는 그것이 가능하고 불가피하다고 하더라도 대외적으로는 그 표출이 최대한 배제되어야 하고, 실제 재판실무상으로도 그러하다고 믿고 주장하는 경우에 적어도 법학방법론의 차원에서 유력한

94) 맥락은 다르지만, 이에 관해서는 D. N. McCloskey, Knowledge and persuasion in economics, 1994, 371면.

95) 경제학적 경쟁의 개념을 원용한 기술이기는 하지만, 시장이 아닌 개인의 통합적인 인식과정, 그리고 경쟁의 주재자요 조정자인 동시에 경쟁의 마당이기도 한 독자적인 인식 및 판단의 주체를 전제로 한 점에서 맥락이 다르다. 특히 다수 참여자의 독립성, 동종의 재화나 서비스의 공급 등을 전제조건으로 하는 기업 간 경쟁과는 다른 차원의 개념이다. 독립성 및 균형성과 경쟁의 관계에 대해서는 K. M. Meessen, 앞의 논문, 700면.

반증의 논거로 반박하는 것은 쉽지 않다. 느낌이나 태도 또는 분위기와 같은 '보이지 않는 마음'과 선과 악에 대하여 오로지 개인 홀로 마음으로 듣는 '내면의 소리'를 관찰자의 입장에서 보고 들었다고 할 수는 없고 또한 보고 들은 것으로 여기는 것을 준거로 하여 법적 판단을 비판할 수는 없는 노릇이기 때문이다.

궁색하기는 하지만, 아마도 현실적으로 통제할 수도 없고 또한 규범적으로 통제되어서도 아니 되는 것으로 보는 전제 하에, 법관의 양심에 맡기는 수밖에 없다고 보는 것도 '전(前)논리적' 또는 '초(超)논리적'인 법감정의 문제에 대한 나름대로의 '논리적인' 인식이 반영된 입장이라고 할 수 있다. 말하자면, "법인식과정에서 법관이 따라야 하는 '양심의 소리'(Gewisssensruf)는 원천적으로 교육과 믿음 또는 세계관에 의해 결정되는 '선이해'(Vorverständnis)의 연장선에서 들리고 답해질 수 있다"고 보는 입장에서는,[96] 관건은 법관의 세계관에 의해서 형성되어 주어지는 특정한 '인간상'(人間像)이고, 따라서 궁극적으로 그 어디에든 있어야 한다면 법감정의 소재지는 '인간상'일 수밖에 없다. 그렇다면 법관에게 요구되는 윤리적 요청과 연관되는 법감정의 문제는 구체적인 상황에서 오롯이 개인적으로만 대면하는 '양심현상'(Gewissensphänomen)에 관한 담론의 맥락에서만 접근될 수 있는 것으로 이해하는 것이다.[97] 결국 법관의 법감정의 문제는 법학교육 또는 법문화적 담론의 논제일 뿐이고, 개별적이고 구체적인 법인식작업의 차원에서 법관의 세계관과 '인간상'을 분석하고 비평하는 것은 무의미하다는 결론으로 이어진다.

---

96) F. Kümmel, Zum Problem des Gewissens, in; J. Bildhorn, Das Gewissen in der Diskussion, 1976, 441면. E. E. Hirsch, Zur juristischen Dimension des Gewissens und der Unverletzlichkeit der Gewissensfreiheit des Richters, 1979, 35면에서 재인용.

97) '인간상'과 양심의 관계에 대해서는 E. E. Hirsch, 위의 책, 35-37면.

다만, 서두에서 전제한 바와 같이, 이제까지 논의의 출발점이었고 또한 현 지점에서 어느 정도 규명되었다고 생각하는 것은 관찰자가 아닌 참여자로서 필자의 체험, 말하자면 법인식과정에서 소극적으로건 적극적으로건 법감정의 개입이 불가피하다는 것에 대한 주관적이지만 극히 실증적인 인식, 그리고 세부적으로 차이가 적지 않을지라도 법관의 법적 판단을 비롯하여 모든 법인식작업에 대한 그것의 일반화의 가능성과 필요성이다.

여기에서 재론을 더할 필요는 없는바, 이견이 있다면 순서상 반론의 차례이고, 그 핵심은 다음에서 하나의 특수한 양식의 인식으로서든 또는 인식과정의 한 부분으로서든 감정적 판단의 자동성 또는 통제가능성을 해명하면서 법감정이 작용하는 전형적인 법인식과정의 예로 활용하는 법관의 자유심증이나 양형판단에서 법감정의 개입을 부정하는 것이 될 것이다. 간명하게 판단되고 해결될 수 있는 경우에도 법감정은 상시적으로 잠복되어 있고, 따라서 눈에 띄지 않게 소극적으로 작용되는 것이기는 하지만, 특히, 익숙하지 않은 새로운 사태의 경우에 본질적으로 사실(fact)과 '가치'(value)를 대상으로 하는 점에서 도그마틱적 평가(dogmatische Bewertung)의 대상이 아닌 사태의 개별적인 구성부분들을 법적으로 인식하고 평가하는데[98] 법감정이 개입되지 않는다고 한다면, 무엇을 준거로 하여, 어떤 방법으로, 어떤 사유과정을 거쳐서 법적 판단에 이를 수 있다는 것인지 그 가능성과 대안을 제시해야 한다.

(2) '자동적인 인식과정'과 '통제되는 인식과정' – 다분화의 필요성

앞에서 인용한 Zajonc의 '감정의 반응은 자율적으로 통제될 수 없다'[99]는 주장을 아무런 유보조건 없이 인정할 수밖에 없다고

98) 이에 관해서는 E.-J. Lampe, Rechtsgefühl und juristische Kognition, in; ders.,(Hr.), 앞의 책, 121면.

99) 앞의 논문, 156면.

한다면, 법관의 법감정에 대한 논의는 그것이 법적 판단에 '의식적인 작인'으로서 중요한 영향을 미친다는 점을 확인한 지점에서 종결되어야 할 것이다. Searl의 말대로, 자유의지가 '과학적 사실'인지는 알 수 없지만, 근본적으로 '지향성'을 내포하고, 그렇기 때문에 '합리성'의 제약을 받을 수밖에 없는 '의식의 문제'는 의식의 구조상 자유의지를 전제하지 않고서는 한 발짝도 나갈 수 없거니와,[100] 정당한 법과 합리적인 법적 판단 또는 결정의 가능성을 지향하고, 이 '지향성'을 의식하는 가운데 책임을 추궁하고, 비판을 통해 선택가능성을 전제로 좀 더 합리적인 대안을 제시하는 법학의 담론의 장에서 선택의 여지, 즉 '합리성'(rationality)으로 인해 차이가 만들어질 수 있는 공간과 의도적인 인지과정을 통한 통제의 가능성이 없는 것에 대한 논의는 무의미하기 때문이다.

하지만, 법관의 법인식작업에서 법감정이 개입되는 과정은 현상을 분석대상으로 하는 수준에서 현대 사회심리학에서 관심을 갖는 혼합적인 인식과정, 즉 자동적인 과정과 비자동적인 과정이 혼합된 과정에 속한다. 자동적인 것만도 아니고, 그렇다고 해서 의식을 통해 필연적으로 통제되는 것도 아닌, 말하자면 전술한 '현상학적 인식론'에서 보는 바와 같이 의식의 구속성과 함께 '지향성'에 의해 형성되어 나가는 개방된 인지의 지평의 속에서 역동적인 모호성과 능동적인 변화의 가능성이 원천적으로 또는 전면적으로 배제되지는 않는 이른바 '자동적인 의도적 과정'(automatic attentional process)이다.[101]

---

100) 앞의 책, 21-23면.

101) R. M. Schiffrin/S. T. Dumais, The development of automatism, in; J.R. Anderson(ed.), Cognitive Skills and Their Acquisition, 121면. J. S. Uleman, A Framework for Thinking Intentionally about Unintended Thoughts, in; J. S. Uleman/J. A. Bargh, Unintended Thought, 1989, 430면에서 재인용.

현대심리학에서 인식과정은 투입되는 정보 또는 자극을 준거로 하여 인식과정의 유형을 다섯 단계로 구분하는바, '자동적'(automatic), '즉각적'(spontaneous), '관념적'(ruminative), '의도적'(intentional) 및 결단적, 즉 '책임을 지는'(responsible) 인식과정이 그것이다. 인식과정의 산출(output)의 측면에서는 '관념'(concepts), '추측'(inferences), '관심'(concerns), '대답'(answers) 및 '확신'(convictions)과 각각 연계되는 이 5단계모델은 인식주체의 관점에서 보면 인식과정에 대한 영향력을 개인이 통제할 수 있는 가능성의 크기나, 의식 또는 의도에 의한 조종과 통제의 복잡성의 정도를 나타내는 것이기도 하다.[102] 감정의 자율적인 통제가능성을 부인하는 관점을 그대로 수용하는 경우 법인식과정에서 법관의 법감정이 작용하는 부분은 제1단계의 '자동적인 인식과정'에, 반면에 법관의 법적 판단을 오롯이 논리적인 '법적 추론'의 결론으로만 보는 입장에서 이해되는 법인식과정은 제5단계의 '결단적 인식과정'에 속하는 것으로 볼 수 있을 것이다.

하지만, 후자 입장의 '무지의 오류', 법감정의 개입을 금기시하거나 간과하는 인식의 오류에 대해서는 이미 충분히 상술하였거니와, 이 5단계의 인식과정들은 상대적인 차이를 기준으로 하여 분류된 것일 뿐이지 각각 단계의 인식과정이 상호 영향력의 교섭이 차단된 채 개별적으로 고립되어 진행되는 것으로 이해되는 것이 아니다. 말하자면 교섭의 밀도나 양식은 각각 단계별로 다르지만, 가장 자율적인 통제의 가능성이 높고, 따라서 책임을 물을 수 있는 전형적인 '합리적인 사유'의 형식이라고 할 수 있는 제5단계의 '결단적 인식과정'도 제1단계부터 제4단계의 인식과정들과 순차적으로 또는 비약적으로 영향을 주고받는 점에서 다르지 않다는

102) J. S. Uleman, 위의 논문, 435면. 도형 14.2.

것은 현대심리학에서 정설로 자리를 잡은 지 오래다. 전술한 바와 같이, 통합적인 인식과정에서 감정의 영향력과 그 중요성을 강조하되, 사유와 감정적 판단을 상호 긴장관계를 유지하는 별개의 영역으로 파악하는 식의 Zajonc의 견해[103]에 동의할 수 없는 것은 이 때문이다. 다만 감정적 반응의 자율적인 통제가능성, 즉 의도적인 인지과정을 통한 감정통제의 가능성을 부정적으로 보는 Zajonc도 순정한 형태의 합리적인 사유에 대해서는 극도로 회의적인 입장을 보이고 있는바, 즉 합리적인 사유를 통해 다양한 대안들과 관련하여 모든 긍부정적인 요소들을 형량의 방법으로 판단하여 논리적으로 필연적인 결정에 이르는 것으로 보는 것은 환상일 뿐이라고 단언한다.[104] 인식과정의 산물인 결정이 내려지기 전에 또는 인식과정 속에서 선택가능한 대안들에 관해 수집되어 인식 및 형량되었다고 제시되는 정보들이 실제로는 결정을 사후에 정당화하는 근거일 뿐이라는 지적[105]은 사유와 감정적 판단 간의 교섭의 가능성을 시사한 것이라는 점에서 주목함직 하다.

(3) '조건부 자동성'의 인식과정과 법감정

법감정이 개입되는 인식과정이 제1단계의 '자동적 과정', 즉 대안선택의 가능성이 없기 때문에 인식주체의 의도적인 인지과정을 통해 자율적으로 통제할 수 없고, 그렇기 때문에 어떤 책임을 물을 수 있는 이른바 '자유의지'가 상정될 수 없는 인식과정으로 보는 것은 성급한 예단이다. Searl을 재인용하면, 무엇인가를 인식하거나 실행하는 과정에서 의식, 말하자면 의지나 의도의 작용공간이나 여지를 상정할 수 없다면 합리성의 개념 자체는 물론이고, 궁극적으로는 어떤 의무나 책임도 무의미하게 될 수밖에 없기 때

103) 앞의 논문, 156면.
104) 앞의 논문, 154면 이하.
105) 앞의 논문, 155면.

문에[106] 법관의 법감정적 판단 또는 법감정이 개입되는 인식과정이 인과적으로 완결된 조건에 의해 결정된다는 뜻의 ‘자동적인’ 것이라고 한다면 법감정에 대한 추가적인 논의는 공론(空論)에 불과할 것이다.

그러나 사회적 지각과 인식의 과정에 ‘선(先)의식’, ‘반의식’ 또는 ‘무의식’ 등 합리적인 의식 또는 인지의 차원에서 기술하거나 입증할 수 없지만, 그렇다고 해서 간과할 수는 없는 다양한 ‘자동적인 영향’의 다양성을 규명해낸 사회심리학의 연구성과,[107] 특히 이른바 ‘조건부 자동성’(conditional automaticity)이나 ‘부분적인 자동성’(partial automaticity)의 명제에서 잘 드러나는 바와 같이,[108] 인식의 유형에서 순수한 ‘결정론’ 형식, 즉 인식주체의 자율적인 작용공간과 통제가능성이 전혀 없는 ‘자동적인 과정’은 극히 예외적인 범주로 또는 일정한 조건부로만 상정될 수 있을 뿐이다. 위에서 살펴 본 5단계모델에서 제1단계의 ‘자동적 과정’과 바로 다음 단계의 ‘유의적(attentive) 과정’이라고 할 수 있는 ‘즉각적인 과정’ 조차 구별할 수 있는 충분한 기준이 아직 제시되고 있지 못하고 있거니와, 이는 ‘즉각적인 과정’이 ‘자동적인 것’도, 의도나 의식 또는 전략적인 것 중에 어떤 뜻에서건 ‘통제되는 것’도 아닌데 기인하는 것이지만, 원천적으로 유형의 인식 또는 판단에서 의도 또는 의식만을 기준으로 하여 일정한 ‘작인’(作因)의 영향에 대한 통제가능성의 유무를 판단하는 것이 성립되지 않기 때문이기도 하다. 감정과 느낌 또는 분위기를 비롯하여 내적 의도(intention)와 앎

106) 앞의 책, 21면.

107) 이에 관해서는 특히 J. A. Bargh, Conditional Automaticity: Varieties of Automatic Influence in Social Perception and Cognition; J. S. Uleman, 앞의 논문, in; J. S. Uleman/J. A. Bargh, 앞의 책, 3-51면; 425-469면.

108) J. A. Bargh, 위의 논문, in; J. S. Uleman/J. A. Bargh, 앞의 책, 3-8면

(awareness), 주목(attention), 통제(control) 등의 요소들이 대부분의 인식과정 속에서 동시적인 변수로 작용하지는 않지만, 어떤 특정한 효과, 즉 특정한 판단에 이르는 인식과정 또는 심지어는 이른바 '생리적 시간'(somatische Zeit)의 순간을 포함하는 그 속의 한 부분들 속에서 필연적으로 작용될 수도 있고, 또는 적응과 선택의 경쟁과정 속에서 그렇지 않을 수도 있는 상이한 속성을 갖고 있다는 것이 해명된 이상, '자동적인 과정'과 기타 '통제되는 과정'을 상호 배타적이고 배제적인 정보처리과정으로 파악하는 종래의 이원론과 이를 토대로 하는 단절적 분류설은 상론을 약하되, 다만 이른바 '전제의 오류'로 평가할 수 있다.[109]

앞에서 인용한 Searl의 말대로 결정론, 특히 이른바 '심리적 결정론'의 확인된 오류를 차치하더라도 경험적으로 부정하기 어려움에도 불구하고 '자유의지'가 과학적 사실인지 여부를 알 수 없다면,[110] 하나의 인식유형으로서 '자동적인 과정'의 존재 여부도 마찬가지이다. 다만, 이제까지 논의에 따르면 적어도 인식과정에서 개인의 자율적인 통제가능성이 없다는 뜻의 '자동적인 과정'은 예외적이거나 조건부로만 상정된다. 오히려 인식과정에 관한 담론에서 통제가능성의 유무나 그 의미와 정도는 거의 대부분 가설적인 전제와 그에 따른 분석의 수준에 따라 결정된다. 이 글에서 비판적 분석과 통제의 관점에서 관심대상인 법관의 법감정의 문제도, 사회심리학자들이 심리적 현상을 분석대상으로 하는 수준에서 거의 대부분의 경우가 그러하듯이, '자동적인 과정'과 '비자동적인 과정', 즉 '통제되는 과정'이 혼합된 인식과정의 맥락에서, 그리고 가능한 한 인식(과정)의 개념, 즉 혼합의 단계나 상태를 다분화하여 접근해야 한다.

---

109) J. A. Bargh, 앞의 논문, in; J. S. Uleman/J. A. Bargh, 앞의 책, 38면.
110) 앞의 책, 21-23, 57-68면.

5. '의도하지 않은 생각'? - 법감정에 대한 통제 및 책임추궁의 근거와 이유

(1) 의식과 자동성 - '의도하지 않은 영향'의 통제가능성

Uleman의 적절한 표현을 빌리면, 통제가능성의 관점에서 하나의 인식과정이 자동적인지 아니면 비자동적인지는 인식주체의 교육 또는 자기계발의 중장기적이고 점진적인 이력 속의 특정한 지점에서만 문제가 될 수 있다.[111] 예컨대, 구체적인 인식의 진행과정 속에서 관심(interest)은 상대적으로 좀 더 자동적인 것이라고 할 수 있지만, 근본적으로 감정의 요소를 포함한 인식의 상태는 교육이나 훈련을 통해 어떤 방향으로든 변화될 수 있기 때문이다.

또한 '의식가능성과 자동성의 이분설'(conscious-automatic dichotomy), 그리고 이를 토대로 하여 통제가능성을 '자동성'의 기준으로 보는 견해에 대하여 동의할 수 없다는 점은 전술한 바 있거니와, 인식과정 자체를 포함하여 그 결과로서 어떤 판단이나 주장, 행위를 하는 경우 그것이 지향적이고 합리적이기 위한 필요조건인 소망과 '기대의 지평'[112]을 구성하는 의도(intent)나 의욕(volition; desire), 특히 이들의 영향을 받는 '정향성', 말하자면 '주목'(attention)의 '태도'(attitude)를 고려하면 전형적인 '자동적인 과정'의 차원에서도 상수와 변수를 획일적으로 나누는 그 정의기준은 흔들릴 수밖에 없다. '의도' 및 이에 따른 '주목'에 의해 촉발되지만 '알지 못하는 상태에서'(without awareness) 진행되는 인식과정, 즉 '자동적이고 유의하는 과정'(automatic-attentional process)을

---

111) J. S. Uleman, 앞의 논문, in; J. S. Uleman/J. A. Bargh, 앞의 책, 428면.

112) 이는 noesis(의식작용)와의 상호작용 속에서 noema(의식의 내용)의 '계기성'(繼起性)에 초점을 맞추어서 인식의 개방성과 능동적인 역동성을 주목하는 E. Husserl 현상학의 핵심과제, 즉 일종의 '목표지향적 행위'라고 할 수 있는 인간의 인식작용의 '지향성'의 본질과 기능에 대한 이해의 맥락에서 관건이 되는 명제이다. 이에 관해서는 양해림, 앞의 책, 247-248면.

통제될 수 없다는 의미에서 '자동적인 것'으로 보는 것에 대한 이견[113]과 함께 가장 주목되는 것은 분석대상인 인식과정의 단위나 차원, 그리고 시간의 프레임에 따라 다르지만, 기본적으로 '자동적 과정'은 통제과정에 의해 변화될 수 있다는 점에 대한 해명이다.[114] 즉, 짧은 시간의 단위에서는 '자동적인 과정'으로 볼 수밖에 없는 경우라도, 좀 더 긴 시간의 잠재적인 영향을 고려하는 관점에서는 그 인식과정의 효과를 뒤집을 수 있는 '통제되는 과정'으로 볼 수도 있다는 것이다. 요컨대, '자동적 과정'은 단기적 관점에서 볼 때는 통제될 수 없지만, 장기적인 관점에서는 궁극적으로 통제가능한 인식과정이라는 결론이다.

하지만, 여기에서 유의해야 할 점은 시간 프레임에 따른 이러한 구별도 상대적인 것일 뿐이라는 점이다. 말하자면 '우리가 안다는 것을 안다'(We are aware that we are aware: self-awareness)[115]는 의미의 '의식' 또는 '앎'이 작용되기 어려운, 또는 좀 더 정확하게 표현한다면, 그것들의 작용을 의식하고 설명하기 어려운 순간을 포함한 단기 차원의 '자동적인 인식과정'에서도 자율적인 통제가능성이 완전히 배제되는 것은 아니다. 어떤 능동적인 인식의 구성요소가 불가측적이고, 그렇기 때문에 형량과 기술이 어렵다고 해도 그것은 '합리성의 제약'의 상수와의 관계에서 선택하기 어려운, 즉 통제하기 어려운 변수라는 것을 해명하는 근거일 뿐이지 그 자체를 통제불가능한 상수로 보는 것을 정당화하는 이유가

113) J. S. Uleman, 앞의 논문, in; J. S. Uleman/J. A. Bargh, 앞의 책, 428-430면.

114) M. I. Posner/C.R.R. Schneider, Attention and Cognitive Control, in; R. L. Solso(ed.), Information Processing and Cognition, 1975, 55-85면. Uleman, 앞의 논문, in; J. S. Uleman/J. A. Bargh, 앞의 책, 429면에서 재인용.

115) F. Capra, The Web of Life, 1997, 287면.

될 수는 없다. 비판적인 분석과 검토, 그리고 책임추궁의 대상이 논리적이고 인지적인 사유의 형식으로 진행되는 인식과정 및 그 결과가 표출되는 차원과 범주에 국한되어서는 아니 되는 것은 바로 이 때문이다. 요컨대, 이 글에서 많이 인용하고 책의 제목이 시사하는 바와 같이, '의도하지 않은 생각'(unintended thought)이라고 해서 그것이 자율적인 통제가능성 바깥에 있는 것으로 볼 수는 없다.

이러함 맥락에서 보면 이른바 '의도하지 않은 생각'은 '선(先)의식'(preconsciousness)과 '의식'(consciousness)이 서로 의존 및 연계되는 '상호작용'(interaction)의 인식과정으로 파악되는바, 선택의 가능성 및 이를 전제로 하는 비판과 통제의 가능성은 바로 '통제되는 산출'에 일견 자동적으로 투입되는 '선(先)의식', 즉 '의도하지 않은 영향'에 대한 잠재적인 조종 또는 조절의 가능성에서 그 준거가 찾아진다. 전술한 바와 같이, 단기적인 차원에서는 더더욱 그러하지만, 본질적으로 즉각적인 감각 또는 일종의 직관의 현상이기 때문에 '선의식'의 영향에 대한 통제, 즉 일종의 '표준화'된 상태에서 선의식적으로 주어지는 선택을 거부할 수 있는 가능성을 상정하는 것은 어려운 것으로 보이지만, 고도로 상례화된 습관적인 사고와 행동을 포함하여 대부분의 경우에 '선의식'의 영향에 대한 통제는 가능하다. 이른바 '자동적인 과정'을 상정하고, 그 속에서 작용되는 잠복된 '선의식'과 그 영향에 대한 조종의 가능성을 배제하였던 것은 관심이나 동기의 흠결, 즉 통제의 가능성과 필요성 자체에 대한 부정을 이유로 한 것이 아니었고, 의식하고 알지 못하는 경우에도 인식과 판단 및 행동에 영향력이 미칠 수 있는 다양한 길이 있다는 점을 용인하지 않으려는 경향 때문이었다.[116] '은폐된 선의식'의 '의도하지 않은 영향'(unintended influence)에 대한

116) J. A. Bargh, 앞의 논문, in; J. S. Uleman/J. A. Bargh, 앞의 책, 38-40면.

통제가능성을 인정하는 경우에도 그것은 인식 또는 판단의 주체가 사유자로서 그것을 알고 있어야만 한다는 조건부였고,[117] 알려고 하는 '의욕' 또는 '의지'의 '통제가능한 영향'(controllable influence)과 '의식적인 작인'으로서의 능동적인 영향력과 그에 대한 인식주체의 통제가능성을 고려한 것은 아니었다.

(2) '구체적인 자기반성'과 갱신의 요청

이러한 맥락에서 볼 때, 의식과 의도가 작용되지 않거나 또는 이들이 작용된다고 하더라도 알지 못하는 잠복된 '선의식'의 영향들, 말하자면 주관적인 경험에 대한 선택적 구성과 이를 판단과 결정에 연결시키는 과정 속에서 환경에 대한 인식자료를 제공해주는 '선의식적 편견'의 투입들을 "이미 실행에 착수된 계획의 종결되지 않은 부분들"(uncompleted parts of a Plan whose execution has already begun)[118]이라고 한 Miller의 표현은 적확하다.[119] 그 핵심 함의는 긍정적이건 부정적이건 구체적인 인식과정에서 '선의식'은 완결된 상태로 선재하는 것이 아니라, 상대적인 차이가 있을 뿐 늘 그 자체가 일종의 '소통'(communication)[120]이라고 할 수 있

---

117) 이에 관해서는 특히 S. T. Fiske, Examining the Role of Intent: Toward Understanding Its Role in Stereotyping and Prejudice, in; J. S. Uleman/J. A. Bargh, 앞의 책, 253면.

118) 여기에서 Plan은 일종의 '절차적 지식'(procedural knowledge)으로서 '행위들이 수행되는 질서를 통제하는 최상위의 과정'(hierarchical process that controls the order in which actions are performed)을 뜻한다. S. T. Fiske, 위의 논문, in; J. S. Uleman/J. A. Bargh, 앞의 책, 258면.

119) G. A. Miller/E. Galanter/K.H. Pribram, Plans and the Structure of Behavior, 1960, 61면. 이러한 이해는 '한 종의 해부학적 특성들'(anatomische Merkmale der Arten)이 아니라 '건축계획들과 함께 잠재적인 것'(Potenziale mit Bauplänen)이 유전되는 것으로 보는 진화론적 인식과 차원과 범주가 다를 뿐 경쟁의 가능성, 즉 적응과 선택 및 그에 따른 결과의 개방성을 전제하는 점에서 유사하다. 이에 관해서는 K. M. Meessen, Prinzip Wettbewerb, JZ 2009, 698면.

120) 여기에서 '소통'은 '정보의 전달'이라는 의미의 '의사소통'과는 다른 기호학적

고, 결과가 개방되어 있는 '자아의 삶'(life of self) 속에서 조종과 통제가 가능한 가변적인 상태로 주어지는 것으로 보는 것이다. 이에 관한 상론은 약하되, 다만 그 타당성과 효용에 대한 논의는 반대의 방향에서 이른바 '상투적인 범주화'(stereotyping categorization)의 흔한 예증으로 충분하다.

Fiske가 지적하는 바와 같이, 흔히 어떤 결정이 '선의식'의 주관적인 편견이나 작위적인 의도가 전혀 개입되지 않은 불가피한 결정, 말하자면 인과적으로 충분한 조건에 의해 선결된 필연의 결과이고, 그렇기 때문에 인식주체로서 책임을 추궁 받을 여지와 이유가 없다는 주장을 할 때 전술한 인식과정의 '자동성', 즉 통제 불가능성을 근거로 제시하는데, 그 대부분은 '무지의 오류'이거나 아니면 '숨겨진 동기'에 따른 변명에 지나지 않는다.[121] 자아성찰과 갱신의 요청을 외면하는 경우에 인식과정의 한 형식 또는 방법이라고 할 수 있는 이른바 '범주화'는 부주의한 선택, 따라서 의도가 작용되고 책임을 물을 수 있는 무분별한 선택의 실수를 무의식 또는 반의식으로 포장하여 면책을 주장하는 논리형식이거나, 아니면 '성급한 예단'의 의도가 내장된 전략적 수단이 될 뿐이다. 이는 특히 범례화된 습관이나, 강한 자극 또는 감정의 영향에 따라 기존에 주어진 쉬운 해결책에 안주하는, 역으로 말하자면 거의 자동적으로 주어지는 대안의 선택을 거부하는 의미의 '어려운 선택'(hard choice)을 회피하는 상투적인 인식과정에서 잘 드러난다. Fiske의 말대로, 이른바 '쉬운 선택'(easy choice)이 하나의 '의도의 형식'(form of intent)이라면, '어려운 선택'은 '의지의 형식'(form of

개념으로 이해되어야 한다. 말하자면 다른 형식의 언어로 형성되는 의식적인 이성과 선의식 또는 반의식의 감성이 상호 공조작용을 통해 무언가 새로운 생각이 재생산 또는 공유되는 과정을 뜻한다. 김경용, 『기호학이란 무엇인가』, 20-24면.

121) Fiske, 앞의 논문, in; J. S. Uleman/J. A. Bargh, 앞의 책, 254면.

volition)이라고 할 수 있다. 말하자면 의지의 영향이 가장 극명하게 나타나는 것은 의도가 작용되기 어려운 때, 즉 "(진지한 성찰이 생략되지 않는다면: 저자 부기) '납득이 되지 않지만 압도적으로 닦달하는 생각'(a dominant, unacceptable thought)이 '하나의 보다 현명한 생각의 나지막한 목소리'(still small voice of a wiser one)와 충돌되는 때"이다.[122] 우리들의 사유와 느낌이 지적 인식요소에 고착된 'Procrust 침대'의 굴레를 벗어나는 것은 '보다 현명한 생각'을 지향하는 '구체적인 반성'(concrete reflection), 즉 관찰자가 아니라 참여자의 입장에서 세계에 대한 자신의 경험 자체를 해석하고 재구성해나가는 과정 속에서만 가능하다.[123] 선의식 또는 반의식적 인식과정도 비판하고 또 책임을 물어야 하는 이유와 근거는 바로 이 '나지막한 목소리'에 귀를 기울이려고 하는 '의욕'과 '관심'의 부재 또는 부족, 그리고 듣고 헤아릴 수 있는 '분위기'와 태도의 흠결, 그리고 이 흠결들의 근원이라고 할 수 있는 자기성찰의 포기나 게으름에서 찾아진다.[124]

---

122) Fiske, 앞의 논문, in; J. S. Uleman/J. A. Bargh, 앞의 책, 261면.

123) D. E. Marietta Jr., 앞의 책, Introduction ix면.

124) '분위기'와 연관하여 '이해'를 파악하고, '의욕'의 '행위성'을 부각시키는 Wittgenstein의 탁견들은 이런 맥락에서 더욱 돋보인다. 이영철(역), 철학적 탐구, 282면, 609번, 『분위기의 기술(記述)은 언어의 특별한 적용이다. 특별한 목적들을 위한(('이해'를 분위기로서, 심적 작용으로 이해하기, 우리들은 모든 것에 대해 어떤 분위기를 덧붙여 구성할 수 있다. '기술 불가능한 성격'))』; 284면, 615번, 『"의욕은, 그것이 일종의 소망이 아니라고 한다면, 행위 자체여야 한다. 그것은 행위 이전에 멈추어서는 안 된다." 그것이 행위라면, 그것은 그 말의 일상적인 뜻에서 행위이다…』; 286면, 618번, 『의욕의 주체는 질량이, 따라서 관성도 없는 어떤 것으로서, 자기 자신 속에 극복해야 할 아무런 관성과 저항도 가지고 있는 않은 하나의 자가발동기로 표상된다. 그것은 단지 움직이게 하는 것일 뿐, 움직여지는 것은 아니다. 따라서 "나는 의욕한다, 그러나 내 몸이 나를 따라주지 않는다"고는 말할 수 있지만, "나의 의지가 나를 따라주지 않는다"고는 말할 수 없다. (아우구스티누스)』

(3) 소 결

이른바 '자동적인 인식과정'에 대한 이러한 비판적인 검토의 결론, 특히 인식 또는 판단주체의 '선의식적 의도'가 작용되는 점에서 선택 및 자율적인 통제의 가능성이 없지 않고, 따라서 이른바 무의식이나 반의식의 심리상태가 면책의 근거가 될 수 없다는 점에 대한 해명은 법관의 법인식과정에도 그대로 적용될 수 있다. 특히 무의식 또는 반의식적인 이른바 '자동적인 인식과정'을 비롯하여 법적 판단과 결정에 이르는 모든 법인식과정에 해당되는 자기반성과 성찰의 주문은 법치국가라는 '법의 세계'에서 '법적 진리'에 근접해가는 과정에서 일종의 '신호 해독자'(signal-reader), '메시지 해석자'(message-understander) 또는 '사령관' (comman- der)로서 지위와 역할이 부여된 법관에게 선지급된 '지혜의 대여금'(loan of intelligence)[125]의 변식과 상환을 요구하는 것이라는 점에서 더더욱 그러하다.[126]

V. 결론을 대신한 변명의 보론 - 'homunculus problem?'

서두에서 정의한 바대로, 법감정을 '법문제와 관련된 인간의 직관적인 가치감정'이라고 한다면, 제한된 범위에서나마 심리학의 연구성과를 정리해 본 이제까지 논의는 '전(前)논리' 또는 '초(招)논

125) D.C. Dennett, Brainstorms: Philosophical Essays on Mind and Psychology, 1978, 12면.

126) 저자가 헌법명제로서 법관의 양심을 논하면서 겸손과 용기, 절제의 요청, 열정, 분노의 필수성과 함께 지적 책임과 자기갱신의 노력의무를 강조한 것은 바로 이러한 맥락에서이다. 이덕연, 헌법 제103조에서 법관의 독립과 양심, 공법연구 제38집 제2호, 2009.12, 366-369면; '거창사건'에 대한 대법원판결(2008.5.29. 2004다33469) 평석 - 견벽청야(堅壁淸野)의 군사작전과 법리구성의 구조적 유사성을 주목하며, 저스티스, 통권 제129호, 2012.4, 318-320면.

리', '선의식' 내지는 '반의식'의 판단요소라고 해도 – 또는 그렇기 때문에 더더욱 – 법인식과정에서 법관의 법감정이 간과되어서는 아니 되고 또한 법감정의 문제는 법학교육이나 법문화의 일반적이고 장기적인 차원에서는 물론이고, 직관이 작동되는 순간, 즉 '생리적인 시간'의 단위를 포함하여 개별 사건에 대한 법적 판단과 그에 이르는 구체적인 법인식과정의 단기적 차원에서도, 특히 통제와 책임추궁의 가능성과 필요성의 관점에서 주목되어야 한다는 점을 해명한 것이라고 할 수 있다. 이 통제와 책임추궁의 가능성을 법학방법론과 재판 실무에 구체적으로 어떻게 반영하고 실현해나갈 수 있을 것인가 하는 문제는 여전히 숙제로 남아 있다.

이 미결의 과제는 심리학을 포함하여 인지과학의 영원한 난제라고 할 수 있는 이른바 '난쟁이 문제'(homunculus problem),[127] 즉 인식과정을 주재(主宰)하는 '궁극적인 통제자'(the ultimate controller)가 있는지, 있다면 누구이고 또 어디에 어떤 모습으로 존재하는지를 해명해내는 것인바, 턱 없이 모자라는 저자의 깜냥 외에 더 이상의 궁색한 변명은 필요 없다. 심리작용을 포함하여 모든 인식과정의 인과관계를 유전자나 유기체로서 뇌신경의 물리적인 작용으로 설명해낼 수 있다고 보는 (사회)생물학적 존재론을 그대로 수용한다면 몰라도, 그렇지 않는 한 이 문제는 근본적인 모순성을 내포하고 있다. 해결의 가능성을 기대할 수 없는 난해함에 대하여 Dennett이 간명하게 정리한 대로, "심리학은 homunculus가 없이는 불가능한데, 정작 homunculus를 포함한 심리학은 순환론 또는 무한회귀의 운명을 피할 수 없는바, 결국 심리학 자체가 불가능하다."[128] 그렇다면, 궁극적으로 '난쟁이 문제'로 귀착될 수밖에 없는

---

127) 이에 관해서는 J. S. Uleman, 앞의 논문, in; J. S. Uleman/J. A. Bargh, 앞의 책, 431-432면; D.C. Dennett, 앞의 책, 121-124면.

128) D.C. Dennett, 앞의 책, 122면.

법감정의 문제를 법인식작업과 법학에서 고민거리로 삼는 것도 결국은 현실적으로 수용 불가능한 결론, 즉 법적 판단과 법학의 '기능부전'으로 귀착될 수밖에 없는 무의미하고 무용한 논의인 것은 아닌가? 방법론상 '순환의 문제'(Problem des Zirkels)는 '법학적 해석학'의 경우도 비켜갈 수 없다. 이른바 '해석학적 나선(螺線)'(hermeneutische Spirale)의 문제이다.[129]

이 의문 역시 깜냥이 전혀 안 되는 것은 마찬가지다. 하지만 지적 비관주의는 불가피하다고 하더라도 A. Gramsi의 말대로 의지로는 낙관주의를 가질 필요가 있는바, 의뭉스럽게라도 대답을 약하거나 피할 수는 없다. 굳이 답을 하자면 인식하고 판단하는 사람과 인식의 대상인 세상이 그러한 것처럼 '자동포섭기'나 '이념형의 법관'이 아니라 '사람인 법관'과 '법의 세계'도 모순이고, 또한 언어이론적 정치함이나 '합법성'이 아니라 실질적인 정의, 즉 '정당성'과 사회통합에 대한 지향의 전제 하에 '법적 진리'에 근접해나가는 과정인 재판도, 궁극적으로는 말할 수 없는 것을 갖고 '말놀이'를 하는 법학도 모두 '모순덩어리'를 갖고 씨름하는 것이고, 그렇다면 결국 그 자체가 모순이 아닐 수 없는 것 아닌가라는 반문으로 대신하는 수밖에 없다. 앎과 이해의 한계가 과학 내부의 차원에서 부정되거나 해결될 수 있는 문제가 아니고, 그 해명이 오롯이 철학의 과제인 것이 우주 전체를 대상으로 하는 경우에만 그런 것은 아니다.[130] 그나마 20세기 법철학의 거장인 G. Radbruch가 그의 명저 『법철학』 제9장에서 '법이념의 상호모순'을 논한 후, 그것이 철학체계의 결함 때문은 아니라는 전제 하에 "모순을 지적하

129) 이에 관해서는 A. Kaufmann, Durch Naturrecht und Rechtspositivismus zur juristischen Hermeneutik, in; 앞의 책, 86-87면; R. Ogorek, 앞의 논문, 118면.

130) Th. Nagel, Mind & Cosmos, 2012, 3면.

기만 했을 뿐이고 해결할 수는 없었다"고 자인하면서 덧붙인 번민과 사색의 결론에서 변명과 위로의 거리, 그리고 법관에 대하여 자기성찰과 갱신의 노력을 통해 '쿨(cool)한 법감정'과 '건강한 언어'를 다듬고 실행해 나갈 것을 요구할 수 있고 또 그래야만 하는 존재론적 이유와 당위의 근거를 찾아볼 수 있는 것은 다행이고, 그래서 고맙다.

> 『철학은 결단의 부담을 덜어주는 것이 아니라 결단에 맞서게 한다. 철학은 삶을 쉽게 만드는 것이 아니라 어렵게 만든다 … 세계를 이성이 퍼 올린 하나의 목적(eine Zweck- schöpfung der Vernunft)으로 보지 않고, 하나의 이성체계 속에서 세계를 모순 없이 설명하는 철학이 있다면 그것은 얼마나 음흉하고 의문스러운(verächtig) 것일까! 만일 세계가 궁극적으로 모순이 아니고 삶이 결단이 아니라면, 현존한다는 것(Dasein)은 얼마나 쓸모없는(überflüßig) 것일까!』[131]

131) Rechtsphilosophie, 3. Aufl., 1932, 75면.

[2] '거창사건'에 대한 대법원판결(2008.5.29. 2004다33469) 평석

– '견벽청야'(堅壁淸野)의 군사작전과 법리구성의 구조적 유사점을 주목하며*

I. 머리말

"유구한 역사와 전통에 빛나는" 대한국민, 대한민국의 법, 그리고 법을 맡고 있는 사법부는 대한민국에 의한 반인륜의 '민간인 학살'과 같은 치욕의 역사도 기억해야 한다. 국민의, 국민을 위한 민주국가이고, 법치국가이기 때문이다. 이는 최고의 법이념인 정의의 명령인바, 민주주의의 정신은 국가가 하는 일, 하려고 하는 일과 함께 과거에 하였던 일을 국민이 알 것을 요구하고, 법치국가는 '불법국가'(Unrechtsstaat)의 희생자와 유가족들의 아픔과 한을 잊거나 외면해서는 아니 된다.

역사는 국가를 위한, 국가들만의 기억이 아니다. 역사는 영욕이 교차되는 연면의 과정으로서 국가, 특히 그 속에서 국가권력이나, 공권력을 빙자한 강자집단에 의해 저질러졌던 악의 현상을 되새기는 것이다. 역사학자 Zinn[1]의 말을 빌리면, 역사가 우리들에

---

* 헌법판례연구, 제13권, 2012.2, 87-132면.

1) 이 글은 일부 주석보완 등 기술적인 보정 외에는 2012년 4월에 저스티스(한국법학원, 통권 제129호)에 발표한 논문에서 생략하였던 부분을 추가한 것임을 밝혀둔다[아래 Ⅳ, 3, (3) 중에 시인 백석 관련 내용과 주석 44, 45]. 저자만의 주관적인 생각일지는 모르겠지만, 양적으로는 미미하되, 본 평석에서 강조한 (대)법관의 건강한 역사의식과 그에 따른 '생리적 지표'[(아래 Ⅳ, 3, (2), 2)]와 관련해서는 곱씹어봄직한 중요한 의미가 담겨진 내용으로 자평하는 입장에서, 최근에 헌정사의 연구방법론(두남, 2011)을 펴내는 등 헌정사에 각별한 관심을 갖고 있는 이승우 교수와 지속적이고 적극적인 현실참여를 통해 비판적인 법의식을 표출해 온 김한성 교수의 화갑기념을 겸한 논문집을 통해 이 부분(만)을 갖고(도) 독자들과 대화를 나누고, 평가를 받아보는 것이 적어도 지면낭비의 비난은 면할 수 있을 것으로 믿고 또 기대

게 가르쳐주는 것 중에 핵심인 '악과 우리의 관계'를 드러내기 위한 되새김이다. 과거가 아닌 오늘, 우리의 역사문제의 초점인 이 관계를 조명하고, 그 속에 함축되어 있는 의미를 되살리고, 되세워서 역사를 돌보기 위한 되새김이다. 또한 과정으로서 역사 자체인 동시에 그 결과이기도 한 과거의 기억은 '역사돌보기'의 필수적인 조건이고, 기초이다. 그 출발점이자 핵심은 현상학에서 말하는 '사태로 돌아가는 것'이다. '사태로 돌아가는 것'이, 사실주의(realism)에 입각한 문학해석이 해석의 주체와 객체를 분리를 전제로 작품을 그 자체로 '자율적인 존재'로 보고 텍스트를 분석하거나, 지질학자가 암석의 성분을 조사하듯이 단순히 사물의 존재와 인과관계를 규명하고자 하는 것은 아니다. 냉정하고 무감한 이성을 통해, 말하자면 일응 객관적으로, 중립적으로 또는 기술적으로 인식하고, 분석하고, 설명하기 위한 것은 아니다. 사실의 확인과 분석이 의미가 없는 것은 아니지만, 기껏해야 그것은 통찰과 해석을 위한 기

한다.

보정된 원고를 송부한 이후, 전국 곳곳에서 이른바 '보도연맹사건'과 관련한 손해배상청구소송에서 판결이 엇갈리는 가운데(아래 주석 51 참조) 2012년 8월 27일 대법원(제2부, 주심 이상훈)은 충북 청원 오창면의 '보도연맹사건'(2012다42642)에서 정부의 손해배상청구권 소멸시효완성의 주장을 신의성실위반으로 배척한 원심의 판단을 정당한 것으로 보고, 희생자와 민 모 할머니(98세)를 비롯한 유족들에게 배상금(희생자 본인 8,000만원, 배우자 4,000만원, 나머지 유족 400-800만원)을 지급하라는 판결을 내렸다. 동 판결은 현재 법원에 계속 중인 또는 앞으로 제기될 '보도연맹사건'과 관련한 손해배상청구소송과 관련해서는 물론이고, 이전에 대법원이 소멸시효완성의 주장을 권리남용으로 배척하는 판단을 하였던 판결들이 대부분 피해자가 상대적으로 소수였고, 따라서 국가의 재정부담도 크지 않았던 경우였던 것에 반해서 동 사건의 경우 피해자가 다수인 점에서 '문경 석봉리사건'에 대한 대법원의 최근 판결(2011.9.8. 2009다66969; 아래 주석 52 참조)과 함께 본고에서 초점을 맞추고 있는 이른바 '양민학살사건'과 관련하여 획기적인 의미를 갖는 것으로 주목되는 바, 일단 부기해둔다.

Howard Zinn, 『역사의 힘: 새로운 미래의 가능성』, 이재원(역), 예담, 2009, 263면.

초자료를 수집하고, 정리하는 것이거나, 또는 특정한 방법론적 전제와 관점을 공유하는 집단 내에서만 통용될 수 있는 일종의 '자폐적인 해석'의 결과일 뿐이다.

개인 차원에서든, 집단 또는 공동체 차원에서든 역사의 맥락 속에서 관심의 대상인 기억은 사태에 대한 추억이 아니다. Bergson에 따르면, 기억은 '사물에 대한 인식을 축적하기 위한 보관함'도, 단지 '회상이라는 심리학적 능력'도 아니다.[2] 또한 기억은 과거의 사태에 대한 특정한 감정이나 의식을 그대로 다시 현전해 내는 것, 즉 '표상'(representation)도 아니다. 굳이 '표상'이라고 한다면, 그것은 일단락된 과거가 아니라, 현재와 미래 속에 스며들어서 계속 변화되어 나가는 과거의 연속적 과정, 즉 '반복과 차이의 과정'이 포함되는 '지속'의 맥락에서 기억으로 이해되어야 한다. 잠정적으로 또는 예비적으로 가정될 수 있을 뿐, 전제될 수는 없는 전제이지만, 특정한 사태와 상황이 같을 수 있다고 하더라도 그것이 동일한 개인 또는 집단의 인격체에 작용되어 똑같이 지각되고, 분석되고, 판단될 수는 없다. "개념은 사건이다"라는 Deleuze의 말과 생각을 빌리면, 기억은 현상을 조감하는 일종의 추상형식의 개념화이고, 그 자체가 하나의 사건이다.[3]

이 글의 목적은 "한 개인이 아니라 국민에 대하여 우월적 지위를 가지는 국가 자신이 비무장 민간인에 대하여 조직적으로 군사력을 동원하여 그 생명권을 집단적으로 침해"하는 이른바 '민간인집단학살사건'[4]에 해당하는 '거창민간인집단학살사건'(이하 '거창

2) Keith Ansel Pearson, 『싹트는 생명』, 이정우(역), 산해, 2005, 75면.

3) 질 들뢰즈/펠릭스 가타리, 『철학이란 무엇인가』, 이정임/윤정임(역), 33면.

4) '개념은 사건이다'라는 명제의 적확성이 부각되는 바, 이와 같이 '거창사건'을 '민간인집단학살사건'으로 규정하는 것은 단순히 역사적인 의미에서만 사건인 것은 아니다. 남북분단과 전쟁의 혼란 속에서 발생되어 장기간의 권위주의체제 하에서 미결상태로 방치되어 왔다는 점과 함께, 군이나 경찰, 정보기

사건'으로 약함)을 기억하고, 과거청산과 관련된 일련의 사건에서 대법원과 각급법원이 엇갈리는 판결들[5]이 혼선을 빚고 있는 와중에 특히 주목되는 '거창사건'에 대한 대법원의 판결을[6] 또 하나의 '사건'으로 기억하고자 하는 것이다. 전술한바, 역사를 통해서 바르게 드러내야 하는 지속적인 '악과 우리의 관계'의 관점에서 왜, 무엇을, 어떻게 기억해야 하는지, 또한 이 기억들이 현재와 미래의 기억으로 올바른 법의 정립을 위한 역사적 기초로 수용되어야만 하는 규범적 당위성을 확인하고, '법학적 해석학'의 관점에서 그 법리적 가능성과 한계를 조명하고자 함이다.

Ⅱ. 사건의 개요 - '거창사건'의 전말과 추이

우선 동 판결을 하나의 사건으로 기억하기 위하여, 대법원이 '원심이 증거에 의하여 인정한 사실'을 요약한 판결문을 그대로 전재한다. 다만, 원심판결의 기록이 있는 한 사실에 대한 왜곡과 축소의 의도는 없는 것으로 보지만, 그 자체로 독자적인 역사기록인

관 등 국가공권력에 의해 자행된 특수한 유형의 불법행위라는 점, 그리고 권위주의적인 독재정권으로부터 민주정부로 이전하면서 그 잔재를 청산하고, 이를 통해 새로운 공동체의 미래를 형성해나가는 '민주화' 및 '민주화 이후'의 과정 속에 있는 현안, 이른바 '전환기사건에 관한 사법문제'(transitional justice)로서의 성격을 갖는다는 점 등을 확인하고, 이른바 '사태와 법텍스트 간의 교호적 관계'를 강조하는 '법학적 해석론'(juristische Hermeneutik)이 제시하는 바와 같이, 이러한 사태인식이 법의 해석과 적용에 반영되어야만 한다는 구체적이고 분명한 뜻이 함축되어 있는바, 법 또는 법리의 관점에서도 하나의 사건이다. 6.25 전쟁 전후에 벌어졌던 '민간인집단학살사건'의 전말에 대해서는 허만호, 6.25전쟁과 민간인집단학살, 이병천/조현연(편), 『20세기 한국의 야만』, 263-282면. '이른바 전환기의 사법문제'에 대해서는 김제완, 국가권력에 의한 특수유형 불법행위에 있어서 손해배상청구권의 소멸시효, 인권과 정의 제368권, 2007.4, 50면 참조.

5) 주석 49번 참조.

6) 대법원 2008.5.29. 2004다33469.

최고법원의 판결문이 갖는 역사적, 법적 의미와 기능을 고려하건대, 성급하고 무성의한 축약이거나 또는 지나치게 무감하고 무의식적인 오류로 여겨지는바, '거창사건' 발생의 전말에 관한 (1)의 부분은 제1심판결문의 해당 부분을 추가한다.[7)]

『나. 원심판결이유를 기록에 의하여 살펴보면, 원심이 그 채택증거에 의하여 다음과 같은 사실을 인정하였음을 알 수 있다.

(1) 1951년 경남 거창군 신원면 일대에서 지리산 공비들이 경찰 등을 습격하여 막대한 피해를 입힌 직후에, 피고 소속 육군 제11사단 9연대 3대대 병력은 1951.2.9.부터 1951.2.11.까지 그 지역주민 수백 명을 사살하였다(이하, '거창사건'이라 한다)

가. 거창민간인학살사건의 발생

(1) 1950년 한국전쟁이 발발한 후 인민군의 낙동강 도강작전 중에 국제연합군의 참전으로 인민군은 후퇴하기 시작하였고, 인천상륙작전이 전개되어 인민군의 북상이 차단되자 그 패잔병들은 지리산 등 산악지역으로 들어가 지방 빨치산세력(남해여단)과 합세하여 지리산 주변 민가에서 식량을 조달하며 후방교란작전을 시작하였다. 이에 피고는 1950.12. 공비소탕작전을 전담할 육군 제11사단(사단장 최덕신 준장)을 창설하고 사단사령부를 전남 남원에 두고, 예하부대로 전북 전주에 13연대, 광주에 20연대, 경남 진주에 9연대를 배치하였으며, 9연대는 예하부대로 경남 함양군에 1대대, 경남 하동

---

7) 제1심판결(창원지방법원 진주지원 2001.10.26. 선고 2001가합430 판결: 판사 황정근, 김유범, 이균철)에서 인정한 바와 같이, "정확한 숫자는 파악하기 어려우나 최소한 그 이상인 것은 확실한 것"으로 보이고, '거창사건' 후 9년이 지난 뒤인 1960년 국회 진상조사단이 확인한 희생자가 10세 미만의 어린이 313명을 포함하여 719명인데, 단순히 "지역주민 수백 명"(아래 대법원 판결문 나, (1) 참조)으로 기술한 것은 일반적으로 '수 백'이 백의 두 서너 배 정도를 뜻하는 숫자로 통용되는 점에서 어법상 부정확한 표현인 것은 물론이거니와, 더 나아가서 '지역주민'이라는 표현도 과도한 축약이나 단순히 부주의에서 비롯된 기술적인 어구선택의 문제로 받아들이기에는 너무나도 건조하고, 냉혹하다.

군에 2대대, 경남 거창군에 3대대를 배치하여 공비토벌작전에 돌입하게 되었다.

(2) 그런데, 제11사단은 신설부대로서 훈련을 제대로 하지도 못하였을 뿐만 아니라 대게릴라전에 대한 경험도 부족하고 그 작전지역도 광범위하여 부족한 병력으로 공비토벌작전을 효율적으로 수행하기 곤란하였다. 이에, 제11사단장 최덕신 준장은 공비토벌작전의 기본방침으로 「견벽청야(堅壁淸野)」라는 작전개념을 내세웠는데, 그 내용은 '반드시 확보하여야 할 전략거점은 벽을 쌓듯이 견고히 확보하고, 부득이 포기하는 지역은 인원과 물자를 철수하고 적이 이용할 수 있는 모든 것을 없앰으로써 적이 발붙일 수 없는 빈 들판을 남겨준다'는 것이었다.

(3) 한편, 1950.12.5. 지방 빨치산이 거창군 신원면에 있는 경찰지서를 습격하고 신원면 일대를 장악하였는데, 거창경찰서는 경찰병력으로 그 수복을 시도하였으나 계속 실패를 거듭하게 되어, 그 임무는 결국 9연대가 맡게 되었다. 그 뒤, 1951.2. 초순경 9연대장 오익경 중령은 함양, 거창, 산청 등 지리산 남부에 출몰하는 공비소탕을 위하여 연대합동작전을 결정하였는데, 그 작전 내용은 함양의 제1대대(대대장 이종태 소령), 하동의 제2대대(대대장 임영호 소령), 거창의 제3대대(대대장 한동석 소령)가 각각 담당 지역에 있는 공비를 소탕하면서 산청 방면으로 진격하여 지리산 남부에서 합동작전을 편다는 내용이었다(그 작전을 위하여 신원면 전역에 계엄령이 선포되고, 주민들의 출입이 통제되었다).

(4) 그 때 작전 개시에 앞서 연대장 오익경 중령은 각 대대장을 불러 사단사령부에서 내려온 공비토벌작전의 기본방침인 「견벽청야」라는 작전개념과 구체적인 작전명령을 시달하였고(각 대대장들이 받은 구체적인 작전명령의 내용은 '적의 손에 있는 사람은 전원 총살하라', 또는 '작전 수행 중 미수복지역에 남아있는 주민은 적으로 간주, 총살하라'는 것이었다는 주장도 있으나 분명하지 않다), 특히 3대대장 한동석 소령에게 1950.12.5. 거창군 신원면에서 지서습격사건이 있었다는 사정을 알리고 그 일대를 공비오염지구로 보아 공비를 철저히 토벌할 것을 지시하였다.

(5) 이에, 3대대장 한동석은 1951.2.7. 3대대 병력을 이끌고 거

창농업학교를 출발하여 신원면에 진입하였으나, 공비를 발견하지 못하고 경찰과 청년의용대만을 남겨둔 채 연대합동작전을 위하여 산청방면으로 행군하였다. 그 다음날 연대장 오익경은 3대대를 찾아와 공비들이 신원면에 남겨둔 경찰과 청년의용대를 습격하여 막대한 피해를 입혔다는 이유로 3대대장 한동석에게 호된 질책을 하였고(연대장 오익경은 대대장 한동석이 위에서 지시한 구체적인 작전명령대로 작전을 수행하지 아니하였기 때문에 공비들이 주민들의 도움을 받아 다시 신원면을 습격하였다고 하면서 위 작전명령대로 하라고 지시하였다는 주장도 있으나, 그 역시 분명하지 않다), 이에 한동석은 3대대 병력을 이끌고 다시 신원면으로 돌아가 공비토벌작전을 전개하게 되었다. 3대대는,

① 1951.2.9. 새벽 신원면에 들어와 거창읍으로 행군하던 중 신원면 덕산리 청연마을 78세대 민가에 불을 지르고 주민 80여 명을 눈이 쌓인 마을 앞 논으로 강제로 끌어내어 군용무기로 무차별 사살하였고(그 현장에서 선정자 89 김운섭만 어머니의 시체 밑에서 구사일생으로 살아남았다),

② 그 뒤 거창읍으로 빠져나가 날이 저물자 재차 신원면으로 진입하여 내동마을과 오례마을에 주둔하던 중 다음날인 1951.2.10. 신원면 소재지로 이동하여 과정리, 중유리, 대현리, 와룡리에 병력을 투입하여 전 민가에 방화하고 대현리, 와룡리 주민들을 소개시킨다는 이유로 남아 있는 전 주민을 면 소재지로 집결시키던 중 날이 저물자 대열을 이루며 끌려가는 주민 중 노약자 20여 명을 강변도로에서 사살하고, 뒤에서 끌려가는 노약자, 부녀자, 어린이들 100여 명을 신원면 대현리 탄량골 계곡에 몰아넣고 역시 군용무기로 무차별 사살하고 나뭇가지를 덮어 기름을 뿌려 불을 질렀으며(그 현장에서 임분임만 살아남은 것 같으나 확실하지 않다),

③ 1951.2.10. 오후 과정리, 중유리 전 주민과 대현리, 와룡리의 주민 1,000여 명을 신원초등학교에 강제로 수용하고 1951.2.11. 주민 1,000여 명을 분류하여 군인가족, 경찰가족, 공무원가족, 청년당원가족은 귀가시키고 남은 540여 명의 주민을 신원초등학교에서 700m 떨어진 박산 골짜기로 몰아넣고 그 중 12명을 주위에 대기시키고는 기관총과 개인총기로 무차별 사살하고 나뭇가지를 덮어 불

을 지른 뒤(역시 그 현장에서 정방달만이 큰바위 밑을 결사적으로 파고 들어가 살아남았다), 대기시킨 12명으로 하여금 희생자들이 모두 사망하였는지 확인하게 한 다음 11명은 사살하고, 마지막으로 남은 문홍준이 살려달라고 필사적으로 애원하자 절대 발설하지 말라고 위협한 뒤 그대로 철수하였다(위 3곳의 민간인학살사건을 이하 "거창사건"이라고 한다).

(6) 거창사건의 희생자는 1951.2.9. 청연골에서 84여 명, 1951.2.10. 탄량골에서 100여 명, 1951.2.11. 박산골에서 517여 명, 기타 지역에서 18여 명으로 모두 719명이며, 연령별로는 10세 미만 313명, 11세~50세 340명, 60세 이상 66명이었고, 성별로는 남자 327명, 여자 392명이었다(이 숫자는 거창사건 후 9년이 지난 뒤인 1960.5.23.경 국회 진상조사단이 확인한 숫자인데, 정확한 숫자는 파악하기 어려우나 최소한 그 이상인 것은 확실한 것으로 보인다).】[8)]

(2) 헌병대가 거창사건에 대하여 수사하던 중 그 지역 출신 국회의원이 1951.3.29. 국회에서 이를 폭로하여 1951.3.30. 국회가 내무부 등과 합동으로 진상조사단을 구성하였는데, 신성모 국방장관과 경남지구계엄사령부 민사부장 김종원 대령 등은 현장을 은폐한 다음 위 9연대 수색소대로 하여금 공비로 위장하여 총격을 가하는 등의 방법으로 국회조사단의 현장조사를 저지할 것을 지시하였고, 이러한 방해로 인하여 국회조사단은 1951.4.7. 그 현장에 접근하지도 못한 채 철수하였다.

(3) 위와 같은 국방장관 등의 진상 은폐 기도에 따라, 정부는 1951.4.24. 거창사건 희생자 187명은 모두 공비들과 통모하였다는 이유로 고등군법회의에서 사형선고를 받고 총살당하였다는 내용의 성명서를 발표하였다.

(4) 그러나 신성모 국방장관은 그 직후 해임되었고, 국회는 1951.5.14. 거창사건 책임자를 처벌하라는 결의문을 채택하였으며, 거창사건에 관한 재수사를 토대로 열린 중앙고등군법회의는 1951.7.27. 형사재판을 개시한 다음 1951.12.16. 관련 책임자들에게 살인

8) 창원지방법원 진주지원 2001.10.26. 2001가합430.

죄를 적용하여 무기징역 등을 선고하였다.

(5) 일부 국회의원과 유족들은 1954. 음력 3.3. 현장에 방치된 희생자들의 유골을 화장하고 박산골에 합동묘를 만들어 매장하였으며, 국회 진상조사단이 1960.5.경 다시 현지조사를 한 다음, 유족들은 1960.11.18. 위 합동묘소 위령비 제막식을 거행하였다.

(6) 그런데, 이른바 5·16 군사혁명정부는 1961.5.18.경 원고 문병현 등을 구속하고, 1962.6.15.경 위 위령비문을 정으로 지워 땅에 파묻어 버린 다음 합동분묘의 봉분을 파헤쳤는데, 위 합동묘는 1967년경 복구되었으나, 거창사건 희생자 유족들의 경우 1960년대 초부터 1970년대 말까지 그 유족이라는 이유로 공무원 등에 임용되지 못하고 거창사건의 언급에 관한 감시를 받았다.

(7) 거창사건 희생자 유족들은 1980년 이후부터 전두환, 노태우 대통령에게 위령비 원상회복 및 희생자 명예회복과 배상을 진정·호소하는 등의 활동을 계속하였고, 1989.10.17. 거창사건 관련자의 명예회복 및 배상에 관한 특별조치법안이 발의되었으나 1992.5.29. 제13대 국회 임기만료로 자동 폐기되었다.

(8) 그 후 국회는 1995.12.18. 거창사건 등 관련자의 명예회복에 관한 특별조치법(이하, '거창특별법'이라 한다)을 제정하였는데, 거창특별법에 의하면 '거창사건 등 관련자명예회복심의위원회'는 사망자 및 유족의 명예회복에 관한 사항 등을 심의·의결하고(제3조), 유족의 합동묘역관리사업이 추진되는 경우에 정부가 그 비용의 일부를 지원할 수 있도록 규정되어 있으나(제8조), 희생자나 유족들에 대한 배상이나 보상에 관해서는 아무런 규정이 없다. 정부는 거창특별법 제8조에 따라 거창사건 합동묘역조성사업에 총 예산 174억 5,600만 원을 책정하여 1999년부터 재정지원을 하였고, 위 합동묘역조성사업은 정부의 재정지원 하에 2003.6.경 완공되었다.

(9) 한편, 거창사건 희생자와 유족에 대하여 보상금 등을 지급하는 것을 주요 내용으로 하는 거창특별법 개정법률안이 2004.3.2. 국회 본회의를 통과하였으나, 고건 대통령 권한대행은 2004.3.23(원심판결에는 2004.3.25.로 기재되어 있으나 오기로 보인다) 전쟁 중에 일어난 민간인 희생의 보상에 대해 아직 사회적 공감대가 폭 넓게 형성되지 않았고, 거창사건에 대한 보상이 향후 국가재정에 커다란

부담으로 적용할 것이 예상된다는 점 등을 이유로 위 개정안에 대한 거부권을 행사하였다.』

Ⅲ. 판결의 요지

문병현 등 6명(선정자 409명)의 선정당사자들이 제기한 손해배상청구의 주장요지는 피고, 즉 대한민국 군인들의 불법행위로 인하여 사망한 거창사건 희생자 본인들의 손해와, 그 유족들의 고유의 정신적 고통에 대하여 대한민국이 국가배상법에 따른 손해배상을 해야 한다는 것이었다.

제1심판결에서 인용하였으나 항소심에서 기각된 '거창사건' 이후 유가족들의 정신적 고통에 대한 위자료청구를 포함하여 상고이유를 모두 배척한 대법원의 판결요지는 원심판결의 핵심판단, 즉 '거창사건' 자체로 인한 희생자들 본인의 손해에 대한 배상부분은 소멸시효가 완성되었고 또한 소멸시효의 적용을 배제할 만한 특별한 사정이 있다고 볼 수 없는바, 결국 민법상 소멸시효가 완성된 손해배상청구권을 부활시키는 문제는 결국 국회의 특별법 제정으로 해결할 수밖에 없는 것으로 본 것에 판단유탈이나 법리오해 등 판결에 영향을 미칠 만한 위법이 있다고 볼 수 없다는 것이다.

동 판결의 핵심논거를 '거창사건' 자체로 인한 희생자들 및 유족들의 위자료 청구부분과 '거창사건' 이후 유족들의 정신적 고통에 대한 위자료 청구부분으로 나누어서 요약하면 다음과 같다.

전자의 부분과 관련하여, 대법원은 i) 국가배상법 제2조 제1항 본문 전단 규정에 따른 손해배상청구사건의 경우에도 동 법 제8조의 규정에 따라 민법 제766조 제1항의 단기소멸시효제도가 적용된다고 전제하면서, 개별 사건의 '객관적 사정을 참작한 합리적인 판단'과 '신중한 법해석' 등 법해석론상 원론적인 지침과 함께 불법행위의 요건사실에 대한 인식 여부와 인식의 시점, 소멸시효에 기한 항변권의 인정 여부 등 핵심적인 판단에서 신의성실원칙이나 권리남용금지원칙 등 민법상의 대원칙과 손해배상법리가 그대로 적용되는 것으로 보았다. 특히 선례를 재확인하며 "현저히 부당하거나 불공평하게 되는 등의 특별한 사정이 있는 경우에는 채무자가 소멸시효의 완성을 주장하는 것이 신의성실의 원칙에 반하여 권리남용으로서 허용될 수 없다"(대법원 1997.12.12. 선고 95다29895 판결; 대법원 2002.10.25. 선고 2002다32332 판결 등)는 것과 함께, 국가의 '국민보호의무'만으로 국가가 소멸시효의 완성을 주장하는 것 자체가 신의성실의 원칙에 반하여 권리남용에 해당한다고 할 수는 없고, 또한 국가의 소멸시효완성의 주장을 신의칙에 반하고 권리남용에 해당하는 것으로 보아 구체적인 법제도의 운용을 배제하는 것은 '법적 안정성'의 원칙을 해할 위험이 있으므로 신중하게 적용하여야 한다는 점을 각별하게 강조한 것이 주목된다. ii) 이러한 기본원칙과 법리의 확인 하에 대법원은 '거창사건' 발생 후의 사정, 즉 국방장관 등의 진상은폐의 시도에도 불구하고, 1951년 5월 14일 '거창사건' 책임자를 처벌하라는 국회의 결의문채택(1951.5.14.), '거창사건'의 책임자들에 유죄를 선고한 법원의 판결(1951.12.16) 등의 제반 사정을 고려하건대, 원고들이 적어도 위 유죄판결이 선고된 시점에는 손해와 가해자 및 그 가해행위가 불법행위인 점 등을 모두 알았고, 또한 그로부터 3년이 도과하여 원고들의 손해배상청구권에 관한 소멸시효가 완성될 때까지 예컨대, "국가가 원고들의 권리행사나 시효의 중단을 불가능 또는 현저히 곤란하게 하거나 그런 조치가 불필요하다가 믿게 할 만한 언동"이나 "객관적으로 원고들이 권리행사를 할 수 없는 장애사유"나 "권리행사를 기대할 수 없는 상당한 사정" 등의 시효중단의 사유는 없었던 것으로 판단하였다. iii) 또한 대법원은 피해의 중대성과 규모의 측면에서 '거창사건'의 특수성은 인정하면서도, 그것만으로 희생자들의 신원(伸寃)을 위한 진상규명과 손해배상을 위해 별도의 특별법을 제정해야 하는 헌법상 명시적인 입법위임이 인정될 수는 없는 것으로 보았다. "국가배상법의 규정보다 국가의 배상책임을 확대한다든가 혹은 이에 관하여 국가로 하여금 희생자 유족들에게 일정한 보상금을 지급하도록 규정하는 취지의 특별법을 제정할 것인지 여부"는 원칙적으로 입법정책적 판단, 즉 입법형성의 자유에 맡겨져 있고, 더 나아가서 "6 · 25 사변을 전후하여 경북 문경이나 전남 함평 등 다른 지역에서 발생한 유사사건에 관한 법적 규율"과 헌법재판소의 결정례(1996.6.13. 선고 93헌마276; 2003.5.15. 선고 2000헌마192, 508) 등의 제반 사정을 고려하건대, 헌법해석론상 '거창사건'을 달리 취급해야만 할 합당한 이유가 없는 것으로 판단하였다. iv) '거창사건'과 관련하여 희생자 등에 대한 보상금 등을 지급하도록 규정한 거창특별법 개정법률안이 국회에서 의결된 적이 있다는 점이나, 국가의 일정한 손해배상배상책임을 부과하는 내용의 개정안이 국회에서 심의된 적이 있다는 점 등의 사정만으로는 국가가 소멸시효의 이익을 포기하거나 그 시효를 원용하지 아니할 것 같은 태도를 보인 것으로 평가할 수는 없다고 보았다.

요컨대, 대법원은 국가가 소멸시효의 완성을 주장하는 것이 현저히 부당하거나 불공평하게 되는 경우에 해당한다고 보기 어렵고, 또한 '거창사건'에 관한 후속조치의 여부와 그 내용은 입법정책적 판단에 맡겨져 있는 것인바, 이러한 입법이 선행되지 아니한 상태에서 법원이 개별 재판에서 소멸시효가 중단된 것으로 보거나, 국가의 소멸시효 항변을 배척하여 손해배상책임을 인정하는 것은 법리적 한계를 넘어서는 것으로서 우리 헌법상 권력분립원칙에 위배되는 것이기 때문에 불가하다고 판시하였다.

후자의 경우, 즉 거창사건 이후의 상황에 대한 유족들 고유의 위자료 청구와 관련해서 대법원은 i) 우선 국가배상법 제2조 제1항 본문 전단 규정에 따른 배상청구권은 금전의 급부를 목적으로 하는 국가에 대한 권리로서 구 예산회계법(1989.3.31. 법률 제4102호로 전문개정되었다가 2006.10.4. 법률 제8050호 국가재정법 부칙 제2조에 의하여 폐지된 것으로서, 2006.12.31.까지 시행된 것) 제96조 제2항, 제1항이 적용되므로 5년의 소멸시효가 적용된다는 것과 함께, "소멸시효는 객관적으로 권리가 발생하여 그 권리를 행사할 수 있는 때로부터 진행하고 그 '권리를 행사할 수 없는' 동안은 진행하지 않지만, '권리를 행사할 수 없는' 경우라 함은 그 권리행사에 '법률상의 장애사유'가 있는 경우를 말하는 것이고, 사실상 권리의 존재나 권리행사 가능성을 알지 못하였고 알지 못함에 과실이 없다고 하여도 이러한 사유는 '법률상 장애사유'에 해당하지 않는다"는 점을 재확인한 다음, 원심의 판결, 즉 1960년대 초부터 1970년대 말까지 '거창사건' 희생자의 유족들에 대하여 저질렀다는 국가의 불법행위로 인한 손해배상청구권에 대한 국가의 소멸시효항변을 인정한 조치와, 또한 적어도 이 사건 소제기 시점인 2001.2.17.로부터 역산하여 5년 이내에 국가가 거창사건에 관련하여 원고들에게 부당한 압력을 행사하는 방법으로 적극적인 가해행위를 하였다는 점 등에 대하여 아무런 주장과 입증이 없다는 이유로 동 청구부분을 모두 배척한 판단의 정당성과 합법성을 인정하였다. ii) 제1심에서 인정하였던 입법불법에 대한 배상책임, 즉 '거창사건' 희생자들의 신원 등을 위한 입법의무의 해태로 인한 정신적 고통에 대한 위자료부분은 헌법에 명시적인 규정에 위배되는 입법이 아닌 한 원칙적으로 국민 전체에 대하여 정치적 책임만을 지는 국회의원의 입법행위는 국가배상법 제2조 제1항의 '불법행위'에 해당하지 않을 뿐만 아니라, 원고가 주장하는 내용의 특별법의 제정 여부는 입법정책에 맡겨져 있는 것이기 때문에 구체적인 입법의무

자체가 인정되지 않으며, 따라서 입법부작위의 불법행위 자체가 성립되지 않는 것으로 판단하였다. iii) 마지막으로 대법원은 신뢰이익의 침해에 대해서 법률의 확정 이전 단계에서 국회가 일정한 법률을 심의 또는 의결하였다고 해서 이해당사자들에게 구체적인 사항을 '약속'하여 법적으로 보호받아야 할 구체적인 신뢰이익을 부여하였다고는 볼 수 없다고 보아, '거창사건'에 관하여 국가로 하여금 일정한 보상금 등을 지급하도록 규정한 개정 법률안이 국회에서 의결되었다가 대통령 권한대행의 거부권 행사로 인하여 법률로 확정되지 아니하는 등의 사정만으로 국가가 구체적인 신뢰이익을 침해하는 불법행위를 저질렀다고 볼 수는 없다고 판단하였다.

Ⅳ. 평　　석

1. 개　　요

전술한 바와 같이, 이 글의 목적은 우선 전형적인 '민간인집단학살사건'의 하나인 '거창사건'과 관련하여 유가족들이 국가를 상대로 국가공권력의 불법행위로 인한 희생자 및 본인들의 손해를 배상하라는 취지로 제기한 손해배상청구사건에 대한 대법원의 판례를 텍스트로 하여 '거창사건'과 함께 '거창사건'으로 대표되는 '민간인집단학살사건'을 '역사와 법', '역사와 법의 해석과 적용', 특히 '역사청산과 사법의 역할'의 관점에서 과거의 추억이 아니라, 현재 그리고 미래의 기억으로 되새겨보고자 함이다.

동 판결에서 핵심쟁점인 소멸시효와 관련된 판단, 예컨대 국가배상청구권의 법적 성격, 소멸시효의 적용 여부, 은폐와 강박 또는 최고 등에 의한 소멸시효의 중단, 소멸시효의 항변 및 신의칙 또는 권리남용금지원칙에 따른 인정 또는 배척 여부, 소멸시효이익의 포기 등과 관련된 민법 또는 국가배상법상의 법리문제를 재론하지 않고, 이에 대한 논의는 기왕의 연구 중에, 대법원판결의 선고 이전에 김제완 교수가 원심판결에 대한 평석논문[9]을 통해 제시한 비판적인 분석과 제안으로 대체하는 것은 바로 이 때문이다. 이는 단순히 저자의 전공분야가 아니라거나, 또는 기본적인 이념과 관점, 그리고 대강의 문제인식에 저자가 전적으로 공감하는 이유에서만이 아니라, 적어도 소멸시효의 쟁점에 초점을 맞춘 동 논문의 법해석론의 틀 속에서 그 논증과 결론에 가필하는 것은 사족을 더하는 것이라고 보기 때문이다.

다만, 저자는 김 교수의 판례평석의 결론,[10] 즉 대법원이 판시한 바와 같이 소멸시효제도를 절대적인 것으로 보아 그대로 적용하는 한 '거창사건'과 같은 특수한 유형의 불법행위의 경우에 대한 합리적인 권리구제는 불가능하다고 전제하면서 함께 제시한 핵심제안들, 즉 i) 시효에 대한 법리적 판단에 영미법상 'discovery rule'의 원칙과 은폐, 강박, 신뢰관계를 적절히 반영하는 것이 시효제도의 합리적인 운용을 위해 필수적이고, 이미 '손해의 결과가 현실적으로 된 때'에 관한 대법원의 판례 등[11] 관련 선례들을 통해서 합리적인 해결의 가능하다는 것과 ii) 소멸시효의 항변의 인정 또는 배척과 관련하여 신의칙과 권리남용금지원칙이 적절하게 활용되어야 하고, iii) 시효제도의 운용, 특히 세부요건이나 기간의 진행 여부, 항변의 인정 여부 등에 대한 판단에서는 유연한 법해석을 통한 법원의 적극적인 역할수행이 필요하고 또 가능하다는 주장을 그대로 수용하되, 이를 출발점으로 하여 다른 관점에서 비평하고자 한다. 말하자면 특별법이 제정되지 않은 법상황에서도 법원이 소멸시효와 관련하여 적극적이고 유연한 법해석을 통해 역

9) 앞의 논문, 특히 77-87면.
10) 앞의 논문, 87-88면.
11) 1979.12.26. 선고, 77다1894, 1895 전원합의체 판결.

사와 정법(正法)이 요구하는 불법국가의 과거를 청산할 수 있는 법리구성의 대안이 없지 않음에도 불구하고 왜 이 가능성을 살리지 않고 외면했는지, 과연 대법원이 설시한 바와 같이 이 가능성을 취하는 것이 '법리적 한계'를 넘어서는, 헌법상 권력분립원칙에 위배되는 판단인 것인지 또한 '법적 안정성'을 해치는 것인지를 되묻고자 함이다.

또한 제1심에서 입법부작위 포함하여 '거창사건' 이후 국가의 신원의무 등의 작위의무이행의 해태로 인한 유족들의 정신적 고통에 대하여 위자료의 배상책임을 인정한 판단을 파기한 대법원판결의 부분은 별도로 다루지 아니한다. 적어도 이 부분과 관련해서는 제1심판결의 논증과 결론, 특히 그 결론과는 무관하게 과거청산의 역사적 요청에 가능한 한 부응하려고 노력한 진지한 성찰과 숙고의 태도에 공감하고 또한 생명권과 국가의 국민생명보호의무를 논거로 한 헌법지향적인 법리구성에 전적으로 동의하는 전제 하에, 가감이 전혀 필요하지 않은 것으로 생각되는 해당 판결문의 부분을 제시하는 것으로 대신한다.[12] 과거청산과 관련한 국가의 입법부

12) 『(1) 비무장 민간인에 대하여 조직적으로 군사력을 동원하여 그 생명권을 집단적으로 침해하는 이른바 민간인학살사건은, 그 가해자가 한 개인이 아니라 국민에 대하여 우월한 지위를 가지는 국가 자신이므로, 이러한 민간인학살행위에 대하여, 국가는 학살사건 이후에 적어도, 첫째, 민간인학살행위의 진상을 공식적으로 규명하고, 둘째, 희생자의 명예를 회복시켜주고 적절한 배상을 하며, 셋째, 학살의 책임자를 처벌하고, 넷째, 재발방지책을 마련할 의무를 진다고 할 것이다. 또한, 국가는 그 구성원인 국민의 생명권을 보호할 의무가 있으므로(헌법 제10조 참조), 국가공권력에 의한 조직적인 민간인학살행위로 인하여 국민의 생명이 집단적으로 침해되었을 경우에, 국민은 국가에 대하여 그 진상을 밝힐 것을 요구할 권리(신원권 내지 알 권리)와, 그 희생자들에 대한 명예회복, 손해배상, 재발방지를 위한 사후조치를 취할 것을 요구할 권리가 있다고 할 것이다. 만약 국가가 국민에 대한 위와 같은 보호의무를 다하지 아니한 결과, 희생자들에 대하여 피해를 발생시킨 것에 그치지 아니하고, 살아남은 피해자나 그 유족들에 대하여도 파생된 권리 침해를 계속적으로 야기하는 경우에는, 이로 인한 정신적 고통에 대하여 위자료를 지급할 의무가 있다고 보아야 할 것이다. (2) 위 인정사실에 의하면,

작위에 대한 헌법소원심판청구사건들에 대하여 헌법재판소가 내린 합헌결정들[13]에 대한 평석도 향후 과제로 남겨둔다.[14]

2. '견벽청야'(堅壁淸野)의 법이론 - 사태파악과 법해석방법론상의 문제점

'거창사건' 발생의 근원의 하나라고 할 수 있는 '견벽청야', 즉 "반드시 확보하여야 할 전략거점은 벽을 쌓듯이 견고히 확보하고, 부득이 포기하는 지역은 인원과 물자를 철수하고 적이 이용할 수 있는 모든 것을 없앰으로써 적이 발붙일 수 없는 빈 들판을 남겨준다"는 내용의 군사작전개념과 유사한 구조의 법리가 동 사건과 관련된 과거청산에 법적 장애가 되고 있는 것은 법과 역사의 아이러니가 아닐 수 없다.

전술한 바와 같이, 개별적인 손해배상에 관한 특별법의 입법

거창사건은 그 당시가 전쟁 상황이었음을 감안하더라도 피고 예하 국군이 전쟁의 당사자가 아닌 비무장 민간인에 대하여 조직적으로 군사력을 동원하여 그 생명권을 집단적으로 침해한 전형적인 '민간인학살사건'이라 할 것인데, 위에서 본 바와 같이 피고는 지금까지 거창사건의 진상을 공식적으로 규명하지 아니하였거나 진상을 밝히려는 노력을 제대로 기울이지 아니하였고, 나아가 거창사건 희생자들에 대한 명예회복이나 손해배상에 관한 국가의 보호조치 등을 소홀히 함으로써 희생자 유족들의 신원권 내지 알 권리 및 희생자들에 대한 명예회복, 손해배상, 재발방지를 위한 사후조치를 취할 것을 요구할 권리 등을 계속적으로 침해하여 거창사건 유족들에게 정신적인 고통을 입게 하였다고 할 것이므로, 피고는 위와 같은 권리 내지 법적 이익의 침해로 인한 유족들 고유의 손해에 대하여 금전 지급으로나마 위자할 의무가 있다.』

13) 헌재결 2003.1.30. 2002헌마358; 2003.3.27. 2001헌마116; 2003.5.15. 2000헌마192,508 병합; 2003. 6.26. 2000헌마509, 2001헌마305병합.

14) 다만, 일련의 결정들에서 일관되게 소수반대의견을 제시한 권성 전 재판관의 사태파악과 법리적 논증, 그리고 그 바탕에 있는 역사의식과 헌법정신에 대한 이해에 전적으로 동의한다는 입장은 밝혀두는바, 이 글의 대강은 간접적으로 그 이유를 소명하는 것으로 보아도 무방하다. 특히 헌재결 2003. 3.27. 2001헌마116, 판례집 15-1, 312면 이하; 2003.6.26. 2000헌마509, 2001헌마305병합, 판례집 15-1, 751-755면.

이 선행되지 않은 상태에서 법원의 입장에서 넘어설 수 없는 '법리적 한계'를 대법원이 명시하기도 하였지만, 간단히 축약한다면 '소멸시효가 완성되었고, 소멸시효의 항변이 신의칙에 위배되는 권리남용이라고 볼 수 없고 또한 시효의 이익을 포기하였다고 볼 만한 사정이 없었기 때문에 국가의 손해배상책임을 인정할 수 없다'는 논지의 판결문 행간에서 '우리는 오로지 법만을 말할 뿐이다'라는 짐짓 결연한 구호를 읽어 낼 수 있다. 말하자면 법과 유리될 수 없는 역사의 마당에서 요구되는 과거청산과 정의회복의 당위성 등 그 어떤 명분과 이유에도 불구하고 법원은 오로지 중립적인 입장에서 법에 의거해서 공정하고 객관적인 법적 판단을 내릴 뿐이라는 식으로, 이른바 '포섭의 도그마'로 견고하게 성벽을 쌓고, 적어도 법의 해석과 적용과 관련해서는 성 바깥의 들판에서의 외침은 외면할 수밖에 없다는, 다분히 법실증주의적 해석방법론의 뉘앙스가 느껴지는 '견벽청야'식의 법이론을 전제하고 있다. 곡해나 과잉의 비판을 감수하면서 굳이 선해하자면, 희생자들 및 유가족들과 아픔을 같이하고, 또한 과거청산의 역사적 당위성과 피해구제의 필요성에 대해서는 전적으로 공감하지만, '법적 판단'을 해야 하는 법원의 입장에서는 넘어설 수 없는 법 및 법리의 객관적인 한계가 있다는 점, 특히 '법적 안정성'을 고려하지 않을 수 없는 점에 대하여 암묵적으로 양해를 구하는 뜻도 포함되어 있는 것으로 여겨진다.

그러나 법원이 애용하는 이른바 '사회통념'이라는 것이 사람과 삶에서 동떨어진 냉정하고 무감한 이성이 아니라 따뜻한 인간애의 감성에 의해 채워지는 건강한 이성이 응축되어서 형성되어 나가는, 그 자체가 역사적인 것이라고 보는 입장에서는, 세부적인 '법적 판단'의 당부를 넘어서 동 사건을 대하는 대법원의 기본적인 관점과 태도, 그리고 결론은 과거의 추억이 아니라 과거를 지배하는 동시에 미래를 향해 스며들어가야 하는 현재의 기억을 담아내야 하는 '사회통념'에 부합되는 것으로 보기 어렵다. 대법원이 적시하는 "법적 안정성을 해할 위험"도 어떤 맥락에서, 어떤 안정성에 대한 침해를 우려하는 것인지 납득하기 어렵다. '거창사건'을 비롯하여 해방 이후 또는 6·25전쟁의 극단적인 혼란기에 군과 경찰 등 국가공권력에 의해 조직적으로, 고의로 범해진 일단의 특수한 유형의 불법행위들, 즉 이른바 '민간인집단학살사건'들의 객관적인 특수성을 고려하면, 이 사건들을 특수한 범주로 획정하여 소멸시효의 적용과 관련하여 차별 취급한다고 해서 무한정의 상대화로 인해 소멸시효법제의 안정성이 침해될 것을 우려할 이유는 찾아보기 어렵기 때문이다.

주지하는 바와 같이, 원래 법상 시효제도는 사회생활에 있어서 정의와 법적 안정성의 요청을 합목적적으로 조화시켜 나가기 위한 일종의 사회공학적인 수단으로 입법정책적으로 고안되어 법제화된 것이다.[15] 특히 민법상의 소멸시효제도는 민사법률관계에서 장시간의 경과에 따른 채무자의 입증곤란과 그에 따른 이중변제의 위험으로부터 채무자를 보호하기 위하여 채권자의 소구권의 시한을 예비적으로 정비해 놓은 법제도이고, 또한 현행 법제상 권리행사의 불가능성이나 소멸시효완성의 주장 등에 대한 판단에서 달리 구별하여 취급하지 않았지만, 계약법상의 채권관계와 불법행위로 발생한 채권관계는 문제의 구조와 성격이 판이하다. 더욱이, 국가배상법 및 국가배상청구권의 (공사)법적 성격을 둘러싼 해묵은 논쟁을 재론하지 않더라도, 적어도 대상사건과 같은 '민간인집단학살

15) 이와 관련해서는 국가범죄를 계기로 하는 국가배상소송에서의 소멸시효법제 문제를 다루면서 2002년 독일의 개정민법과 유럽계약법원칙에 반영된 소멸시효제도의 본질과 존재이유에 대한 논의를 정리해 놓은 최근 논문이 참고할 만하다. 강우찬, 국가배상소송에서 국가의 소멸시효완성주장에 대한 기산점인정 및 신의칙위반여부에 대한 검토, 법조 제593권, 2006.2, 258-294면, 특히 265-268면.

사건'에서의 법률관계를 일반적인 유형의 국가배상사건, 말하자면 법률을 해석하고 집행하는 통상적인 직무수행의 과정에서 공무원이 고의 또는 과실로 불법행위로 국민의 생명과 재산에 피해를 가한 경우의 그것과 동일하게 취급하는 것은 타당하지 아니하다.[16] 이러한 비판을 위해 동 사건과 같은 경우 정법(正法)의 당연한 규범적 요청인, '불법국가'에 의해 저질러진 부정의를 부정하여 정의를 회복해야만 하는 법치국가의 윤리적 정체성과, 이를 위한 국가의 도덕적 책무가 논거로 제시될 필요는 없다. 정작 대법원이 제시하는 '법리적 문제'를 초월하지 않는 범위에서 법리의 기본에 충실할 것을 요구하는 것일 뿐이다.

결국 '법리적 한계'를 넘지 않으면서 정의의 요청에 부응하는 차별적인 소멸시효제도 운용의 여지가 충분하였고 또는 적어도 그 가능성이 없지 않았다고 본다면, 대법원의 입장에서는 결코 동의하지 않을 것으로 생각되지만, 대법원이 국가의 배상책임을 부인하는 또는 좀 더 정확하게 말한다면 국가의 손해배상채무의 존재 자체는 인정하지만, 그 이행을 법적으로 강제할 수는 없다는 법적 판단을 한 것은 소멸시효를 적용하지 아니하고 손해배상청구권을 인정하는 경우에 초래될 막대한 재정부담이나 또는 여전히 우리 사회의 아킬레스건으로 남아 있는 심각한 이데올로기 갈등의 재연 등의 문제에 대한 나름의 고민이 작용되었던 것으로 생각된다. 같은 맥락에서 대법원이 제시한 '법적 안정성'의 논거도 '법질서와 법제도의 불안정'보다는 '사회경제적 불안정'을 초래할 수도 있는 현실적인 파급효과를 우려한 것으로 이해된다.

최고의 유권법해석기관인 대법원의 입장에서 정치경제 및 사회공동체 전제의 불안을 우려하고, 그것을 법적 판단에 반영하는 것은 당연하고 또 바람직한 것이고, 또한 개별 사건에 대한 판결

16) 이에 관해서는 김제완, 앞의 논문, 78면.

에 따른 미시적, 거시적 역기능과 그 복합적인 파급효과에 대한 인식과 전망의 당부에 대한 판단은 본질적으로 관점에 따라 다를 수밖에 없는 상대적인 것일 뿐이다. 이러한 맥락에서 다음에서는 구체적인 법리선택의 문제와 그 바탕에 있는 관점과 그에 따른 현실인식의 당부문제를 넘어서, 서로 간에 짐이 아니라 힘이 되어야 하는, 하나의 '교착현상'(膠着現象)으로서 '역사와 법'을 대하는 대법원의 근본적인 태도를 되짚어본다.

3. '역사와 법의 관계'로 본 사법(司法)의 중립성과 객관성

(1) 맥락을 일탈한 '법적 안정성'의 설시

대상판결의 설시의 행간에서 읽어지는 대법원의 법이론적 선판단, 그리고 배상책임을 부인하는 결론의 법리적 불가피성을 설득하고 양해를 구하는 암묵적인 변명의 표제어를 추출한다면, 사법(司法)의 기능적 한계와 역할의 한계, 법적 안정성, 사법의 중립성과 객관성, 공정성 등이 제시될 수 있을 것이다. 아쉽게도 이 글을 쓰게 된 주된 동기의 하나인 과거청산요청의 긴절성의 맥락에서 주목되는 '역사와 법의 관계'를 표제어로 선택할 만한 설시는 찾아보기 어렵다.

우선 동 판결에서 소멸시효제도의 운용과 관련하여 소극적인 법해석론을 지배한 것으로 생각되는 대법원의 법철학적 입장의 한계와 문제점을 비판적으로 검토해 본다, 우선 법적 안정성을 우선하는 선판단의 타당성을 되짚어보는 맥락에서는 초기에는 법적 안정성을 제1의 법이념으로 자리매김하였으나, 나치의 홀로코스트를 경험한 후에 실체적인 정의를 우선시키는 것으로 선회한 Radbruch의 법이념론을 상기해봄직하다.[17] 홀로코스트를 우리 역사 속의 '민간인집단학살사건'과 동일한 범주로 묶을 수 있는 것인지 의문

---

17) 최종고(역), 『법철학』, 삼영사, 1976, 109-115, 124-126면.

이 없지는 아니하지만, 적어도 불법행위의 주체가 국가공권력이었고, 민간인 다수집단이 무법적이고 반인륜적인 무력의 범법행위에 의해 희생되었다는 사태의 특성과 함께 과거청산을 통해 역사를 바로 세우고, 정의를 회복해야 하는 맥락 속에서는 역사적, 법적 의미를 공유하는바, 동 사건에 대한 기억을 되새겨 '도저히 참을 수 없을 정도로 정의에 어긋나는 경우'에 '법적 안정성'의 요청을 배척하는 것으로 단호하게 입장을 선회한 것은 시사하는 바가 적지 아니하다.[18] 말하자면 '불법의 법률'(unrechtliches Gesetz), 즉 무효인 '법률적 불법'(gesetzliches Unrecht)[19]에 대해서는 복종해야 할 법적 의무가 없을 뿐만 아니라, 오히려 '정법'에 의거하여 저항의 권리와 의무가 인정된다는 것이다. 물론 대상판결의 경우, Zinn의 책제목[20]을 원용하여 비유하자면 광인에 의해 기관실이 장악된 채 '내달리는 기차'(moving train)의 현장상황이 아닌바, 60여 년 전의 과거에 발생한 '민간인집단학살사건'과 관련하여 소멸시효 법제를 운용하는 맥락에서 정의와 법적 안정성의 법이념이 상충하는 가운데 둘 중의 하나를 선택해야 하는 법철학적 난문은 제기되지 아니한다. 즉, 동 사건에서 유효한 소멸시효법제의 적용을 배제할 수 없다는 전제 하에 소멸시효완성을 이유로 배상책임을 인정할 수 없다고 본 법적 판단이 '참을 수 없을 정도로 정의에 어긋나는' '사악한 법률'(Schandgesetz)[21]과 그에 의거한 '사악한 법리'를

18) 이에 관해서는 A. Kaufmann, "Rechtsphilosophie zum Mitdenken", Jura, 1992, 235면.

19) "Gesetzliches Unrecht und uebergesetzliches Recht"(1946), in: Gusrav-Radbruch-Gesammtausgabe, A. Kaufmann (Hg.), Bd. Ⅲ: Rechtsphilosophie (bearbeitet v. W. Hassemer), 1990, 83면 이하. A. Kaufmann, "Rechtsphilosophie zum Mitdenken", Jura, 1992, 235면에서 재인용.

20) 달리는 기차 위에 중립은 없다(You Can't Be Neutral On A Moving Train, 1994), 유강은(역), 이후, 2002.

21) 최종고(역), 앞의 책, 125면.

토대로 한 것으로까지 비난할 수는 없을 것이다.

하지만, 과거청산의 당위적인 요청을 수용할 수 있는 유연한 법리선택의 여지가 없지 않았다는 것은 전술한 바 있거니와, 반대의 관점에서 본다면 '참을 수 없는 정도'라는 절대적인 한계는 물론이고, '참을 수 있는 정도'의 상대적인 한계의 범주에서도 어떤 법의, 무슨 안정성이 문제가 되는 것인지 납득하기 어렵다. '같은 것은 같게, 다른 것은 다르게' 취급하라는 정의의 명제에 합당하게 소멸시효제도를 적용하는 경우에 민법 또는 국가배상법상 소멸시효제도의 핵심이념인 법적 안정성과 시효제도의 근간이 어떤 이유로, 어떻게 침해될 것인지에 대한 소명은 판결문에서 찾아볼 수 없다. 법리선택의 불가피성에 대하여 양해를 구하는 것은 암묵적으로 할 수 있을지도 모르겠으나, 적어도 그에 선재하는 핵심적인 선판단의 논거는 명시적으로 제시되어야만 한다. 1980년 이른바 신군부에 의해 자행된 이른바 '언론통폐합조치'에 따라 강제로 폐업 및 국유화된 동아방송과 관련한 헌법소원심판사건에서 소수반대의견을 낸 권성 재판관의 설시는 통렬하고 적확하다.

>『민법과 같은 사법(私法)은 대등한(혹은 대등할 수 있는) 당사자 사이에 적용되는 법률인데 이 사건의 경우에는 국가가 개인과 대등한 지위에서 법률행위를 한 것이 아니고 오히려 헌정중단사태를 빌미로 그 공권력을 무제한으로 증폭하여 사용한 경우이므로, 평범한 개인이 국가와 대등한 지위에 있었다고는 도저히 말할 수 없는 상황이었다. 이러한 상황에 대하여는 그에 딱 들어맞는 실정법규정이 없어 구제가 불가능하다고 재판부가 보기 쉽다. 그러므로 이를 해결하기 위하여는 의사표시이론의 보편적인 법원칙(자유 없는 의사의 무효)을 재확인하여 이를 이 상황에 적용하는 결단이 필요하지만 이것이 실제로는 어려웠던 것이다. 또한 이와 같은 재산권의 귀속변동을 집행한 공무원의 행위는 법률에 근거한 것이 아니라는 점에서 비록 위법하긴 하지만 당해 공무원이 개인적 차원에서 고의나

과실로 법집행을 잘못한 경우가 아니고 정부가 결정한 정책의 집행을 담당한 것에 해당하여 대등한 관계에서 고의나 과실로 벌어진 불법행위와는 차이가 있는 것이므로 이러한 차이를 극복하고 이를 통상의 불법행위와 동일시하여 민법이나 국가배상법을 제대로 적용하려면, 제척기간의 적용이 배제되어야 하는 사유 또는 시효의 진행이 마땅히 정지되어야 하는 사유가, 제척기간이나 시효기간에 관한 실정법 규정들의 배후에, 선험적으로 전제되어 있음을 밝혀내는, 역시 새로운 법발견적(法發見的) 해석이 요구되었던 것이다.』[22]

여기에서 이러한 법발견적 해석에서 제기되는 법리상의 세부적인 쟁점을 재론하지는 않거니와, 다만 기본적으로는 입법정책적인 판단에 맡겨져 있는 것이되, 사인 간의 불법행위로 인한 민사법상의 손해배상사건과 그 구조와 성격이 다르지 않은 일반적인 유형의 국가배상사건의 경우라면 현행 법제상 채무자가 국가라는 이유만으로 소멸시효의 적용을 배제하는 것은 타당하지 아니하다. '법적 안정성'의 요청은 바로 이러한 경우에 개별 사건에서 당사자 관계의 주관적인 특성이나 기타 현실적인 이유를 고려하여 유연하게 법을 해석, 적용하는 것을 배척하는 논거로서 충분한 설득력을 갖는다. 그러나 사태의 구조와 성격, 그리고 '불법국가 과거청산'의 관점에서 합당한 피해구제가 갖는 거시, 미시적 의미가 판이한, 특수한 유형의 국가의 불법행위, 말하자면 "국가가 고의의 불법행위를 저질러 소멸시효제도가 근본적으로 지향하는 국가적, 사회적, 법적 안정성을 스스로 깨뜨린 경우"[23]에 대해서까지 소멸시효제도의 존재이유가 그대로 해당하는 것으로 보고, 소멸시효를 획일적으로 무차별 적용하는 것은 '본질적으로 다른 것을 같게' 취급하는 것이고, 이러한 경직된 법제운용은 '법적 안정성'의 요체인 법과

22) 헌재결 2003.3.27. 2001헌마116, 헌재판례집 15-1, 313면.
23) 강우찬, 앞의 논문, 267면.

사법(司法)에 대한 기본적인 신뢰를 훼손하고, 궁극적으로는 원래 소멸시효제도의 이념[24]과 근간을 변질 또는 왜곡시킴으로써 오히려 '법적 안정성'을 해하는 결과를 초래하게 될 것이다.

(2) 사법(司法)의 중립성과 객관성

① 논점의 정리

대법관들의 집단적인 또는 개개인의 역사의식과, 그에 따른 역사에 대한 기억은 사적인 대화나 판결문 외의 지면을 통한 대법관들의 고백을 통해서만 알 수 있겠지만, 과감하게 추측건대, 다음 둘 중의 하나일 것이다. 첫째는, 전술한 바 있듯이, '거창사건'의 희생자와 유가족들의 아픔과 한을 공감하고 또한 '과거청산'의 역사적 긴절성과 규범적 당위성은 전적으로 인정하지만, 법원의 입장에서는 관련 입법이 선행되기 전에는 객관적인 '법리적 한계' 때문에 배상책임을 인정할 수 없다는 것이다. 둘째는, 아픔과 한에는 공감하지만, 동 사건은 전쟁의 혼란기에 발생된 것이었고 또한 배상책임을 인정하는 경우 그에 따른 심대한 사회경제적 파급효과가 우려되기 때문에 법적인 또는 법을 통한 역사적인 '과거청산'의 방법과 내용, 특히 개별적인 금전배상과 관련해서는 신중하게 접근해야 한다는 소극적인 입장이다.

M. Luther King목사의 말대로, 더 이상의 '정의실천의 연기'(justice delayed), 즉 '정의거부'(justice denied)가 용인되어서는 아니 된다고 생각하는 입장에서 기대하는 바는 대법원의 입장이 후자에 해당하는 경우이지만, 생각건대, 대법원의 입장은 아마도 전자의 경우일 가능성이 더 큰 것 아닌가 싶다. 좀 더 정확하게 표현한다면, 굳이 대답을 강요받는 상황에서는 전자의 입장, 말하자면, 결코 결론을 예단하지 않고, '법리적 한계'를 넘어서지 않는

---

24) 이에 관한 상론은 김제완, 앞의 논문, 82-84면.

범위에서 이른바 '3단계론'에 따른 법적 판단, 즉 중립적인 심판관으로서 법률을 해석하고, 사태를 인식하여 '포섭'(包攝) 여부를 판단한 결과, 안타깝지만 소멸시효가 완성된 것으로 판단할 수밖에 없는 객관적인 결론에 이르렀다고 해명을 할 것이다. 대상판결에 대한 학문적인 비판을 넘어서 대법원의 의견변경을 촉구하는 입장에서 볼 때, 위 두 경우 모두 변화의 가능성을 기대하기 어렵기는 하지만, 일반적으로 추측되는 바와는 달리, 후자의 경우에 상정되는 역사에 대한 기억과 현실인식을 규정하는, 일응 이데올로기적인 성격의 근본적인 관점의 선회보다 전자의 경우, 즉 객관적이고 기술적인 법리변경의 가능성이 상대적으로 더 클 것으로 보는 것은 성급한 판단이다. 주관성과 감정성, 편향성 등의 이데올로기적 특성을 갖는 역사의식과 그에 따른 가치관은 본질적으로 폐쇄적인 비논리의 양식이라는 점에서 쉽게 변하기 어려운 것이기는 하지만, 오히려 그렇기 때문에 상황의 변화에 따라 결정적인 인식전환의 단초가 주어지면 일거에 뒤바뀔 수도 있는 취약한 측면이 없지 않은 데, 반면에 전술적 가정에 불과한 중립성과 공정성을 선재된 것으로 전제하며, 객관적이고 과학적인 논리를 토대로 하는 입장은 그 어떤 이데올로기의 성벽보다도 더 견고하고 높을 수 있는 바, 전자의 경우, 즉 '법리적 한계'를 넘지 않는 범위 내에서 오로지 법적으로만 판단하였다는 관점과 주장은 그 전형적인 예의 하나이기 때문이다. 후자의 경우, 즉 대법원의 역사의식과 현실인식의 관점에 대해서는 다음 (3)에서 논의하고, 여기에서는 '법학적 해석론'(juristische Hermeneutik)[25]의 관점에서, 대법원이 암묵적으

25) 이에 관한 상설은 A. Kaufmann, Die "ipsa res iusta" - Gedanken zu einer hermeneutischen Rechtsontologie, in: Beitraege zur Juristischen Hermeneutik sowie weitere rechts- philosophische Abhandlungen, Carl Heymann Verlag, 1984, 25-52면; "Durch Naturrecht und Rechtspositivismus zur juristischen Hermeneutik", in: 위의 책, 79-88

로 선제하고 있는 기본적인 법이론적 관점, 특히 법의 해석과 적용의 중립성과 객관성의 전제를 비판적으로 검토한다.

② 법해석론상 전제로서 중립성, 객관성 및 공정성의 적실성

대상판결의 논증의 바탕에 있는 '법리적 한계'와 '법적 안정성'의 논거는 법실증주의적 법해석론의 이른바 '포섭의 도그마'의 핵심이다. 말하자면 기호분석과 거의 동일한 의미로 이해되는 해석(Auslegung)의 대상으로서 법률텍스트와 해석의 주체의 분리를 전제로 하여, 최대한 자연과학적 과학성에 근접하려고 하는 의미에서 '중립적이고, 객관적이고, 공정한' 법적 판단을 지향하는 실재론(realism)적 방법이다.

비교사례가 없다는 점에서 역사적인 관점에서든, 법적 차원에서든 다르게 취급하는 경우 정의와 '법적 안정성'의 문제를 우려할 이유가 없는 '민간인집단학살사건'을 대상으로 한 판결을 평석하는 맥락에서, 오늘날 법이론의 핵심과제의 하나인 법의 객관성과 법 및 법관의 중립성, 특히 법에 의한 법관제약의 가능성과 타당한 제약의 정도 등의 문제에 대한 상론은 불필요하다. 일반적으로 또는 우리의 특정한 정치경제 및 사회문화적 상황과, 그와 연관된 특수한 사법제도 속에서 법관이 법에 의해 제약되는지 여부나 그 정도에 관한 법사회학적 문제나, 법이 그 환경조건과 관계없이 그 본질상 법관을 제약할 수 있는 객관적인 준거 자체를 제공할 수 있는, 즉 '유일한 정확한 답'(only one right answer)을 제시할 수 있는 가능성 등의 법이론적 문제는 여기에서 관심의 대상이 아니다. 여기에서 초점은 '도대체 무엇을 위한 법인가?'라는 법존재론적 차원의 의문 속에서 어떤 입장과 관점의 차이에도 불구하고 부정되거나 외면될 수 없는 명제, 즉 법과 법관의 '부정의에 대한 분

면; 강진철, 법해석학 - 영미에서의 논의를 중심으로, 『현대법철학의 흐름』, 법문사, 1996, 한국법철학회(편), 97-125면.

노'와 '정의에 대한 열망'을 고려하건대, 대상판결에서 '법관의 중립성'과 법리의 객관성의 요청이 판결의 공정성을 담보하는 법해석의 공준으로 적용될 수 있는지, 또한 그 결론의 법리적 불가피성에 대하여 양해를 구하는 명분으로 설득력이 있는지 여부의 문제에 맞추어진다.

전통적인 법이론의 핵심, 특히 법과 정치를 동일시하면서[26] 법의 객관성과 법관의 중립성을 전면 부정하는 비판법학자들의 근본적인 회의, 즉 법의 객관성은 원천적으로 기대할 수 없고, 법에 의한 재판에서도 "법관들은 직업상의 관례와 자신들의 힘을 보전하기 위한 필요 때문에 '특유한 방식'으로 말하는 것일 뿐이고, 결국 그들의 수사(rhetoric)는 전적으로 법의 외피를 쓴 속임수에 불과하다"는 식의 입장이나,[27] 당위세계와 존재세계의 단절을 전제로 "'이상적인 법관'(ideal judge)이라면 어떻게 할 것인가?"라는 질문에만 초점을 맞추는 전통적인 법실증주의적 방법론에서[28] 법관의 중립성의 문제는 법이론적 논제로서 입지 자체를 갖지 못한다. 전자의 경우에, 기존의 법체제 하에서 법관의 비중립성은 구조적으로 불가피한 필연으로서 규명과 확인의 대상이 될 뿐이고, 후자의 경우에, 법관의 중립성은 내재화된 당위적 요청으로 의문을 가질 수도 없고, 그럴 필요도 없는 절대명제일 뿐이다. 상반된 이 두 가지의 극단적인 입장에서는, 판이한 패러다임에 따라 이유는 다르

26) O. M. Fiss, "The Death of the Law?", 72 Cornell Law Review, 72, 1986, 1. 9면.

27) 이 비판적인 입장의 기본적인 출발점과 전제는 Duncan Kennedy가 제시하는 - 우연이나 경험, 특히 단순한 긴장이 아닌 - 이른바 '근본적인 모순'(fundamental contradiction)의 명제에서 가장 극명하게 제시된다. "The Structure of Blackstone's Commentaries", Buffalo Law Review, 28, 1979, 739면.

28) 이에 관한 개괄과 정치한 비판으로는 위의 논문; C. R. Sunstein/Adrian Vermeule, "Interpretation and Institutions", 101 Michigan Law Review, 101, 2003, 898.

지만, 법관의 양심과 분노의 태도는 원천적으로 법이론의 문제로 상정되지 아니한다. 가능한 것과 불가능한 것, 그리고 '제한성을 인정하는 시각'과 '제한성을 인정하지 않는 시각'의 경계선에서 일면 '주어진 법'을 해석 및 적용하고, 타면 '있어야 할 법'을 형성해 나가는 '현실 세상의 법관'(real-world judge)에게만 요구하고, 기대할 수 있기 때문이다.

적어도 법해석론상 진지한 논제로 관심을 갖는 법관의 양심과 분노의 태도는, 규범과 현실의 교차점에서, 그리고 비관과 절망의 한가운데서 낙관의 근거와 희망의 단서를 찾고, 이성과 감성 그리고 윤리와 도덕의 융합을 통해 정의를 구현해나가기 위하여 항상 인간존재 및 법의 한계와 함께 그 가능성을 탐색하는 '해석론'의 구도 속에서만 상정되는, 법관이 지녀야 하는 일종의 '생리적 지표'(somatic-marker)[29]이다. 말하자면 어떤 결정을 내려야 할 것인지 고민하는 과정에서 자신의 선택과 판단이 가져 올 긍정적인 결과와 부정적인 결과에 유의하게 만드는, 이성과 함께 감성이 일종

29) A. R. Damasio, Decartes' Error: Emotion, Reason, and the Human Brain, Penguin Books, 1994, 173면 이하. 여기에서 몸을 뜻하는 그리스어 'soma'를 어원으로 하는 생리적(somatic)이라는 것은, 도덕적 결정을 함에 있어서 이성과 함께 감성의 요소를 강조하는 맥락에서, 사람들이 여러 가지 선택 대안들 중에 특정한 것을 선별하여 즉각적으로(immediately) 용인하거나 배척하게 되는 동인으로 경험하는 어떤 긍정적인 또는 부정적인 느낌을 강조하는 의미를 내포한다. 이 느낌은 Gadamer가 말하는 "음식을 선택하고 거부하는 활력 있는 감각의 확실성만큼 높은 것"으로 단순히 육체적인 것만이 아니라 공생체로서 몸과 마음이 동시에 작용되는 감지력으로 이해된다. '진리와 방법'에서 Gadamer가 이른바 '놀이'(Spiel)를 중심으로 한 '철학적 해석학'의 맥락에서 제시하는 핵심개념인 '교양'(Bildung), '취미'(Geschmack) 또는 '공통감각'(common sense)과 유사한 것으로 이해하여도 무리가 없을 것으로 생각된다. H.-G. Gadamer, 이길우 외(역), 『진리와 방법 I』, 문학동네, 2000, 41-76, '감지력'에 관해서는 91면. 이에 관한 간명한 해설은 특히 R. J. Bernstein, Beyond Objectivism and Relativism: Science, Hermeneutics, and Praxis, University of Pennsylvania Press, 1985, 118-126면.

의 '공생체'(symbiosis)로서 작용하는 느낌이다. 합리적인 고려를 배척하는 것이 아니라 대안을 줄여서 선택할 수 있게 단순화하여 결정과정의 정확성을 제고하는 가능을 갖는 이 느낌은 법관의 '법적 판단'의 행위에도 그대로 적용된다. 적어도 법의 해석과 적용, 즉 '포섭'(Subsumtion)의 작업을 '하나의 순수한 형식논리적인 판단 및 추론'으로 이해하는 '법형식주의'(legal formalism)의 틀을 집착하지 않는 한 그렇다.

Kaufmann[30]이 단언하는 바와 같이, 법을 말한다고 할 때 법관은 "항상 자기 자신, 즉 자신의 선이해의 어떤 부분을 말하는 것이다. 그렇지 않다면 그는 법률과 사건을 전혀 대응시킬 수 없다." 이미 극복된 법실증주의에서 전제하는 바와는 정반대로, 법규범이 해석에 앞서 '순수한 객관성'(reine Objektivitaet)과 '순수한 사물성'(reine Sachlichkeit)을 지니는 확정된 상태로 선재하는 것이 아니라, 해석의 결과물, 즉 "법관 자신의 선판단, 확신, 관심 및 의견(개인적인 것이든 사회적인 것이든) 등과 함께 자신의 인격을 끌어들이는 '이해'(verstehen)의 과정" 속에서 비로소 산출되고 형성되어 나가는 것으로 본다면, 도대체 이 작업에 앞서, 이 과정의 바깥에 있는 법의 '객관적 옳음'은 존재하지 아니한다.[31] 법률과 사태에 대한 이해는 단순한 '앎의 작업'이 아니라 일종의 '수행'의 인격적 행위, 즉 이해의 주체가 전인격을 걸고 하는 창조적인 법형성의 행위인 바, 법관의 법해석행위와 판결을 판단하는 기준은 구체적인 판단 및 결정의 과정 바깥에 있는 '법의 옳음'이 아니라 이해와 행위의 주체의 인격, 즉 법관의 이성과 감성, 그리고 윤리의 합

30) "Durch Naturrecht und Rechtspositivismus zur juristischen Hermeneutik", in; Beitraege zur Juristischen Hermeneutik sowie weitere rechtsphilosophische Abhandlungen, 1984, S. 87면.

31) 위의 글, 87면.

체인 '생리적 지표' 및 결정의 상황과 연계되어야만 한다. 법관의 중립성의 명제는 바로 이 '생리적 지표'를 자신의 성찰 속으로 끌어 들이는 과정에서 요구되는, 특수한 공직자로서 법관에게 각별하게 요구되는 공평무사(公平無私)의 공직윤리를 의미하는 것일 뿐이다. 정의를 지향하고, 부정의에 대하여 분노하는 양심의 '생리적 지표' 자체를 형성하고 발전시켜 나감에 있어서 법관은 철저하게 비중립적이어야 한다. 말하자면 정의와의 동맹관계를 항상적으로 유지해 나가야 한다.

이러한 관점에서 볼 때, 소멸시효제도의 적용 자체와 시효의 중단이나 소멸시효의 항변 등에 관한 세부적인 판단, 그리고 그에 따른 결론의 논리적 필연성에 대하여 대법원이 설득과 양해의 근거로 제시한 법리와 법리적 한계가 적실한 것으로 받아들여질 수 있는 조건, 즉 법의 객관성, 법관(원), 그리고 법관의 법해석작업의 중립성은 근본적으로 성립되지 아니한다. Kaufmann이 통렬하게 지적하는 바와 같이, 법형식주의적 방법론의 핵심인 '포섭의 도그마'의 근간을 흔드는 것이 금기시되는 것이 '합리적인 이유', 즉 법리의 문제가 아니라 바로 법실증주의에서 철저하게 배척하는 '이데올로기적인 동기들' 때문이고, 그렇기 때문에 실현되기 어려운 것이라고 본다면,[32] 대상판결에서 대법원이 제시한 법리적 한계는 맥락에 맞지 않는 법관의 중립성, 그리고 근본적으로 성립되지 않는 선재하는 법 및 법리의 객관성의 외피를 쓴 비중립의 당파적인 논거이고, 진정성과 건강성이 미흡한 '생리적 지표'를 여실하게 드러내 주는 반증일 뿐이다.

요컨대, 법리구성의 대안이 없지 않았다는 점과는 무관하게, 적어도 대법원의 '생리적 지표'에 공감하지 않는 입장에서는, 변호

---

32) A. Kaufmann, Die "ipsa res iusta" - Gedanken zu einer hermeneutischen Rechtsontologie, in: 위의 책, 58면.

의 필요성을 없게 만드는 동시에 공격의 대상을 교묘하게 은폐하는 대법원의 '이중부정'의 논리, 즉 중립적인 심판관의 입장에서 객관적인 법리에 따라 배상책임을 인정하지 않는다고 해서 참회와 신원 및 배상의 책임을 다하지 않고 있는 국가의 부작위를 옹호하는 것은 아니라는 식의 논리와 이를 토대로 한 '포섭의 도그마'를 추종할 수는 없다. 본질적으로 방법의 이름으로 행해지는 당파적 주장에 불과하고, 결국 역사의 부정의한 부분에 대한 기억과 그 속에 담겨져 있는 아픔과 한, 그리고 미래 지향적인 과거청산의 당위적인 요청은 '포섭의 도그마'로 포섭되지 못하기 때문이다. 구조와 형식이 특수하기는 하지만, 법원의 법해석과 적용도 그 자체가 국가권력의 행사인 동시에, 권력의 한 형태라고 할 수 있는 일종의 '체계적인 지식'[33]에 의존하여 진리를 추구하는 지적 작업이라고 한다면, Stanford 대학의 인류학 교수인 R. Rosaldo의 학문방법론상 중립성에 대한 비판적인 해명과 전혀 무관하지는 않다.

『객관주의자나 기념비주의자들은 이런 종류의 싸움을 초월한 곳에 서기를 좋아한다. 그곳에서 이들은 전지전능함이란 입장을 취하고, 초연한 입장과 윤리적 중립이라는 〈깨끗한〉 영역에서 연구를 한다. … 이들이 취하는 〈그 모든 것 위〉라는 입장에 포함된 태도는, 지배의 현실에 대한 온건한 인정에서부터 적극적인 봉사까지 다양하다. 그들 자신은 이런 입장이 공평무사한 입장이고, 자신들이 거리를 두는 것은 중립성에 도움이 되는 것으로 여긴다. … 어떤 중립

33) Th. Sowell은 역사적으로 두 가지 시각, 즉 '제한성을 인정하는 시각'과 '제한성을 인정하지 않는 시각'의 상충을 전제로, 근본적으로 인간을 결함을 지닌 존재로 보는 전자의 입장에서는 인간에게 가능한 최선은 위태로운 평화와 취약한 제도적 안정일 뿐이고, 그나마 이들도 정형화된 행동규칙이나 제도, 정서적 태도, 습관 등의 기존의 사회적 전통에 의존해서만 가능하다고 주장하는바, '체계적 지식'은 바로 이 요소들의 집합체를 의미한다. 이에 관해서는 A. Conflict of Visions, Basic Books(revised ed). Basic Books, 2007, 36-39면.

적인 입장에서 문화를 연구하는 경우란 거의 없으며, 따라서 분석가들은 당파적 입장, 이해관계, 감정상태 등에 대해 가능한 한 명백하게 밝혀야 한다. 학문은 진리와 지식을 위해 봉사하는 공평무사한 탐구이다. 결과적으로 현재 이 논쟁은 '우리'와 '그들'을 대립시키는 대본을 따라 진행되는 것 같은 형국이 되었다.』[34]

(3) '윤리적 존재'로서 법관의 양심과 법이성

앞에서 인용한 Zinn[35]의 말대로, '악과 우리의 관계'를 드러내는 것은 역사가 우리들에게 가르쳐 주는 것 중에 핵심이다. '과거를 지배하는 자가 미래를 지배하고, 현재를 지배하는 자가 과거를 지배한다'는 통찰을 현실인식의 측면을 넘어서 규범적 당위성의 관점에서 보면, 어떤 시각에서, 어떤 방향으로 우리의 미래를 발전적으로 형성해 나갈 것인가에 관한 담론을 지배하는 현재의 시점에서 우리 사회의 윤리적, 가치적 지표는 어떤 것이고 또한 어떠해야 하는가에 관한 질문에 초점을 맞추게 된다. '악과 우리의 관계'를 바르게 규명하고, 설정하는 것은 바로 이 질문에 대한 최우선의 답인 동시에, '옳은 문제제기'를 위한 필수조건의 하나이기도 하다.

전술한 바 있듯이, "지역주민 수백 명 사살"이라는 어법상 부정확할 뿐만 아니라, 무성의하고 또한 무감하기도 한 축약의 표현만으로도 충분히 감지되는 대법원의 역사의식과 반성의 태도, 그리고 부정의에 대하여 분노하고 또 아픔을 느낄 수 있는 생태적 능력, 말하자면 '생리적 지표'는 적어도 최고법원에게 당연히 기대할 수 있고, 요구되는 수준에 걸맞지 못한 것으로 생각된다. 학자들에 대한 감정표출 절제의 요청을 부정하면서 Zinn이 단언하는 바는 법관, 적어도 대법관들에게도 그대로 적용될 수 있다: "학자

34) R. Rosaldo, 권숙인(역), 『문화와 진리』, 아카넷, 1989, 342-343면.
35) Zinn, 이재원(역), 하워드 진, 『역사의 힘』, 예담, 2009, 263면.

가 '냉정하고 이성적이며 무감한 것'은 지성인은 사람들의 (진리와 정의, 역사와 현실에 대한: 저자 부기) 이해의 폭을 넓혀야 할 책임이 있다는 관점과 완벽하게 불일치한다."[36] 법에 의거하되, 양심에 따라 판단해야 하는, 그렇기 때문에 자신의 전인격을 끌어들인 윤리적 선판단을 토대로 하여 법을 해석하고 적용하는 법관(원)에게 요구되는 이성은 감성에 의해 복속되어서는 아니 되지만, 감성과 유리되어서도 아니 된다. 작위적인 허구의 가설을 전제로 하지 않는 한 그렇게 될 수도 없다. 법적 판단을 함에 있어서 일반적으로 또는 특히 의심스러운 경우에 법관이 따라야 하는 양심이 법과 동떨어진 '주관적인 양심'일 수는 없지만, 그렇다고 해서 자연과학자, 예컨대 지진학자가 화산을 관찰하는 것 같이 단순히 '기다리고, 기술하고, 일반화하는', 말하자면 단순히 사실(fact)에 충실하기만 하면 되는 식의 냉정하고 무감한 이른바 '객관적인 양심'으로 이해될 수는 없다. 우리가 법관에게 요구하고 기대하는 '자유의지'(free will)는 도그마화된 '주관적인 양심'의 독단이나, 양심의 번민으로부터 해방, 즉 선재하는 '객관적 양심'으로 도피하는 것과 연계되는 것일 수는 없다.[37] 이는 근본적으로 이성과 감성이 조화된 윤리적 선판단과, 이를 토대로 하는 높은 수준의 지성적 능력을 전제로 한다. '윤리적 존재'(ethical being)로서 인간이 자신의 행동에 대하여 시비를 가리고, 또는 도덕적이거나 반도덕적인 것으로 가치판단을 할 수 있는 것이 자기 자신에 대한 앎과 추상적인 사유가 핵심요소인 고도의 지성적인 능력의 산물이라고 한다면,[38] 이는

---

36) 앞의 책, 233면.

37) 법관의 독립과 양심에 관한 상세한 논의는 이덕연, 헌법 제103조에서 법관의 독립과 양심, 공법연구 제38집 제2호, 2009.12, 355-369면.

38) D. A. Gordon, Ethics, Reason, and Emotion, in: Gorden/J. Niznik (ed.), Criticism and Defense of Rationality in Contemporary Philosophy, Rodopi, 1998, 64면.

기본적으로 '가치맹목적인 법률기술자'가 아니라 '윤리적 존재'로서 가치적 판단을 하는 법관에게도 적용된다. 말하자면 전문적인 법률지식과 함께 또는 그에 앞서서 높은 수준의 특유한 지성, 즉 법이성과 법감성이 조화된 법지성이 요구되기 때문이다. "보편적인 것이든, 개인적인 것이든 어떤 특정한 가치를 지지하거나 또는 실행에 옮기려는 깊은 열정(deep passion)과 간절한 결단(ardent determination)이 없었다면 지극히 중요한 해석들은 결코 명확하게 구성될 수 없었을 것이다"[39]라는 통찰은 인간세계와 역사의 한 부분인 법의 세계에도 그대로 해당된다. 법관의 중립성에 대하여 앞에서 비판적으로 검토해 보았거니와, 이러한 관점에서 법관의 필수적인 덕목으로 주목되는 건강한 양심과 열정은 자신에 대한 끊임없는 '구체적인 반성'과 '가치적 번민'에 의하여 형성되고, 발전되어 나가는 비중립적인 '윤리적 존재'로서 자신의 전인격을 걸고 법적 판단을 하는 법관에게만 요구하고, 기대할 수 있다. 이 열정의 필수불가결한 자양분인 동시에 그 산물이기도 한 '경천애인'(敬天愛人)의 윤리적 태도와, 과거, 특히 가장 치욕스러운 과거를 바르게 기억하는 역사의식, 그리고 역사 속의 아픔과 부정의에 대하여 공감하고 분노하는 정의감은 작위적이고 편협한 의미의 중립성을 명분으로 하는 몰가치적인 법기술자의 행태와는 거리가 멀다. 법의 존재이유에 대한 근본적인 질문과 함께, "나치즘으로부터 우리들을 보호해주는 것은 이성이 그것이 잘못된 것임을 증명해줄 것이라는 믿음이 아니라, 분노(outrage)이다."라는 Singer[40]의 말을 상기한다면, 역사 속의 아픔과 한을 공감하지 못하는, 또는 허

39) T. Buksinski, "The Rationality of Interpretation in Social Science", in: Gorden/J. Niznik(ed.), Criticism and Defense of Rationality in Contemporary Philosophy, Rodopi, 1998, 126면.

40) Josepf William Singer, "The Player and the Cards: Nihilism and the Legal Theory", 94 Yale Law Journal, 1, 1984, 55면.

구의 냉정한 이성을 명분으로 그것을 외면해야 하는 것으로 생각하는 법관, 부정의에 대하여 분노하지 않는 무감한 법관, 그리고 분노하지 못하기 때문에 '역사적 불임'을 방조할 수밖에 없는 법관은 도대체 '무엇을 위한 법관인가?'(Judge for What?)라는 물음에 대하여 어떤 답을 할 수 있을지 모르겠다. 적어도 '포섭의 도그마'에 사로잡힌 자기목적론이나, 오만한 개념화의 틀을 한 치라도 벗어나서 생각한다면, 적어도 향후 재발의 위험성이 완전히 배제되지는 않는, 홀로코스트와 같은 국가폭력으로부터 전혀 우리를 보호해줄 수 없는 법과 법리, 그리고 그러한 법 및 법리의 안정성과 예측가능성은 설득의 논거와 양해의 명분으로 제시하는 법관은 가치중립적인 의미에서 무용한 것에 그치지 아니한다. 법 자체와 법치국가의 근간인 사법체제에 대한 근본적인 불신과 허무주의를 초래하게 되고, 이는 궁극적으로 법치국가 운용에 치명적인 장애물이 될 수밖에 없다.

'민주화 이후의 민주주의'[41]를 논하듯이 '법치화 이후의 법치주의'를 말하기 위한 최우선의 전제조건은 부끄러운 역사의 부분, 특히 가장 치욕스러운 과거, 그리고 그 과거청산의 역사적 정당성과 규범적 당위의 요청을 외면해 온 '지연된 정의', 즉 '부정의의 역사'를 바르게 기억하고, 법적으로 반성하고, 청산하는 것이다. 전쟁의 와중이었음을 감안한다고 하여도 대한민국의 국군이 민간인을 집단학살한 '거창사건'이 그 대표적인 예들 중의 하나라는 점에 이견

41) 최장집은 '이 책을 쓰게 된 이유'에서 뮤지컬 〈레미제라블〉의 초반부에 프랑스 민초들의 "변한 것은 아무 것도 없네"라는 노래에 빗대어 "지금 우리 사회에서도 민주화 이후 달라진 것이 무엇이냐는 회의적인 질문이 광범위하게 제기되고 있다"고 진단하면서, 한국민주주의의 현실에 대한 바른 이해와 민주주의의 발전을 위해 "무엇을 해야 하는가"라는 질문이 함께 제기되어야 한다고 강조하였다. 『민주화 이후의 민주주의』, 후마니타스, 2002, 11면, 이 질문은 이 글에서 주목하는 '법치화 이후의 법치주의'의 논제에도 그대로 적용된다.

이 있을 수 없을 것이다. 대법원의 법의 해석과 적용, 그리고 법리적 한계와 법적 안정성을 논거로 제시하며 그 불가피성에 대하여 양해를 구한 결론, 즉 소멸시효가 완성되었기 때문에 배상책임을 인정할 수 없다는 판결은 '거창사건'을 초래한 군사작전의 개념인 이른바 '견벽청야'의 법리적 복제물에 다름이 아니다. 이른바 '포섭의 도그마'로 성벽을 높게 쌓고, 바른 역사의식과 정의감들을 성 밖으로 내친 무정한 법리는 역사를 바르게 기억하고, 그리고 철저한 반성을 통해 분노와 아픔과 한을 공유하고 화해할 수 있는 계기를 제공해야 할 역사적, 법적 책임은 방기한 것이다.

재차 강조하건대, '거창사건' 이후 가해자들은 명목상으로만 실형선고를 받고 석방되어 복직되고, 반면에 유족들의 대표는 구속되는 등 오히려 유가족들이 이른바 연좌의 불이익으로 인해 고통을 감수하였던 극단적인 무법과 불법의 기형적인 시대상황이나, 수십 년 간 지속되어 온 권위주의적 정권 하에서의 질곡의 세월과 그 후의 특수한 민주화의 과정, 즉 단절의 부분과 연속의 부분이 중첩되어 교차되고 또한 정당성과 합법성이 엇갈리는 가운데 점진적으로 권위주의체제에서 벗어나온 단계적인 민주화의 과정 속에서 전환의 시점과 맥락을 분명하게 판단하기 어려웠던 구조적 상황을 거시적으로 고려할 때, '법률상의 장애사유'와 '사실상의 장애사유'를 구별하는 법리가 이성과 함께 또는 이성에 앞서 감성적 태도가 요소인 '사회통념'에 부합될 수 있는 것인지 의문이다. 우악스러운 탄압의 위협 때문에 적절한 배상의 소구는커녕 진상규명과 명예회복에 대한 거론조차도 불가능하였던 사회적 분위기 속에서 셀 수 없이 많은 밤을 눈물로 지세며 뒤척였을 유가족들에게 '왜 권리 위에서 잠을 잤는가?'라고 책망하는 것을 지지하거나 용인하는 법이성은 상정하기 어렵다. 대상판결과 같이 국가의 역사적 정당성과 윤리적 정체성을 재정립할 수 있는 소중한 기회가 될 수 있었고, 말 그대로 법을 맡고 있는 사법부의 '생리적 지표'의 수준을 가늠해볼 수 있는 중요 사건, 말하자면, 모든 판결이 그러하지만 명실상부하게 '국민의 이름'으로 판결한다는 의미가 특히 부각되는 사건에서 소멸시효의 완성과 같은 소송기술법적인 논거에 따라 청구를 기각하는 경우라면 당사자를 포함하여 국민 전체에게 향후 유사한 상황에서 취할 수 있는 분명한 판단기준과 행동준칙이 제시되어야만 하였다.[42] 이러한 맥락에서 볼 때, 전지전능한 신이나 열혈 혁명가가 아닌 한 기대할 수 없는 예지와 용기, 그리고 법전문가들에게도 쉽지 않은 사회상황에 대한 판단과 법리적 판단력을 요구하는 것은 설득과는 거리가 먼 무리한 법리이다. 승복과 양해는커녕 분노를 불러일으키고, 궁극적으로는 법치국가의 근간인 사법부와 법관에 대한 국민의 신뢰를 또 한 번 훼손한 것일 뿐이다.

세계와 마찬가지로 법이 속하는 문화세계는 불연속적이다. 문화세계 속의 시간, 즉 역사나 물질계에서보다는 서서히 작용하지만, 예술작품이나 과학을 점차 낡은 것으로 만드는 '문화적 시간'의 흐름 속에서 보면, 모든 예술작품이나 학문적 가설과 이론 등에 있어서 본질적으로 의미(sens)와 기호(signe)는 분리될 수 없는바, 의미는 기호 또는 분절된 기호의 분석만으로는 결코 완전하게 표현되거나, 확인될 수 없다.[43] 최상의 형태의 이성을 비이성, 즉 감성과 근접된 지점이나 또는 감성이 혼입된 상태에서 찾는 것은 바로 이 때문이다. 아마도 "외롭고(孤), 높고(高), 쓸쓸한(寒)"[44] 시인 백석이 그의 시 '南新義州 柳洞 朴時逢方'에서 토로한 "가슴이 꽉 메어올 적에, 눈에 뜨거운 것이 핑 괴일 적에, 스스로 화끈 낯

42) 김제완, 앞의 논문, 83면.
43) M. Ponty, 권혁면(역), 『의미와 무의미』, 서광사, 1985, 10면.
44) 화가 김영진은 평전을 내면서 백석을 고고한(孤高寒) 시인으로 묘사하였다. 『백석평전』, 미다스북스, 2011.

이 붉도록 부끄러울 적에 … 어니 먼 산 뒷옆에 따로 외로이 서서, 어두어 오는데 하이야니 눈을 맞을, 그 마른 잎새에는, 쌀랑쌀랑 소리도 나며 눈을 맞을, 그 드물다는 굳고 정한 갈매나무라는 나무를 생각하는 것"이 그 비슷한 것이 아닐까 싶다.[45)]

대상판결에서 읽혀지는 대법원의 무감한 태도에서 최고법원에게 당연히 요구할 수 있고 기대되는 최상의 형태의 법이성과 그에 근접한 지점에서의 번민의 편린은 찾아보기 어렵다. 대법원이 정작 주목했어야 할 시간의 요소는 법상의 '소멸시효의 기간'이 아니라 바로 역사에 대한 바른 기억과 행동을 요구하는 '문화적 시간'이었다. "행동이 곧 존재다"(operari=esse)라는 Sartre[46)]의 말을 빌리면, "자신의 과거로부터 또한 결정론(과거에서 현재로 이어지는 작용인)으로부터 벗어나서 자신의 미래를 향해 스스로를 던지는 것", 이른바 '현상학적 환원'[47)]의 인식과 이해, 즉 행동을 포기한 대법원은 존재하지 않았다.

Ⅴ. 맺는말 - '문경사건'과 관련한 보론

결정론의 의미에서 역사발전의 법칙은 없다. 역사는 힘이 될 수도 있고, 짐이 될 수도 있다. 잘 돌보고 결을 살려나갈 때는 힘이 되지만, 그렇지 못한 경우에는 발전에 장해가 되는 부담이 될 수밖에 없다.

M. Ponty의 말대로, 예술과 마찬가지로 도덕성의 문제에서도 "자신이 어디로 향해 나아가고 있는지를 알기 전에는 움직이려 하지 않는 사람이나, 매 순간 정확하고 그 자체로 완전하기를 원하

45) 백석, 김재용(엮음), 『백석전집』, 실천문학사, 2011, 146-148면.
46) 이에 관해서는 J. P. Sartre, 양원달(역), 『존재와 무(상)』, 을유문화사, 1983, 특히 7-18면.
47) P. Thévenaz, 김동규(역), 『현상학이란 무엇인가』, 그린비, 2011, 81면.

는 사람들에게는 아무런 해결책도 주어지지 않는다."[48] 이는 Radbruch[49]가 분류한 '문화과학', 즉 '가치관계적인 고찰', 그리고 '가치평가적인 고찰'을 하는 법학자들과 함께 '문화적 시간'의 흐름 속에서 바른 것을 추구하는 가치형성 및 가치실현의 행동인 '법에 대한 이해'의 작업을 진행해 나가는 법관에게도 그대로 적용된다. 다른 법리구성의 대안이 없지 않다는 점과는 무관하게, 설령 대상 판결의 결론을, 대법원이 암묵적으로 전제하는 바와 같이, 과거청산의 역사적 당위성이나, 국민감정 등 기타 법외의 이데올로기적인 측면은 도외시하고, 결론에 대한 어떤 예단도 없이, 또한 판결의 내용에 따른 사회경제적 파급효과에 대한 어떤 우려도 고려하지 않고 오로지 중립적인 입장에서 법만을 보고, 법과 법리에 의해서만 판단을 한 결과로 이해한다고 하더라도, 대법원이 아무런 해결책을 제시하지 못하였다는 점에는 변함이 없다. 특별법의 입법이 선행되지 않는 한 법원의 입장에서는 법리적 한계 때문에 어쩔 도리가 없다는 태도도 그 자체로 흠결 있는 실정법과 이미 극복된 지 오래 된 법실증주의의 폐쇄적인 형식론적 법리의 지형지물을 이용하여 법이성의 요청을 외면한 책임회피, 책임전가에 불과하다. 문제는 대법원의 '생리적 지표'의 흠결에 있다. 법리구성의 대안이 있다는 전제 하에, 법리적 쟁점에 초점을 맞추지 아니하고, 획일적으로 소멸시효법제를 적용한 대법원의 기본적인 관점, 특히 '포섭의 도그마'에 사로잡힌 법이론적 틀과 그에 따른 법리구성의 한계와 결함을 비판적으로 검토한 것은 바로 이 때문이다.

대상판결에서 대법원의 법리선택과 결론이 '포섭의 도그마'나, 재정부담과 이데올로기적 갈등의 재연 등과 같은 사회경제적 부담에 대한 우려가 아니라, 생태윤리에서 말하는 '아픔을 느낄 수 있

48) M. Ponty, 권혁면(역), 앞의 책, 11면.
49) G. Radbruch, 최종고(역), 앞의 책, 30-35면.

는 능력'의 흠결이나, 근본적인 역사의식의 부재에 기인한 것이라면, 단순한 학문적인 비판을 넘어서 대법원의 입장변화를 촉구하고자 하는 이 글의 목적은 거의 기대하기 어려울 것이다.[50] 추단하기 쉽지는 않고, 또한 대법원과 각급법원의 판단이 여전히 엇갈리고 있기는 하지만, 다행히도 최근에 과거청산과 관련된 일련의 전향적인 판결들,[51] 그 중에서도 특히 '문경민간인집단학살사건'에 대

50) 이러한 관점에서, 민주혁명을 한 번도 경험하지 못하였고, 돌아가야 할 '아름다운 공화국'이 없는 우리의 근대 역사를 반추하면서 과거청산의 당위성과 긴절성을 강조한 다음 글을 상기하며 대법관들에게 일독을 권한다. "과거청산은 복귀가 아니라 언제나 정치적 공동체를 새롭게 창조하는 일이다. 우리 시대의 정치적 역량으로는 버거운 것이지만 과거에 국가범죄를 저지른 세력들과 그 범죄의 잉여를 공유해온 세력들을 역사와 시대의 무대에서 날마다 배제할 때에만 〈새출발〉이 가능하다. 국가범죄자들의 변명 이데올로기와 생존전략을 궁극적으로 파괴시킬 때 역사에도 없는 정치적 혁명을 만회하는 문화적, 윤리적 혁명이 가능하지 않을까!", 이재승, 과거청산과 인권, 민주법학 제24호, 2003, 16면.

51) 하급법원에서는 경찰과 정보기관 등의 반인권적인 불법행위로 인한 일련의 국가배상청구사건들에서 채권자(유족)보호의 각별한 필요성과, 국가의 진상은폐와 반인륜적인 위법행위의 중대한 불법성 등 채무이행의 거절을 인정함이 현저히 부당하게 되는 등의 특별한 사정을 이유로 국가의 소멸시효항변을 배척하는 일련의 전향적인 판결들을 내려왔다. 서울지법 2003.8.14. 2002가합32467(수지킴사건); 서울고법 2006.2.16. 2005나27906(최종길교수사건); 서울중앙지법 2007.8.21. 2006가합92412(인혁당사건); 서울고법 2007.9.6. 2006나112047(함주명사건). 이러한 흐름 속에서, 특히 '거창사건'에서 대법원이 소멸시효기산의 준거로 인정한 국회의 진상조사발표 및 책임자에 대한 법원의 유죄선고 등과 유사하게 2005년에 '국가정보원 산하 과거사건 진실규명을 통한 발전위원회(국정원 과거사위)'에 의해 조사결과가 발표된 민청학련 사건과 관련하여 피해자인 고 제정구 전 의원의 유족이 제기한 국가배상청구사건에서 정부의 소멸시효완성의 주장을 '현저히 부당하고 불공평한 권리남용'으로 보아 단호하게 배척한 서울중앙지법(민사13부)의 최근 판결은 더더욱 주목된다. 2012.8.15. 2012가합500402. 대법원도 과거에 사법적 판단이 있었던 경우에는 재심판결이 확정될 때까지 권리행사를 할 수 없었던 객관적인 장애상태에 있었다는 이유로 소멸시효완성의 항변을 배척하는 판결을 내린 바 있다. 2011.1.13. 2010다35572; 2011.1.13. 2010다28833; 2011.1.27. 2010다1234. 반면에 사법적 판단이 없었거나 또는 '거창사건'과 같이 책임자에게 유죄선고가 내려진 경우에는 소멸시효의 항변을 인

한 대법원의 판결[52]을 보면 비관보다는 낙관의 단서가 더 많은 것으로 여겨진다. 동 판결의 전향적인 법리적 판단, 특히 소멸시효완성의 항변을 신의칙에 위배되는 권리남용으로 보고, 소멸시효의

정하는 엇갈리는 판결을 내리고 있다. 2008.5.29. 2004다33469; 2010.7.28. 2009다92784; 2011.1.13. 2009다103950; 2011.7.28. 2011다32839. 하급심의 판결도 혼선을 보이고 있는바, 소멸시효항변을 배척한 최근 판결은 서울고법 2011.5.11. 2010나15594(위장간첩 이수근 처조카 배모씨 사건), 항변을 인정한 최근 판결은 서울고법 2009.8.18. 2009나6048; 서울중앙지법 2009.5.28. 2008가합35; 2009.9.25. 2009가합54893; 2010.5.6. 2009가합87060. 또 한편 이른바 '삼청교육대'와 관련한 손해배상청구사건에서 대통령의 담화발표의 법적 성격과 의미에 초점을 맞추어 배상채무승인 또는 시효이익의 포기 등에 대하여 소극적인 판단을 하여 국가의 배상책임을 부인하는 판결(1996.12.19. 94다22927-전원합의체 판결)을 내렸던 대법원은, 그 후 삼청교육 자체가 아니라 대통령의 약속불이행에 대하여 위자료의 배상을 청구한 사건(2001.7.10. 98다38364)에서는 국가의 손해배상책임이 있다고 판시한 바 있다. 다만, 대법원은 이 판결 이후에 제기된 일련의 '삼청교육대' 관련 사건들(2003.11.28. 2002다72156; 2004.2.27. 2003다68475)에서 담화발표를 한 노태우 대통령의 퇴임시점을 기산점으로 보아 신뢰상실에 따른 위자료청구권의 소멸시효가 완성된 것으로 보았다. 여기에서 개별 사건에서 소멸시효 적용과 관련한 대법원의 기술적인 법리적 판단에 대한 상론은 약하되, 다만 소멸시효법제를 그대로 적용하는 경우를 가정하더라도, 대통령에 대한 신뢰는 대통령 개인에 대한 것이 아니라 행정부 또는 국가에 대한 계속적인 신뢰로 보아야 한다는 전제 하에 소멸시효기산점을 판단한 하급심(서울지법 2002.10.31. 2002가단109599)의 법리구성이 더 설득력이 있는 것으로 생각된다는 점만을 밝혀둔다. '삼청교육대' 사건에 대한 대법원 및 하급법원의 판결에 대한 상세한 분석과 평가는 강우찬, 앞의 글, 283-290면; 김제완, 앞의 글, 51-55면.

52) 대법원 2011.9.8. 2009다66969. 문경 석봉리사건(1949.12.24. 국군 2개 소대가 경북 문경시 산북면 석봉리 석달마을에서 공산주의자에게 협조하였다는 이유로 어린이와 부녀자를 포함하여 양민 86명을 학살한 사건)의 피해자 유가족 4명이 국가를 상대로 10억 3천만 원의 손해배상을 청구한 사건에서 대법원은 시효기산점을 '과거사정리위원회의 진실규명결정'이 있은 2007년 6월 26일로 보아야 한다는 점과 함께, 적법한 절차 없이 국민의 생명을 침해하였고, 더욱이 진실을 은폐하고 진상규명조차 게을리한 국가가 소멸시효의 완성을 항변하는 것은 현저히 부당하여 신의칙에 어긋나는 것이라는 이유로 통상적인 시효를 적용한 원심판결(서울고등법원 2009.7.31. 2009나24479)을 파기환송하였다.

기산점을 '과거사정리위원회의 진실규명결정'의 시점으로 본 것 등에 대해 전적으로 찬성하고, 동 판결이 과거청산의 요청과 관련하여 획기적인 전환의 계기가 될 수 있을 것으로 믿고, 기대한다.

다만, 전원합의체에서 내려졌어야 하는 것이 아닌가 하는 의문이 들 정도로 동 판결에서 드러나는 대법원의 '생리적 지표'는 대상판결을 비롯한 일련의 유사사건에서의 그것과 차이가 적지 아니하다. '문화적 시간'이 작용된 것인지, 아니면 대법관들의 개인적인 또는 집단적인 '생리적 지표'의 차이('거창사건': 김영란, 김황식, 이홍훈, 안대희, '문경사건': 전수안, 김지형, 양창수, 이상훈)에 따른 것인지 추단하기 어렵지만, 두 사건에서 소멸시효 기산점이나 국가의 소멸시효항변의 부당성 여부와 관련하여 법적 판단이 엇갈리는 것이 타당할 만큼 사태의 맥락과 내용이 다른 것인지는 의문이다. '문화적 시간'의 관점에서 사태의 거시적인 맥락을 파악하고, 법의 역사성을 직시하는 경우, 두 사건에서 미시적인 부분적인 차이, 예컨대 법원의 책임자에 대한 유죄선고나 국회에 의한 진상규명의 유무 등의 기술적인 차이를 주목하여 소멸시효의 기산점과 소멸시효항변의 부당성에 대하여 법적 판단을 달리하는 하는 것은 "모든 법관은 오로지 법률만을 지향하는(또는 지향하려는 생각을 가지고 있는) 위대한 독립성을 갖고 있다"는 식의 '고지식한 생각'(naive Vorstellung)[53]의 산물일 뿐이지, 역사와 법, 그리고 역사 속의 '악과 우리의 관계'에 대한 깊은 성찰과, 이를 토대로 한 합리적이고 객관적인 법인식에 따른 결론으로 받아들여지지 않는다. '문경사건'과 '거창사건'의 미시적인 사태, 즉 '사실'(fact)의 차이가 국가배상책임의 인정 여부를 달리 결정하는 요인으로 작용된다면,

53) A. Kaufmann, "Die Geschichtlichkeit des Rechts im Lichte der Hermeneutik", in: Beitraege zur Juristischen Hermeneutik sowie weitere rechtsphilosophische Abhandlungen, 1984, 52면.

이는 "확고한 사실(hard, cold fact)이 실제로는 유약(malleable)하기 그지없고, 또한 사실을 왜곡하고 조롱하는 것(coax and cajole)이 얼마나 쉬운지 모른다"[54]는 미국의 역사학자 C. Becker의 통찰이 역사학의 분야를 넘어서도 적실한 것임을 재확인시켜주는 유력한 증거가 될 뿐이다.

대법원은 더 이상 '기존상태'(status quo)의 추억에 집착해서는 아니 된다. 역사를 제대로 기억해야 한다. '포섭의 도그마'라는 견벽(堅壁)에 둘러싸인 폐쇄된 공간에 얽매여서 '역사적 불임'을 방치하고 조장해서는 아니 된다. '문화적 시간'의 흐름에 순응하여 분노하고 반성하되, 절제하면서 한탄과 외침, 그리고 고요한 양심의 목소리에 귀를 기울여야 한다. 기존의 고착된 법이론과 그에 따라 습관화된 법리구성의 틀을 벗어나서 '유구한 역사와 전통에 빛나야 하는 우리 대한국민'의 법공동체가 원하는 바가 무엇인지, 그것을 구현하기 위해 필요한 것이 어떤 것인지, 법원의 입장에서 무엇을, 어떻게 할 수 있는지를 탐문해야 한다. 아마도 가장 절실하게 요구되는 것은 법원 스스로 공고하게 싸놓은 법이론적 선판단과 그에 따른 선례들, 그리고 그 속에 고스란히 담겨져 있는 자신들의 인격 자체에 대한 '불경(不敬)한 질문'(irreverent question)[55]일 것이다.

---

54) 1931년 미국 역사학회장 취임연설문 "Everyman His Own Historian", 37 Am. Hist. Rev. 221, 230(1932).

55) R. S. Lind가 적시하듯이, 사회과학(자)만이 감당할 수 있고, 감당해야 할 역할이 민주주의제도 자체에 대하여 멀리 내다보는 질문, 그리고 필요한 경우에는 급격하게 '불경한 질문'을 던지고, 그에 대한 답을 찾기 위해 체계적으로 연구하는 것이라고 한다면, 적어도 이러한 질문의 태도만큼은 법관에게도 그대로 요구된다. Knowledge for What?, Princeton University Press, 1948, 250면.

[3] '텍스트학'*의 관점에서 본 헌법해석의 이해

I. 헌법해석과 텍스트작업

1. 개 요

정치적 의지의 산물인 국가는 '의사국가'(Willensnation)이다.[1] 정치적 통일체로서 국가는 말을 통해서만 또한 말 속에서만 창설되고, 유지될 수 있다. 국가의 창설 및 운영의 기본 프로그램인 헌법규범을 매개하는 헌법텍스트는 사회어(Sozialekt)[2]로 표현된 특

---

* 헌법판례연구, 제4권, 2002.11, 91-112면.

** '텍스트학'(Textwissenschaft)은 1970년대에 접어들면서부터 정립 · 사용되기 시작한 개념이다. 이 개념은 언어학이나 문예학 등의 분야에서 '문장의 상위단위'나 문학작품을 텍스트로 하여 분석하고 해석하는 범주를 넘어서는바, 그 영역과 대상 및 목표가 보다 일반적이고 포괄적이다. '텍스트학'은 한편으로는 다양한 형식과 구조의 텍스트들을 연계시키는 학제적인 통합의 학문인 동시에, 또 한편으로는 통합을 바탕으로 하여 특수한 구조와 형식의 텍스트에 대한 차별화된 접근방법을 제시하는 독자적인 학문이기도 하다. 법체계와 사법(司法)이 거의 대부분 텍스트를 근거로 운용될 수밖에 없다고 본다면 텍스트학과 법학은 밀접하게 연관된다. 이에 관해서는 반 데이크, 『텍스트학』, 정시호(역), 15-37면. 텍스트이론에 관한 개괄적인 설명과 광범위한 문헌소개는 고영근, 『텍스트이론』, 1-25면. 특히 정치규범 및 가치규범적 특성이 강한, 그렇기 때문에 정치수사적이고 추상적인 개념으로 구성되는 헌법의 해석에서 '텍스트학'의 기능과 역할은 각별하게 주목된다. 이 글은 저자가 계속해서 관심을 가져온 보다 세밀하고 체계적인 헌법해석프로그램을 제시하는데 의미 있는 단서가 찾아질 수도 있지 않을까 하는 생각을 가지고 헌법해석과 '텍스트학'을 접목시켜 본 무모(無謀)한 시론에 불과하다.

1) J. Isensee, Staat im Wort, Sonderausdruck aus Verfassungsrecht im Wandel. Zum 180jaehrigen Bestehens der Carl Heymanns Verlag KG, J. Ipsen u.a.(Hg.), S. 4.

2) 언어기호 자체가 힘 또는 이데올로기와 언어의 교차점에 자리잡고 있는 하나의 '삶의 형식'으로 이해되는 '언어게임'의 산물인 동시에 그 소재라고 한다면, '사회어'는 말 그대로 '언어게임'의 '사회적 특성', 즉 집단적인 힘 또는 이데올로기의 대립성과 계속성 및 개방성 등을 부각시켜서 개념화한 것이다. 언어학에서 사회어(Sozialekt)는 어휘층위와 술화층위(의미론적, 통사적

수한 술화형식이다.

하나의 정당화된 문화체계, 가치질서로서 헌법의 메타코드는 '좋은 삶'이다. 헌법은 그 자체가 '담론의 산물'인 동시에 '좋은 삶'의 질서를 만들기 위하여 삶의 가치를 공유하고, 교환하면서 확대재생산해 나가는 '담론의 마당'이고, 헌법해석은 법언어로 진행되는 담론을 통해서 '의미'와 '가치'를 세워 가는 '문화과정'이다. 이 과정을 집단 또는 계급 간의 의미규정의 정당성을 둘러 싼 상징적인 힘의 투쟁으로 보건[3] 또는 대화 통한 '소통'으로 이해하건[4] 그 형식은 적어도 출발점으로서 실정텍스트와 지향점으로서 가상의 진리를 외면하지 아니하는 작업, 즉 특정한 사회 속에서 형성되는 '사회적 사실'인 헌법을 대상으로 하는 (헌)법텍스트작업이다.[5]

2. 두 가지 환원론의 변증법적 부정

헌법텍스트작업에서는 우선 헌법 자체가 당위규범으로서 독자적인 형식과 구조의 술화형식이고 또한 그 텍스트가 특정한 시공간의 사회 속에서 집단의 언어와 관심의 산물인 사회어로 구성된다는 점에서 두 가지의 극단적인 환원론적 입장이 부인된다. 헌법을 순전히 힘의 산물 또는 이데올로기적 기제로 보면서 헌법해석을 중립성과 객관성의 가면을 쓴 힘과 지배적인 이데올로기의 관

층위)에서의 구조화를 통해 어느 정도 유기적인 이데올로기를 표현하는 이념소로서의 구조를 갖춘 언어단위로 정의된다. 이에 관해서는 페터 지마, 허창운/김태환(역), 『텍스트사회학이란 무엇인가』, 106면. 또는 반 데이크, 정시호(역), 『텍스트학』, 29면.

3) Bourdieu/Passerson, Grundlagen einer Theorie der symbolischen Gewalt, S. 12.

4) J. Habermas, Theorie des kommunikativen Handelns, 1981, S. 372ff. 이러한 입장에 대한 텍스트사회학적 입장에서의 비판적 검토에 관해서는 페터 지마, 『이데올로기와 이론』, 허창운/김태환(역), 172-204면 참조.

5) 텍스트로서의 법과 법텍스트작업의 본질에 관해서는 F. Mueller u.a., Rechtstext und Textarbeit..

철수단으로만 이해하는 입장[6]과 헌법을 자율적인 언어기호의 구조로 전제하고 헌법해석을 기호로 매개되는 확정된 의미를 찾아내는 언어기호학으로 축소시키는 법실증주의 이론이 그것이다.

다만 여기에서 이 두 가지 입장에 대한 부인은 단순한 부정이 아니다. 반성에 대한 지양(止揚)으로서 의미를 가지는 변증법적 부정이다. 말하자면 부정되는 두 입장 자체가 헌법규범의 형식과 구조에 대한 편향된 인식, 즉 한편으로는 사회경제적으로 매개된 텍스트구조로서의 헌법과 헌법해석의 힘 또는 이데올로기 관련성을 근본적으로 부인하는 입장과 또 한편으로는 언어기호체계로서 헌법텍스트의 독자성과 헌법해석의 기호분석론적 요소를 전면 부인하는 입장에 대한 반성모델에 대한 반성이다. 변증법적 부정은 단순한 절충과 타협과는 거리가 멀다. 그것은 '구체적인 반성'을 전제로 한다. 구체적인 반성은 특수성과 보편성의 교차점에 자리잡고 있는 근본적인 주제로 돌아가서 이론모델의 겉 뜻과 속 뜻를 가려내는 작업에서부터 시작된다. 또한 이론에 대한 이론적인 반성의 '구체성'은 반성의 주체 자신의 입장과 접근방법론에 대한 '구체적인 반성'이 없이는 확보되지 아니한다. 여기에서는 저자의 역량과 지면의 한계를 넘어서는 포괄적인 '구체적인 반성'을 대신하여 힘 또는 이데올로기와 언어기호 및 텍스트의 내재적인 교차관계의 관점에서 기초적인 반성의 단서를 제시하는데 그친다.

3. 헌법해석과 힘 · 이데올로기

우선 전제되는 출발점은 모든 헌법텍스트와 헌법해석은 이데올로기적 조건에서 벗어날 수는 없다는 점이다. 그 내용이나 방향

6) 이른바 '가면벗기기이론'(Entlarvungstheorie)을 제시하는 사회주의적 당파성의 원리와 이에 대한 비판으로는 Ernst Bloch, Parteilichkeit in Wissenschaft und Welt(1951), in: ders., Gesamtausgabe, Bd. 10, 1977, S. 330ff., 337ff.; J. Isensee, a.a.O., S. 16.

을 불문하고 공동체 속에서의 '좋은 삶'을 메타코드로 하는 헌법은 가치판단과 연계된 이데올로기적 술화일 수밖에 없다. 또한 언어기호로 매개된 헌법텍스트에서 그 의미, 즉 헌법규범을 세워나가는 헌법해석작업도 사회구조를 반영하는 이데올로기적 형성조건에서 벗어날 수 없다. 이데올로기의 어떤 변동도 언어체계의 변화를 가져온다는 인식을 바탕으로 모든 기호의 이데올로기적 속성을 강조하는 Bachtin[7]의 말을 빌릴 필요도 없이 특히 헌법텍스트를 구성하는 기호는 집단 또는 계층의 가치관념과 관심의 산물인 사회어, 말하자면 '이데올로기 언어'이고, 이 사회어를 해석하는 텍스트작업의 주체와 환경 및 방법론 역시 사회적 콘텍스트를 벗어날 수 없기 때문이다. 사실과 규범, 현실과 당위의 단절을 전제로 법학에서 이데올로기나 힘의 요소를 철저하게 배척하고, 자율적인 언어체계로서의 법규범의 구조와 형식을 전제로 법학을 폐쇄적인 언어기호학으로 까지 축소시킨 순수법학이론도 현실적으로는 과학성을 앞세운 실증성의 이데올로기의 포장 속에서 자유주의와 개인주의 또는 자본주의 등의 정치·경제적 이데올로기를 충실하게 대변한 논리였다.

그러나 헌법과 헌법해석의 이데올로기적 속성이 객관적이고 과학적인 헌법해석을 지향하는 헌법이론의 당위성과 가능성을 부정하는 논거가 될 수는 없다. 헌법을 단순히 법으로 포장된 힘의 현상으로만 이해하고 또한 헌법의 해석이 적나라한 힘의 투쟁이나 이데올로기의 대립에만 맡겨져 있는 것으로 보는 것은 이데올로기 차원의 주장으로는 제기·논의 될 수 있다. 그러나 실정헌법국가 속에서 대화의 가능성을 전제하고 또한 그것을 열어나가야 하는 이론으로서는 설득력을 갖기 어렵다. 적어도 헌법국가, 즉 실정 헌

7) 페터 지마, 『텍스트사회학이란 무엇인가』, 허창운/김태환(역), 101면에서 재인용.

법텍스트를 출발점과 귀착점으로 하는 헌법실증주의 법체계 속에서 문제제기의 초점은 단순한 헌법과 힘의 이원적 대립구조가 아니라, 힘 또는 이데올로기와 언어와의 내재적인 교차관계 속에 자리잡고 있는 헌법의 복합적인 구조에 맞추어 지기 때문이다.

헌법해석은 언어기호로 구성된 헌법텍스트에 대한, 언어를 수단으로 하는 텍스트작업이고, 이 작업은 일정한 '규칙'에 따라 진행되는 특수한 '언어게임'(Sprachspiel)이다.[8] 이는 그 자체가 본질적으로 국가권력을 포함하는 모든 힘의 행사의 예측 및 통제가능성을 담보하고, 이데올로기의 갈등현상을 순화 또는 극복하는 의미를 가진다. 비록 궁극적으로 주관성을 갖는 개인이 헌법을 해석한다고 하여도 그것은 개인 또는 헌법재판소의 자유, 말하자면 자신의 '건전한 상식'이나 선입견에만 충실한 자의(恣意)적인 '결단'에 맡겨져 있는 것이 아니라 헌법텍스트에 귀착되어야만 한다. 텍스트에 귀착되어야 한다는 것은 궁극적으로 그 결정이 언어를 통해서 정당화되어야만 하고, 동시에 언어를 통한 비판의 가능성이 열려 있어야만 한다는 의미이다.

이러한 텍스트작업으로서 헌법해석은 적어도 반가치를 배제시키는 '부정의 논리' 또는 '윤곽의 논리'에 의해 가치의 분류와 정의를 가능하게 하는 '정당성'의 메타코드 아래에서 의미의 공유와 재생산, 즉 '소통' (communication)[9]을 가능하게 하는 '게임의 규칙'과

---

8) '언어게임'은 언어를 말하는 것 자체가 행위이고, 하나의 삶의 형식이라는 점을 강조하기 위해서 도출된 개념이다. L. Wittgenstein, Philosophische Untersuchungen, in: ders., Schriften, Bd. 1, 1969, S. 279ff., Nr. 23; 뉴튼 가버/이승종, 이승종/조성우(역), 『데리다와 비트겐슈타인』, 160면 참조. 특히 헌법해석과 관련해서는 B. Jeand'Heur, Gemeinsame Probleme der Sprache- und Rechtswissenschaft aus der Sicht der Strukturierende Rechtslehre, in: F, Mueller(Hg.), Untersuchungen zur Rechtslinguistik, 17f.

9) communication의 개념을 '의사소통'이라는 말로 번역하는 경우에 의사를 기의(記意) 또는 의미의 뜻으로 쓴 것이라면 기호학의 원리상 틀린 말이라고

이론적으로 정돈된 방법론의 틀 안에서 진행된다. 이 규칙과 틀은 헌법해석의 개방성과 논리적 체계성을 유지시키는 기능을 수행하며, 대화의 가능성과 통로를 열어 놓는 이 기능은 민주적 법치국가의 원리와 그것을 구체화시킨 제도 및 절차를 통해 담보된다. 제도화된 절차를 거친 최종적인 해석의 결론 역시 하나의 텍스트로 주어진다. 즉 그 자체가 이론적인 대화의 소재로 제시된다. 유권적인 헌법해석일지라도 그것이 ‘언어게임’의 종결이 아니라 새로운 ‘언어게임’의 시발점이 되는 것은 하나의 텍스트구조로 이해되는 법치국가의 핵심이다.[10)]

요컨대 헌법해석은 공통의 메타코드 하에서 헌법텍스트에 귀착되어야만 하는 텍스트작업이고, 이 작업은 주체의 다원성과 방법론의 규율성 및 다양성을 전제하는 이론의 대상이고 산물인 점에서 독단성과 절대성 및 폐쇄성 등의 특성을 가지는 이데올로기나 힘의 현상 또는 그에 따른 ‘결단’과는 근본적으로 다른 개방적이고 상대적인 대화의 구조를 가진다.[11)] “이론은 자신을 낳은 이데올로기에 대한 변증법적 부정이다”라는 Zima[12)]의 말은 헌법해석론에도 그대로 적확하다.

지적된다. 즉 기호학적인 관점에서 의미작용의 구조에 비추어 볼 때 기표(記標) 또는 메시지의 전달을 통해 수신자에 의해 의미가 재생산 또는 공유되는 것이지 의미 자체가 전달되는 것이 아니라는 설명이다. 김경용, 『기호학이란 무엇인가』, 20-24면. 이러한 ‘소통’의 개념에 대한 정확한 이해는 헌법해석을 ‘언어게임’의 구조를 가지는 텍스트작업으로 접근하는 관점에서 매우 중요한 의미를 가진다.

10) Vgl. F. Mueller u.a., a.a.O., 116ff.

11) Vgl. E. Fechner, Ideologie und Rechtspositivismus, in: W. Maihofer (Hg.), Ideologie und Recht, S. 97ff.

12) 페터 지마, 『이데올로기와 이론』, 허창운/김태환(역), 554면

4. 헌법해석과 언어

또 한편 헌법과 헌법해석의 이데올로기성을 부인할 수 없는 것과 마찬가지로 헌법규범의 내재적인 언어관련성 또한 부인될 수 없다. 헌법텍스트는 관습과 절차 및 법이론 등에 의해서 형성된 엄격한 형식과 구조를 가지는 언어기호의 체계이며, 이 기호체계는 헌법원리와 제도 속에 수렴된 법이념, 특히 법적 안정성의 바탕으로서 독자적인 술화구조를 가진다. 헌법텍스트는 이 술화구조 속에 진입을 허용하는 유일한 창구이다. 헌법텍스트와 유리된, 헌법텍스트에 귀착되지 않는 헌법해석은 있을 수 없다. 헌법해석은 언어 속에서, 언어를 대상으로 하여 진행되는 언어작업이다.

그러나 법규범과 언어기호의 연쇄인 법텍스트가 동일하고, 법텍스트 속에 이미 확정되어 고착된 '의미'가 담겨져 있는 것으로 전제하고 법해석을 '보물찾기' 하듯이 언어기호학적 해석을 통해서 법규범을 찾아내는 작업에 불과한 것으로 보는 법실증주의는 특히 헌법과 헌법해석의 경우에 설득력을 가질 수 없다. 법해석을 이른바 '실증적'인 (자연)과학적 분석방법에 의해 선재하는 의미를 객관적으로 인식하는 작업으로 이해하는 법실증주의적 언어이론은 근본적으로 언어기호의 본질을 곡해한 것일 뿐만 아니라, 특히 가치성과 이데올로기성이 강한 헌법과 헌법해석의 특성에 부합되지 아니한다. 법기술적인 전문용어가 아니라 자유, 평등, 정의 등 이념적인 낱말이나 행복추구권, 인간의 존엄성, 양심의 자유 등과 같이 가치철학 또는 정치적인 수사에서 도출되는 서사적이고 환상적인 낱말들로 구성되는 헌법텍스트는 기술적인 언어분석의 방법으로 해석될 수 있는 텍스트가 아니다.

언어기호와 텍스트를 떠난 헌법해석은 있을 수 없지만, 사회어로 구성된 헌법텍스트는 순수언어학 또는 구조주의 언어학의 지평을 넘어서 독자적인 술화구조를 가지는 '사회적 사실'이다. '낱말'이 아니라 '기호의 체계' 안에 언어가 존재하는 것으로 보고, 언어체계의 가치중립성과 임의성을 전제하는 Saussure[13]의 구조언어학적 인식은 그 대상과 접근방법론이 구별되는 텍스트작업과 관련해서는 오늘날 더 이상 적어도 일반적인 설득력은 갖지 못한다. 또한 특히 사회어는 기술한 바와 같이 집단 또는 계층의 관심과 힘이 개입되는 적극적이고 형성적인 언어활동의 산물이기 때문에 사회의 정치 · 경제적 환경조건 및 그 역사와 변화와는 무관한 어떤 불변의 보편적인 구조와 일의적인 내용으로 환원되지 아니한다. 그것은 지배적인 말 또는 그 의미를 장악 또는 관철하기 위한 경쟁의 마당이다. 단순히 이미 결정된 유일한 내용의 메시지를 전달하는 수단이 아니다. 이 규범적 메시지는 '최종적인' 해독이나 독해, 즉 법실증주의자들이 주장하는 '옳은 해석'(richtige Interpretation)의 대상이 될 수 없다. 그 내용은 헌법텍스트와 헌법해석자 사이에 언어로 중개되는 상호관계 속에서 해석의 실천행위를 통해서 콘텍스트가 구성되고 그 행위 자체도 새롭게 구조화되는, 즉 헌법의 술화구조 속에서 사건과 구조가 교차·중첩되면서 만들어지고, 관철되어 나갈 뿐이다. 결국 헌법규범은 근본적으로 재구성이 가능하고 또한 요구되는 '언어게임', 즉 헌법텍스트작업의 산물일 뿐이다.

따라서 그 의미를 매개하는 기호의 연쇄인 헌법텍스트는 해석의 한계로 주어지지 아니한다. 그 자체가 해석의 대상인 헌법텍스트를 헌법해석의 한계로 이해하는 것은 논리적 모순이다. Isensee[14]는 이러한 형식논리가 '해석이 해석을 제한'하는 순환논법에 지나지 않으며, 그것은 해석론적인 포기와 규범론적인 완고함의 중간에서 바람직하지 못한 타협을 한 것에 지나지 않는 것이라고 비판

13) F. 드 소쉬르, 『일반언어학강의』, 최승언(역), 19, 83, 134면.
14) J. Isensee, a.a.O., S. 19.

한다. 말하자면 법해석에서 구성과 논증의 부분을 배제하고, 법텍스트 안에서 실증적인 방법으로 객관적 진리를 발견해내는 것으로 보는 논리는 한편으로는 법해석자의 주관성에 정당화될 수 없는 면장(免狀)을 내주고, 또 한편으로 규범성에 대해서는 보험혜택이 전혀 주어지지 않는 보험증서를 교부해 준 꼴이라는 것이다.

요컨대, 헌법규범은 헌법해석의 끝에 그 결과로 주어질 뿐이다. 헌법해석은 단순히 의미를 찾아내는 기호분석론적 차원의 인식작업이 아니라, 전체 사회의 콘텍스트 속에서 진행되는 '언어게임'을 통해서 의미를 구성하고 논증하는, 즉 그 자체가 행위인 '말함'을 통해서 의미를 만들어 나가는 실천작업이다. 문제는 어떤 작업프로그램을 통해서 '규칙'과 '규칙위반'[15]의 적절한 조화가 제도화되고, 의미가 공유되면서 자의성(恣意性)과 무정형성이 극복되고 실제 적용될 수 있는 내용으로 구성·논증될 수 있겠는가 하는 것이다.[16]

Ⅱ. 헌법텍스트작업으로서의 헌법판례와 헌법평석

헌법해석을 통한 실천의 대상은 가치이고, 그 출발점은 해석자와 해석행위의 상호작용에 의해서 새롭게 구성되어 나가는 사회적 콘텍스트이다. 이 사회적 콘텍스트는 헌법텍스트를 구성하는 하나의 낱말과 그 술화형식에 응축되어 있고, 역으로는 그 낱말의 해석을 통해서 콘텍스트가 새롭게 구성되기도 한다. 말하자면 사회적 콘텍스트와 헌법텍스트 또는 텍스트 속의 낱말들은 서로 사

15) 여기에서 '규칙'과 '규칙위반'은 언어기호의 다원성과 애매성에 따른 의미작용의 특성, 특히 재구성의 가능성과 필연성과 관련되어 사용되는 미학 내지는 기호학적 개념이다. 이에 관해서는 T. 혹스, 『구조주의와 기호학』, 정병훈(역), 199면 이하.

16) J. Isensee, a.a.O., S. 18.

건과 구조로 매개·연계되는 교차적인 관계구조를 가진다. 이러한 실천작업의 과정과 관계구조의 중심에 해석자, 즉 실천의 주체가 자리잡고 있다. 해석자 역시 사회적 콘텍스트의 한 부분임은 물론이다.

언어기호, 특히 사회어가 가치중립적 또는 자연적일 수 없고, 따라서 헌법해석이 단순한 언어기호학적 분석작업이 아니라 언어기호 또는 언어기호로 구성된 헌법텍스트를 매개로 하여 의미를 만들어 나가면서 가치를 실천하는 '언어게임'이라고 한다면 그 타당성에 대한 검증은 우선 게임참여자들, 특히 유권해석자의 특정한 가치판단과 방법론적 전제에서부터 시작되어야 한다. Myrdal[17]이 사회과학연구의 내재적인 가치연계성과 관련하여 지적한 바와 같이 특정한 가치판단의 전제는 접근방법에서부터 기본적인 개념의 정의, 이론형성, 관찰방법에 이르는 전체 연구과정을 결정하는 바, 이는 헌법해석의 경우에도 그대로 적용된다. 해석의 대상, 즉 헌법텍스트 자체는 물론이고, 해석의 주체도 가치 관계적일 수밖에 없다면 가치판단전제가 명백하게 제시되지 아니하거나 또는 가치중립성이나 순수성을 내세우는 헌법해석은 은폐된 이데올로기의 오용이거나, 비판적 검증의 기회를 허용하지 않으려는 독선일 뿐이다.

유권해석자인 헌법재판관들이 이른바 지배적 이데올로기로부터 벗어날 수 있는 현실적인 가능성과 또한 그것의 규범적 허용 여부에 대한 근본적인 회의는 접어 두더라도, 구체적인 개별 사건과 관련하여 그들이 Mannheim이 가치중립성과 가치판단의 배제를 강조하면서 제시하는 '자유부동적(浮動的) 지식인'(sozial freischwebende Intelligenz)[18]의 입장에 설 수 있는 상황은 유토피아가 아닌 현실

17) G. 뮈르달, 『사회과학방법론』, 홍문신(역), 81면.
18) K. 만하임, 『이데올로기와 유토피아』, 임석진(역), 218면.

에서는 기대하기 어렵다. 오히려 헌법해석의 공개성과 객관적 합리성을 확보하기 위한 제도 및 절차와 함께 다양한 비판과 검증의 기회를 보장하는 민주적 법치국가의 헌법의 질서체계 자체가 적어도 체제 내적 차원에서는 '자유부동적 틀'로서 작동된다고 본다면[19] 헌법재판관의 가치관 또는 이데올로기적 한계는 바로 스스로 그 한계를 분명히 인식함으로써 극복될 수 있을 뿐이다.

따라서 헌법판례에 대한 평석은 우선 헌법의 해석과 적용에 사실을 왜곡 인식하여 잘못된 문제제기로 이어지는 편견과 주관적인 가치판단을 절대화시키는 교조주의적인 독단과 오만이 없는지 검증하고, '언어게임'상 논증전략의 수단으로서 왜, 어떤 가치판단을, 어떤 관점에서 전제하고 하고 있는지를 분명히 밝히는 작업에서부터 시작되어야 한다. 평석은 헌법텍스트에의 귀착을 전제로 헌법의 해석과 적용 과정에서 '게임의 규칙'이 준수되었는지 여부와 그 결론의 타당성을 재검토하는 작업이고, 이 단계에서 진행되는 헌법도그마틱은 가치전제에 관한 헌법철학적인 선행작업의 결과를 바탕으로 해서만 논의의 범주와 구조가 설정될 수 있기 때문이다.[20]

---

19) E. Böckenförde는 법치국가헌법을 하나의 '법기술적인 수단의 체계'로 보고, 그 전문적인 기술성(Technizitaet)과 형식성이 헌법해석에서 이데올로기적 편향성을 극복하고 또한 그 영향력을 제한하여 국가존재의 필수성을 유지시킬 수 있는 가장 유용한 수단임을 강조한다. Zur Problematik der Verfassungsauslegung, S. 22ff. 반면에 법치국가헌법의 형식과 구조 자체를 부르주아 개인주의나 자유주의적 입장과 연결될 수밖에 없는, 말하자면 알튀세가 말하는 '이데올로기적 국가장치'로 보는 좌파적인 입장에서는 헌법과 헌법해석의 '자유부동성'은 원천적으로 부인된다.

20) 법도그마틱은 법원칙과 개념 및 결정규칙들을 하나의 구조로 체계화하고, 이를 통해서 법에 대한 예측과 검증이 가능한 이해와 실제 적용의 가능성을 열어 주는 작업으로서 구체적인 사법(司法)에 대하여 규범적 소여(所與)로 주어지는 동시에 정형화된 법텍스트작업의 방식이기도 하다. 법도그마틱에 관해서는 W. Brohm, Die Dogmatik des Verwaltungsrechts vor den Gegenwartsaufgaben der Verwaltung, in; VVDStRL 30(1972), S. 246ff.

다만 가치판단전제에 이견이 없는 경우에는 바로 헌법도그마틱 단계, 즉 출발점의 공유를 전제로 구조와 사건의 교차지점에서 제시된 '입장과 관점'을 확인하고, 이를 매개로 하여 추상적인 헌법규범을 구체적인 개별 사건에 대하여 적용 가능한 규범으로 구성해 나가는 논증과정에 대한 검토작업으로 진입할 수 있지만, 그렇지 아니하고 가치판단전제에 동의하지 않는 경우에는 우선 이데올로기 비판을 통해 반가치성 또는 가치의 상호 이해가 가능한 '의미 있는 견해차이'를 확인함으로써 담론이 가능한 범주를 설정하고, 그 범주 속에서 대화의 기초를 세워야 한다. 공통된 메타코드의 전제 하에 상호 이해와 반성을 목표로 하는 대화, 즉 이론의 차원에서는 특정한 이데올로기 정향성과 이데올로기에 대한 개방성이 모순되는 것이 아니다. '좋은 삶'의 메타코드를 공유하면서 객관성을 지향하는 이론적인 대화의 과정인 동시에 그 산물인 헌법해석은 헌법텍스트의 다중가치성 또는 이데올로기적 양가성(Ambivalenz)을 전제로 하기 때문이다.[21)]

반면에 가치판단전제의 차이와 그 유의미성이 확인된 후에 진행되는 헌법도그마틱 단계의 작업은 각각 처음부터 끝까지 그 가치판단전제와의 연계성이 유지되어야 한다. 여기에서 관심의 대상은 '논리 안에서의 논리'의 타당성인바, 근본적으로 가치판단의 출발점과 시각이 다른, 그렇기 때문에 사용하는 언어와 그 의미가

다만 기술한 바와 같이 일반 법률과 구조와 기능 및 접근방법이 본질적으로 다른 헌법의 도그마틱은 상대적으로 헌법철학이나 국가철학 및 이데올로기와의 연관성이 직접적이고 전면적이기 때문에 명확하게 범주를 획정하기 어렵다. 또한 텍스트해석의 코드로 약속된 부분이나, 규범적 소여로 주어지는 방법론의 부분도 상대적으로 적을 수밖에 없다. 말하자면 텍스트작업 속에서 구조와 사건의 관계가 일방적이기보다는 교차적인 구조로 연계된다. 예컨대 관점(topos)론적 헌법해석은 이러한 관계구조가 각별하게 반영된 방법론이라고 할 수 있다.

21) 페터 지마, 『텍스트사회학이란 무엇인가』, 허창운/김태환(역), 33면.

다른 특정한 정치적 입장의 객관적 진리성을 검증·비판하는 것이 아니다. 이 단계의 평석의 주된 내용은 가치판단전제와 의미구성작업 상호간의 논리적 일관성과 논증의 타당성을 검토하고, 궁극적으로 제시된 결론의 가치부합성과 현실정합성을 평가하는 것이다.

Ⅲ. 사례로 본 헌법텍스트작업

헌법텍스트작업의 산물인 헌법판례와 그에 대한 평석도 역시 텍스트이다. 다음에 제시되는 텍스트는 이미 발표된 바 있는 저자의 평석을 그대로 전재한 것이다.[22] 기술한 바와 같이 헌법해석은 이데올로기와 유리될 수는 없지만 이론을 통해 이데올로기를 변증법적으로 부정해 나가는 텍스트작업이다. 또한 이 작업은 텍스트를 떠날 수는 없지만 텍스트에 구속되지는 않는 계속적이고 개방적인 대화이다. 이렇게 보면 저자의 평석 역시 헌법재판소는 물론이고, 독자나 저자 자신에게도 새로운 대화의 자료일 뿐이다.

준법서약제도에 관한 헌법판례와 이에 대한 평석은 전체와 부분 또는 개인, 텍스트와 텍스트작업자 상호간의 관계구조 속에서 의미와 가치를 세워나가는 헌법해석의 텍스트작업으로서의 본질과 특성이 특히 잘 드러나는 예로 생각된다. 사안의 내용 자체가 이데올로기와 '이데올로기에 관한 이데올로기'의 문제이고, 해석과 판단의 대상 자체, 즉 '양심의 자유'라는 헌법텍스트와 준법서약제도 및 이 제도운영의 법적 현실 자체가 구조와 사건이 교차되는 지점에서 접근해야 하는 전형적인 '텍스트학' 또는 '텍스트사회학'적인 소재라는 점에서 그러하다.

굳이 부연한다면 이 평석은 기술한 '텍스트학'의 관점 중에서도 특히 시간의 흐름에 따라 텍스트에서 일어나는 변화, 즉 텍스

---

22) 법률신문, 2002년 6월 24일, 14-15면.

트의 '통시성'(通時性)과 텍스트의 의미생산의 기초라고 할 수 있는 '이항대립'의 개념들을 염두에 두고 진행시켜 본 '헌법텍스트작업' 또는 '헌법텍스트작업에 대한 텍스트작업'이라고 할 수 있다.[23] 그 플롯은 다음과 같은 세 가지 의문점을 바탕으로 한다.

첫째는 자유민주적 기본질서를 근간으로 하는 우리 헌법체제의 '이데올로기에 대한 이데올로기'의 문제이다.[24] 체제와 반체제의 이항대립 속에서 자유민주주의 이데올로기에의 정향성과 그에 반하는 이데올로기의 허용은 모순될 수밖에 없는 것인가? 양심의 자유에 적어도 내심의 영역에서 전체의 국법질서나 헌법의 근본이념에 배치되는 신념을 가질 수 있는 개인의 자유가 포함되지 아니하는가?[25] 방어적 민주주의에서 최우선의 방어의 대상은 바로 다른 언어를 말하고 다른 가치를 가질 수 있는 개인의 '절대적 자유'의 공간이 아닌가?

둘째는 '준법서약서'의 본질과 성격에 대한 판단의 타당성에 대한 의문이다. 우선은 '단순히 국법질서나 헌법체제를 준수하겠다는 취지의 서약을 할 것을 요구하는 준법서약'이라면 아무런 문제가 없는지 여부를 떠나서 과연 '준법서약'이 헌법재판소가 보는 대로 '국민이 부담하는 일반적 의무를 장래를 향하여 확인하는 것'에 불과한 것인지 의문이다. 이 사건 당사자들은 준법서약과 관련하여 아무런 양심상의 고민을 하지 아니한다? 또는 그럴 필요 없다? 또한 '준법서약서'의 제출이 '권고'일 뿐이지 법적으로 '강제'되는 것이 아니기 때문에 양심의 자유를 침해하는 것이 아니다? 그렇다면 준법서약이라는 낱말의 해석에서, 그 제도의 운용과정에서 상

23) 텍스트의 통시성과 이항대립에 관해서는 김경용, 전게서, 179-184면 참조.

24) 따라서 이 차이는 '의미 있는 차이'기는 하지만, 가치판단의 전제가 다른 경우는 아니다. 가치판단의 전제는 같되, 다만 가치판단전제의 차이에 관한 대화의 가능성과 그 방법에 관한 이견이기 때문이다.

25) 전체와 부분 또는 개인은 가장 기초적인 이항대립의 예라고 할 수 있다.

황분석과 당사자들의 번민과 절규를 담아 내는 의미론은 전혀 배제된 것이 아닌가? 말하자면 이전의 '사상전향각서'도 문제가 되지 않는다는 것인지, 아니면 당사자들이 '준법서약서'와 '사상전향각서'의 차이점을 잘못 '인식'한 것이기 때문에 그에 따른 양심상의 고민은 법적으로 배려할 필요가 없다는 것인가? 중요한 것은 표현상 외연(外延)의 차이에도 불구하고 그 형식과 개념의 관계에 따른 유사한 '의미작용'의 내포(內包), 즉 당사자들의 '느낌'이 아닌가?

셋째는 헌재가 준법서약서를 요구하는 정책수단의 적합성 및 차별취급의 비례성에 대한 판단준거로 삼은 이른바 '현실', 즉 특수한 남북한 대결상황에서 대한민국의 자유민주적 기본질서를 침해하거나 붕괴시키려는 '세력'의 위법행위는 그 행위의 성격상 국가보안법으로 처단하여 온 '우리의 법적 현실'이 가지는 텍스트로서의 '통시성'의 문제이다. 현재 우리 사회의 콘텍스트 속에서는 반체제 이데올로기가 내심 영역에 머무르는 경우에도 그 자체가 이미 자유민주적 기본질서를 붕괴시킬 구체적인 위험으로 간주될 수밖에 없는 것인가? '그들'의 '양심'을 외면하고 묵살해온 '우리'의 '법적 현실'은 여전히 변함없이 그대로인가?

[판례평석 – 준법서약서 등 위헌확인사건(2002.4.25. 98헌마425, 99헌마170 · 498 병합)]

I. 판결의 요지

사건의 내용은 새삼 재론할 필요조차 없을 정도로 그간 많이 논의되어 온 것이기 때문에 생략한다. 또한 결정의 내용 중 권리침해의 직접성이나 권리보호의 이익 등 요건심사와 관련 판단에는 이의가 없는 바, 본안판단의 핵심만을 세 가지 논점으로 정리한다.

헌재의 결정은 우선 단순한 국법질서나 헌법체제를 준수하겠다는 취지의 서약을 요구하는 내용의 준법서약은 어떤 구체적이거나 적극적인 내용을 담지 않은 단순한 헌법적 의무의 확인 · 서약에 불과하고, 따라서 양심의 자유의 보호영역과 관련되지 아니한다는 입장을 전제하고, 이러한 전제 하에 가석방의 수혜를 포기하고 자신의 양심의 자유를 보전할 수 있는 선택의 가능성이 허용되고, 준법서약서의 제출이 처벌 기타 법적 불이익의 부과 등과 연계되어서 강제되는 것이 아니기 때문에 양심의 자유를 '제한'하는 것이 아니라고 본다. 또한 남북한의 대결상황과 그에 따른 기왕의 법운용의 현실에 비추어 볼 때 국가보안법 위반 수형자들에 대한 차별취급, 즉 일반적인 가석방심사 방법 외에 '국법질서 준수의 확인절차'를 추가하는 것은 정책수단으로서 적합성이 인정되고 또한 차별취급의 목적에 비해 그 수단이 기본권침해를 내용으로 하지 아니하는 '국민의 일반적 의무사항의 확인 내지 서약'에 불과한 것이기 때문에 차별취급의 비례성이 유지되는 것으로 판단한다. 요컨대, 일반적인 '합리성심사'(rational base test)의 결과 평등원칙에 위배되지 아니한다는 판단이다.

Ⅱ. 평 석

1. 개 요

위헌론을 제시한 소수의견에 찬성하는 입장을 전제로 가능한 한 중복을 피하면서 반대의견을 보완 및 심화하는 관점에서 일종의 보충의견을 제시하고자 한다. 기술한 바와 같이 동 결정에서 핵심적인 논점은 준법서약서제도가 양심의 자유 등 관련 기본권의 보호영역과 관련되고 또한 그에 대한 제한에 해당되는지 여부이다.

헌재는 이를 부인하였지만 준법서약서제도가 아무런 법률의 근거나 법률의 위임이 없이 기본권을 제한하는 것이라면 헌법 제37조 제2항(기본권제한의 법률유보)과 헌법 제12조 제1항(적법절차의 원칙)에 위배됨이 명백한바, 적어도 이 사건과 관련해서는 과잉금지원칙이나 평등원칙 등에 위배되는지 여부를 추가로 논할 실익이 없다. 다만 법률에 근거를 둔 제도라는 가정 하에, 실질적인 기본권심사단계에서의 입론(立論)의 출발점과 그에 따라 예견되는 결론의 방향만을 보론(補論)으로 간단히 제시한다.

2. 양심의 자유 등의 보호영역 관련성

우선 다수의견은 준법서약서제도가 '단순한 헌법적 의무의 확인 · 서약'에 불과하기 때문에 '양심의 영역'을 건드리는 것이 아니라고 전제한다. 소수의견이 적시하는 바와 같이 헌재는 이미 헌법 제19조의 '양심'에는 개인의 가치적 · 윤리적 판단과 함께 '세계관 · 인생관 · 주의 · 신조 등'이 포함되는 것으로 보고 또한 양심의 자유에는 국가의 개입이 금지되는 양심형성의 '내심적 자유'는 물론이고 '윤리적 판단을 국가권력에 의하여 외부에 표명하도록 강제받지 않을 자유', 즉 '양심추지(推知)금지'까지 포함되는 것으로 밝힌 바 있다. 그렇다면 우선 '대한민국의 국법질서를 준수하겠다'는 서약이 과연 사회주의이념 등의 신념이나 사상과 관련된 '어떤 구체적이거나 적극적인 내용'도 담겨있지 아니한 제도인가?

주지하는 바와 같이 준법서약제도는 '가석방심사등에 관한 규칙'에 규정되어 있던 이른바 '전향서제도'의 문제가 장기수의 인권문제와 함께 공론화되면서 규칙개정(1998년 10월 10일 법령 제467호)을 통해 동 제도를 대신하여 마련된 제도이다. 국가보안법 위반 등의 수형자만을 대상으로 하였던 것을 집회시위에 관한 법률 위반 수형자에게도 확대시킨 장식(粧飾)을 도외시한다면, 개정의 핵심은 사상의 전향에 관한 '성명서' 또는 '감상록'이 대한민국의 국법질서를 준수하겠다는 '준법서약서'로 대체된 것이다. 이러한 입법사적 콘텍스트와 인권침해에 대한 논란이 계속되고 있는 현실에 비추어 볼 때 명칭의 변경이나 요구되는 표현의 양식과 내용의 외견상 변화에도 불구하고 제도의 본질과 성격은 크게 달라진 바 없다고 여겨진다. 구체적으로 어떤 양식으로, 어떤 내용으로 서약하건 적어도 청구인들이 주장하였듯이 해당 수형자들에게는 준법서약서 자체가 사실상 사상의 전향을 강요하는 '사상전향각서'로 받아들여 질 수밖에 없기 때문이다. '준법서약서 제출 대상자가 받는 불이익'을 '비교적 경미한 것'으로 보는 결정문상 법무부장관의 의견이나 헌법재판소가 '준법서약서'를 어떤 취지와 성격의 텍스트로 보는지는 부수적인 것일 뿐이다.

3. 기본권의 '제한' 여부

두 번째로 헌재는 준법서약서가 강제되는 것이 아니고 또한 서약서제출을 거부하는 경우에도 법적 지위가 불안해지거나 법적 상태가 악화되지 아니하고, 단지 '은혜적 조치'인 가석방의 혜택이 주어지지 않을 뿐이기 때문에 양심의 자유를 '제한'하는 것이 아니라고 본다. 말하자면 제한의 요건의 하나인 강제성 내지는 구속성이 없는, 일종의 행정지도적인 성격의 '권고'일 뿐이라는 것이다. 우선 가석방을 국가의 '은혜적 조치'라고 볼 수 있는지 의문이 없지 아니하지만, 어쨌든 가석방의 결정이 재범의 위험성 유무 등에 관한 행형기관의 교정정책 또는 형사정책적인 종합적이고 입체적인 판단에 맡겨져 있는 재량사항인 것은 분명하다. 그러나 가석방의 결정이 재량판단사항이라는 것과 그 재량의 결과로 주어지는 가석방을 '은혜적 조치'로 보는 것은 논리적으로 아무런 연계성이 없다. 그렇다면 헌재의 논리가 설득력을 가지기 위해서는 준법서약서가 재량과정에서 고려되는 여러 가지 판단자료 중의 하나에 불과해야만 한다. 즉 가석방결정의 필수적인 절차적 요건으로 요구되어서는 아니 된다는 말이다. 그러나 동 규칙 제14조 제2항은 「국가보안법 및 집회시위에 관한 법률 위반 등의 수형자에 대하여는 가석방결정 전에 출소 후 대한민국의 국법질서를 준수하겠다는 준법서약서를 제출하게 하여 준법의지가 있는지 여부를 확인하여야 한다」라고 규정하고 있는바, 준법서약성의 제출을 거부하는 것은 곧 가석방을 포기하는 것일 수밖에 없다.

헌재의 견해대로 가석방이 '은혜적 조치'로 본다고 할지라도 그 수혜적격을 양심의 판단에 따른 내심의 주의나 신조의 포기와 연계시킨다면, 그것은 바로 헌재가 부인한바, 즉 "어떠한 가정적 혹은 실제적 상황 하에서 특정의 사유(思惟)를 하거나 특별한 행동을 할 것을 새로이 요구하는 것"이 아닐 수 없다. 재범의 가능성 등을 판단기준으로 하는 재량결정에 특정한 법적 제약을 두었다는 점에서, 이른바 '사실상의 기본권제한'의 이론을 원용할 필요도 없는 양심의 자유의 제한이 아닐 수 없다. 특히 이른바 사상범과 관련된 가석방의 결정에서 준법서약서에 따른 심사방법이 적용될 수 있는 두 가지 경우, 즉 사상도 전향하였고 '행형성적이 우수하고 재범의 위험성이 없다'(행형법 제51조 제1항)고 판단되기 때문에 가석방적격이 인정되는 경우와, '수형자의 연령이나 행형성적 … 재범의 위험성'(행형법 제51조 제2항) 등의 관점에서는 가석방되어도 아무런 문제가 없고, 특히 '대한민국의 자유민주적 기본질서를 침해하거나 붕괴시키려는 세력'으로서의 위험성이 없다고 판단되지만 사상을 전향하지 아니한 경우로 나누어서 생각해보면 기본권침해성 여부와 그 구체적인 내용이 보다 구체적으로 규명될 수 있을 것으로 생각된다.

동 규칙 제14조 제2항에 따르면 전자의 경우에도 가석방의 결정 전에 준법서약서가 제출되어야만 한다. 생각건대 이 경우라면 양심상의 주의 내지는 신념과 법적 요구 간의 심각한 갈등은 없을 것이다. 그러나 가석방결정에서 주된 심사기준이 재범의 위험성 여부라고 한다면 이러한 상황에서조차도 서약서를 제출하도록 하는 것이 형사 또는 안보정책수단으로서의 적합성이 인정될 수 있는지 의문이다. 굳이 생각해 보면 이데올로기 선전 내지는 교육의 수단으로서의 의미와 기능은 있을 수 있겠지만, 이는 곧 인간을 객체로 취급하는 것으로서 인간의 존엄과 가치를 침해하는 것이다.

이 사건에도 그렇고, 일반적으로 준법서약제도가 문제되는 대부분의 예에 해당된다고 할 수 있는 후자의 경우, 즉 사상을 전향하지는 아니하였지만, 그 외에는 여러 가지 심사사항에 관한 심사결과 재범의 가능성이 없는 등 일반 수형자들의 경우라면 가석방적격이 인정되는 경우에도 준법서약서를 제출하지 아니하면 가석방은 허용되지 아니한다. 소수의견이 지적하는 바와 같이 준법서약서 한 장이 재범의 위험성의 높고 낮음을 판단할 수 있는 명확한 자료가 될 수 없다는 문제점을 떠나서도, 어쨌든 이 경우에 당해 수형자의 입장에서는 위선적인 준법서약과 가석방의 포기 둘 중에 하나를 선택해야 하는 어려운 '시험'에 들게 된다. 외견상 선택의 자유는 주어지지만 이 시험은 사실상 간접적으로 '양심'(兩心)을 강제하는 '시험'일 수밖에 없다. 헌재는 가석방의 혜택를 포기하면 양심을 유지·보전할 수 있지 않느냐고 강변한다. 그러나 준법서약서제도의 근본적인 문제점은 그 형식과 내용상 양심과 자유 둘 중에 어떤 선택을 하건, 선택을 해야하는 수형자들에게 또한 선택을 한 수형자들에게 수인(受忍)기대의 한도를 넘는 번민과 갈등의 고통을 안겨주는 인간의 존엄과 가치에 위배되는 제도라는 점이다. 비유해서 말하자면 자유의 당근과 기약 없이 계속되는 감옥생활의 회초리를 눈앞에 놓고 선택의 기회를 주는 것은 인간이기를 포기하고 말(馬)이 되든지 아니면 인간의 한계를 넘어서 신(神)이 되라는 것을 요구하는 비인간적인 제도이다. 준법서약제도가 적어도 부분적으로 또는 간접적으로 전자의 선택을 하도록 유도 내지는 강요하는 것이라면, 그것은 동 규칙 제14조 제1항에서 수형자의 '개전의 정'을 심사할 때에 특히 주의하라고 별도로 규정하고 있는 '아첨 기타 위선적 행동'을 오히려 조장 내지는 용인하는 것이고, 이는 바로 적어도 '양심의 자유'에 대한 사실상의 제한이고, 더 나아가서는 '인간의 존엄성'을 침해하는 것이 아닐 수 없다.

Ⅲ. 결론 및 보론

결국 준법서약서제도는 양심의 자유를 제한하는, 적어도 사실상 제한하는 제도일 뿐만 아니라, 그 형식과 내용 자체가 인간의 존엄과 가치에 위배되는 제도이다. 그렇다면 아무런 법률의 근거나 법률의 위임이 없이 오로지 법무부령인 '가석방심사등에 관한 규칙'만을 근거로 하여 기본권을 제한하는 것이기 때문에 헌법 제37조 제2항 및 헌법 제12조 제1항에 위배됨이 명백하다.

설령 준법서약서제도가 법률의 근거를 가지는 경우라고 가정하여도 과잉금지원칙이나 평등원칙 또는 수인기대가능성 등에 따른 실질적인 기본권심사에서 위헌의 판단을 면하기는 쉽지 아니할 것으로 생각된다. 여기에서 기본권심사를 상론할 수는 없고, 다만 기본적인 두 가지 출발점만을 제시한다. 그 하나는 '기본권의 초석'으로 불리어지는 양심의 자유와 최고의 국가이념인 동시에 자유민주주의체제의 정당성의 핵인 인간의 존엄과 가치의 헌법적 의의와 내용, 특히 '관용의 원칙'(Toleranzprinzip)과 '애고(愛顧)의 요청'(Wohlwollendesgebot), 기타 비례의 원칙과는 구별되는 하나의 독자적인 헌법해석의 관점(Topos)으로서 '수인기대가능성'(Zumutbarkeit)의 원칙 등을 곱씹어야만 한다는 것이다. 다른 하나는 체제전복의 '세력'이 아니라 단순히 내심의 주의로 남아 있는 반체제 이데올로기의 존재 자체의 안보에 대한 현실적인 위험성의 크기를 현재 우리 사회의 저항력과 자정력의 수준과 연계시켜서 가감 없이 평가해야 한다는 점이다. 우리 사회도 이제는 내심의 신념과 단순한 말로써 현출되는 한 상당한 정도까지의 반체제 이데올로기의 병원(病源)은 충분히 소화해낼 수 있는 담론의 여과망과 그에 따른 상징과 항체의 자본이 축적되어 있다. 이러한 인식을 바탕으로 성급한 예단을 해 본다면, 적어도 재범의 위험성 등 일반적인 심사기준에 따르면 가석방적격이 인정된다는 전제 하에, 우선 사상전향을 한 수형자의 경우에는 과잉심사의 관점에서 수단의 적합성이, 전향을 하지 아니한 경우에는 비례성이나 수인기대가능성이, 더 나아가서 두 경우 모두 인간의 존엄성의 침해 등이 문제될 수밖에 없을 것이다. 차별심사도 일반적인 '합리성심사기준'이 아니라, 이른바 '엄격한 심사기준'에 따라야 할 것이다(법률신문 2002년 6월 24일).

법관의 공평무사성과 헌법국가

법관의 공평무사성과 헌법국가

[4] 헌법 제103조에서 법관의 독립과 양심*

I. 머리말 - 문제의 제기

지난 5월 9일 대법원 공직자윤리위원회(이하 '윤리위'로 약칭함)는 신영철 대법관의 이른바 '촛불재판' 관여의혹과 관련하여 경고 또는 주의촉구를 권고하였고, 이용훈 대법원장은 나흘 후에 이를 받아들여 유감의사의 표명과 함께 엄중경고를 하였다. '사법부독립을 저해할 수 있는 중차대한 문제'의 차원에서 신 대법관의 언행이 '재판관여로 볼 소지가 있다'고 판단한 대법원 진상조사단(단장 김용담 법원행정처장)의 조사결과발표(3월 16일)와 함께 '윤리위'에 회부된 지 약 두 달이 지난 시점에 내려진 결론이었다. 그 후 여론의 각별한 주목 속에 논란이 계속되었으나, 노무현 전 대통령의 서거 등으로 어수선한 분위기 속에 묻혀버린 형국이다. 국회에서 야당이 탄핵소추안을 발의하는 등 정치적인 공방이 이어지고는 있으나 유야무야의 흐름을 되돌리기는 어려운 듯하다.

'장고 끝에 악수'라 했던가? 파사현정(破邪顯正)의 의지에 대한 나름 기대와 관심을 갖고 동 사태를 주목해 온 입장에서는 그 과정과 결과 모두 실망과 우려를 금할 수 없었다. 그 간 극심하게 엇갈리는 의견들은 '사법부의 권위'와 그 핵심인 '법관의 독립'을 주창하는 것은 같되, 정작 문제의 본질에 대한 인식과 관점은 공

---

* 공법연구, 제 38집 제2호, 2009.12, 349-375면.

유하고 있지 못하다. 언론에 보도된 '윤리위'와 대법원장의 발표문, 특히 그 중에 '윤리위'가 심의과정에서 고려한 요소로 제시한 것을 보면,[1] 사태의 핵심을 제대로 파악하고 있지 못함이 여실히 드러난다. "법관의 독립을 침해한 재판관여인지 여부는 객관적으로 재판에 영향을 미칠 위험이 있는지를 기준으로 판단하되, 발언자의 의도나 목적, 이를 받아들이는 법관의 인식 등도 고려해야 한다"는 설명이나, 신 대법관의 일련의 행위는 "사법행정권의 행사의 일환으로 이뤄지기는 하지만 재판관여로 오해될 수 있는 부적절한 행위에 해당한다"는 판단에는 이견이 없다.

하지만 '재판관여로 오해될 수 있는 부적절한 행위'라고 판단을 하면서도 단지 '경고 또는 주의촉구'를 권고한 것은 일관성이 결여된 것이 아닐 수 없다. '윤리위는' 심의과정에서 고려한 요소로 '발언의 내용과 방식 및 의사', '상대 법관들의 이의제기가 없었던 점', '재판에 실질적인 영향을 미쳤는지 여부', '사법행정권의 범위와 한계에 관한 명확한 기준이나 선례의 미확립', '재판관여행위를 시정할 제도적 장치미비' 등을 적시하였는데, 이는 '윤리위'가 가장 결정적인 요소를 인식하지 못하였고, 그 결과 판단의 오류가 불가피하였었다는 점에 대한 반증으로 충분하다. 심의과정에서 최우선의 요소로 고려되었어야만 할 것은 적시된 요소들과 관련된 재판실무상의 구체적이고 기술적인 실체적 진실이 아니라, 그것을 바라보는 일반 시민들의 우려이기 때문이다. 실제로 재판에 영향을 미쳤는지, 얼마나 미쳤는지는 부차적인 사항에 불과하다. 중요한 것은 이미 해당 사건들과 관련해서는 물론이고, 사법부권위의 핵심인 법관의 독립 자체, 특히 신 대법관 자신의 공평무사성에 대한 불신의 씨앗이 뿌려졌다는 것 그 자체이다.

---

1) 법률신문, 2009년 5월 11일자.

바로 이 불신의 씨앗을 주목하는 입장에서 볼 때, 이 사태는 우리 사회에 특유한 이른바 '냄비현상'의 예를 하나 더 추가하는 식으로 지나치기에는 그 영향과 파급력이 크게 다르다. 냄비가 식은 현 시점에 신 대법관 본인을 포함하여 우리 모두가 '어떤 생각을 갖고, 무엇을 고민해야 하고 또 왜 그래야 하는지'를 굳이 다시 짚어 보는 것이 뜬금없는 것이 아닌 것은 바로 이 때문이다.

이 글은 오히려 우선 헌법국가에서 법관의 독립의 본질과 의미, 특히 '공화주의원리'와 연관되는 선헌법적인 전제조건으로서 법관의 독립과 공평무사의 공직윤리의 헌법철학 및 헌법해석론적 의미를 정리한 후에(Ⅱ), 이어서 법문의 불확정성과 법의 불완전한 객관성에 초점을 맞추어 법이론과의 연관성 속에서 법관의 독립 및 법관의 양심의 규범적 의미를 해명하고(Ⅲ), 이를 토대로 하여 헌법명제로서 법관의 양심의 규범적 의미와 내용을 정리해본다(Ⅳ). 마지막으로 맺는 말을 대신하여 신 대법관 사태에 대한 고언을 덧붙인다(Ⅴ).

Ⅱ. 헌법국가와 법관의 독립

1. 법관의 독립의 본질과 의미

헌법국가에서 법관의 독립의 명제가 상정하는 간섭배제는, 소송의 종류나 대상에 따라 구체적인 내용이 다르기는 하지만, 대체로 세 가지 잠재적인 영향력의 실체를 대상으로 한다. 사법절차상 당사자와의 법 또는 소송 외적 관계로부터 이격, 즉 중립성의 유지가 그 첫째 내용이고, 그 다음에 타 국가기관을 비롯하여 이익단체나 압력단체 등 경제력이나 여론의 압력 등을 수단으로 하여 법관의 심판에 영향력을 미칠 수 있는 일체의 실물적인 힘의 실체를 대상으로 하며, 마지막으로 여기에는 당연히 법원 내부로부터

의 간섭도 포함된다.[2)]

그런데 이러한 내용의 간섭배제를 통해서 우리 헌법이 그 독립을 보장해주고 또 요구하는 법관, 즉 '헌법과 법률에 의하여 그 양심에 따라 독립하여 심판'(헌법 제103조)하는 법관은 몽테스큐가 말하는 '영혼이 없는 존재'나 '법을 말하는 입'(la bouche, qui prononce les paroles de la loi)이 아니다. 법과 법률을 동일시하는 논리형식에 따라 법관이 말해야 할 법규범을 해석작업 이전에 선확정된 '소여'(所與)로 파악하는 법실증주의는 이미 극복되었다. 재판과정에서 확정된 규범이나 그것의 도출근거로서 '객관적으로 옳은 법'은 전제되지 아니한다. 법관의 법해석작업은 단순한 '인식작업'이나 '언어분석작업'이 아니라, 구체적인 반성과 자기극복의 노력 속에서 온 인격을 걸고 진행하는 '이해와 실천의 수행작업'이다. 또한 현대 언어철학에서 더 이상 의문시되지 않는 언어기호의 본질적인 다의성 때문에 모든 법문은 아무리 간명하고 세밀하게 제정된다고 해도 그것이 법규범으로 인식되고 실행되는 것은 해석주체인 법관의 주관성에 의존하는 것이 불가피하다.[3)]

이러한 법문의 '불확정성' 또는 '저확정성'과, 법해석작업의 궁극적인 주관성의존의 한계를 인정하면서도, 실질적으로 또는 상징적인 의미에서 '삶과 죽음'을 가르는 심판의 결과를 패한 당사자들을 상대로 설득해야 하는, 일견 그 불가능해 보이는 사법제도는 법관의 독립에 대한 무흠결의 신뢰의 토대가 없이는 지속될 수 없다.

그런데, 후술하는 바와 같이, 우리 '헌법이 말하는 법관의 독

---

2) 다만, 본 논문에서는 이러한 법관독립의 명제에 대한 일반론의 재론은 피하고, 법문의 불확정성 및 이에 따른 법텍스트작업의 구조적 특성 등과 연관된 법이론의 측면에 초점을 맞추어 법관의 독립의 본질과 의미를 정리한다. 법관의 독립의 내용에 대한 개요는 박경철, 「법관의 재판에서의 독립」, 강원법학, 제27권, 2008, 173면 이하.

3) 이에 관해서는 아래 제3장에서 상술한다.

립의 현실적인 의미'는 법관으로 일단 임용된 후에는 부적격자임이 밝혀진다고 해도 탄핵 등의 사정이 없는 한 그 직을 박탈할 수 없고,[4] 또한 예컨대, 재판에서 법을 왜곡하는 명백한 사법권남용의 경우조차도 심급제도 등을 통한 사후 수정의 기회를 제외하고는 사전적인 예방이나 외부적 간섭과 강제에 의한 통제수단이 전무하다는 것이다. 하지만, 이 '현실적인 의미'는 헌법이 상정하지 않은 부정적인 것만은 아니고, '이성적인 의미'도 내포하고 있다. 헌법은 바로 이 긍정의 부분을 주목하고, 그 뜻을 살려나가라는 지침과 함께 제도적 구현의 과제를 제시하고 있다.

요컨대, 헌법과 법률은 법관에게 독립심판의 자유를 부여하는 힘인 동시에 제약을 가하는 짐이기도 하지만, 이 힘과 짐이 같은 방향에서 재판의 공정성을 뒷받침하게 되고 또 그에 대한 믿음과 기대를 갖는 것은 궁극적으로 법관의 양심과 인격에 대한 전폭적인 믿음이 있는 경우에만 가능하다. 헌법차원에서 법관에게 독립을 보장하면서 각별하게 높은 수준의 공직윤리와 함께 일상생활에서까지도 절제된 행태를 요구하고 기대하는 것은 바로 이 때문이다.

2. 공화주의원리와 법관의 공직윤리

공직의 중립성은 국가의 창설과 모든 국가권력행사의 정당성을 뒷받침하는 토대이다. J. Isensee의 말대로 '공평무사성'(Selbstlosigkeit)을 요소로 하는 공직제도는 원래 공화주의(Republikanismus)의 전통에서 찾아낸 것으로서 헌법국가의 창설과 유지에 필수불가결한 것이라는 점에서 명시적으로 헌법으로 규정될 필요는 없다.[5] 그것은 기본적인 천부인권과 마찬가지로 헌법적 규율과 제도화의 대상

4) 이국운, 「법관의 임용과 인사제도의 개혁방안」, 서강법학, 제11권 제1호, 2009, 122면.

5) Josef Isensee, *Gemeinwohl und Staatsaufgaben im Verfassungsrecht*, in: ders./Paul Kirchhof(Hg.), *HdBStR*, Bd. Ⅲ, §57, Rn. 67ff.

이 아니라, 공화주의를 선택한 헌법이라면 당연한 헌법의 토대이기 때문이다. 공화국의 헌정사적 개념이 공직자가 충성하고 책임을 지는 유일한 대상인 군주가 없는 국가이거니와, 특정인 또는 특정집단이 공공복리에 대한 정의권(定義權)을 독점하지 않고, 국민 전체를 대표하고 국민에 대하여만 책임을 지는 민주적인 대의기관이 한시적으로 그것을 갖게 되는 것을 공화주의원리가 오늘날 민주적 대의제도의 핵심으로 수용된 것이라고 한다면, 넓게 보면 민주적 공직제도의 원리에 포섭되면서 일반 공무원과는 그 직무의 성격과 기능이 본질적으로 다른, 말하자면 '특별공직자'라고 할 수 있는 법관의 공평무사성의 공직윤리는 민주적 법치국가의 주요 축의 하나로 공화주의가 표현된 것이라고 할 수 있다.

이러한 점에서 공무원을 '국민에 대하여 책임을 지는 국민 전체에 대한 봉사자'로 규정하고, '공무원의 정치적 중립성'의 요청을 명시적으로 규정하고 있는 헌법 제7조도 '민주공화국'으로서의 대한민국의 정체성과, 그 핵심내용을 민주적인 공직제도의 요소로 재확인하고 강조하는 규정으로 이해된다. 그 형식이 헌법, 법률 또는 '윤리강령' 그 어떤 형식이든 공직의 중립성을 지키기 위하여 마련해 놓은 신분보장규정이나 겸직 및 정치관여를 금지 또는 제한하는 모든 제도는 공화주의에 그 뿌리를 두고 있다. 그렇기 때문에 구체적인 공직제도를 설계하는 차원에서는 물론이고, 관련 규정의 해석과 제도운영에서도 공화주의와 연관된 공직윤리가 항상 선헌법적인 지침과 헌법현실의 전제조건으로 고려되어야 한다.

이러한 맥락에서 본다면, 우리 헌법이 국회의원에 대해서는 겸직제한입법의 근거규정(제43조)과는 별도로 청렴의무와 지위남용을 통한 권익과 지위의 취득 및 알선을 금지하는 규정(제46조)을 두면서, 반면에 법관(헌법재판관 포함)[6]에 대해서는 유사한 규정을

6) 헌법재판소 재판관의 경우는 동일한 내용이 헌법재판소법 제4조에 규정되어

두고 있지 않은 것을 어떻게 이해할 수 있을 것인가?[7] 권력의 절대적, 상대적 크기의 관점에서 남용의 가능성, 즉 통제의 필요성이나, 직무상 공평무사성과 중립성의 공직윤리가 덜 중요하기 때문이 아닌 것은 물론이다. 그렇다면 남는 이유로는 대체로 두 가지를 생각해 볼 수 있을 것이다. 우선 법이론의 측면에서 보면, 사법기능과 법관의 직무, 즉 법을 해석하고 적용하는 직무의 성격과 기능에 대한 선판단상의 오류에 따른 결과로 이해된다. 예컨대, '세계사를 뒤바꾸어 놓은 거대한 오류' 라는 조금은 과장된 A. Kuafmann[8]의 비판을 떠나서도, 전술한 바 있듯이, 부지불식간에 우리 법제에 그 영향이 적지 않았을 것으로 생각되는 몽테스큐의 법관상, 즉 남용의 위험과 연관되는, 통제대상으로서의 실물 권력의 주체가 아니고, 단지 '법을 말하는 입'으로 보는 오해나, 법실증주의를 탈피하지 못한 인식의 한계가 반영된 것이라고 할 수 있다.

또 다른 이유로는 사법부의 권위와 그 핵심인 법관의 공직윤리 또는 공직윤리에 대한 신뢰의 문제는 제도의 문제라기보다는 법문화의 문제라는 점을 들 수 있을 것이다. 제도를 통해서 법관의 공직윤리를 촉진하고 보완하는 것은 당연하고 또 필요한 것이겠지만, 법관의 공평무사성은 그 본질과 기능상 공직윤리를 제대로 갖춘 '바른 사람', 좀 더 정확하게 표현한다면 '바른 사람으로 믿어지는 사람'에 달려 있다. 현행 헌법이 국회의원과는 달리 청렴의무나 겸직제한 등 법관의 중립성과 관련된 명시적인 규정을 따로 두지 않은 것은, 특정한 법이론 및 법문화적인 배경이 작용된

있다.

7) 단, 정치적 책임과 권한의 최종 귀속주체인 대통령을 정점으로 하여 상명하복의 직무지시계통에 의해 규율되는 일반 행정공무원의 경우나, 법률 차원에서 법원조직법이 판사의 겸직금지조항(제49조) 등 관련 규정을 두고 있는 것은 별론의 대상이다.

8) "Recht als Mass der Macht", in: *Rechtsphilosophie im Wandel*, 2. Aufl., 38.

것일 수도 있겠지만, 보다 근본적인 이유는 법외의 모든 힘으로부터 독립하여 법을 말하는 법관의 심판기능 자체가 법관 개개인의 공직윤리와 양심에 맡기는 것 외에 외적 제도를 통한 간섭과 통제와는 친하지 않은 데 있다.[9] 오히려 헌법적 관심은 선헌법적인 공화주의적 공직윤리의 확립을 전제로 법관의 독립에 초점을 맞춘다. 권력분립제도의 핵심명제인 '견제와 균형'도 실물권력을 장악하는 행정권이나 입법부의 정치권력과는 달리 사법권의 경우에는 '적극적인 견제'보다는 '소극적인 견제', 말하자면 견제를 받지 않도록 해서 균형과 독립성을 확보하는 방향에서 이해된다. 또 대통령과 국회의 대 사법부 인사권이나 예산권 등과 같이 권력분립의 한 단위로서 전체 사법권을 상대로 하는 견제수단도 법관의 독립에 직접 영향을 미칠 수는 없다.

요컨대, 우리 헌법은 법관의 신분보장규정(제106조)과 함께, 법관의 직무수행과 관련해서는 "헌법과 법률에 의하여 그 양심에 따라 독립하여 심판한다"(제103조)는 규정만을 두고 있는데, 다음에 상론하는 바와 같이, 이는 법관의 양심에 맡겨져 있는 법관의 공평무사성과 중립성은 본질적으로 제도적 규율과 친하지 않은 법관의 내면적인 양심에 달린 문제이고, 결국 양심은 제도에 의해 전제되고 촉구될 수는 있지만, 생성되고 통제될 수는 없다는 인식이 반영된 것으로 이해된다.

---

9) 이러한 점에서 판사에 대한 대법원장의 연임발령거부권한(법원조직법 제45조의2 제2항)이나 퇴직발령권(제47조) 등은 법관의 독립을 해치는 독소조항이 되지 않도록 엄격한 요건 하에서 제한적으로 행사되어야 할 것이다.

Ⅲ. 법이론의 맥락에서 본 법관의 독립과 양심

1. 법문의 불(저)확정성과 법의 객관성

물론 헌법국가의 공직윤리의 범주에서 논의되는 법관의 양심이 개인의 주관적인 윤리와 도덕의 내심영역에 국한되는 문제는 아니다. 법을 척도로 심판하는 법관의 독립은 법 이외의 모든 힘과 이해관계로부터 영향을 받지 않는 것을 의미하는 것이고, 심판관으로서 법관의 양심은 자신의 주관적인 가치기준이나 자의(恣意)가 아니라 법에 대한 복종만을 허용하는 동시에 또 의무화한다. 그런데 전술한 바와 같이 법관이 복종해야 하는, 즉 법관을 제약하는 법률은 확정적이지 않다. 적어도 저확정적이다.[10] 전통적인 법실증주의의 입장과는 달리, 법률과 법이 같은 것일 수 없고 또 법률이 법을 탐색해낼 수 있는 직접적이고 충분한 완결된 근거가 될 수 없다는 점을 재론할 필요는 없을 것이다.[11]

그러나 재판의 준거로서 법문의 확정성과 객관성에 대한 부인이 법문과 법해석의 독자적인 효용과 기능의 부정으로 이어지는 것은 아니다. Kaufmann의 말대로 법문의 불확정성(또는 저확정성)과 이에 따른 법률의 비완결성은 결코 하나의 불완전성이나 흠이

10) 이와 관련하여 D'Amato의 실증적인 기술은 주목할 만하다; "대법관 그 누구도 법이 개별 사건에 대한 결정을 제약할 수 있다고 믿지 않을 뿐만 아니라, 대법관들은 당사자들에게 정의를 베푸는 것에 관심을 가질 시간이 없다는 점에 대하여 확신하고 있다. 법적 결정을 정당화하는 법률언어는 사건에서 결정을 제약하기는커녕 설명하도록 규정되어 있지도 아니하다. 오히려 그것은 선출되지 않은 법관의 개인적인 입법적 선호를 공적으로 존중되는 법령상의 언어 속에서 표현해내는 하나의 양식이다." Anthony D'Amato, "Aspects of Deconstruction: Refuting Indeterminacy with One Bold Thought", 85 *Northwest Univ. Law Rev*, 85, 1990, 118.

11) 이에 관해서는 Christopher L. Kutz, "Just Disagreement: Indeterminacy and Rationality in the Rule of Law", *Yale Law Journal*, 103, 1994, 997.

아니다.[12] 적어도 심각한 흠은 아니고, 비록 일반화하기에는 한계가 있지만 어느 정도의 불확정성은 법의 정당성기제로서의 효용을 손상시키지 아니한다.[13] 오히려 그것은 문자기호로 구성되어 있는 법률의 바깥에 있는 무엇인가에 의해 보완되어야만 생성될 수 있는, 말하자면 해석 당시의 역사적인 상황과 구체적인 사태 속에서 비로소 그 의미가 형성되고 구체화될 수 있는 법률의 본질과 기능적 특성에서 그 이유와 효용이 찾아지는 내재적인 속성이다.[14]

이러한 불확정성의 명제는, 언어로 사유될 수밖에 없는 진리문제를 일종의 '제안들'(propositions)로 보는, 오늘날 거의 광범위하게 의견이 일치되고 있는 언어철학의 입장, 특히 이를 토대로 하는 Quine[15]의 진리론의 관점에서도 필연적인 것으로 이해된다. 이에 따르면, 진리론의 이른바 '조응설'(correspondence theory)의 맥락에서 실제 세계와의 합치성에 따라 문장(sentence)의 의미들 자체가 진리의 준거가 되지 아니한다. 말하자면 문장은 단순한 '진리의 매개체'(vehicle of truth)로 전제된다. 이러한 전제 하에, 진

12) Arthur Kaufmann, "Durch Naturrecht und Rechtspositivismus zur juristischen Hermeneutik", in: *Beitraege zur juristischen Hermeneutik sowie weitere Rechtsphilosophische Abhandlungen*, 1984, 85.

13) Ken Kress, "Legal Indeterminacy", *California Law Review*, 77, 1989, 283.

14) 여기에서 역사적인 상황 자체도 '사실'(fact)에 대한 역사가의 해석에 의해서 만들어지거나 또는 씌어지는 것이거니와, "그토록 단단하고(hard) 냉엄한(cold) 사실들이 얼마나 연하고 가단적인지(malleable), 또 사실들을 '농단'(coax and cajole)하는 것이 얼마나 쉬운 것인지"를 강조하면서, "모든 사실들이 해석의 대상일 수밖에 없고, 따라서 사실을 토대로 역사가에 의해 씌어진 역사를 진실(사실)과 상상(해석)의 혼합물"이라고 하는 역사학자 C. Becker의 확언은 '사실'을 '법문'으로, '역사'를 '법'으로, 역사가를 법관으로 대체하여 법해석에 그대로 적용하는데 아무런 무리가 없다. 후술하는 바와 같이 대상이 다를 뿐, 유력한 인식방법론으로 정립된 '해석학'(hermeneutics)의 틀을 공유하고 있기 때문이다. "Everyman His Own Historian", *American History Review*, 37, 1932, 221, 230.

15) Willard V. Orman Quine, *Pursuit of Truth*, 1990, 43, 77.

리와 세계에 대한 '양립될 수 없지만, 동일하게 신뢰할 만한' 다양한 견해들이 주장될 수 있는 가능성과 타당성을 인정하고, 그 근거를 '번역'(translation), 즉 문장에서 의미를 찾아내는 텍스트작업의 불확정성에서 찾는 콰인의 인식론도 그 핵심 전제는 진리매개체로서 언어의 불확정성이다. 법의 발견 또는 형성의 준거가 법률이고 또 법률이 언어기호, 즉 단어(word)와 문장으로 구성된 텍스트라고 한다면, 콰인의 진리론은 법의 세계 또는 법의 세계에서의 진리와 그것을 추구하는 법해석의 작업에 그대로 적용될 수 있다.

더욱이 거의 무한정 다양하고 가변적인 현실의 사태에 대하여 효력을 가져야 하는 규범환경을 고려하면 설령 그것이 가능하다고 할지라도 오히려 법률은 확정적으로 간명하게 제정되어서는 아니된다. 특히 정치경제규범인 헌법의 경우 고도의 추상성을 특성으로 하거니와, 이에 따른 이 불(저)확정성은 회의적인 비판과 합리적인 이견을 수용할 수 있는 공간과 창구를 제공하여 오늘날의 다원사회에서 불가피한 가치판단의 불일치와 갈등이 이성과 논증을 토대로 하는 정당화의 마당에서 벗어나지 않게 한다는 점에서 헌법국가 정당화의 필요조건이다. 영역에 따라 상대적으로 정도의 차이는 있지만, 이러한 이해는 기본적으로 헌법 이외의 다른 일반법률들의 경우에도 해당한다.

이러한 법문의 불확정성과의 연관성 속에서 파악되는 법해석작업은 텍스트작업을 이른바 '전유'(appropriaton)의 과정, 즉 우선 주체의 '구체적인 자기반성'[16]을 전제로 하여 "기호세계에 의해 매

16) 여기에서 '전유'의 개념은 텍스트에 대한 해석작업을 자연과학적인 '인식'이나 '설명'과는 그 본질과 구조가 근본적으로 다른 '이해'의 맥락에서만 이해될 수 있다. 즉 지각될 수 있는 기호들을 통해 어떤 정신적인 것을 알아가는 이해의 과정 속에서 반성철학과 같은 사유방식에 의해 텍스트와 해석자 자신과의 관계를 설정 또는 회복하는 매개과정이다. 말하자면 텍스트와 해석주체 상호간의 교차적인 영향관계에서 우선 텍스트를 매개로 하여 해석자가 자신에 대한 반성의 계기와 단서를 찾고, 그에 따라 구체적인 반성을 실행

개된 코기토"를 통해 추상에서 벗어난 자기이해의 틀 속에서 파악하는 P. 리쾨르의 해석학(Hermeneutik)[17]과 그 기본적인 전제와 방법론이 다르지 아니하다. 이러한 '전유'의 과정을 전제로 법문을 해석, 즉 '이해'한다는 것은 결국 확정되어서 선재하는 것을 단순히 일방적으로, 소극적으로 발견하여 수용하기만 하는 어떤 것이 아니고, 적극적으로 무엇인가를 새로 만들어나가는 형성과 실천의 행동이다. 바로 이 점에서 대전제와 소전제로서 사태의 파악과 법의 해석 및 적용을 순차적으로 진행되는 단절된 단계로 보는 법실증주의의 입장이 타당하지 않음이 분명해진다. 이러한 방법론의 틀 속에서 보면, 전통적인 삼단계의 추론방식에서 말하는 '포섭'의 작업도 순수한 형식논리적 판단이 아니라, 사태를 통해서 영향을 받는 규범과 규범의 프리즘을 통해 그 의미가 파악되는 사태의 교호관계 속에서 수행되는 법형성작업이고, 이는 기본적으로 법관의 주관성에 의존된다.

요컨대, 법관에게는 법복종이 요구되고, 반면에 법은 법관 개인의 주관성에 의존되는 일견 모순인 듯 보이는 불가피한 상호의존의 관계 속에서 법치의 틀을 유지해야 하는 헌법적 요청은 우선 법관에 대한 윤리적 과제로 주어진다. 그 관건은 법관의 자기의존, 즉 양심의 자유가 자신의 사적인 이해관계나 주관적인 이데올로기적 편향성이 아니라 최대한 법이성과 공적 가치에 근접할 수 있는

하는 선행과정이라고 할 수 있다. 이 과정에 이어서 그 반성의 결과가 다시 텍스트의 해석작업에 환류되는 순환의 흐름이 이어진다. 이에 관해 상세한 것은 Paul Ricoer, 김윤성/조현범(옮김), 「텍스트란 무엇인가? 설명과 이해」, 해석이론, 169면 이하.

17) 해석학(Hermeneutik)에 관해서는 P. Ricoer, 양명수(옮김), 해석의 갈등, 특히 281쪽 이하; 김윤성/조현범(옮김), 위의 책, 169-198면. 특히, 법해석과 관련해서는 해석학적 접근방법의 순환론적 구조를 강조하면서, 이를 법해석방법론에 적용하여 그 논리적, 기능적 연관성을 명쾌하게 정리해 놓은 A. Kaufmann의 다음 논문이 주목된다. "Ueber den Zirkelschluss in der Rechtsfindung", 앞의 책, 65면 이하.

법규범의 객관성과 공평무사의 요청에 부응하는 결과로 이어지도록 유도하는 것이다.

2. 법의 불완전한 객관성과 법관의 독립

독일의 연방행정재판소장을 역임한 Horst Sendler[18]에 따르면, 법학방법론을 비롯하여 기존의 모든 법이론들은 한편으로는 규범의 객관성 및 중립성의 요청과, 또 한편으로는 해석자의 주관성과 파당성 둘 사이의 담장 위에 걸쳐져 있는 법해석의 곤경을 드러내 주기만 했을 뿐이고, 해결책을 제시하지는 못했다. 아마도 앞으로도 그것은 기대하기 어려울 것이다.

추론과 담론의 마당에서 그 준거와 방법론이 객관적이라는 말 자체가 본질적으로 순환론을 벗어나지 못하는 공허한 것이다. 이러한 회의적인 시각이 상대가 있는 인식 및 설득의 작업으로 이해되는 재판에도 해당된다는 적확한 지적을 떠나서,[19] 확정된 가설로서 법원칙들과 법문의 일반적인 객관성을 인정한다고 하여도 이들 원칙과 법문에서 구체적인 판단의 준거를 도출해내는 작업은 확정

---

18) "Die Methoden der Verfassungsinterpretation", in: B. Ziemske u.a. (Hg.), Staatsphilosophie und Rechtspolitik, Fs. f. M. Kriele zum 65. GT, 1997, 481.

19) 이는 추상성의 특성이 두드러진 헌법의 해석작업에서 부각된다. 예컨대, "헌법적 추론이 독자적인 특정한 결론을 생산하는 경우라면 그 준거의 객관성과 그에 따른 설득력과 결정력 또는 영향력을 가질 수 있겠지만, 반면에 헌법적 추론에 의해서 양립이 불가능한 X와 Y 두 가지의 결론이 도출된다면 둘 중의 하나를 선택하는 것은 헌법외적 요소에 의해서 결정될 수밖에 없게 되거나 또는 전혀 결정될 수 없게 된다. 이 경우 헌법적 추론과 기타 윤리적, 정치적 추론은 아무런 차이가 없게 된다. 더욱이 합리적인 사람이라면 따르게 될 도덕적, 정치적 결론이 존재하지 않는 경우라면 헌법적 추론은 헌법적 분쟁의 해결에서 선택을 강제하거나 아무런 영향력도 행사할 수 없다." Robert J. Lipkin, "Indeterminacy, Justification and Truth in Constitutional Theory", Fordam Law Review, 60, 1991, 604. '옳은 답'이 두 개 이상 있는 이른바 'hard case'들은 상대적인 정도의 차이는 있지만, 그 대부분이 후자의 경우에 해당된다.

성만이 아니라 불확정성도 동시에 요구하고 지향하기 때문이다.[20] 한편으로 객관적인 법원칙이나 법문이 실제로 구체적인 판단의 지침과 준거를 제공한다고 믿기 위해서는 일정한 정도의 확정성이 필요하지만, 반면에 재판에서 필수적인 간주관적 타당성과 합목적성을 확보하기 위해서는 어느 정도의 불확정성이 필요하다. 또한 중립성을 전제로 법관에게 인정되는 판단재량의 관점에서 보면, 재판의 준거인 법문의 확정성은 법관의 주관적인 재량을 제약하여 객관성을 강화하는 조건이지만, 반면에 법문의 합목적적인 적용, 즉 개별적이고 구체적인 정의실현을 위해서는 필수적인 법관의 재량여지를 위축시킴으로써 객관성의 약화를 초래할 수도 있다.

물론 법의 객관성, 특히 법관에 대한 제약의 가능성 여부 또는 그 타당한 정도의 문제는 법해석방법론을 넘어서 오늘날 법이론에서 핵심적인 화두의 하나이다. 법문화적 토대는 물론이고, 법원칙과 법률들이 법관에게 얼마나 신뢰할 만한 추론의 준거들과 그 결과로서 판결을 통하여 '옳은 답'을 제시할 수 있는지, 달리 표현하면 얼마나 법관을 제약하여 개인의 '주관적인 정치적 자의'나 '힘의 법'이 아니라 공적 가치인 '객관적인 정의'와 '법의 힘'을 담보할 수 있는지 여부에 대해서는 입장에 따라서 견해들이 극명하게 대립된다.[21] 예컨대, 미국에서 1970년대 이후 전통적인 법이론의 핵심, 특히 법의 객관성과 법관의 중립성에 대하여 회의적인 비판을 제기한 이른바 비판법학자들이나 페미니스트 법학자들은 근본적으로 법이 외피만 다를 뿐 정치와 다를 것이 전혀 없는 것으로 본다.[22] 말하자면 법의 객관성은 원천적으로 기대할 수 없고,

---

20) Joseph W. Singer, "The Player and the Cards: Nihilism and Legal Theory", Yale Law Journal, 94, 1984, 4.

21) Owen M. Fiss, "The Death of the Law?", 72 *Cornell Law Review*, 72, 1986, 1.

22) O. M. Fiss, 위의 글, 9면.

법에 의한 재판에서도 "법관들은 직업상의 관례와 자신들의 힘을 보전하기 위한 필요 때문에 '특유한 방식'으로 말하는 것일 뿐이고, 결국 그들의 수사(rhetoric)는 전적으로 법의 외피를 쓴 속임수에 불과하다"는 것이다.[23]

그러나 여기에서 관심의 대상은 어떤 특정한 정치경제 및 사회문화적 상황과, 그와 연관된 특수한 사법제도 속에서 법관이 법에 의해 제약되는지 여부에 관한 사실(fact)의 문제나, 또는 법이 그 환경조건과 관계없이 그 본질상 법관을 제약할 수 있는 객관적인 준거 자체를 제공할 수 있는 가능성에 대하여 기본적인 입장을 논증하고 선택하는 것이 아니다. 이러한 사실의 문제나 이론적 전제에 대한 입장의 표명은 유보하되, 다만, 적어도 현실세계가 맹목적인 혼돈의 세계가 아닌 가치질서를 담은 법의 공동체로 유지될 수 있도록 하는데 필수불가결한 정향점으로서 법과 정의에 대한 열망과, 법텍스트에 의해 법관의 자의적인 힘의 행사를 제약할 수 있는 가능성 자체에 대한 기대는 포기하지 않는다. 반면에 법의 객관성과 법관의 중립성을 충분히 신뢰할 수 있는 정도와 방식으로 소송규칙이나 사법제도 또는 법텍스트가 법관을 제약하고, 지지할 수 있는지 또는 현실적으로 도대체 "법관이 과연 도덕적, 정치적 숙고에서 장점을 갖고 있다고 믿을 만한 이유가 있는지"[24] 등에 대한 회의적인 의문에도 귀를 기울일 필요가 있음을 인정한다. 우선 전자와 같이 법과 사법제도의 이상과 현실에 대한 소망과 기대를 부정하는 경우에는 법관의 양심에 관한 논의 자체가 원천적

---

23) 이 비판적인 입장의 기본적인 출발점과 전제는 Duncan Kennedy가 제시하는 – 우연이나 경험, 특히 단순한 긴장이 아닌 – 이른바 '근본적인 모순'(fundamental contradiction)의 명제에서 가장 극명하게 제시된다. "The Structure of Blackstone's Commentaries", *Buffalo Law Review*, 28, 1979, 739.

24) Cass R. Sunstein, *Legal Reasoning and Political Conflict,* 1996, 176면 이하.

으로 무용한 것이 되고, 또 한편 기존의 법체제의 구조와 기능에 대한 비판적 인식을 외면하는 경우에는 법관의 양심의 문제는 법형식주의(legal formalism)의 틀 속에서 당연한 관념적 전제나 또는 단순한 법관 직무상의 기술적인 지침 정도로만 취급될 것이다.

요컨대, 본질적으로 모순적이고, 바로 그렇기 때문에 이상 및 당위세계와의 교차관계 속에서 희망과 절망 및 그에 따른 숙제와 고민거리를 동시에 안겨주는 인간존재와 법현실의 가능성과 한계를 주목하는 입장에서 볼 때, 법관의 양심은 '현실 세상의 법관'(real-world judge)에 대하여 요구되는 당위적인 태도와 과제로 이해된다. 이러한 맥락에서 법에 내포되어 있는 공적 가치 자체 또는 그 실현수단으로서 법과 사법제도의 객관성과 중립성 자체를 절대적으로 부정하는 극단적인 비판론과, "'이상적인 법관'(ideal judge)이라면 어떻게 할 것인가"라는 질문에만 초점을 맞추는 전통적인 형식주의적 관점과 그에 따른 방법론은[25]은 공히 수용할 수 없다. 이른바 패러다임이 다른 전자의 경우는 물론이고, 후자의 전통적인 형식주의적 법해석론의 경우에도 확립된(실제로는 유력한) 법원칙이나 규범적 개념, 해석의 공준 및 그에 따른 법해석의 결론만을 수용해야 한다는 당위적 지침을 전제하는 것 외에는 법관의 양심이 법이론적으로 진지한 관심의 대상이 될 수 없기 때문이다.

---

25) 이에 관한 개괄과 정치한 비판으로는 위의 논문 C. R. Sunstein/Adrian Vermeule, "Interpretation and Institutions", 101 *Michigan Law Review*, 101, 2003, 898.

Ⅳ. 헌법명제로서 법관의 양심

1. 의의와 성격

순정한 양태로 주어지는 것은 아니고 또 일정 부분은 제도론적으로 접근될 수 있지만, 근본적으로는 자의(恣意)든 자유든 법관 개인의 주관적인 인격에 맡겨질 수밖에 없는 법관의 자유 또는 법관에 대한 제약의 문제는 필연적으로 법관의 양심의 화두로 귀착된다.

전술한 바와 같이 법해석작업은 '소여'로 주어진 어떤 것을 단순히 발견하는 작업이 아니라 형성적인 작업이다. 여기에서 '형성'은 그 개념상 필연적으로 형성자가 단순히 무엇인가를 찾거나 매개하는 것이 아니라 자기 자신의 가치관을 그 형성의 대상에 인입하는 것을 전제로 한다.[26] 법관은 포괄적인 의미에서 자신의 인격 중에서 무엇인가를 판결에 끌어넣게 된다.[27] 말하자면 구체적인 사건에 적용되는 법규범의 내용과 그에 따른 판결은 일단 형식적인 효력만이 확정되고 그 내용은 잠재적인 가능태로서만 주어지는 법과, 이상과 현실의 사이에서 현존하는 법관 개인의 인격의 혼성물이다. 법관의 인격 중에서 인입되는 무엇이 해석주체로서 법관 자신의 가치적인 선판단과 확신, 관심 또는 취향 등과 같이(개인적인 것이든, 사회적인 것이든) 법률 바깥에 있는 것들이라고 한다면, G. Radbruch[28]의 말대로 법관의 독립은 실무상 법률학의 영역을 넘어서는 학문의 자유, 즉 '계획적이고도 진지한 진리탐구활동'의 특수한 표현으로 이해될 수도 있다. 이러한 맥락에서 학문의 자유와 양심의 자유가 법공동체로서 헌법국가의 가치적 정당성이 보전되기 위한 필수조건이라고 한다면, 법관의 독립성은 법치의 틀과 이

26) 양건, 헌법강의, 2009, 962면.
27) A. Kaufmann, 앞의 글, 88면.
28) Gustav Radbruch, 최종고(옮김), 법철학, 238면.

를 토대로 하는 사법제도의 유지와 발전을 위한 특화된 학문의 자유에 해당하는 것이라고 할 수 있다. 이 특화된 학문의 자유에서도 그 핵심은 법관의 양심이다.

법관의 독립과 관련된 헌법명제로서 법관의 양심이 자연인으로서의 주관적인 윤리적 판단에 따른 양심이 아닌, 직무상의 양심이라고 하더라도 주관적인 내면의 세계를 대상으로 하는 그 본질은 다를 것이 없다. 다수 학자들이 법관의 양심을 일반적인 양심의 자유에서 상정하는 '주관적 양심'과 구별하기 위하여 굳이 '객관적인 양심'[29]이라고 한 것은 진지한 고민 없이 주관과 객관의 상투적인 대구형식을 빌린 것일 뿐이다. 법관에게 요구되는 직무상의 양심 역시 그 주관성이 부정되거나 희석되는 것은 결코 아니고, 헌법이 법관에게 요구하는 양심 준수의 규범적 명령 자체가 객관적인 것일 뿐이다. 양심 자체는 그 본질상 - 일반성, 보편성, 전체성, 가측성 또는 관찰 및 검증의 가능성 등 어떤 요소를 기준으로 한 것이든 - 간주관적인(inter-subjective) 의미의 객관적인 것일 수 없다.

다만, 법문의 본질적인 불확정성을 고려하고 또 여기에서와 같이 구체적인 심판의 준거로서 논하는 맥락이라면, 추상적인 법원리를 비롯하여 헌법과 법률 또는 이들을 준거로 하여 도출되는 법의 객관성조차도 법철학 차원의 정향점으로 제시될 수 있는 것일 뿐이다. 말하자면 헌법과 법률은 한편으로는 법관의 양심형성에 우선 영향을 주는 능동적인 요인인 동시에 양심상 복종의 대상이기도 하지만, 또 한편으로는 법관의 인격, 즉 주관적인 양심이 반영되는 해석과정을 통해서 비로소 그 규범적 의미가 형성되는 불확정한 상태에 있는 것이기 때문에 그 자체가 독자적으로 양심

29) 권영성, 헌법학원론, 2009, 1065면; 정종섭, 헌법학, 2009, 1181면; 허영, 한국헌법론, 2009, 1003면.

상 추수의 대상이 될 수는 없다.

결국 법관의 양심과 관련하여, 법의 확정성 또는 불확정성의 문제는 이를 법이론적으로 규명, 확인 또는 전제하는 것이 문제가 아니라, 그 자체에 대한 입장과 그것을 재판에 반영하는 법관의 인식 또는 이해 자체와 관련하여 하나의 필연적인 과제로서 양심적인 태도를 요구하는 것으로 이해된다. 이와 관련하여 예컨대, 후술하는 바와 같이 겸손과 절제 또는 분노와 용기 등의 덕목을 필수적인 규범적 지침으로 제시하는 경우 이들의 객관성은 인정되지만, 이 지침들 자체와, 지침의 적용대상으로서 그에 충실한 이해와 심판의 과정 및 그 결과에 초점을 맞추는 법관의 양심은 분명히 구별된다. 다만, 이 덕목들 자체가 양심의 핵심요소라는 점에서 양심의 개념과 구별하는 것이 어렵다는 주장이 성립된다고 하더라도, 그렇다면 여기에서 우선적인 관심의 대상은 '양심에 대한 양심', 말하자면 양심의 덕목들을 긍정하고 지향하는 내면적인 관심과 자세이다.

2. 법관의 양심의 내용

(1) 겸손과 용기와 절제 - 구도자적 자기성찰

양심의 주관성을 주목하는 경우 '양심에 따르라'는 규범적 지침은 우선 법관에 대하여 끊임없는 자기성찰을 요구하는 것이고, 이 요구는 내면의 영역을 대상으로 하는 점에서 본질적으로 외부적 간섭이나 강제적 규율과는 친하지 아니하다. 학문세계에서 진리와 양심 자체가 논리와 제도의 문제가 아니거니와, 법관의 양심 또한 윤리와 덕성의 문화적인 과제이기 때문이다.

H. Sendler[30]는 자신이 연구와 재판실무의 경험을 통해 배운 것은 "모든 법관들이 자신의 의존성, 특히 환경 및 성향의존성과

30) 앞의 글, 481면.

함께 무의식적인 선이해를 자각하여 그것들을 합리적인 차원으로 격상시키고, 다른 이해들과 비교할 수 있도록 하기 위해서 노력해야만 한다는 것"뿐이었다고 밝히면서, 법관의 독립과 양심은 '철저하게 고독한 구도자적 수행'을 통해 접근될 수밖에 없는 어려운 것임을 진솔하게 고백한다.

생각건대, 이 '구도자적 수행'에서 우선 요구되는 것은 당위적 과제로서 법의 객관성을 지향하는 관심과 법형성의 주체로서 법관 자신의 가능성과 한계에 대한 반성이다. 여기에서 관심은 '존재에 대한 몰두'(interesse)를 의미하고, 반성은 막연한 추상적인 것이 아니라 한계의 본질과 내용 및 그 이유에 대한 지각이 선행되는 '구체적인 자기반성'이어야 한다. 이는 한계극복을 위한 최소한의 필수적인 전제조건이다. 법관에게 우리가 투철한 소명의식과 이를 뒷받침할 수 있는 겸손과 절제, 그리고 용기와 열정을 기본적인 덕목으로 요구하는 것은 바로 겸손과 용기가 없이는 자신의 외적 의존성과 그에 따른 한계를 인정하기 어렵고, 절제와 열정이 없이는 그것을 극복하고 독립성을 지켜나갈 수 있는 동력이 유지될 수 없기 때문이다. 이러한 덕목을 갖추지 못한 법관의 양심은 독단과 편견의 위험을 피하기 어렵고, 결국 재판절차의 핵심인 공정성을 담보할 수 있는 법관의 개방성 또한 기대하기 어렵다.

다만, 법관에게 요구되는 이들 덕목들은 그 자체가 양심형성의 조건과 요소라고 할 수도 있지만, 법관의 독립 및 중립성과 연계된 당위과제로서 법관의 양심은 바로 이 덕목들을 체화하고 실천하려는 관심과 의지 및 그 습관화를 우선 요구하는 규범적 지침으로 이해된다. 위에서 '수행'이라는 표현을 인용한 바 있지만, 이렇게 보면 법관에게 적용되는 공직윤리는 말 그대로 구도자로서 성직자에게 요구하는 것과 크게 다를 것이 없고, 오히려 학자적 양심까지 더한 매우 엄격한 수준임이 분명하다. 이것의 필수불가결성과 그 이유에 관해서는 앞에서 상술하였거니와, 이러한 지난한 수준의 공직윤리를 자발적으로 받아들여서 습관화하고, 그에 따르는 조건과 부담을 감수할 의지가 없는 사람이 법관직을 수행하여서는 아니 된다.[31] 헌법이 법관에게 양심에 따른 독립심판권을 보장하고, 이를 위해 특별한 신분과 지위를 부여하는 것이 헌법국가와 법치주의의 근간을 유지하기 위한 수단이기는 하지만, 형평성의 관점에서 볼 때 그것이 자의적인 특권부여가 아닌 이유는 오로지 엄격한 공직윤리에 상응하는 법적 책임과 의무 그리고 일상생활에서의 불편과 부족까지도 감내해야 부담에서 찾아지는 것일 뿐이지, 그 외에 다른 이유는 없다.[32]

(2) 헌법과 법률에의 충실의무

우리 헌법이 법관의 독립심판권을 불가침의 권한으로 보장하는 것은 두 가지 조건과 연계된다. 첫째는, 전술한 바 있듯이 법관에게 요구되는 엄격한 공직윤리와 그에 따른 구도자적 수준의 자기수행의 부담을 요구하는 양심추수의 조건이고, 둘째는, 준거특정 또는 준거제한의 조건이다. 우리 헌법은 “법관은 헌법과 법률에 의하여 그 양심에 따라 독립하여 심판한다”(제103조)고 규정하고 있는 바, 문맥상 이는 우선 헌법과 법률만이 배타적이고 독점적인 심판의 준거, 말하자면 법관이 의존하는, 또한 법관을 제약하는 구속력 있는 규준으로 인정된다는 전제와, 이 준거제한의 조건에 따르는 양심과 연계하여서만 법관의 독립이 보장된다는 의미로 이해된다.

---

31) E. Schmidt Jortzig, “Aufgabe, Stellung und Funktion des Richters im demokratischen Rechtsstaat”, *Neue Juristen Wochenschrift*, 1991, 2382.

32) 이와 같이 매우 높은 수준의 공직윤리와 그에 따른 책임과 부담은 법관인사제도의 설계와 운영에 각별하게 반영되어야 한다. 이러한 점에서 법관인사제도의 개혁을 위한 다양한 방안을 논의하면서 제시한 ‘법관직이 최종직업이 되어야 한다’는 지침이 주목된다. 이국운, 앞의 글, 128면.

법률의 불(저)확정성과 구체적인 재판준거로서 법의 불완전한 객관성, 그리고 사태와 규범의 교차관계 속에서 법관의 주관적인 인격이 인입될 수밖에 없는 법해석작업의 본질과 특성에 대해서 앞에서 상술한 바 있거니와, 그렇다고 해서 법관의 심판작업이 법의 세계 바깥에 있는 법관의 개인적인 이상과 가치관, 취향 등에 의해서만 주도되는, 말하자면 법관의 주관적인 양심만을 구현하는 작업이 되는 것은 아니다. 헌법과 법률이 다르고 또 관련되는 영역과 경우에 따라 상대적으로 차이가 있지만, 법텍스트작업에서 해석자로서 법관은 한편으로는 법텍스트에 의해 강제적으로 제약이 되고, 다른 한편으로는 독자적인 자유가 주어진다. 법관은 이 제약과 자유의 옳은 혼합을 추구하는 과정에서 객관적인 법적 이성을 지향해야 하는 윤리적인 책임과 함께 자신의 판단과 결정을 논증하고, 그것을 공론의 장에 공개해야 하는 지적인 부담을 진다.[33] 요컨대, 법과 소송규칙 및 해석론상의 공준에 의해 그 최소한의 크기가 담보되는 '사법적 합리성'(judicial reasonableness)의 한계 내에서 진행되는 규범작업으로서의 본질은 온전히 유지되어야 한다.

그런데 심판작업의 규범작업으로서의 본질과 특성에 대한 일견 당연한 듯 보이는 간명한 확인에도 불구하고, 법텍스트를 준거로 하여 합리적인 법적 사유를 거쳐 도달한 법관의 법적 확신 또는 그 확신의 대상인 확인된 객관적인 법규범과, 법관의 주관적인 양심에 따른 판단은 본질적으로 그 경계선이 분명하지 않아서 구별되기 어렵다. 또 법관이 어떤 형식으로든 공개하지 않는 한 적어도 외부에서 식별하는 것은 원천적으로 불가능하고 또 그렇기

---

33) 이에 관해서는 J. Boyd White, "Judicial Criticism", in: S. Levinson/S. Mailloux(ed.), *Interpreting Law and Literature-A Hermeneutic Reader*, 1988, 410, 강진철, 「법해석학 -영미에서의 논의를 중심으로-」, 한국법철학회(엮음), 현대법철학의 흐름, 124면에서 재인용.

때문에 이 둘이 충돌하는 경우에 제기되는 취사선택의 문제는 법도그마틱과 법이론의 차원에서는 해결될 수 없는 하나의 법철학적인 난문으로 주어진다.

예컨대, 헌법 제103조에서 '헌법과 법률에 의하여'와 '그 양심에 따라'의 부분은 세 가지의 해석대안이 있을 수 있다. 우선은 이 두 부분을 단순한 병렬, 즉 차례를 바꾸어도 그 의미가 달라지지 않는 무순의 나열관계로 볼 수 있지만, 이 해석론은 이론적으로만 관심의 대상인 것은 아닌 둘 간의 상충문제에 대하여 그 가능성 자체를 작위적으로 부정하는 것이거나, 아니면 답을 원천적으로 포기할 수밖에 없다는 점에서 설득력을 갖기 어렵다. 두 번째는 법관의 양심을 헌법과 법률에 따르는 이른바 '객관적인 양심'으로 이해하는 입장에서, 결과적으로 구체적인 사건에 적용할 법규범의 내용에 대한 '법관 개인의 도덕적, 윤리적 확신'과 '법관으로서의 법리적 확신'이 충돌하는 경우 후자, 즉 헌법과 법률이 우선되는 것으로 보는 입장이다.[34] 이 견해에 찬성하는 다수 의견도 그래서일 것으로 추측되거니와, 법문의 선후구조와 법이론적 정합성의 관점에서 보면 일견 설득력이 가장 큰 것으로 생각되지만, 이 경우에도 그 자체가 불확정적인 헌법과 법률에 따르는 양심, 이른바 '법조적 양심'과 법관의 주관적인 양심이 간명하게 구별될 수 없는 어려운 문제점을 안고 있다.[35] 셋째로, 법관의 양심이 심판의 준거

34) 박경철, 앞의 글, 176면.

35) 독일 기본법 제97조는 "법관은 독립하여 법률에만 구속된다"고 규정하고 있는데, 원래 초안(HCheE Art. 132)에는 양심이 포함되어 있었으나 법관의 양심을 법률과 동위 또는 상위에 있는 하나의 법원(法源)으로 오인하게 만드는 단서가 될 수도 있다는 우려에 따라 삭제되었다고 한다. Bonner GG Kommentar, Art. 97. 20. Lieferung(Juni 1968). 물론 이러한 관점은 특정한 시대상황과 그 속에서의 법관에 대한 인식 등과도 관련된다. 예컨대, 법실증주의에서 후기에 자연법론자로 입장을 바꾼 바 있는 G. Radbruch가 법무장관으로서 "자신의 독자적인 정치적 확신을 억누르고 자신의 정의관념에 위배되는 법률을 충실하게 적용하는 법관을 존경한다"라는 의견을 표명

로 우선되어야 한다는 견해가 있을 수 있다. 말하자면, 불가불 또는 충분하게 법관의 양심이 반영되고 개입된, 헌법과 법률을 준거로 하는 법해석작업에 따라 도출 또는 형성된 법규범이 최종 심판의 시점에서 법관이 온전히 갖고 있는 양심과 일치되지 않는 경우 후자가 우선되어야 한다는 입장이다. 어느 정도 정상적으로 운영되는 법치국가체제라면 그 가능성이 크지는 않은 상황을 상정한 것이지만, 어쨌든 이 견해에 따른다면, 법관의 양심이 법률보다 상위의 법원(法源)이 되는 결과가 초래되는데 이는 납득하기 어렵다. 다만, 이러한 경우에 법관은 우선 위헌법률심판제도를 활용하여 자신의 양심에 위배되는 법률에 대하여 위헌심판을 제청하여 무효를 확인받는 방법으로 실정법제도의 틀 내에서 자신의 양심을 지킬 수 있는바, 실제로도 양형판단권을 비롯한 법관의 판단재량권을 박탈하거나 현저하게 제약하는 법률들에 대하여 우리 헌법재판소가 위헌결정을 한 예들이 적지 아니하다.[36] 말하자면, 현실적으로 관건은 헌법재판소에 의해서도 해당 법률이 합헌인 것으로 판단된 후에 법관에게 남겨지는 최종결단의 문제이다. 이 경우 법관은 법률에 구속되어 자신의 양심에 어긋나는 심판을 하는 대신 양심실행을 위한 일종의 저항수단으로 사직을 선택해야 한다는 견해도 가능한데, 이 해석론은 결국 어떤 상황에서든 법관의 진지한 양심은 포기될 수 없다는 결론을 고수하는 것이다.[37]

하면서, 그 이유로 사회적 국민국가의 새로운 시대정신을 체득하지 못하고 구시대적 관념에 얽매인 법관들에게 법률해석의 재량권을 인정하는 것은 악마에게 성경해석을 맡기는 것과 다를 것이 없다는 점을 제시하였는데, 요컨대, 이 폐해를 억제하기 위해서는 실증주의적 해석방법이 최선이라는 것이다. K. Adomeit, "Der Rechtspositivismus im Denken von Hans Kelsen und von Gustav Radbruch", Juristen Zeitung 4/2003, 163면에서 재인용.

36) 예컨대, 헌재 1992.4.28. 선고, 90헌바24 결정. 기타 관련 결정례들에 대해서는 박경철, 앞의 글, 176-178면.

37) 다만, 법해석실무상 오히려 일반적인 법문의 불확정성을 고려하면, 이러한 상황이 반드시 극단의 예외적인 경우만을 상정한 것은 아니다. 예컨대,

장황하게 논의하기는 하였지만, 여기에서 관심사항은 이 세 가지 해석대안들에 대한 논평과 취사선택이 아니라, 이들 해석론 중에 어떤 것도 절대적인 우위를 주장할 수 없다는 점, 말하자면 시대상황에 따라 다를 수 있고 또 그래야 하는 어떤 관점과 입장을 취할 것인지의 문제 자체가 헌법이 보장하는 법관의 양심에 따라 판단되는 하나의 법철학적인 난제이고, 결국 이 문제에 대한 답은 법관 개인의 몫으로 남겨지게 된다는 점에 대한 확인이다.[38] 다만, 어려운 숙제를 남겨놓기는 하지만, 그렇다고 해서 법관 개인의 자율에 의존할 수밖에 없는 불가측성과 불확실성이 법관이 중심축인 법치국가체제와 사법제도의 흠결의 증거는 아니다. 법률의 불확정성과 마찬가지로, 오히려 그것은 상충되지만 각각 나름대로의 합리성과 진정성이 인정되는 다수의 논증들과 양심들이 설득력과 신뢰도를 판정기준으로 하여 건강한 경쟁을 펼칠 수 있는 기회를 제공한다. 오히려 도대체 분명하게 구별될 수 없는 법률 또는 좀 더 정확하게 표현한다면 법률과 법관의 양심의 혼성물인 법규범의 내용에 대한 법관의 확신, 즉 이른바 '법조적 양심'과, 법관 개인의 주관적인 '윤리적 양심'을 대치시켜 놓고, 둘 중에 어느 하나의 우선성을 전제로 다른 하나를 후퇴시키는 관점은, 이론구성을 어떻게 하든 규범작업상 가장 어려운 문제를 회피하는 것에 지나지 않는다. 그 결론도 법관에게 원천적으로 심판자로서의 양심추수의 부담과 논증책임을 면제해주는 법률만능주의나, 힘의 철학

Timothy A. O. Endicott, "Linguistic Indeterminacy", Oxford Journal of Legal Studies Vol. 16, No.4, 697.

38) 이러한 점에서 비록 이 헌법 제103조 규정의 원문 자체가 불분명한 것 때문이기는 하지만, 법제처의 공식적인 영문번역문이 이러한 해석론상의 세밀한 의미의 차이를 의식하여 제대로 반영한 것인지는 의문이다, "Judges shall rule independently according to their conscience and in conformity with the Constitution and laws": http://www.moleg.go.kr/dev/board/read.jsp.

을 토대로 하는 결단주의에 치우친 것이 될 수밖에 없는바, 법이성과 법관의 양심에 의해 근간이 유지되는 하나의 '건강한 담론체제'인 법치국가체제와는 조화될 수 없다.

(3) 지적 책임과 자기갱신의 노력

앞에서 법관의 양심의 기본적인 덕목으로 우선 자기한계를 인정할 수 있는 겸손과 용기를 적시하였거니와, '이상적인 법관'이 아니라 '현실 세상 속의 법관'에게 요구되는 이들 덕목들이 단순한 일회성의 윤리적인 수행만을 요청하는 것일 수는 없다. 당연히 법관도 인간인바, 일상적인 욕망은 물론이고, 자신의 주관적인 가치선판단과 이데올로기적 편견에서 자유로울 수 없는 것은 물론이다. 그러나 이러한 한계를 부정하거나 또는 완전한 극복이 가능하다고 보지 않음에도 불구하고, 선출되지 않았고, 그렇기 때문에 직접적인 민주적 정당성을 갖지 못하고 또 판결에 대하여 어떤 정치적, 법적 책임을 지지도 않는 법관에게 독립심판권을 불가침의 헌법적 권한으로 보장하는 것은 엄격한 공직윤리에 따르는 양심추수와 자기갱신의 책무와 연계되는 조건 하에서만 수긍될 수 있다.

전술한바, Sendler의 말대로 이 양심추수의 책무는 법관에게 자신의 환경 및 성향의존성과 함께 무의식적인 선이해를 자각하고, 그것을 객관적인 법이성의 차원으로 격상시키려고 노력하는 내면적인 태세를 요구하는바, 법관의 지적 책임과 계속적인 자기갱신의 노력의무는 바로 이 '태세유지의 요청'에서 도출된다. 또한 법문의 불확정성이 법치주의원리와 법관을 중심축으로 하는 사법제도의 구조적인 결함이 아니고, 오히려 객관적인 법이성에 접근하기 위한 경쟁적 대화에 필수불가결한 조건과 촉매로 작용되기 위해서는 우선 법관 자신이 개방성과 함께 이 대화에 참여하려는 적극적인 관심과 의지를 가져야만 한다.

이러한 태세유지와 대화참여의 규범적 요청에 따른 법관의 지적 책임은 우선 자기 자신과의 대화의 필수성과 그 이유를 자각하고, 이를 토대로 하여 타자와의 담론에 적극 참여하여 자기반성과 갱신을 이어나가는 항구적인 노력을 요구한다. 앞에서 법관의 독립성을 법실무의 차원을 넘어서 일종의 학문의 자유로 이해해야 한다는 라드브르흐의 견해를 언급 한 바 있거니와, 이러한 내용의 지적 책임은 말 그대로 '진지하고도 계획적인 진리탐구활동'을 하는 학자적 양심에 따른 그것에 해당한다.[39] 여기에서는 법관의 지적 책임을 '양심에 대한 양심', 말하자면 법관 자신의 주관적인 양심의 건강성과 객관성을 유지 및 발전시켜 나가기 위해 최선의 노력을 다해야 하는 법관공직윤리의 일단으로 이해하면서, 그 구체적인 노력의 방향과 방법을 가늠하는 차원에서 두 가지 단서만을 생각해본다.

첫째는, 인문학적 소양의 연수이다. 이는 우선 앞에서 법관에게 요구되는 기본적인 덕목으로 제시한 겸손과 용기 등을 갖추기 위한 필수적인 수단이기도 하지만, 인문학적 사유의 폭과 깊이는 법텍스트를 준거로 하는 법관의 규범작업과 그 결과, 즉 심판의 질을 규정하는 결정적인 변수가 된다. 법해석주체의 인격 중에 무엇인가가 인입되지 않는 법해석작업은 없다는 것은 전술한 바 있거니와, 이는 단순히 법해석자와 법문과의 관계에서만, 그것도 일방적으로 법해석자의 인격이 법텍스트의 해석에 반영되는 것을 뜻하는 것은 아니다.

헌법과 법률에 객관적인 가치질서가 내재되어 있다고 하더라도 이는 잠재적인 가능태로만 내포되어 있는 것이고, 그것이 구체

39) 여기에서 굳이 학문론 차원의 상론을 하지 않더라도, 어떤 유보도 제한도 없이 간명하게 구별될 수는 없지만 대체로 가치맹목적인 자연과학보다는 인간과 사회를 대상으로 하는 가치관계적인 인문사회과학으로 제한하는 것이 맥락에 맞을 것이다.

적으로 발현 또는 형성되는 것은 법해석자의 인격과의 '만남' 속에서 비로소 가능한데, 여기에서 '만남'은 말 그대로 쌍방적이고 교호적인 개념이다. 말하자면 법해석주체의 시선과 다가섬만 있는 것이 아니라, 법텍스트 역시 해석주체를 응시하고, 영향을 미치는 것이다.[40] 그 실체가 입법자의 뜻, 아니면 객관적인 시대정신 또는 상식 그 무엇이든 이들이 해석자와의 만남에 응해서 다가오고, 자신을 얼마나 드러내느냐 하는 것은 전적으로 해석주체의 태도와 능력에 달려있는 데, 이것의 핵심은 인문학적 사유의 능력과 습관이다. 이러한 이해는 사태의 의미에 대한 파악에도 해당된다. 사태의 본질이나, 사태의 의미와 맥락이 무조건 누구에게나 동일하게 발견되고 인식되는 것은 아니다. 역사학에서 행운이 따라야 무엇인가를 발견할 수 있고, 발견한 것이 무엇인지를 아는 데는 천재성이 필요하다는 말이 있는데,[41] 아마도 여기에서 천재성은 전술한 바 있는 '존재에의 몰두'를 뜻하는 관심과, 다가섬에 의해 대체될 수 있을 것으로 생각된다.

요컨대, 법텍스트작업이 핵심인 법관의 심판작업에서 인문학적 소양의 필수성을 강조하는 것은, 바로 이것이 없이는 열린 자세로 관심을 갖고 다가설 수 없고, 그렇게 되면 법규범과 사태의 다가옴도, 드러남도 기대할 수 없기 때문이다.

둘째는, 경제학, 사회학, 심리학 등 다양한 인접학문과의 교섭에도 관심을 기울여야 한다. 규범과 현실을 근본적으로 단절된 관계로 보는 입장이 더 이상 설득력을 가질 수 없다는 점은 재론할 필요조차 없거니와, 오늘날 법률에 담기는 내용물과 그것을 구체적인 법규범으로 현출시키는 것은 단순히 전통적인 개념법학적

40) 법텍스트작업이 '텍스트에 대한 작업'인 동시에 '텍스트의 작업'이라고 보는 관점은 바로 이러한 맥락에서이다. 이에 관해서는 Friedrich Müller 외, 이덕연(옮김), 법텍스트와 텍스트작업. 특히 7면 이하.

41) Murray G. Murphey, *Truth and History*, 2009, 181.

방법으로 접근하여 답할 수 있는 정형화된 법이론적 문제들이 아니다. 오히려 더 많은 부분은 정치, 경제, 사회, 문화 등 실제 전체 생활영역에서 현안으로 주어진 문제들에 대한 정치적, 정책적 또는 적잖은 경우 과학기술적인 판단과 대응의 결과물이라고 할 수 있다.

법의 근본적인 효용을 관념적이고 추상적인 정의가치의 추구가 아니라, 실증적인 효율성의 극대화에서 찾는 이른바 '법과 경제'(Law & Economics)학파의 입장도 이러한 현상에 대응한 이론적 대안모색의 하나라고 할 수 있겠지만, 어쨌든 오늘날 인접학문과의 학제적인 교섭은 입법자는 물론이고, 법관에게도 각별하게 요구된다. 예컨대 경제법, 환경법 등의 경우와 같이 규율 대상의 구조적인 특성상 이른바 '불특정개념'의 빈번한 사용이 불가피하고, 결과적으로 행정청과 법원간의 결정권배분 또는 적정한 역할분담의 문제가 중요한 헌법적 문제의 하나로 부각되고 있는 현상도 같은 맥락에서 주목된다.

이러한 규범환경과 법현실 속에서 법관이 법률을 준거로 해서 그 양심에 따라 독립하여 심판을 한다고 할 때, 법해석작업의 핵심은 해석론의 공준을 벗어나지 않는 범위에서 법률에 내포된 가치 또는 그 가치를 실현하기 위한 수단과 방법으로 선택한 정책의 취지와 그 효용을 최대한 구현할 수 있는 대안을 찾아내는 것일 것이다. 이 작업 과정에서 우선 필수적으로 요구되는 것은 사태 또는 문제와, 그에 대한 규범적 대응수단인 정책에 대한 과학적인 인식이고, 법관의 양심은 정확한 인식과 이해 또는 이에 접근하기 위한 최대한의 노력과, 이를 토대로 한 법률해석 작업이 종료된 지점에서 비로소 적용될 수 있을 뿐이다. 일반인이라면 잘 모르는 경우에 부지를 고백하고, '동전던지기'를 하든지, 아니면 결정을 포기하거나 미루면 되지만, 법관의 부지는 원칙적으로 고백으로 면

책되지 않으며, '동전던지기'로 결정을 할 수도 없다.[42] '동전던지기'에 의존한 판결은 판결의 합리적인 이유에 대하여 논증의무를 지는 법관에게 필연적으로 양심을 속이는 허위를 수반할 수밖에 없기 때문이다. 그렇다고 부지를 이유로 판결을 포기하거나, 한 없이 연기하는 것도 허용되지 않는다. 또한 현실적인 측면에서 보면, 법관의 부지는 불가불 공법소송의 경우에는 지나친 사법소극주의적인 경향으로, 사법소송의 경우에는 현실적으로 무기우위의 입장에 있는 당사자에게 유리한 결과로 이어지게 되는 점에서 결국은 법관의 독립과 중립성을 해치는 것으로 볼 수 있다.

이러한 맥락에서 보면, 법관의 양심과 연관된 지적 책임의 부담은 가능한 한 인접학문분야에 대한 식견을 갖추기 위하여 노력하라는 지침에 초점을 맞추거나, 아니면 전문가들에게 자문하는 경우에 개방적이고 철저한 중립의 자세를 요구하는 것으로 이해하는 것이 현실에 맞는 것으로 생각된다. 어떻게 이해하든 법관은 법학의 범주를 넘어서 다양한 인접학문분야에 대해서도 관심을 갖고 열심히 연찬해야 하는 과중한 부담으로부터 자유로울 수 없다.[43]

---

42) 이에 관해서는 Aharon Barak, *The Judge in a Democracy*, 2009, 264; Sendler, 앞의 글, 485면.

43) 이러한 관점은 2009년부터 새로 시작된 법학전문대학원의 교육과정이나 강의방식 및 변호사시험의 방식과 과목 등을 결정하고 시행하는 과정에서도 깊게 논의되어 반영되어야 할 것으로 생각된다. 로스쿨의 교육과정과 강의방식의 개편, 특히 법령과 판례의 분석과 암기에만 치중할 뿐, 기존의 법체제의 정당성과 법현실에 대한 근본적인 고민과 의문은 경원시하는 분위기 속에서 법기술자의 양산에만 관심을 갖는 경박한 법교육철학에 대한 재검토를 요구하는 주장이 주목된다. Peter L. Davis, "Why not a Justice School? On the Role of Justice in Legal Education and the Construction of a Pedagogy of Justice", *Hamline Law Review*, 30, 2007, 513. 경제학, 철학, 심리학 등 다양한 인접학문과의 학제간 연구와 교육의 필수성에 대해서는 Erwin Chemerinsky, "Radical Proposals to Reform Legal Pedagogy", *Harvard Civil Rights-Civil Liberties Law*

Ⅴ. 보론 - 신 대법관 사태를 굳이 재론하는 이유

신 대법관 사태가 한창 논란이 되던 지난 4월 1일에 이용훈 대법원장은 신임법관 임명식에서 '재판상 양심은 법관으로서의 양심이지 한 개인의 양심이 아니기 때문에 객관적으로 발견되는 법이 자신의 주관이나 가치관에 반한다고 해서 이를 거부할 수 없다'는 취지의 언급을 하였다.[44] 일견 당연한 말인 듯 여겨지고 또 법해석작업을 단순히 형식논리적인 인식작업으로 이해하는 경우라면, 나름대로 의미 있는 법리의 주장인 것으로 생각된다. 그러나 좀 더 천착해보면 신임법관들을 대상으로 하기에는 적절하지 않은 내용으로 생각되는 점이 없지 않다.

대법원장의 속내를 정확하게 가늠할 수는 없지만, '객관적으로 발견되는 법'과 '법관 자신의 가치관'을 대립시켜서 전자를 우선시키는 개념사용과 표현의 양식을 보면, 그 기본적인 논리형식이 앞에서 해명한 법텍스트작업에 대한 법해석론(Hermeneutik)의 이해, 특히 법문의 불확정성 및 법의 불완전한 객관성의 전제와, 이 조건 하에서 진행되는 법해석작업을 구체적인 자기반성을 전제로 하는 일종의 수행작업으로 이해하는 방법론과는 합치되기 어렵기 때문이다. 이러한 입장의 절대적인 타당성을 주장하는 것은 아니되, 적어도 전통적인 형식주의적 법학방법론의 흠결을 보완하고 극복한 대안이론으로서의 그 가능성과 효용을 부정하는 경우에는 법관의 독립성과 양심의 법이론적 맥락과 규범적 의미를 제대로 파악

Review 43, 2008, 597. 또한 법관이 '지적 슈퍼맨'이 아닌 이상 이 부담을 개인 차원에서 소화하는 것은 한계가 있을 수밖에 없고, 상당 부분은 법관의 대폭 증원, 세분화된 전문법원의 설치, 기타 차별화된 법관연수프로그램 등 법원조직과 사법행정의 차원에서 다양한 제도개선과 조치가 선행되어야 하는 점도 유의해야 한다. 이와 관련해서는 이국운, 앞의 글, 127-140면.

44) 법률신문, 2009년 4월 6일자.

하기 어렵다.

그렇다고 해서 특정한 법학방법론을 취하고, 그것을 표명한 것 자체가 대법원장의 법관으로서 양심과, 사법부의 장으로서의 품격에 배치되는 것은 당연히 아니다. 다만, 법적 감수성이 한창 예민하고, 지적 호기심과 의욕이 충만할 신임법관들을 상대로 강론하듯이, 그것도 이미 극복된 전통적인 법실증주의의 범주를 벗어나지 못한 특정한 법이론을 개진한 것을 부적절한 것으로 보는 것이다. 사법적 합리성의 범위 안에서 법해석의 대안 중에 어떤 것을 선택하는 것은 물론이고, 다양한 법이론 중 어느 하나를 선택하는 것부터가 이미 법관의 양심에 맡겨져 있는 것으로 보는 입장에서는, 행간에 다른 뜻이 전혀 없다고 치더라도, 대법원장의 이런 양태의 의사표현에는 앞으로 적어도 간접적으로라도 법관의 독립성과 양심을 부당하게 제약할 수 있는 잠재적 위험성이 내포되어 있다고 생각된다.

여기에서 굳이, 보기에 따라서는 지나치게 과민하다고 할 정도의 엄격한 잣대로 대법원장의 연설 한 꼭지를 갖고 비판의 날을 세우는 것은 결코 대법원장을 폄하하려는 의도에서가 아니라, 법관의 공직윤리의 추상같은 엄정함을 강조하기 위함이다. 법관의 양심은 개인의 구체적인 인격과 공평무사성 그 자체의 문제라기보다는, 오히려 그에 대하여 털끝만큼이라도 의심을 살 만한 것이 없어야 하는 추상적이고 이상적인 믿음의 문제이다. 영어로는 그 직명 자체가 Justice인 대법관의 경우라면 더할 나위 없다. 이른바 '촛불재판'의 사태와 관련하여 신 대법관의 의도나 재판관여 여부에 관한 진실규명에 큰 관심을 두지 않으면서 자진사퇴를 요구할 수 있다고 믿는 것은 의혹 자체가 이 사건의 본질이고, 그 내용이 단 한 치의 물러섬도 용인될 수 없는 법관의 독립과 양심에 대한 신뢰의 토대를 허물어뜨릴 위험과 연관된 것이기 때문이었다.

과거의 잣대로 보면 억울해 할 수 있을 것이다. 되짚어 보아도 모든 것이 오해일 뿐, 여전히 문제의 발단과 진행상황이 도무지 납득이 되지 않고, 아마도 그렇기 때문에 신 대법관은 자진사퇴를 포함하여 어떤 선택이 개인의 명예나 법원조직의 차원에서 최선인지를 쉽게 판단하지 못하고 있었을 것으로 생각된다. 아마 엄중경고를 한 대법원장도 이런 고민을 공유하고, 이해하는 입장이었을 것으로 생각된다.

하지만 R. Wittgenstein의 말대로, "오해는 '이해의 한 형식' 이고 또 오류는 원인뿐만 아니라 근거도 있는바, 오류는 오류를 범하는 자의 올바른 지식 안에 편입될 수 있다."[45] 신 대법관 본인이나 대법원장, 사퇴를 주장하는 사람들 또는 의견이 엇갈리는 일반 시민들 중 누가 오류를 범하는 것인지는 확실하게 분별할 수 없지만, 사실 그럴 필요도 없다. 설령 이 사태가 재판관여에 대한 인식의 오류에 기인한다고 하더라도 적어도 그 원인을 신 대법관이 제공하였고, 그것이 법관의 독립에 대한 철저한 의식과 그에 따른 당연한 과민함에서 비롯된 것이라고 한다면, 대법원장의 경고에도 불구하고 또는 경고만으로도 신 대법관이 그 직을 계속 수행하는 것은 적절하지 않다.

45) Rudwig Wittgenstein, 이영철(옮김), 확실성에 관하여, 33면, 74번.

[5] 사법부의 권위 - 법관의 양심과 중립성(공평무사성)*

I. 문제의 제기

이용훈 대법원장이 변호사 시절 성공사례금 5천여만 원의 세금신고를 누락한 사실이 밝혀진 후 논란이 불거지고 있다. 특히 "단돈 10원라도 탈세했을 경우 직을 버리겠다"는 말을 둘러싸고도 특유의 화법이 문제일 뿐 말꼬리를 잡는 식의 시비는 적절하지 않다는 입장에서부터, 탈세의 고의 여부를 떠나서 사법부수장으로 책임을 져야 한다는 주장에 이르기까지 말이 분분하다. 최근에 구속된 고법 부장판사의 수뢰사건과 관련, '전별금'을 주었다거나 수사무마를 시도했다는 등의 의혹과 관련해서도 대법원 공보관은 이 대법원장의 "그런 사실 없다. 걱정 안해도 된다"는 말을 전하면서 보도내용을 강력하게 부인하고 나섰다. 대한변협은 전국 지방변호사회장들이 모인 가운데 협의회를 열어 일단 사퇴요구는 일단 유보하고 사건추이를 지켜보겠다는 '신중한 대응'의 방침을 정했다. 최근에는 현직 부장판사가 사퇴까지 거론하며 재차 문제를 제기하여 논란이 확산되고 있다.

또 한편 2007년 1월 22일에 취임한 이강국 헌재소장은 국회 청문회에서 "면목이 없다"는 말을 했다. 대법관 퇴직 후 로펌에서 '일반 국민이 듣기 괴로울 정도로 많은 급여를 받은 것'이 그 이유다. 대규모 로펌의 웬만한 중견 변호사들이 수 억원 이상의 연봉을 받는 시장현실에서 대법관을 역임한 변호사의 월봉 수 천만원은 별로 이상할 것이 없는데, 이른바 '전관예우' 문제와는 상관없이 어쨌든 다시 공직, 그것도 국민의 사랑과 후원으로만 헌법수호기관으로서 그 권위가 유지될 수 있는 헌법재판소의 장으로 복귀

---

* 졸저, 담론과 해석: 헌법평론집, 2007, 232-238면.

하려니 적어도 마음이 편치는 않다는 말로 이해되지만, 듣기에 민망한 점이 없지 아니하다.

급기야 지난 10일에는 패소한 전직 교수가 담당 부장판사를 테러하는 사태까지 벌어졌다.[1] 최근의 잦은 법정난동은 말할 것도 없고, 현직 부장판사가 구속되고 테러까지 당하는 예사롭지 않은 일들은 단순한 '예외의 우연'으로 여겨지지 않는다. '유전무죄 무전유죄'나 '전관예우'의 항변 속에 담겨져 있는 뿌리 깊은 법조불신의 역사적 배경과 원인을 새삼 개관하고 적시할 필요는 없을 터이고, 작금의 사태는 간헐적으로 터져 나오는 법조브로커 사건들과 그와 연루되어 들어나는 일부 법관들의 비윤리적인 행태만을 지적하는 것만으로도 그 인과관계에 대한 설명으로 충분한 '필연의 우연', 말하자면 '장막으로 덮여져 있는 필연'의 현상이다.

국가의 사법기능 전체와 그 주체인 법관의 공정성에 대한 신뢰추락의 사태가 단순한 돌연변이성의 우연이거나 또는 아무런 객관적인 이유가 없는 유별난 개인의 일회적인 분풀이성의 대응이라면 대안이 있을 수도, 대안을 강구할 수도 없고, 따라서 걱정을 할 필요도 없을 것이다. 그러나 유감스럽게도 - 또는 다행히도! - 그렇지 않기 때문에 문제의 본질과 구조를 제대로 진단하고, 보다 효과적인 제도적 대응방안을 마련하는 것이 절실하고 시급하다. 사법부 전체와 법관에 대한 불신은 특정한 시점의 사법부와 특정 사건과 관련된 법관 개개인의 권위추락을 넘어서 법치국가의 근간인 법의 권위와 그것을 담보하는 최후의 보루인 법관공직에 대한 신뢰 자체가 무너지게 되는 치명적인 결과를 초래하기 때문에 더 이상 방치할 수 없는 문제이다.

그런데 '급할수록 돌아가라'는 말은 이 경우에도 적확하다. 재판과 관련된 보복범죄를 가중처벌하는 등의 내용을 담은 가칭 '사

---

1) '부러진 화살'이라는 제목의 영화의 소재가 된 이른바 '석궁테러'이다.

법질서보호법'의 제정을 추진하는 등의 대책도 검토해볼 만한 것이기는 하겠지만, 부분적인 대증요법을 넘어서 근본적인 해결방안이 될 수는 없을 것이다. 근원을 다스려서 효과를 볼 수 있는 대책을 마련하기 위해서는 우선 병리현상에 대한 정확한 진단과 적절한 처방이 필요한데, 이는 외부환경과 내부, 전체와 부분의 관계 속에서 그 대상의 본질과 문제의 구조를 제대로 파악하지 않고는 가능하지 않다.

Ⅱ. '공화국'에서 법관공직의 본질과 의미

공직의 중립성은 국가의 창설과 모든 국가권력행사의 정당성을 뒷받침하는 토대이다.[2] J. 이슨제의 말대로 '공평무사성'(Selbstlosigkeit)을 요소로 하는 공직제도는 원래 공화주의(Republikanismus)의 전통에서 찾아낸 것으로서 헌법국가의 창설과 유지에 필수불가결한 것이라는 점에서 형식적으로 헌법으로 보장될 필요는 없다. 그것은 기본적인 인권과 마찬가지로 헌법적 규율과 제도화의 대상이 아니라 공화국헌법이라면 당연히 수용해야 할 헌법의 토대이기 때문이다.

따라서 공무원을 '국민에 대하여 책임을 지는 국민 전체에 대한 봉사자'로 규정하고, '공무원의 신분과 정치적 중립성'을 '법률이 정하는 바'에 의하여 보장하고 있는 우리 헌법 제7조는 '공화국'으로서의 대한민국의 정체성과 그 핵심내용을 재확인하고 강조하는 규정으로 이해된다. 그 형식이 헌법이든 법률이든 또는 '윤리강령'이든 공직의 중립성을 지키기 위하여 마련해 놓은 신분보장규정이나 겸직 및 정치관여를 금지 또는 제한하는 모든 제도는 공화주

2) J. Isensee, Gemeinwohl und Staatsaufgabe, in: ders./P. Kirchhof (Hg.),HdBStR, §57, Rn. 67ff.

의에 그 뿌리를 두고 있다. 그렇기 때문에 구체적인 공직제도의 설계의 차원에서는 물론이고, 관련 규정의 해석과 제도운영에서도 공화주의적 공직윤리는 항상 선헌법적인 지침과 헌법현실의 전제조건으로 고려되어야 한다.

이러 맥락에서 본다면, 우리 헌법이 국회의원에 대해서는 겸직제한입법의 근거규정(제43조)과 함께 별도로 청렴의무와 지위남용을 통한 권익과 지위의 취득과 알선을 금지하는 규정(제46조)을 두면서, 반면에 법관(헌법재판관 포함)에 대해서는 유사한 규정을 두고 있지 않은 것을 어떻게 이해할 수 있을 것인가? 물론 정치적 책임과 권한의 최종 귀속주체인 대통령을 정점으로 하는 상명하복의 직무지시계통에 의해 규율되는 일반 행정공무원의 경우는 별론의 대상이다.

권력의 절대적, 상대적 크기의 관점에서 직무의 중요성이 떨어지거나 공평무사성과 중립성의 공직윤리가 덜 중요하기 때문이 아닌 것은 불문가지이고, 그렇다면 남는 이유로는 대체로 두 가지를 생각해 볼 수 있을 것이다. 우선 법이론의 측면에서 보면, 사법작용과 법관의 직무, 즉 법을 해석하고 적용하는 직무의 성격과 기능에 대한 고전적인 선판단의 결과로 이해된다. 예컨대, A. 카우프만[3]의 '세계사를 뒤바꾸어 놓은 거대한 오류'라는 지적을 떠나서도, 흔히 인용되는 만큼 부지불식간에 우리 법제에 그 영향이 적지 않았을 것으로 생각되는 몽테스큐의 말대로 법관을 단순히 '영혼이 없는 존재'(seelenloses Wesen)나 '법을 말하는 입'(la bouche, qui prononce les paroles de la loi)으로 보는 오해나, 법과 법률을 동일시하는 논리형식을 전제로 법관이 말해야 할 법을 선확정된 '소여'(所與)로 이해하는 법실증주의를 탈피하지 못한 인식의 한계

3) Recht als Mass der Macht, in: Rechtsphilosophie im Wandel, 2. Aufl., S. 38.

가 반영된 것이라고 할 수 있다. 또 한편 전술한 법이론적 선이해와 상당부분 연결되는 것이기는 하지만, 그것을 특히 헌법정책적인 측면에서 생각해보면, 아마도 법관직을 성직과 유사하게 받아들이는 법문화적 풍토와 함께 옛날 과거시험과 이른바 '고등고시' 또는 사법시험을 비견하여 최고난도의 시험에 합격하여 법관에 임용된 공직자들을 명실상부한 엘리트, 말하자면 적어도 '공평무사'의 공직윤리적인 품성과 중립성은 의심하지 않아도 되는 당대의 선비로 봐주는 대중의 심리적인 경향도 근원으로 작용되었을 것으로 생각된다.

주지하는 바와 같이, 현대 언어철학과 법이론의 발전에 따라 전자의 법이론, 특히 법실증주의의 방법론적 오류와 한계는 이미 확인 · 극복된 지 오래고, 사법시험의 기능과 성격 및 법관의 존재에 대한 우리 사회의 인식도 크게 달라졌다. 일반적인 법정책론의 관점에서 보면, 결국 헌법현실과 제도외적 환경조건이 근본적으로 변화되었다면, 사법권의 권위회복, 그것을 결정하는 법관에 대한 신뢰와 그 신뢰확보의 불가결한 토대인 법관직무상의 중립성 또는 중립성에 대한 신뢰 자체를 확립하는 문제에 대한 헌법정책과 헌법해석론의 시각과 접근방법도 새롭게 변하는 것이 당연하다 할 것이다.

그러나 사법권의 권위와 법관공직에 대한 신뢰를 회복하는 것은 제도의 문제라기보다는 법문화의 문제이다. 법관의 공평무사성과 중립성에 대한 신뢰가 실추된 것이 근본적으로 미흡한 제도에서 비롯된 것이 아니거니와, 제도를 통한 부분적인 보완의 가능성과 필요성과는 무관하게 법을 해석하고 적용하는 법관의 공평무사성은 그 본질과 기능상 처음부터 끝까지 오로지 공직윤리를 제대로 갖춘 '바른 사람', 좀 더 정확하게 표현한다면 '바른 사람으로 믿어지는 사람'에 달려 있기 때문이다.

현행 헌법이 국회의원과는 달리 청렴의무나 겸직제한 등 법관의 중립성과 관련된 규정을 따로 두지 않은 것은, 전술한 바와 같이 특정한 법이론 및 법문화적인 배경이 작용된 것이기도 하지만, 보다 근본적인 이유는 독립하여 법을 말하는 법관의 심판기능 자체가 궁극적으로 법관 개개인의 공직윤리와 양심에 맡기는 것 외에 외적 제도를 통한 간섭과 통제와는 친하지 않다. 오히려 헌법적 관심은 선헌법적인 공화주의적 공직윤리의 확립을 전제로 '법관의 독립'에 초점을 맞춘다. 권력분립제도의 핵심명제인 '견제와 균형의 원리'도 실물권력을 장악하는 행정권이나 입법부의 정치권력과는 달리 사법권의 경우에는 '적극적인 견제'보다는 '소극적인 견제', 말하자면 견제를 받지 않도록 해서 균형과 독립성을 확보하는 방향에서 이해되어야 한다. 또 대통령과 국회의 인사권이나 예산권 등과 같이 권력분립의 한 단위로서 전체 사법권을 상대로 하는 견제수단도 법관의 독립성에 직접 영향을 미칠 수는 없다. 요컨대, 우리 헌법이 법관의 신분보장규정(제106조)과 함께 법관의 직무수행과 관련해서 "헌법과 법률에 의하여 그 양심에 따라 독립하여 심판한다."(제103조)는 규정만을 둔 것은 법관의 공평무사성과 중립성은 본질적으로 제도적 규율과 친하지 않은 법관 개개인의 양심에 달린 문제라는 점에 대한 헌법정책적 인식과 판단이 반영된 것으로 이해된다. 양심은 제도에 의해 촉구될 수는 있지만, 생성되고 통제될 수는 없다.

Ⅲ. 법관의 양심과 중립성(공평무사성)의 법이론상 의미

물론 헌법국가의 공직윤리의 범주에서 논의되는 법관의 양심이 개인의 주관적인 윤리와 도덕의 내심영역에 국한되는 문제는 아니다. 법을 척도로 심판하는 법관의 독립은 법 이외의 모든 힘과 영향으로부터 독립을 의미하는 것이고, 심판관으로서 법관의 양심은 자신의 주관적인 가치기준이나 자의(恣意)가 아니라 다른 어떤 중개도 없는 순수한 법에의 복종만을 허용하는 동시에 의무화한다. 이러한 점에서 사법권의 독립과 법관의 중립성이 헌법국가창설의 전제조건이고 정당성의 토대임이 재확인된다. 법기속의 전제조건 하에서 분쟁해결수단으로서 폭력을 국가에게 독점시킨 법공동체가 바로 헌법국가이기 때문이다.

법관의 양심이 유일하게 허용하고 요구하는 복종과 의존의 대상인 법은 헌법이든 법률이든 홀로 작동되거나 또는 완벽한 매뉴얼에 따라 기계적으로 작동시키기만 하면 되는 완성품으로 주어지지 아니한다. 언어기호의 본질적인 다의성 때문에 추상성을 특성으로 하는 헌법은 물론이고 모든 법률은 아무리 간명하고 세밀하게 제정된다고 해도 그것이 법규범으로 실행되기 위해서는 해석자의 주관성에서 자유로울 수 없는 해석작업을 필요로 한다. 텍스트로 주어진 법의 존재구조와 기능상 해석자로서 법관이 자신의 주관에 의존하는 것은 불가피한 것이다.

해석학과 반성철학을 연결하여 텍스트에 대한 해석을 이른바 '轉有'(appropriaton)의 과정, 즉 주체의 자기해석과 구체적인 자기반성, 즉 "기호세계에 의해 매개된 코기토"를 통해 추상에서 벗어난 자기이해의 틀 속에서 파악하는 P. 리쾨르의 해석론[4]은 기본적으로 법텍스트의 경우에도 해당된다. 같은 맥락에서 전통적인 삼단논법에서 말하는 '包攝'(Subsumtion)의 작업도 순수한 형식논리적 판단이 아니라, 규범과 사건의 교호적인 관계 속에서 법관의 주관성에 의존하여 수행되는 실천적인 법형성적 판단작용이다.

---

4) 해석의 갈등, 양명수(역), 특히 281면 이하; 해석이론, 김윤성/조현범(역), 169-198면 참조.

요컨대, 법관에게는 법복종이 요구되고, 반면에 법은 법관의 주관성에 의존되는 불가피한 상호의존의 관계 속에서 법관의 자기 의존이 자신의 사적인 이해나 편당(偏黨)이 아니라, 건강한 양심의 견인줄로 쳐진 이른바 '무지의 장막'(veil of ignorance) 뒤에서 법규범의 객관성과 중립성의 요청에 부응하는 결과로 이어지도록 만드는 것이다.

그러나 독일의 연방행정재판소장을 역임한 H. Sendler[5]의 말대로 법학방법론, 해석론(Hermeneutik) 등의 법이론은 규범의 객관성 및 중립성의 요청과 해석자의 주관성과 파당성 사이의 담장 위에 걸쳐 있는 법해석의 딜레마를 드러내 주기는 했지만, 그 해결책은 제시하지 못했고, 앞으로도 그것은 기대하기 어려울 것이다. 그것은 법논리와 제도의 문제가 아니라, 우선 법관공직의 윤리와 덕성의 문화적인 과제이기 때문이다. Sendler는 자신이 방법론과 법이론 문헌에서 배운 것은 "모든 법관은 자신의 의존성, 특히 환경과 성향의존성과 함께 무의식적인 선이해를 자각하여 그것들을 합리적인 차원으로 격상시키고 다른 이해들과 교량할 수 있도록 하기 위해서 노력해야만 한다는 것"뿐이었다고 밝히고 있다. 이어지는 그의 진솔한 소회는 진솔함과 경륜이 담긴 잠언으로 다가온다. "이는 실로 법관에게 가장 어려운 일이다. 그것은 완전하게 실현될 수는 없거니와, 어쨌든 이 일을 할 수 없는 경우에는 실제로 - 대부분 무의식적으로 - 무늬만 합리적인 교량으로 결단을 은폐하거나 또는 심지어는 의도적으로 결단을 위장하게 될 위험이 초래된다. 결국 자신의 수많은 의존성을 자각하고, 그것에 맞설 수 있고, 그것에 굴복하지 않는 사람만이 진정 독립될 수 있다."

---

5) Die Methoden der Verfassungsinterpretation, in: B. Ziemske u.a. (Hg.), Staatsphilosophie und Rechtspolitik, Fs. f. M. Kriele zum 65. GT(1997), S. 481.

사법부의 생명인 독립성과 권위는 처음부터 끝까지 법관의 공평무사성과 중립성에 대한 국민의 신뢰에 달려 있다. 따라서 법관에 대한 신뢰는 헌법국가 유지의 필수조건이고, 정당성의 토대이다. 쌓기는 극히 어렵지만, 순식간에 무너지는 것이 신뢰이다. 수많은 양심적인 법관들과 오랜 기간 그들이 내린 대다수의 공정한 판결을 통해 구축한 신뢰도 법관의 중립성을 의심하게 만드는 법관 한 사람의 부적절한 행태와 한 번의 불공정한 판결에 의해 빚어진 불신에 의해 단번에 파괴될 수 있다. 신뢰는 극히 민감한 것이어서 빌미를 제공받은 불신의 병균을 이겨내기 어렵다. 또 신뢰의 파급력은 불신의 감염력을 당해내기 어렵다. 법관의 중립성의 경우는 더욱 그러하다. 법관의 순정한 공직윤리에 대한 원래의 기대치가 높아서이기도 하지만, '법관의 독립성'이라는 헌법의 절대명제와의 상충위험 때문에 법관의 중립성은 그 본질과 구조상 제도적으로 규율되고 통제되기 어렵고, 결국 그것은 오로지 공직윤리에 대한 법관 자신의 자각과 노력에 맡겨둘 수밖에 없기 때문이다.

Ⅳ. 맺는 말

최근에 사법개혁의 일환으로 형사재판에 국민참여배심제의 도입이 추진되고, 작년 12월 22일에는 법원조직법 개정안이 의결되어 양형기준제도가 시행되게 되는 등 사법에 대한 신뢰를 회복하기 위한 다양한 논의가 가시적인 성과로 이어지고 있는 것은 매우 다행스러운 일이다. 하지만 이러한 형사사법절차상의 제도를 통한 접근에서 부분적인 보완 이상의 효용을 기대하기는 어렵다. 또 여전히 청산과 반성의 숙제로 남겨져 있는 과거 군사독재, 권위주의 체제 하에서의 부끄러운 사법사(司法史)를 떠나서도, 사법부 전체에 대한 불신이 날로 심화되고 있는 최근의 사정은 개별 사건에 대한 공정한 재판 결과와 그에 대한 긍정적인 평가의 누적을 통해서 점진적으로 법관에 대한 신뢰의 회복을 기다릴 수 있을 만큼 여유롭지 못하다.

결국 문제의 핵심은 법관 개개인의 양심적인 자각과 노력에 달려 있는 엄정한 공직윤리이고, 따라서 그 해결책도 제도가 아니라 사람에서 찾는 수밖에 없다. 다만, 양심에의 의지와 그것을 유지시키는 반성과 자각은 철저하게 개인의 몫이지만, 그것을 촉구하고 격려하는 분위기와 동기는 얼마든지 집단의 차원에서 제도를 통해 마련될 수 있다. 적어도 신뢰상실로 인해 실추된 권위를 회복하기 위해서는 우선 자기반성과 실천의지의 진정성을 믿을 수 있게 하는 정도로 상징적인 효과가 크면서도, 진솔하고 구체적인 특단의 제도와 조치가 선행되어야 한다.

각설하고, 이런 효용을 크게 기대할 수 있고, 또 한편 넓고 깊은 담론이 없이도 의지만 있다면 쉽게 실천할 수 있는, 역으로는 바로 그렇기 때문에 실행에 옮기지 않으면 문제에 대한 정확한 인식도, 반성과 개선의 의지도 없다고 볼 수밖에 없는 방안으로, 우선 5년 내지는 10년 한시법으로라도 대법관과 헌법재판소 재판관의 경우 퇴직 후 어떤 형태로든 로펌에 관여하지 못하도록 하고, 변호사개업도 금지 또는 엄격하게 제한하는 제도의 도입을 제안한다. 돈, 고독 그 어떤 것이든 포기와 대가가 없는 명예는 신뢰할 수 없다.

[6] 사회심리적 과정인 국민 법감정으로 본 법원의 전관예우 문제*

세월호와 함께 세월 속에 가라앉은 듯한 형국이다. 하지만 이른바 '관피아'가 세월호 사고의 중요한 근원의 하나로 지적되고도 있거니와 그럴 수는 없다고 생각되기 때문에 재론한다. 국무총리 후보로 지명되었던 안대희 씨가 '과소득문제'로 자진사퇴하면서 불거졌던 법원의 이른바 '전관예우'의 문제이다. 이 경우도 이전의 유사사례들과 사태의 맥락이 별로 다르지는 않았거니와, 언론에 등장한 진단과 처방 또한 거의 다를 것이 없었다.

다만, 이번 경우에 좀 특이한 것은 도대체 국무총리를 비롯한 고위공직후보로 고려될 수 있는 인재풀 중에 이런 정도의 눈높이와 기대치에 부합되는 사람이 있을 수 있겠는가 하는 회의적인 생각이 재확인된 점이다. 이미 국회의 인사청문회 절차를 거쳐 대법관을 역임한 바 있고, 자기관리를 잘 해왔던 것으로 평가되어 왔었던 점에서 일면 아쉬움의 표현일 수도 있겠지만, 세간의 일부 의견은 그냥 지나쳐 넘기기에는 그 뉴앙스가 자못 시선을 끈다. 내정 발표 이후 대법관 퇴직 후 단기간에 올린 소득의 대부분을 사회에 기부하겠다고 하였으나, 본인도 안타까운 뜻을 토로하였지만, 나름의 호의가 받아들여지지 못하고 사퇴에 이른 것에 대한 복합적인 시각이 그것이다. 말하자면, 아쉬움이 표현된 것일 수도 있다고 생각되지만, '전관예우'가 작용된 것이 아니라면 또는 '전관예우'와 직접적이고 구체적으로 연관된 것이 아니라면 대법관까지 지낸 원로 중진변호사의 소득으로 그 정도를 과한 것으로 보는 것은 무

---

* 이 글은 지면 사정 상 부분적으로 생략하여 법률신문, 2014.8.11. 법조광장, 13면에 발표되었던 평론의 원문임.

리가 아니냐는 볼멘소리가 그것이다. 설령 '전관예우'가 있다고 하더라도 상대적으로 적지 않은 고소득 변호사들에 비하면 저소득자(?)인 법관으로 장기간 봉직한 것에 대한 일종의 '소득보전'으로 용인될 수 있는 것 아니냐는 정서도 없지는 않은 듯하다.

해묵은 현안인 '전관예우'의 실존 여부는 여기에서 관심사가 아니다. 법관직의 공정무사성에 위배되는 '전관예우'가 없지 않다면, 사안의 다소와 경중을 떠나서 그것은 법을 왜곡하는 독직(瀆職)의 직무유기인 동시에 헌법국가의 근간인 국가와 법의 중립성을 훼손하는 일종의 국사범 차원의 범법행위로서 확인과 규명 및 긴급한 정리의 대상이지 논의의 대상은 아니기 때문이다. 오히려 문제는 실체의 존부와는 무관한 '문제의식', 즉 '국민감정' 자체이다. 설령 없는 것을 있다고 의심하는 이른바 '사이비문제'일지라도 그것이 의문 속에 공론장의 문제가 되는 것 자체가 문제의 핵심이다. 더욱이 이 문제는 '전관예우'의 문제가 제기될 때마다 가장 많이 거론되듯이, 감정에 따라 자기정체성을 확인해 나가는 일종의 계속적인 '심리적 과정'(psychischer Prozeß)으로 이해되는 '국민감정' 또는 '국민정서', 즉 '공동체감정'인 집단적 '법감정'(Rechtsgefühl)의 문제이기 때문에 단순히 사실규명이나 미시적인 대증요법식의 차원에서 접근될 수 없는 난제이다.

이러한 맥락에서 '7번방의 선물', '변호인' 등 최근에 인기리에 상영된 영화들을 보고 나서는 관객들의 표정에서 '법감정의 anomy'를 본 것이 필자만의 주관적인 느낌인지는 모르겠으되, 이들 영화가 공동체차원에서 '법감정'의 '심리적 과정'에 미친 영향력은 깊은 고민과 연구의 대상으로 주목된다. 아무튼 '전관예우'의 문제와도 직간접적으로 연관되는 이러한 '법감정의 anomy'를 해소 또는 적어도 완화하기 위해서는 '심리적 과정'의 본질에 적합한 사회심리학적 방법으로 접근해야 한다.

다만, 구체적인 해결책을 고민하기에 앞서 필수적인 전략수립의 차원에서 요구되는 것은 방어적 관점에서 가장 취약한 지점을 점검하는 것이다. 역설적으로 다행하게도 우리는 효과적인 취약점 확인을 위한 유용한 단서를 공격자 측의 기밀누설을 통해 제공받고 있다.

첫째는 국가체제의 정당성 자체를 부인하는 Marxism의 근본적인 이데올로기담론 차원의 반명제이다. 마르크스는 민주적 시민국가에서 자명한 절대명제인 '공공복리' 이념의 중립성과 객관성을 근본적으로 부정한다. 말하자면 상충하는 이익과 가치의 공정한 조정자 그리고 이해당사자로부터 독립한 중립적인 심판관으로서 국가의 존립이유 자체라고 할 수 있는 '공공복리명제'는 부르주아 계층이 헤게모니를 장악한 시민사회와 자본주의체제의 공생관계 속에서만 유지될 수 있는 '기만의 명제'로 본다. 이러한 공생관계 속에서 국가는 구조적으로 자본가집단에만 봉사하는 편파적인 통치조직일 수밖에 없다는 것이고, 결국 공공복리의 명제는 이를 은폐하는 '이데올로기적 가면'에 불과하다는 인식이다.

둘째는, 좌파 이데올로기의 연장선상에 있는 입장이지만, 법과 법관의 비중립성에 초점을 맞춘 이른바 '비판법학'(Critical Legal Studies)의 비판이다. 이들은 법치국가의 근본명제의 하나라고 할 수 있는 '분리되지는 않지만, 구별되어야 하는 법과 정치의 관계'가 실제로는 오히려 구조적으로 법과 정치(경제)가 공생하는 '유착관계'로 나타나는 것이 불가피하다는 점을 지적한다. 이러한 '유착관계' 속에서는 체제 자체에 내장된 불균형, 특히 입법의 편파성 때문에 법 자체의 객관성을 원천적으로 기대할 수 없고, 법관도 실상은 직업상의 관례와 자신들, 그리고 이해관계를 같이 하는 진영의 힘을 보전하기 위한 필요 때문에 '특유한 방식'으로 말하는 것일 뿐이고, 결국 판결문의 수사(rhetoric)도 전적으로 법의 외피를 쓴 '속임의 설득'에 불과하다고 비판한다.

여기에서 이데올로기 담론의 차원에서 상론할 수는 없고, 다만 고민의 화두로 두 가지 단서만을 제시해본다. 우선 국가의 중립성은 객관적인 '공공복리'의 이념을 출발점과 지향점으로 하는 헌법국가의 존립이유 자체이고, 국가의 정당성의 토대인바, 그 핵심인 법 및 사법의 주체인 법관의 중립성을 근본적으로 부정하는 이데올로기적 비판론에 대해서는 전체적인 긍부정의 입장과는 무관하게 – 개인적으로든 사회적으로든 이른바 '지성적 감정'(intellektuales Gefühl)에 추호라도 거슬리는 부분이 없다면 모르겠으되 – 아프지만 또는 오히려 그래서 유용한 메시지의 수신 자체를 거부해서는 아니 된다. 자살이 처방일 수도 없지만, 병을 치유하기 위해서는 우선 환부를 드러내야 하기 때문이다.

두 번째는 법실증주의에 집착하는 법학방법론에 대한 반성이 필요하다는 점이다. 당위와 존재의 단절을 전제로 '이상적인 법관(ideal judge)이라면 어떻게 할 것인가?'라는 질문에만 초점을 맞추는 전통적인 법학방법론에서 벗어나야 한다. 전술한 '비판법학'이 법관의 비중립성을 구조적으로 불가피한 필연의 결과로서 규명과 확인의 대상이라고 보는 입장이라면, 법실증주의에서 법관은 헌법국가의 중립성의 원형으로 전제되고, 법관의 중립성은 내재적인 당위적 요청으로 의문을 가질 수도 없고 또한 그럴 필요도 없는 절대명제일 뿐이다. 하지만 당위명제의 절대성이 의문제기금지의 합당한 이유가 될 수 있는 것은 '반증의 가능성' 자체가 상정되지 않는 이념세계나, 아니면 자기정당화의 작위적이고 폐쇄적인 이론체계 속에서만 상정될 수 있다. '법률을 말하는 입'이 아니라 현실과 당위의 교차지점에서 전인격을 걸고 법을 형성해나가는 '법감정의 주체'인 '현실 세상의 법관'(real-world judge)의 공평무사성에 의문을 제기하는 것은 변증법적 과정인 법의 본질, 특히 자연법성과 실정성의 양면성을 외면하지 않는 한 지극히 당연하고 필요한 작업으로 이해된다.

'가면 벗기기'는 이론적으로 현실적으로 더 이상 가능하지 않고, 필요하지도 않다. 지젝(S. Zizek)의 말대로, '모르지만 그것을 하는 것이 아니라, 알면서도 그것을 하는 것'이기도 하거니와, 법과 법관의 중립성의 가면은 더 이상 '시민계급의 통치기밀'이 아니다. 적어도 부분적으로는 그러하다. 또한 실제로 더 이상 벗을 가면이 없다고 하더라도, 사회심리적 동인이 조금이라도 남아 있는 한 가면 뒤의 얼굴과 머리 자체를 내놓으라는 이데올로기 비판론의 집요한 요구는 계속될 것이기 때문이다. 사법부의 '전관예우'의 문제에 대한 사회심리학적 접근, 말하자면 체제의 '지속가능한 발전'의 차원에서 '심리적 과정'인 국민의 공동체적 법감정을 대상으로 하는 전략적 고민은 바로 이 '가면 벗기기'에 대한 적확한 대응에 초점이 맞추어져야 한다. 관건은 법관의 객관적 양심에 대한 신뢰, 즉 헌법국가의 토대인 법관윤리에 대한 '국민감정'의 회복이다. 그 출발점은 우선 과거와 현재에 대한 냉철하고 구체적인 자기반성과 반복의 금지이고, 이를 토대로 하여 문제인식을 전환하고 그 지평을 확장해 나가는 가운데 개선의 계기를 잡아나갈 수 있을 것이다.

[7] 법관의 법왜곡 문제 – 과거청산의 대상으로서의 사법사의 반성에 부쳐*

Ⅰ. 들어가면서

해방 50주년을 맞아 '역사청산'이라는 구호가 유행이다. 해방 이후 우리의 현대사만큼 과거청산 문제가 자주 거론된 예는 찾아보기 힘들 것이다. 이는 한편으로는 우리 사회의 격변에 대한 반증인 동시에, 또 한편으로는 '셈하여 깨끗이 정리한다'는 말뜻 그대로의 '청산'작업이 그만큼 철저히 외면되어 왔음을 말해주는 것이다. 1948년 '반민족행위처벌법'에 의해 구성된 '반민족행위특별조사위원회'의 활동이 이승만 정권에 의해 중단되면서 시작된 굴절의 역사는 반세기가 지난 오늘에 이르기까지 역사청산의 부채만 고스란히 누적시켜왔다. 일본군 장교 출신으로서 18년 간이나 해방 대한민국의 대통령직에 머물렀던 박정희 독재정권으로부터 1979년 10·26사태 이후 쿠데타를 통해 집권하며 '부정부패 청산'을 외쳤던 전두환 정권과, '5공 청산'을 내걸었지만 이제는 그 역시 청산의 대상이 되어버린 '6공 정권'으로 이어진 30여년 간의 군복전성시대는 방기된 역사청산의 결과로서 또다른 불법청산의 짐만을 남겨놓았다. 최근의 12·12쿠데타의 법적 처리과정과 이에 따른 논란은 한번 뒤틀린 역사를 올곧게 하는 작업이 얼마나 어려우며, 그럼에도 불구하고 왜 철저한 청산이 필요한가를 잘 말해주고 있다. 또한 군부독재 청산을 약속하며 출범한 이른바 '문민정부'가 내세우는 '세계화'의 첫발이 어디에서부터 시작돼야 할 것인가도 분명하게 보여주고 있다.

* 법과 사회, 제12호, 1995.11, 261–281면.

한 나라의 역사와 과거의 불법에 대한 청산작업은 기업의 청산과는 달리 문을 닫기 위한 것이 아니다. 운명공동체로서의 동일성을 유지하면서 다시 문을 열고 앞으로 나아가기 위함이다. 특정한 개인이나 집단 혹은 계층을 비난하거나 처벌하기 위한 것이 아니다. 오로지 한치의 가감도 없는 과거와의 대화를 통해 당면한 문제점을 파악하기 위한 것이다. 따라서 청산의 첫 작업은 셈해야 할 대상을 분명하게 밝히는 일이다. 정리의 방법과 양식은 그 다음의 문제이다.

치열한 반성과 정리라는 명제는 우리 사회의 전영역에 해당된다. 그 경중과 완급의 차이를 구분하기에는 풀어나가야 할 문제가 시간적으로나 내용 면으로나 너무나도 얽히고설켜 있다. 다만 맞아야 할 매가 있다면 '법을 맡고 있는' 사법부가 누구보다도 먼저 나서야 한다는 것은 두말할 나위가 없다. 지난 30여년 간 정권이 교체될 때마다 새 정권은 어떠한 의도에서건 어떠한 방법으로 정권을 획득하였건 또 그 결과가 어떠하였건 과거의 부정부패와 불법에 대한 청산을 그 명분과 과제로 내세웠다. 사법부는 어떠했는가? 1968년부터 78년까지 5, 6대 대법원장을 지낸 사람이 밝혔듯이 "제사에 구색 맞추는 대추, 밤"[1]으로서 자족하고 심지어 '정권의 시녀'로까지 비하되던 법원은, 그리고 그 구성원인 법관들은 어떠했는가? 최소한 일정 기간 동안 또한 일정한 사안에 있어서는 정의와 법을 말하지 아니한, 또 못한 부정의와 불법의 과오가 있었음을 공식적으로 인정하고 반성하는 의사표시가 있었던가?

통일된 지 4년여가 지난 지금 독일에서는 이른바 '내적 통일'(innere Vereinheitlichung)의 첫 작업으로서 '불법국가 청산'이 한창 진행 중이다. 이 글의 관심대상은 현재 독일의 통일과정에서 가장 많이 논란이 되고 있는 '사법불법'(Justizunrecht)에 대한 청산

1) 『청산하지 못한 역사』, 반민족문제연구소, 1994, 277면에서 재인용.

작업이다. 그 중에서도 특히 구동독 정권 하의 부당한 재판에 대한 법관의 형법상 책임의 근거와 한계에 대한 논의가 주목의 대상이다. 이는 곧 독일 형법 제336조에 규정되어 있는 '법왜곡죄'(Rechtsbeugung) 적용 여부에 관한 문제라 할 수 있다. 1992년 베를린장벽이 붕괴되기 전에 무단월경자를 사살했던 구 동독 국경경비대 소속 병사들에게 실형을 선고하고,[2] 한편으로는 1993년 초에 그 우두머리였던 에리히 호네커(Erich Honecker)에 대한 단죄를 보류하고 석방했던 독일 법원은 같은 해 말에 '법왜곡죄'로 소추되었던 구 동독의 노동법원 판사 두 명에게 무죄를 선고하였다.[3] 이 판결은 형법이론적인 논란의 차원을 넘어서 이른바 '체재불법'(Systemunrecht)에 대한 형법적 접근이 가능한가 혹은 타당한가의 문제를 둘러싸고 법이론과 법철학 그리고 법문화적 측면에서 근본적인 논쟁을 불러일으키고 있다.

먼저 위의 판례와 관련하여 필요한 최소한의 정도로 '법왜곡죄'의 의의와 이에 관련된 형법이론적인 문제를 살펴본다. 그 다음에 체재불법 청산에 관한 독일 특유의 역사적 경험과 시행착오의 과정 속에서 '사법살인'(Justizmord)과 '사법테러'(Justizterror)의 방지 혹은 그에 대한 응징의 수단으로서 '법왜곡죄'의 기능적 한계와 그 이유를 생각하면서 우리의 과거 사법사에 대한 절실한 반성의 명제와 책임사법 확립을 위한 구체적인 실천의 단서를 제기해본다.

---

2) BGH, Urteil v. 3. 11. 1992-5 StR 370/92(LG Berlin); *JZ*, 1993, 199면 이하.

3) BGH, Urteil v. 13. 12. 1993-5 StR 76/93(LG Berlin); *NJW*, 1994, 529면 이하.

Ⅱ. 범죄로서의 법관에 의한 법왜곡 : 독일 형법 제336조

1. 연혁 및 사법사적 의의

로마법이 법왜곡에 관한 아무런 규정을 두지 않고 단지 12동판법상 법관 매수와 일반적인 직권남용을 처벌하였던 반면에 게르만법의 전통에 따르면 법왜곡은 일찍부터 범죄행위로 취급되었다. 카로리나 형법전(1532년)은 범죄인을 위한 법관의 위법행위를 중대한 범죄로 단죄하였다. 형사재판과 관련된 법관의 특정한 의무 위반이 기타 형사사법 직무와 관련된 범죄(제343조~제345조)와 함께 처음으로 형법전에 체계화된 것은 프로이센국가(Land)법이다. 현재 독일 형법상의 법왜곡죄의 직접적인 원형은 1851년 프로이센 형법 제314조에서 찾을 수 있다. 1975년에 형법 개정을 통해 새로운 체계에 맞추어 공포된 독일 형법 제336조는 다음과 같이 규정하고 있다. "법률문제(Rechtssache)를 주관하거나 혹은 결정함에 있어서 일방 당사자에게 유리하게 혹은 불리하게 법을 왜곡한 법관, 기타 공무담당자 혹은 조정판사는 1년 이상, 5년 이하의 징역형에 처한다."

법관에 의한 법왜곡이 독일 법원에 의해 실제 단죄된 경우는 거의 없다. 그럼에도 불구하고 혹은 그렇기 때문에 독일에서 그에 대한 이론적 논의가 계속 유지 · 활성화되고 있는 것은 독일의 특수한 역사적 배경에 기인한다. 지난 1세기 동안 독일은 판이하게 다른 정당성(正當性) 체계를 바탕으로 하는 다섯 가지의 정치체제를 경험하였다. 1919년 바이마르공화국 이전의 카이저제국, 바이마르공화국, 나치체제, 연방공화국, 그리고 통일 전 구 동독의 사회주의 체제가 그것이다. 국가 법질서의 근간으로서 법률과 법원은 이른바 동시대의 '세계정신' 혹은 '역사의 법칙'을 실현하기 위한 법논리적 도구와 충실한 대변자에 지나지 않았다. 이로 인해 독일에서는 매우 독특하고 서로 모순되는 의식구조가 법문화적 현상으로 나타났다. 한편으로는 법률과 법원에 대한 실망스러운 역사적 경험에 따라 그에 의해 유지되는 '하나의 정의'와 법치국가체계에 대한 회의가 보편적인 법의식으로 자리잡게 되었고, 또 한편으로는 이와 상반되는 의식이 생겨나게 되었다. 즉 모든 국가권력과 법에 대한 근본적인 자유주의적 회의에 따라 궁극적으로 책임져야 하는 사람이 책임을 지고 또한 그 책임을 끝까지 추궁하는 '책임체계'와 '통제체계'를 통해 또 '하나의 정의'가 구현될 수 있다는 확신이 독일 법문화의 저변을 형성하고 있는 것이다. 이러한 상반된 법의식의 틈을 메우고 굴욕과 과오의 역사로 심하게 훼손된 법과 법원에 대한 신뢰를 회복하는 것은 여전히 독일 법학계와 특히 법원의 절실하고도 현실적인 과제로 남아 있다.

법관에 의한 법왜곡의 문제에 관심이 모아지는 것은 이러한 맥락에서 그 문제가 갖는 상징적인 법문화적 의미를 넘어선다. 전후 나치체제 하의 '사법불법'에 대한 독일 법원의 일관된 소극적인 태도와 그에 따라 철저하게 외면된 청산작업은 반세기가 지난 지금까지도 비난과 또다른 청산의 대상으로 남아 있다. 나치의 반문화적 불법체제를 청산하며 출발했던 구 동독체제를 또 하나의 '불법국가'(Unrechtsstaat)로 규정하고 법의 이름으로 '사법불법'을 청산하는 통일과정은 특히 나치법관에 대한 불철저한 책임추궁으로 계속 비판받아 온 독일 법과 법원에 다시 한번 주어진 자기반성과 극복의 계기이기도 하다. 이는 단순히 일회성 혹은 과도성의 과거정리의 의미를 넘어서 기본법체제 이후 법치국가 중심축으로 상당한 신뢰를 쌓아온 독일 법원이 역사적 정당성을 회복하고 '책임사법(責任司法)'의 법치국가 문화 형성의 바탕을 마련할 수 있는 소중한 기회로 인식되고 있다.

2. 법치국가의 '책임사법'과 법왜곡죄

법치국가는 '법 우선의 원칙'(Primat des Rechts)에 따른 국가 권력 제한의 형식이다. 이익 혹은 이념 간의 충돌을 적나라한 힘에 의해 해결하는 것은 결국 아무에게도 도움이 되지 않는다는 역사적 경험에서 얻어진 민주주의와 공화국의 근본이념은 이상국가 혹은 종교국가가 아닌 법공동체로서의 '법의 국가'(Rechts-Staat)를 상정한다. 이는 힘의 독점과 사회적 대립 혹은 갈등의 유일한 해결책으로서 법에 의한 해결방법에 대한 일반적인 합의를 전제로 한다. 따라서 '법치국가적 민주주의'[4]의 실현은 궁극적으로 정당한 법규범의 형성과 함께 헌법적 의무로 인정되는 법관의 공정한 법적용에 대한 신뢰와 이에 대한 법적 통제의 가능성에 달려 있다. 힘을 독점하고 있는 국가의 중립성과 모든 통치권 행사의 기본권 기속, 그리고 권력분립제도가 법치국가 원리의 핵심적인 내용으로서 강조되는 것도 이 때문이다.

권력분립제도의 핵심인 견제와 균형의 원리는 기본권 보장의 절대적인 헌법적 명제와 '힘의 통제는 힘에 의해서만 가능하다'는 경험칙상 현실적인 논리의 통치조직론상의 표현이다. 따라서 전통적인 3권분립 체계의 한 축인 사법권도 입법권이나 행정권과 동렬에서 헌법으로부터 부여받은 기능과 함께 국가에 독점되어 있는 힘의 일정 몫을 차지하고 있다. 법치국가에서 모든 힘은 법의 힘 이외의 것이 아니기 때문에 법선언권을 독점하고 있는 법관 역시 단순한 직무담당자가 아니라 독자적인 권한의 주체로서 권력의 담지자이다. 바로 여기에서 사법권 혹은 법관의 힘에 대한 상반구조

4) Matz(Hrsg.), *Grundprobleme der Demokratie*, 1973, 142면 이하(허영, 『헌법이론과 헌법(상)』, 박영사 1992, 285면에서 재인용), 민주주의와 법치국가의 불가분한 상호관계를 지적하면서 민주주의는 '법치국가적 민주주의'의 형태로서만 가능하다고 주장한다.

적인 헌법적 인식의 필연성이 도출된다. 즉 법관의 법선언권 역시 보호의 대상일 뿐만 아니라 통제의 대상이기도 한 것이다.

사법권의 조직은 모든 국가권력을 포함하는 법 이외의 힘으로부터 엄격하게 분리된다. 사법권은 오로지 법의 수호를 목적으로 하기 때문에 분쟁시 법선언권을 독점하고 있는 법관은 항상 공평무사한 제3자의 입장에서 법에만 기속된다. 법관의 신분상·직무상의 독립성을 헌법으로 보장하고 있는 것도 바로 공정한 법선언 기능을 담보하기 위함이다. 이는 일반 시민 간의 법적 분쟁에서뿐만 아니라 국가의 시민 간의 관계에서도 마찬가지이다. 국가에 독점되어 있는 힘은 법에 근거해서, 법의 기준과 형식에 따라서만 발동이 가능하기 때문이다. 이러한 의미에서 국가와 시민의 법적 분쟁에서 중립적인 제3자로서 독립된 법관의 존재는, 모든 국가권력의 기본권 기속을 헌법의 근본 명제로 삼는 자유주의적 헌법국가의 핵심으로 평가된다. 독립된 법관의 존재 혹은 그 가능성과 권위에 대한 신뢰가 없는 경우, 이해관계를 달리하는 시민 간 혹은 집단·계층 간의 적나라한 힘의 충돌과 극단적인 경우 시민전쟁에 이르는 완전한 무정부상태, 그리고 국가의 무제한적인 자유와 공공복리정의권 즉 전혀 법적 통제를 받지 않는 자의적인 힘의 행사가 가능한 전체주의 국가 이 두 가지 가능성 중에서 하나를 선택할 수밖에 없다.

'법과 힘'의 관계에 대한 자유주의적 회의적 인식은 위에서 언급한 바와 같이 힘의 담지자로서의 법원과 법관에게도 예외일 수는 없다. 헌법과 법률에 의해 부여된 모든 힘, 즉 권능은 필연적으로 법적 통제로부터 자유로울 수 없다는 것이 상반구조적 질서(相反構造的 秩序, Gegenseitigkeitsordnung)인 헌법상의 기본적인 논리 형식이다.[5)]

---

5) G. Haverkate, Verfassungslehre Verfassung als Gegenseitigkeitsordnung,

나치의 불법적인 사법사는 법관의 독립성이 법치국가 실현의 필요조건일 뿐이지 충분조건이 될 수 없음과 법관에 대한 법적 통제의 필요성을 극명하게 보여준다. 최근에 많이 나온 나치 불법체제에 관한 연구서들은 법과 정의의 수호자이자 기본권 보호의 최후 보루이어야 하는 법관이, 그렇기 때문에 신분상·직무상의 독립성이 철저히 보장되는 법관이 때로는 폭력 앞에서 두려움 때문에, 때로는 신분상의 불이익을 피하기 위해, 혹은 광신에 사로잡혀 불법을 용인·외면·방관하고 심지어는 적극적으로 불법체제의 첨병을 자임하며 '법복 속에 감춰둔 칼'을 도구로 삼아 얼마나 많은 테러를 자행하였는지를 분명하게 밝혀내고 있다.[6] 1985년에 종전 40주년을 맞아 독일 연방의회가 결의한 바와 같이[7] "법치국가적인 의미에서의 법원이 아니라 나치의 폭력지배를 유지하기 위한 테러 도구"에 지나지 않았던 나치 하의 독일 법원은 1933년부터 45년까지 최소한 32,000건 이상의 사형판결을 내린 것으로 추산된다.[8] 그 중 대부분의 경우 판결의 근거는 이른바 '혈통보존법'(Blutschutzgesetz) '반국민사범단속령'(Volksschädlings verordnung) 등의, 라드부르흐(G. Radbruch)의 용어에 따르면 "참을 수 없는 정도로 정의에 위배되는" 부당한 법률, 즉 '법률형식의 불법'(gesetzliches Unrecht)에

München: C. H. Beck 1992 참조.

6) G. Spendel, "Justizmord durch Rechtsbeugung", *NJW*, 1971, 537면 이하 참조. 기타 최근의 관련 문헌은 H. Roggemann, "Richterstrafbarkeit und Wechsel der Rechtsordnung", *JZ*, 1994, 770면 주 5) 참조.

7) 독일 연방의회 결의(1985.1.25.), *BT-Drs.* 10/2368. 그 배경과 상세한 내용은 B. R. Sonnen, "Die Beteilung des 'Volksgerichtshofs' und seiner Entscheidung durch den Deutschen Bundestag", *NJW*, 1985, 1065면 이하 참조.

8) H. Roggemann, 위의 글, 770면. 자세한 내용은 G. Gribbohm, "Nationalsozialismus und Srafrechtsspraxis – Versuch einer Bilanz", *NJW*, 1988. 2842면 이하; I. Müller, *Furchtbare Juristen*, München: Knaur 1989 참조.

지나지 않았다.[9] 그것들은 오로지 전제군주 히틀러의 반인륜적인 정치목적의 실현을 위한 도구였을 뿐이다. 독일의 유명한 헌법학자이자 핵심적인 나치법이론가였던 칼 슈미트(Carl Schmitt)가 제창하였듯이 오로지 "총통으로부터 정의가 유래되고 총통의 과업만이 진정한 법원"[10]이었기 때문이다.

법관에 의한 법침해는 나치체제와 같은 극단적인 반문화적 불법국가에서만 상정할 수 있는 것은 아니다. 정치체제의 구조와 기능양식에 따라 혹은 법문화의 발전정도에 따라 그 유형과 반문화성의 정도에서 차이가 있을 뿐이다. 정상적인 틀을 유지하고 있는 민주적 법치국가에서도 법관에 의한 자의적인 법 해석 및 적용과 이로 인한 기본권의 부당한 침해가능성이 전혀 배제되지는 않는다. 사법권에 의한 기본권 보호의 측면뿐만 아니라 그와 상반되는 방향에서 사법권의 역기능, 즉 사법권에 의한 기본권 침해에 대한 보호가 법치국가의 헌법에서 중요한 문제로 인식되고 있는 것도 그 때문이다. 소송법상의 합의심판제나 심급제, 가장 핵심적인 헌법재판제도의 하나로 인정되는 재판에 대한 헌법소청제도, 법관에 대한 헌법재판소의 결정에 의한 탄핵심판제도는 본질적으로 법관에 의한 법침해와 그에 따른 기본권 침해의 가능성에 대한 대응제도로 기능한다. 법관의 잘못된 판결로 부당하게 인신권을 침해당해 재심절차를 통해 무죄판결을 받은 경우에 국가에 배상을 청구할 수 있도록 하는 형사보상제도나 대통령의 사면권도 사법권에

9) G. Radbruch, "Gesetzliches Unrecht und übergesetzliches Recht" (1946), *Rechtsphilosophie*, 1973, 339면 이하.

10) C. Schmitt, "Der Führer schützt das Recht", *DJZ*, 1934(O. Gritschneider, "Entschädigung für die Witwen hingerichteter Wehrpflichtiger." *NJW*, 1983, 371면에서 재인용). 히틀러 치하에서의 법과 나치이데올로기의 관계에 대해서는 특히 B. Rüthers, "Recht als Waffe des Unrechts-Juristische Instrumente im Dienste des NS- Rassenwahns", *NJW*, 1988, 2825면 이하 참조.

의한 기본권 침해에 대한 사후적이고 최후적인 보호제도이다.

요컨대 법선언기관인 법관의 권능 행사도 법과 충돌할 수 있다는 점에서 기타의 국가권력 행사와 마찬가지로 법적인 책임체계 혹은 통제체계에 편입된다. 다만 그 구체적인 제도의 형식과 내용은 일반적인 법의식이나 사법사를 통해 축적된 법원이나 법관에 대한 신뢰 혹은 불신의 정도, 법제도의 발전 정도 등과 같은 법문화적 요소에 따라 다를 수밖에 없을 것이다. 위에서 언급한 게르만법 전통을 차치하더라도 정치체제의 격변과정에서 극단적인 체제불법과 사법불법을 경험한 독일에서 법관에 의한 법왜곡죄가 법치국가적 정당성을 갖는 필요한 제도로서 평가되고 '책임사법' 실현과 기본권을 최대한 보장하기 위한 일반적이고 예방적인 통제장치로서 이론과 실제에 있어 현실성 있는 중요한 주제로 계속 주목되는 것은 결코 우연이 아니다.

3. 법왜곡죄의 적용범위

(1) 행위자

독일 형법 제336조에 규정되어 있는 법왜곡죄는 이른바 올바른 법을 선언하는 공정한 사법기능을 보호법익으로 하는 '진정직무범'(眞正職務犯, echtes Amtsdelikt)이다. 구성요건상 명백히 하고 있는 바와 같이 행위자에게 비단 법관뿐만 아니라 '법률문제'를 '주관'(Leitung)하거나 혹은 '결정'(Entscheidung)하는, 즉 사법권을 행사하는 기타의 '공무담당자'(Amtsträger)와 조정판사가 포함된다. 여기서 '법률문제'라 함은 상충되는 법적 이익을 가지는 다수 당사자간의 사안으로서 법원칙에 따라, 법에 규정된 절차에 따라 취급되고 결정되는 모든 사법문제를 말한다. 여기에는 일반법원의 민사·형사 문제뿐 아니라 노동·사회·행정·재정법원 등 기타 특별법원의 모든 재판절차가 포함된다. 또한 기속행위인가 재량행위인가에 상관없이 법원칙을 기준으로 법적 문제를 결정하는 행정관청의 특정한 절차, 예를 들면 행정심판 등의 절차도 포함된다. 구성요건상의, 법률문제에 대한 '주관' 혹은 '결정'에 해당되는지 여부는 궁극적으로 최소한 법관의 유사한 기능을 행사하는가에 따라 결정된다. 따라서 법왜곡죄의 대상자에는 명예판사와 배심원(Schöffen)이 포함되며, 나치치하의 이른바 특별법원이나 약식군법회의, 소위 '나치국민법원'(Nazi-Volksgerichtshof)과 같이 법치국가적인 관점에서 볼 때 법원이 아니고 단지 정치적인 테러도구에 지나지 않았던 법정의 형식적 주관자였던 판사들도 포함된다. 또 한편으로 여기에서 말하는 법률문제에 대한 '결정'은 단지 절차상의 최종적인 결정만을 의미하는 것이 아니라 사법상의 준비절차와 중간절차상의 제결정을 포함하는 것으로 보는 것이 일반적인 견해이다. 예를 들면 판사의 구속결정, 검사의 수사 및 공소 절차상의 결정도 이에 속하는 것으로 받아들여지고 있다.[11] 다음에서는 법관에 의한 재판상의 법왜곡 행위에 국한해서 그 구성요건상의 문제점을 약술한다.

(2) 구성요건 : 법관의 법왜곡 행위

① 이론대립

법관은 오로지 '진실과 정의'(Wahrheit und Gerechtigkeit)[12]만을 위해 법과 양심에 따라 눈을 감고, 어느 당사자에게도 치우침이 없이 무엇이 법인가를 말해주어야 하는 의무를 갖는다. 있는 법을 있는 그대로 혹은 양심에 비추어 법이라고 생각되는 그대로

11) Schönke und Schröder, *StGB*, 23 Aufl., München: C. H. Beck 1988, 2122면 참조.

12) 독일 기본법 제97조 제1항에 따라 독립되어 있고 법률에만 기속되는 독일 법관은 법관임명시 법관법 제38조에 따라 오로지 '양심'에 따라 결정하고 '진실과 정의' 실현에 이바지할 것을 선서하도록 되어 있다.

를 선언하여야 한다. 법적용의 대상인 사실의 확정에 있어서도 법절차에 따라 양심에 따라 판단해야만 한다. 또한 법관은 그에게 부여되어 있는 법적 재량권을 기본권 수호자로서의 양심과 그에 합당한 법적 확신에 의해서만 행사하여야 한다. 이 모든 것은 단지 법관의 자율에만 맡겨져 있는 직업윤리상의 도의적인 의무가 아니라 법적 의무이다. 그리고 이 법적 의무를 고의로 저버리는 행위가 바로 법왜곡이다. 법왜곡은 현상적으로는 법률과 관습법뿐만 아니라 초실정법적인 불문의 법규범을 포함한 모든 객관적인 실체법 혹은 절차법의 침해를 통해 나타난다.

다만 구체적으로 어떤 기준에 따라 법왜곡 여부를 판단할 수 있는가에 대해서는 형법이론상 견해가 엇갈리고 있다. 예컨대 위증죄와 관련된 논란과 마찬가지로 '주관설'(subjective Theorie), '객관설'(objective Theorie), '의무기준설'(Pflichtenthoerie)이 대립하고 있는 것이다. 주관설에 따르면 법관이 자신의 확신에 어긋나는 결정 혹은 판결을 내리는 경우에 법왜곡에 해당되는 것으로 보는 반면에, 객관설의 입장에서는 법관의 결정이 객관적인 법에 합치하는가의 여부, 즉 결정의 정확성 여부에 따라 법왜곡을 판단해야 한다고 주장한다. 의무기준설은 법관의 주관적인 법적 확신 혹은 객관적인 법규범에의 모순성이라는 일원적인 기준을 제시하고 있는 기존의 두 학설과 달리 재판단계에 따라 상이한 절차법상 의무의 위반을 법왜곡 여부에 대한 판단기준으로 제시하고 있다.

이상의 세 이론은 각각 상이한 관점에서 범죄행위로서의 법왜곡 현상을 이해하고, 그에 따른 일면적인 기준에 따라 구성요건 해당성을 판단하기 때문에 각각의 일정한 이론적인 장점에도 불구하고 어느 이론도 궁극적인 타당성을 인정받지 못하고 있다. 일부 학자들이 지적하고 있듯이 이러한 이론상의 논쟁은 (후에 언급되겠지만) 사실상 예외적으로 '중대하고도 명백한' 자의적인 결정에만 적용이 가능한 법관에 의한 법왜곡죄의 구체적인 적용과 관련해서는 큰 유용성이 없다. 따라서 이론상의 대립에 관한 상세한 설명은 생략하고 각 이론이 내포하고 있는 논리적인 문제점 중에 대표적으로 지적되는 논점을 지적하는 데에서 그치도록 하겠다.[13]

첫째, 법관의 주관적인 확신에만 초점을 맞추고 있는 주관설에 대해서는 법질서가 법관에게 요구하는 결정은 전적으로 법관의 주관적인 인식과 평가만을 기준으로 하는 '옳은 결정'이 아니라는 점이 지적된다. 즉 구체적인 사례에 따라 그 정도의 차이가 있을 수밖에 없지만 법관의 확신은 일정한 내용과 형식을 내포하는 있는 법치국가 질서 내에서 선재(先在)하는 법규범의 테두리를 벗어난 것일 수 없다는 것이다. 실제로 주관설의 기본적인 입장을 고수하는 경우에는 법의 이름으로 혹은 법을 도구로 하여 살인과 테러를 자행한 나치법관들의 경우에도 그들이 사실상 히틀러의 '피와 땅'(Blut und Boden)의 정치적 대용이데올로기에 공감하고 있었고 또한 법실증주의의 입장에서 불법적인 법률도 규범으로 효력이 있다고 확신한 경우 혹은 그렇다고 주장하는 경우 법왜곡죄의 적용이 원천적으로 불가능하다. 이는 후에 언급되는 바와 같이 고의론상의 문제이기도 하다.

둘째, 법왜곡죄의 보호법익으로서 객관적인 법실현을 강조하는 객관설의 입장은 그 이론상의 일관성에도 불구하고 실제 적용상 해결되지 않는 문제점을 안고 있다. 즉 법률규범에서 도출되는 객관적인 법상태를 기준으로 한 '결정의 옳음'(Richtigkeit der Entscheidung)을 법왜곡 여부에 대한 판단의 근거로 인정하는 경우 구체적으로 결정의 옳고 그름에 대한 명백한 판단이 가능한가, 가능하다면 어느 정도 가능한가, 그 구체적인 판단의 기준은 어떻

13) 이하 Maurach, Schröder und Maiwald, *Strafrecht, Besonderer Teil*, Tb 2, 7 Aufl., Heidelberg: C. F. Müller 1991, §76 II Rn. 8 이하 참조.

게 설정될 수 있는가 하는 등의 본질적인 방법론상의 의문이 제기된다. 이른바 '타당성이론'(Vertretbarkeitstheorie)은 법 해석과 적용상 다수의 타당한 결정 가운데 하나를 택하는 경우에 법왜곡이 인정되지 않는다고 주장한다. 사실상 다의성을 내포하고 있는 추상적이고 일반적인 법률개념의 해석에서 특정한 해석의 옳고 그름에 대한 일원적인 판단은 입증이 불가능하고, 특히 구체적인 사안과 관련하여 법관의 잘못된 법률해석과 결정 간의 인과관계를 소송절차를 통해 증명하는 것은 불가능하다는 것이다. 결국 가장 중요한 문제는 판단기준의 설정인데 법이론상 '무엇이 법인가'라는 질문에 대한 대답은 논리적으로 '유일무이한 옳은 결정'(nur einzige richtige Entscheidung)일 수밖에 없다. 다만 그에 대한 명백한 인식의 가능성이 현실적으로 극히 제한되어 있다는 것이 문제이다. 따라서 다의적인 법의 해석과 적용에 있어서 법관의 재량 혹은 이에 대한 통제의 문제를 '인식의 문제'(Erkenntnisproblem)로 보건 혹은 기능법적인 관점에서 '권한문제'(Kompetenzproblem)로 보건 법관에 의한 법왜곡은 극히 예외적으로 결정의 자의성이 분명하고도 중대한 경우에만 인정될 수 있다는 결론은 동일할 수밖에 없다.

셋째, 의무기준설은 소송절차법상 법관의 의무 위배 여부만을 기준으로 법왜곡을 판단하는바, 정당한 형사사법뿐 아니라 궁극적으로 객관적인 법의 관철을 보호법익으로 하는 법왜곡죄의 형법체계상의 의의에 모순되는 결론이 나올 수 있다고 지적된다. 예를 들면 법관이 객관적으로 전혀 하자 없는 옳은 결정을 내린 경우에도, 즉 객관적으로 법이 관철된 경우에도 소송절차상 일정한 의무를 다하지 못한 경우에는 법왜곡을 인정할 수밖에 없다는 것이다. 구체적으로 어떠한 종류의 또한 어느 정도까지의 직무상 의무 위배를 형법상의 범죄로 다룰 것인가 혹은 기타의 징계대상으로 볼 것인가의 문제는 기본적으로 입법정책상의 문제이다. 다만 법왜곡죄, 특히 법관에 의한 법왜곡죄의 경우에 그 직무상의 의무만을 기준으로 하여 구성요건을 해석하는 것은 오히려 사법권에 대한 기본권 보호장치로서 법왜곡죄가 갖는 예외성 혹은 상징성을 지나치게 희석시킬 위험을 안고 있다.

요컨대 어떠한 경우에 법관에 의한 법왜곡이 인정되는가의 문제와 관련하여 위의 세 이론 중 그 어느 이론도 완전한 대답을 주지 못한다. 법왜곡죄의 본질과 성격에 대하여 각각 상이한 형법이론적 · 법정책적 이해를 바탕으로 하고 있기 때문이다. 결국 이 세 가지 입장은 상호 배척적인 관계에 있는 것이 아니라, 구체적인 사안의 내용과 성격에 따라 강조점을 달리하여 동시에 고려되어야 하는 상호 보완적인 관계에서 하나의 구성요건체계를 구성하는 것으로 이해된다.

② 구체적인 법왜곡 행위 사례

일반적으로 법관에 의한 법왜곡 행위는 심판에 이르는 소송절차, 즉 사실의 심리 및 확정 단계와 법적용 단계에 따라 유형화된다. 우선 사실심리 단계의 법왜곡에 해당되는 행위로는, 법관 자신의 확신에 어긋나는 사실확정의 경우뿐만 아니라 심리단계에서 절차법상의 의무를 고의적으로 저버린 경우, 예를 들면 법적으로 요구되는 사실확인을 위한 조치 혹은 질문을 하지 않은 경우 또는 절차법상 합당한 변론에 대한 부당한 제지 등이다. 법적용 단계에서는 자의적인 법해석 혹은 형사소송절차상 양형(量刑)과정에서 재량권을 남용하는 경우를 지적할 수 있다. 여기에는 법관 자신이 재판의 전제가 되는 법률이 위헌인 것으로 판단하면서도 헌법재판소에 위헌심판을 제청하지 않은 경우도 포함된다.

이런한 구체적인 법왜곡 사례의 모든 유형은 엄밀한 의미에서 보면 궁극적으로 그릇된 법적용의 범주에 포함된다. 다만 위에서 언급한 바와 같이 관점에 따라 하나의 법침해 행위를 법관의 주관적 확신에 어긋난 행위, 객관적으로 법에 위배되는 행위 혹은 절차법상의 의무를 저버린 행위로 평가하여 법왜곡에 해당되는 것으로 보는 것이다. 실제 적용상 관건이 되는 것은 법관에 의한 그릇된 법적용의 명백한 자의성 혹은 부당성과 이로 인한 침해법익의 중대성이다.

독일 연방대법원은 형사사법의 경우 법관의 법왜곡죄에 해당되는 불법행위를 법 및 인권의 침해가 명백하고 다음과 같은 중대한 두 경우, 즉 일정한 정도를 넘어선 '극히 부당한 행위'(Exzeßhandlung)와 '자의적인 행위'(Willkürhandlung)로 유형화시키고 있다.[14] 전자의 불법유형은 그것이 외압 때문이었건 혹은 법관의 자발적인 동의하에서 이루어졌건 법관의 결정을 통해 실체법상, 절차법상의 기본 인권이 침해된 경우이다. 이는 비례원칙의 현저한 위배 혹은 법관의 중립성 의무의 명백한 위배 등의 징표에 의해 입증이 가능한 것으로 보고 있다. 후자의 유형으로는 다음과 같은 사례군을 제시하고 있는바, 죄형법정주의에 위배되는 부당한 구성요건의 확장해석이나 형의 확정 그 자체가 명백하게 불법인 경우 등 '추론법칙'(Subsumtionsregeln)의 위배와 양형상의 비례의 원칙에 대한 명백한 위배, 중대한 절차법의 침해, 그리고 오로지 정치적 반대자의 억압과 거세를 목적으로 형법을 도구화한 경우 등이 그것이다.

(3) 미필적 고의 인정 문제

법왜곡죄는 고의범만을 처벌한다. 객관적인 법규범의 침해에 대해서뿐 아니라 일방 당사자에게 유리하거나 불리한 결과를 초래하는 것에 대해서도 고의성이 있어야 한다. 단 법의 위배를 구성

---

14) 주 3의 판례; *JZ*, 1994, 799면 참조.

요건으로 하는 법왜곡죄에 있어서는 위법성론(違法性論)상의 '금지의 착오'(Verbotsirrtum)와 달리 '법의 무지'(Rechtsblindheit)는 처벌되지 아니한다.

법왜곡죄에서 미필적 고의(bedingter Vorsatz, dolus eventualis)의 인정 문제는 실제 적용상 고의의 입증이 지극히 어렵다는 점에서 그 이론적인 의미가 크다. 나치법관에 대한 처벌 문제와 관련, 적어도 형법이론상 그 가벌성과 관련해서 가장 걸림돌이 되었던 점도 바로 고의성의 인정 문제였다. 그들이 주장하는 바와 같이 인권에 위배되는 불법적인 법률도 구속력을 갖는 것으로 믿었거나 혹은 그 법률들이 초실정법적인 법원칙에 위배된다는 인식 자체가 없었던 경우에 법왜곡의 고의성을 인정하기가 어려웠기 때문이다. 이는 법왜곡죄에서의 고의의 특수성, 즉 기타 범죄의 경우에 행위자의 법적 가치판단은 금지의 착오 혹은 광신범의 문제로서 관련성을 갖는 데 반해 법왜곡죄의 경우에는 법관의 법적 가치판단은 그 자체가 고의의 대상이란 점에 기인한다.

우선 헌법에 맞게 해석하는 경우에 법관에 의한 법왜곡죄는 구성요건적 결과의 실현을 행위자가 인식했거나 확실히 예견한 '직접적 고의'(direkter Vorsatz, dolus direkus) 혹은 '확정적 고의'(dolus determinatus)만이 인정된다는 일부 주장이 있지만,[15] 의사 등 기타 직업종사자들이 원칙적으로 모든 경과실(輕過失)에 대하여도 책임을 진다는 점에 비추어 볼 때, 법관의 경우 미필적 고의에 의한 법왜곡까지도 가벌성을 인정하는 것은 법관 혹은 법원의 특권을 감안하는 경우에도 타당한 것으로 여겨진다. 그러나 1975년에 독일 형법 개정 전까지는 일부 반대의견에도 불구하고 판례와 학설상 미필적 고의는 인정되지 않았었다. 미필적 고의에 의한 법왜곡죄가 일반적으로 인정된 것은 개정과정에서 그때까지의 부정

15) Schönke und Schröder, 위의 책, 2123면.

적인 견해를 입법적으로 확인하기 위해 정부의 개정 초안에 추가되었던 '의도적으로 혹은 알면서도'(absichtlich oder wissentlich)라는 요건이 삭제되고 난 이후부터였다.[16]

문제는 미필적 고의의 내용과 한계를 명확히 밝혀내는 일이다. 그것은 구성요건 해석의 문제일 뿐만 아니라 미필적 고의와 '인식있는 과실'(bewußte Fahrlässigkeit)의 구별 문제이기도 하다. 여기서 주목되는 것은 미필적 고의를 인정하는 경우에 지나치게 법왜곡죄의 가벌성 범위가 확대되어 자칫 법관의 독립성과 권위가 손상될 수도 있다는 점이다. 원칙적으로 미필적 고의를 인정하는 경우에는, 법관이 자신의 결정이 잘못된 것일 수도 있다는 가능성을 인식하면서도 자신의 판단에 따라 결정하는 모든 경우에 관한 한 법왜곡의 고의성이 인정될 수밖에 없게 된다. 이는 곧 부당하게 가벌성 범위가 확대되는 결과를 초래한다. 즉 결정의 옳음에 대한 모든 회의는 원칙적으로 미필적 고의로 인정되고, 이에 따라 최소한 처벌이 가능한 법왜곡죄의 미수가 인정되기 때문이다. 이러한 문제점을 해결하기 위해서는 미필적 고의에 대한 일정한 한계 설정이 필요한바, 다수 학설은 최소한 법관 자신이 자신의 판단이 잘못되었다고 확신함에도 불구하고 그에 따라 결정을 내린 경우에 한하여 미필적 고의가 인정된다는 입장이다.

---

16) 독일 형법이론상 미필적 고의의 고의성은 일반적으로 인정되어 왔고 독일 형법 제15조는 고의적인 범죄행위만을 처벌할 수 있다고 통일적으로 규정하고 있기 때문에 개별적인 구성요건상 '고의'의 책임요건은 불필요한 것이어서 형법 각칙(各則)에서 완전히 삭제되었다. 따라서 1975년 개정을 통해 문언(文言)상의 결정적인 변경은 전혀 없었다. 다만 개정과정에서의 논의의 방향과 구체적으로는 법안심의 과정에서 연방의회 법사위원회의가 명시적으로 미필적 고의의 가벌성을 인정하는 공식적인 입장을 취했다는 점에서 개정 초안상의 고의요건의 삭제가 갖는 의미가 주목되는 것이다. 결국 미필적 고의의 인정 문제의 해결은 여전히 학설과 판례의 몫으로 남아 있다. 이에 대하여는 H. G. krause, "Richterliche Unabhängigkeit und Rechtsbeugung", NJW, 1997, 285면 이하 협조.

(4) 법왜곡죄의 법관 보호기능

이와 같이 법관에 의한 법왜곡죄에 있어서 기타 범죄의 경우보다 엄격한 요건 하에서 미필적 고의를 제한적으로 인정하는 것은 법왜곡죄의 구성요건이 가지는 법관 보호기능에도 합치된다. 법왜곡죄는 법관이 법왜곡에 의해 기본권이 침해되는 것을 방지하고자 하는 일반적 예방장치일 뿐 아니라, 또 한편으로는 이와 반대되는 방향에서 법관의 독립적인 심판을 보장하는 이른바 '차단효과'(Sperrwirkung)를 갖는다. 법관의 심판 혹은 이의 집행으로부터 비롯된 결과와 관련된 무분별한 형사소추의 우려로부터 법관의 고유한 결정영역을 차단함으로써 법관을 보호하는 효과가 그것이다.[17] 즉 법관이 객관적으로 옳지 못한 결정을 내린 경우에도 이 결정에 고의성이 없다고 보아 법왜곡죄로 처벌되지 않는 경우에는 그 잘못된 결정으로 인해 초래된 모든 결과에 대한 법관의 형사상 책임은 면제된다는 것이다. 예를 들면 과실에 의해 객관적으로 잘못된 심판이 내려져 사형 혹은 징역형 및 기타 형이 확정 · 집행된 경우에도 법관은 법왜곡죄가 성립되는 경우에 한해서 살인 혹은 감금죄 등으로 처벌될 수 있는 것이다.

4. 법관에 의한 법왜곡죄의 실제 적용 · 법왜곡죄의 왜곡사

위에서 언급한 바와 같이 1993년 12월 1일에 독일 연방대법원은 외압에 굴복하여 노동계약의 부당한 해약고지를 합법적인 것으로 심판함으로써 법왜곡죄를 범했다는 이유로 법정에 선 구 동독

---

17) 법왜곡죄의 이와 같은 법관보호 기능은 법왜곡죄의 구성요건으로 규정되어 있듯이 법적 문제에 대한 법관에 의한 결정의 경우에만 해당된다. 따라서 법적 절차로서 최소한의 조건도 갖추지 못했던 나치시대의 특별법원 혹은 군법회의에서의 부정당한 결정 혹은 그 결과에 대해서는 법왜곡죄의 차단효과가 인정되지 않는 것으로 여겨진다. 예를 들면 *BGHStR* 2, 176; 9, 302면 이하 참조.

의 노동법원 판사에게 무죄를 선고하였다.[18] 그 근거는 위에서 적시한 대로 "법관의 결정이 자의적인 행위임이 명백할 정도의 중대한 인권침해가 없었다"는 것이었다. 즉 연방대법원의 입장에 따르면 이 사안의 경우에 법관의 중대하고도 명백한 추론법칙 위배가 있었다고 볼 수 없다는 것이다. 이 판결은 독일 통일 후의 구 동독 정권의 체제불법, 특히 사법불법의 법적 처리 문제에 대한 일정한 방향과 지침을 제시하였다는 점에서 커다란 반향과 비판을 불러일으키고 있다. 특히 과거 나치법관의 법적 처리와 관련하여 지나치게 소극적인 입장을 취해왔던 독일 법원이 그릇된 동아리 의식을 극복하고 철저한 자기부정을 통해 권위를 회복하고 역사정립의 좋은 기회가 되기를 기대하던 입장에서는 실망과 함께 '이해할 수 없는 몰역사성의 기록'(Dokument unverständlicher Geschichtslosigkeit)이라는 신랄한 비판을 제기하고 있다.[19]

독일 통일 이후 1993년 말까지 과거청산의 맥락에서 구 동독의 법관과 검사에 대한 법적 처리와 관련된 사실조사 절차는 약 만여 건 이상이 진행 중이라고 한다.[20] 그 중에서 실제 공소가 제기되었거나 본안절차에까지 이른 경우는 현재까지 약 15건 정도로 미비한 상태이다. 이에 비해 그 양과 질에서 구 동독의 사법불법과는 비교할 수 없을 정도로 많았고 극악했던 나치사법의 법왜곡에 대한 형사소추는 최소한 독일 법원 자신에 의해서는 의도적으로 외면되었다고 해도 과언이 아니다. 그나마 실제 유죄가 확정된, 손으로 꼽을 수 있는 몇 건의 경우도 종전에 임박해서 거의 무차별적

18) 주 3의 판례; *JZ*, 1994, 796면 이하; *NJW*, 1994, 529면 이하; *NJ*, 1994, 130면 이하. 이에 관해서는 특히 M. Maiwald, "Rechtsbeugung im SED-Staat," *NJW*, 1993, 1881면 이하 참조.

19) R. Lamprecht, "Lesarten für Rechtsbeugung," *NJW*, 1994, 562면; K. Rudolph, "Lesarten für Rechtsbeugung," *NJW*, 1994, 1201면.

20) H. Roggemann, 위의 글, 769면.

으로 사형판결을 남발했던 약식군법회의와 관련된 것이었다.[21] 나치 지배하에서 5,243건의 사형판결을 내렸던 '나치국민법원' 법관들의 법왜곡은 전혀 단죄되지 않았다. 특히 1942년 이후 대법원장에 임명된 프라이슬러(Freisler)[22] 휘하에서 42년에 1,192건, 43년에 1,662건, 44년에 2,097건의 사형판결을 내렸던 106명의 법관과 179명의 검사 중 이제까지 어느 한 명도 법왜곡으로 처벌되지 않았다.[23] 이제까지 법정에 세워졌던 직업판사 가운데 231건의 사형판결에 참여했던 레제(Rehse)의 경우 1968년 연방대법원에 의해 베를린 주법원의 유죄확정 판결이 파기·환송되어 무죄가 확정되었고,[24] 1984년에 총 97건의 살인 및 살인미수 혐의로 기소되었던 나치판사 라이머스(Reimers)는 본안절차 개시 전에 자살하여 공소가 중단되었다.[25]

이러한 독일 법원의 나치법관에 대한 관대하고 방관자적인 입장은 연방대법원 나름대로의 형법이론적 변명에도 불구하고 또 하나의 불법적인 법왜곡으로 평가받을 수밖에 없다. 그 배경과 원인은 여러 가지로 분석할 수 있겠지만 결정적인 이유는 가장 현실적인 맥락에서 찾을 수 있다. 즉 역사상 모든 과거청산에서, 특히 법질서가 근본적으로 바뀌는 혁명적인 상황에서 과거의 체제불법을 청산하는 과정에 불가피한 현실로 제기되는 인적 자원의 절대적인

---

21) G. Spendel, "*Rechtsbeugung durch Rechtsprechung*, Berlinöu.a.1984," 1면 이하(H. Roggemann, 위의 글, 770면에서 재인용).

22) 프라이슬러의 행적에 관해서는 R. Wassermann, "Freisler und Benjamin als Exponenten totalitärer Justiz," *DRiZ*, 1994, 281면 이하 참조.

23) 자세한 연도별 통계는 Sonnen, 위의 글, 1066면 참조. 이에 따르면 1933년부터 1940년도까지는 연간 17~53건의 사형판결이 내려졌고 1941년에 102건이던 것이 1942년 프라이슬러가 대법원장으로 취임하면서 10배 이상으로 급증하였다.

24) *BGHStR; NJW*, 1968, 1339면과 LG Berlin, Urteil; *DRiZ*, 1967, 390면, 그리고 LG Berlin ,Urteil v. 6. 12. 1968면 참조.

25) G. Gribbohm, 위의 글, 2846면 이하.

부족 때문에 대부분의 나치법관 역시 전후 독일 법정에서 피고인석이 아니라 판사의 자리에 앉게 되었던 것이다.[26] 나치법원과 동일한 인적 구성을 유지하고 있는 전후 독일 법원에 법의식과 법논리에서의 근본적인 자기변화와 그에 따른 반성과 극복을 기대하는 것은 원천적으로 불가능한 것인지도 모른다.[27] 어쨌든 이러한 독일 사법부의 역사적인 부담은 전후 반세기 동안 쌓아올린 업적에도 불구하고 여전히 법관들 자신에 의한 청산의 몫으로 남아 있다.

Ⅲ. 맺음에 대신하여

서두에서 언급한 바와 같이 이 글의 목적은 독일 형법상 법왜곡죄의 법치국가적 의의와 기능, 그리고 그 실제 적용 현황을 살펴봄으로써 우리 사법의 내일을 올바르게 설계하기 위한 자기 반성과 극복의 단서로 삼고자 함에 있다. 우리 형법상의 법왜곡죄의 수용 가능성 혹은 그 이론적인 타당성에 대한 평가는 전적으로 보류하고자 한다. 이 문제는 형법 이론적인 차원을 넘어서 상이한 법문화와 법전통, 일반의 법의식 등에 대한 면밀한 검토를 요하는 것일 뿐만 아니라, 법질서와 기본권의 최후의 보류인 법관에게 헌법적으로 인정되는 독립성 혹은 권위와 밀접한 관련성을 가지기 때문에 좀더 넓고 깊은 논의를 필요로 한다.

---

26) 종전 후 대부분의 나치법관들이 단죄되지 않고 복귀하게 된 과정가 그 배경에 관해서는 강진철, 「나치법학에 대한 조망」, 한국법사학회 편, 『법사학연구』 제12호, 107면 이하 참조.

27) 나치 당시 군사법원 판사를 지내고 전후에 바덴뷔르템베르크 주의 수상으로 재직하던 필빙어(H. K. Filbinger)는 그에 대하여 '무서운 법률가'(fruchtbaren Juristen)라고 비난한 사람을 명예훼손죄로 고소하면서 법정 내외에서 공개적으로 '과거에 법이었던 것이 오늘이라고 해서 불법이 될 수는 없다'는 말로 전체 나치법률가의 왜곡된 법의식을 대변하여 그들의 역사불감증과 광신적인 아집을 확인시켜주었다. I. Müller, 위의 책, 13면; 더 상세한 내용은 203면 이하 참조.

다만 분명한 것은 '책임사법' 명제의 당위성이다. 우리 헌법은 전문에서 '자유민주적 기본 질서'를 바탕으로 한다고 분명히 밝히고 있다. 이는 국가의 자기 목적성의 부인, 즉 '인간으로서의 존엄과 가치'를 가지는 국민 개개인의 기본권을 최대한으로 실현하기 위한 국가의 수단성에 대한 이념적 선언인 동시에 국가의 조직, 활동에 대한 최소한의 당위적 지표를 제시한다. '책임사법'은 이러한 지표의 구체적인 실현 형식으로서 법치국가의 핵심이다.

해방 50주년은 우리 사법사의 50주년이기도 하다. 지천명(知天命)의 연륜이다. 과연 기본권 보장의 제일의 첨병으로서 또한 최후의 보루로서 그 책임을 다했고 또 다하고 있는가를 생각해 볼 때이다. 독재권력의 시녀라고 조롱받던 어두운 지난 시절에도 의연하게 법을 선언하고 법복을 벗었던 정의로운 법관들이 없지 않았고, 또한 주어진 상황에서 가능한 한 법을 실현하고자 번민과 고뇌에서 벗어나지 못하였던 많은 판사들이 있었음을 부인할 수는 없다. 그러나 그뿐인가?

우리 헌법은 법관이 "헌법과 법률에 의하여 그 양심에 따라 독립하여 심판"(제103조)할 수 있도록 뒷받침하기 위해 법관에게 "탄핵 또는 금고 이상의 형의 선고에 의하지 아니하고는 정직, 감봉 기타 불리한 처분을 받지 않도록"(제106조 제1항) 하여 신분상 독립성을 보장하고 있다. 또한 법관의 보수는 직무와 품위에 상응하도록 따로 법률(법관 등의 보수에 관한 법률)로 정해진다(법원조직법 제46조 제2항). 우리 사법사의 어제와 오늘을 살펴보건대 이러한 신분상의 특권과 지위가 보장되는 법관들이 제 몫을 다했는가는 의문이 아닐 수 없다. 재판과 관련하여 "법관으로서의 직무상의 의무에 위배하거나 직무를 태만히하거나 법원 또는 법관으로서의 위신을 실추하게 하는 소행이 있는 경우"(법관징계법 제2조)는 없었는가?

유신정권 이후 수없이 많았던 이른바 '시국사법'과 관련된 재판에서 과연 법이 선언되었는가? 1987년 헌법 개정 이후 헌법재판소에 의해 위헌 혹은 헌법불합치 결정이 내려진 국가보안법 등 기타 법률에 대하여 그 이전에는 전혀 위헌의 가능성을 생각하지 않았던 것인가, 아니면 못했던 것인가? 이른바 정치법이나 국가보안법 관계 피의자, 피고인에 대한 형사절차상의 인권침해 특히 고문피해 주장에 대해 방관하거나 의도적으로 외면하지는 않았는가? 더 이상 공지된 비밀이 아니라 사실로 확인되고 있는 법조계의 이른바 '전관예우'는 어떻게 설명할 수 있는가?[28)]

꼬리를 물고 일어나는 이러한 회의적인 질문에 대한 대답으로 과거 군사독재 정치상황에서의 저항의 불가능성 혹은 기대 불가능성에 따른 현실론, 상황론은 군색한 변명에 지나지 않을 것이다. 사법부 혹은 법관 역시 권위주의 정권의 희생자였다는 항변 역시 설득력을 가질 수 없다. 또한 주어진 상황에서 상대적으로 다른 국가기관에 비해서는 제 몫을 다했다는 자위론도 받아들여질 수 없음이 분명하다.

자기극복의 첫 번째 전제조건은 철저한 자기반성이다. 진정으로 용기 있는 자만이 부끄러운 과거를 반성할 수 있다고 한다. 특히 자긍심과 권위를 생명으로 하는 사법부의 경우에는 더욱 그러할 것이다. 대법원은 사법제도 개혁의 일환으로 전문 제10조로 된 '법관윤리강령'을 대법원규칙으로 제정하여 1995년 7월 1일부터 시

---

28) 사법부의 고질적인 비리로 지적되고 있는 '전관예우' 문제는 1994년 가을 전국법원장회의에서도 현직 대법원장에 의해 가장 심각한 사법불신 요인의 하나로 지적되었을 뿐만 아니라(「법률신문」 1994.10.20. 1면), 최근의 사법제도 개혁논의와 관련해서도 문제의 심각성이 주목되고 있다. 최근의 보도 통계자료에 따르면 판사나 검사로 재직하다 퇴임한 지 1년 내지 2년밖에 안 되는 변호사의 경우에 1994년 서울형사지방법원에서의 구속적부심과 보석사례의 성공률이 1993년 현재의 전국 평균 성공률 50~52%보다 1.5배 가량 높은 77%에 이르고 있다(「조선일보」 1995.2.22, 1면 참조).

행하고 있다. 새삼 강령화하는 것이 사족(蛇足)으로 생각될 정도임에도 불구하고 그 동안 충분히 실천해오지 못하였던 내용을 법원 스스로 강령화하여 스스로에게 다짐한 것은 그 실질적인 의미를 떠나서 최소한 간접적인 자기반성의 표현으로서 책임사법의 확립에 매우 중요한 전기를 마련한 것으로 여겨진다. 이 기회에 21세기 통일한국을 대비해야 하는 우리 법관과 사법부에게 "신뢰받는 재판을 통하여 국민의 정당한 권리행사를 보장하고, 기본적 인권을 보호하며, 정의를 실현하기 위하여 법관이 준수하여야 하는 윤리기준"(법관윤리강령 제1조)의 철저한 실천과 그 실효성 보장책을 재삼 요구하고 또 요구할 수 있는 것은 민주적 법치국가의 법관은 그 누구보다도 역사와 정의에 충실하여야 하고 권위와 용기의 화신으로 남아 있어야 한다고 믿기 때문이다. 한 독일 법관은 1985년에 '나치와 법'이라는 주제 하에 열렸던 '독일법관학술회의'를 보고하면서, 나치시대의 사법부와 법관에 대한 발표자들의 신랄한 비판에 대하여 전체 참석자들이 가졌던 느낌을 다음과 같이 대변하였다. "우리는 이제까지 그 어느 모임에서보다 더 가혹하게 비판받은 것을 행복이라고 말할 수 있다."[29]

---

29) H. J. Bade, "Recht im Nationalsozialismus–eine Tagung der Deutschen Richterakademie," *NJW*, 1985, 1068면.

판례평석

판례평석

[8] 억대 내기골프 무죄판결(서울남부지방법원 2005. 2.18. 2004고단436)에 대한 법언어학적 관견*

I. 머리말

속칭 '스트로크 방식'과 '계 방식'에 의한 억대 규모의 내기골프가 도박죄의 구성요건에 해당되지 않는다는 판결을 두고 논란이 많다. 법전문가들은 대체로 수십만원대의 내기골프까지도 도박죄로 처벌한 대법원의 판례나 종래의 일반적인 법해석론에 비추어 볼 때 법적 안정성을 해치는 '튀는 판결'이 아니냐는 부정적인 시각이 우세한 듯하다. 일반인들의 경우에도 판결을 내린 법관 스스로 제시한 바와 같이 '아직까지도 귀족스포츠로 인식되고 있는 골프경기'를 하면서 엄청난 액수의 돈내기를 한 것이 도박이 아니라고 한 판결을 선뜻 납득할 수 없다는 여론이 주류인 것으로 여겨진다.

'헌법과 법률에 의하여 그 양심에 따라 독립하여 심판'(헌법 제103조)하는 법관이 최고법원의 판례와 다른 또는 그에 정면으로 배치되는 법해석을 하여 독자적으로 판결할 수 있는 가능성과 그 필요성에 대해서는 장황한 해명이 필요 없을 것이다. 하급법원의 이

---

* 법률신문 2005.4.4. 판례연구, 14면.

른바 '튀는 판결' 자체가 문제가 될 수 없다. 적어도 그것이 합당한 이유가 있고, 그 높이와 방향이 적절하다면 법실무상으로는 물론이고, 법이론적으로도 매우 유용한 토론의 기회와 자료를 제공하기 때문이다. 또한 재검토와 수정의 기회가 제도적으로 보장되어 있기 때문에 법적 안정성을 크게 해치지 않는 범위 내에서의 어느 정도 실험적인 법해석과 그에 수반되는 다소간의 법리적 무리는 법발전에 소중한 자양분이 된다는 점에서 오히려 그 역기능에 대한 우려보다는 순기능이 주목되어야 한다.

이러한 전제 하에 동 판결이 제공한 토론의 기회와 단서를 선용하는 관점에서 마당을 조금 넓혀서 그 '튐'의 법해석론상 의미와 문제점을 검토해본다.

Ⅱ. 판결의 요지

억대 규모의 내기골프라도 도박에 해당되지 아니하기 때문에 무죄로 판단한 동 판결의 논지는 간명하다. 형법 제246조상 도박죄의 구성요건인 도박은 '재물을 걸고 우연에 의하여 재물의 득실을 결정하는 행위'(이회창 외, 주석형법 Ⅳ, 119쪽)인데, 내기골프는 우연이 아니라 내기 참여자의 기량에 의해서 승패가 결정되기 때문에 도박으로 볼 수 없다는 것이다. 도박은 객관적으로 불확실할 것이 요구되지는 아니하지만 당사자가 주관적으로 확실하게 예견 또는 지배할 수 없는 사실에 따라 승패가 결정되는 경우, 즉 화투나 카드, 카지노 등과 같이 '지배적이고도 결정적인 부분'이 우연히 결정되는 경우에만 한정되어야 한다는 논리다.

역으로 부분적으로는 사소한 우연이 개입될 수 있겠지만 전체적으로는 정신적, 육체적 역량에 의해 승패가 결정되는 경기방식의 내기골프가 도박죄에 해당되는 것으로 본다면 바둑, 장기는 물론이고 국가대표 운동선수에 대한 포상금이나 프로운동선수들에 대한 이른바 성과급 옵션계약 등이 모두 처벌되어야 하는 불합리함이 발생될 수밖에 없게 된다고 반문한다. 결국 많은 재물을 건 내기골프는 도덕적으로는 비난될 수 있겠지만, 그것이 기량과 기능에 의해 승패가 결정되는 운동경기방식으로 진행되는 것이라면 도박죄를 구성한다고 볼 수 없다는 결론이다.

Ⅲ. 평 석

1) 일단 사건과 규범의 교차적인 구성관계를 고려하지 아니하고, 도박죄의 구성요건, 즉 '도박'의 개념해석에만 초점을 맞추어서 말한다면 동 판결은 일반적으로 법적 결정의 준거로 제시되는 통속적인 의미(natural meaning), 입법자 또는 법률의 의지(will), 독트린(doctrine), 효용(utility) 네 가지 중에 법개념의 통속적인 의미에 대한 새로운 시각을 제시하였다는 점에서 주목된다. 굳이 이른바 Savigny식의 4단계 법해석방법의 틀에 따라 표현한다면 역사적 해석이나 체계적 해석보다는 문리해석과 논리적 해석기술이 우선 적용된 전형적인 해석례로 여겨진다.

법적 결정의 합리성을 뒷받침해 주는 전술한 네 가지 요소들과 법해석의 4단계 또는 7단계 방법들이 서로 유리되어 있거나 또는 배제관계를 전제로 한 선택의 대안으로 주어져 있지는 아니한바, 설시에 포함되어 있지는 아니하더라도 동 판결에서 법률해석과 법적 추론에서 상대적으로 부각되지 않은 해석방법이나 정당화 요소들이 전혀 고려되지 않은 것으로 생각되지는 아니한다. 우선된 해석방법과 준거를 기초로 한 법해석과 그에 따른 판결의 합리성과 정당성에 대한 반박의 논거로서 상론할 필요는 없고, 행간에 담는 것으로 충분하다고 여겼을지도 모른다. 말하자면 억대 규모의 내기골프라도 도박죄를 구성하지 아니한다는 판결이 '건전한 근로의식의 배양'이라는 입법자의 '의지'나(대법원 1983.3.22. 83도2151), 그에 어긋나는 부정적인 '효용'을 조장하게 될 위험, 기왕의 일관된 대법원 판례와 대체로 일치된 학설을 통해 정립된 도박에 대한 '엄정하고도 단호한 취급의 원칙'(도그마틱)이 부인되거나 완화되어야만 할 사회경제적 상황변화 등에 대해서는 크게 우려 또는 고려할 필요가 없다고 판단한 것으로 생각된다.

법적 추론에 있어서 결코 분리, 배제되는 것은 아니지만, 어쨌든 이러한 판단은 사회상황과 사람들의 의식, 여론 등 현실에 대한 진단과 전망이다. 따라서 여기에서는 일단 그 판단의 당부에 대한 상론은 약하고, '기량과 능력이 아니라 우연에 의해서 결정되는 승패와 관련하여 재물을 거는 경우에만 도박에 해당된다'는 법해석의 방법론적 문제점을 검토해 본다.

2) 우선 사전적 의미에서 보면 '우연에 의한 승부결정' 과 그에 따른 '재물걸기'가 도박개념의 핵심이다. 내기골프와 같이 이른바 경기방식에 의한 내기의 경우는 도박에 해당되지 않는다는 판단은 적어도 이러한 국어사전상의 '통속적 의미'에 따르면 일견 적확한 것으로 여겨진다.

그러나 법률개념을 표현하는 법학전문언어가 그 어의와 구문이 정확한 규칙을 기초로 하고 있는 엄격한 의미에서의 학문전문언어가 아니고 또한 항상 '통속적인 의미'의 통용어를 바탕으로 하여 그 생명력이 유지되고 발전될 수밖에 없다는 점을 감안하여도 법률언어 역시 통속어와 마찬가지로 2차원의 복합적인 구조와 기능을 갖고 있다. 이 부분의 논의에서 전적으로 아이디어를 의존하고 있는 A. 카우프만(Recht und Sprache, in: Beiräge zur juristischen Hermeneutik, S. 108ff.)의 말을 빌리면 언어는 합리성과 확정성이 작동되는 수평적 차원과 의도성과 은유성이 핵심인 수직적 차원의 복합구조를 갖는다. 그에 따르면 이른바 '디지털 언어'에 해당되는 전자의 차원에서는 명료성과 정확성을 지향하는 언어의 표시기능, 후자의 '아날로그 언어'의 차원에서는 언어의 초월성과 논리성이 부각되는 의미전달과 상징의 기능이 주목된다. 물론 통용어든 법률언어든 실제로 말해지는 언어에서는 항상 이 두 가지 차원이 서로 교착되어 있다. 말하자면 두 차원은 선택의 대안으로 주어져 있는 것이 아니라, 다소간의 정도 내지는 중점의 문제이다.

이러한 법언어학의 관점에서 보면, 동 판결에서 국어사전적인 '통속적 의미'에 준하여 법률언어인 도박의 개념을 보다 명료하게 확정한 것은 '디지털 언어'의 표시기능에는 충실한 법해석이었다고 할 수 있을 것이다. 그러나 통용어로서든, 법률언어로서든 '아날로그 언어'로서의 함의, 즉 의사소통과 상징기능과 그와 관계되는 언어의 전략적인 가치는 전혀 고려되지 못하였다. 말하자면 '아날로그 개념'으로서 도박의 '통속적 의미'와 법적 의미는 완전히 배제된 디지털 개념의 수평적이고 형식적인 논리적 명료성과 확정성만이 추구되었다고 할 수 있다. 디지털 기호로 작동되는 컴퓨터가 사람의 감정과 정서를 담아 맬 수 없는 것은 은유의 깊이와 초월의 높이를 알지 못하는 '디지털 언어'의 경우에도 마찬가지이다.

우리 사회에서 도박현상에 대한 대다수 구성원들의 정서와 관념과 그것의 사회·경제·문화적 역기능에 대한 정책적 인식과 전망이 담겨져 있는 통용어로서 도박의 개념과 동 판결에서 제시된 법률전문언어로서의 도박의 개념이 얼마나 일치되는지, 또는 두 개념의 세계 간에 거리가 있다면 그것이 합당한 이유가 있는 적절한 정도인지 의문이다. 적어도 설시상으로만 보면 이 부분에 관한 고민의 흔적을 찾아볼 수 없다.

3) 이러한 고민이 부족한 흔적은 논리해석의 논거로 제시된 다음 반문에서도 잘 드러난다. 프로 운동선수나 국가대표운동선수

에 대한 포상금지급 등의 경우를 도박죄로 처벌할 수 있겠는가? 매 홀당 승패에 따라 돈내기를 하는 이른바 Skins골프게임도 도박죄의 구성요건에 해당되는 것은 마찬가지 아닌가? 박세리와 박지은 선수가 재물을 건 골프경기를 하는 경우에도 도박죄가 성립되는 불합리함은 어떻게 할 것인가?

이 경우들이 과연 사건으로 주어 진 내기골프와 같게 취급되어야 할 같은 생활사태인가? 위에서 제시된 경우 법적인 근거의 유무를 막론하고 반사회적인 도박성이 부인되는 것은 그 내기재물이 경기 참여자가 직접 거는 것이 아니라, 스폰서를 통해 제공되고 또한 그것은 실질적으로 보면 수준 높은 경기를 보여주는 서비스나 국위선양 등의 성과에 대한 소비자나 국민이 제공하는 반대급부이다. 경기결과에 따라 재물의 귀속이 달리 결정되는 것은 서비스에 대한 대가로 정해져 있는 총상금을 공인된 합리적인 기준에 따라 배분하는 것일 뿐이다. 만약에 박세리, 박지은 선수가 공인된 경기가 아니라 직접 다액의 돈을 걸고 사적으로 Skins게임을 한다면 그것은 이 판결 사건과 마찬가지로 당연히 도박에 해당된다.

Ⅳ. 맺는 말

전술한 바와 같이 하급법원에서의 '튀는 판결' 자체는 폄하 또는 기피의 대상이 될 수 없다. 문제는 합당한 이유와 그 높이 및 방향이다. 동 판결은 수십종의 복권사업과 함께 경마, 경륜, 경정 등 사행적인 돈내기 게임이 공인되고 있는 법 및 사회상황에서 적어도 국가의 형벌권의 한계나 형사입법정책적인 차원에서 도박죄의 처벌범위가 제한 또는 분명하게 획정되어야 한다는 문제의식의 관점에서는 나름대로 그 '튐'의 의미와 가치가 인정된다.

다만 형법해석상 제일의 지침이라고 할 수 있는 법적 안정성이나, 현대 형사법에서 특히 강조되는 사회방위의 요청 등에 동 판결이 얼마나 부합되는지는 의문이다. 또한 일방적으로 법언어의 수평적 차원만을 주목한 디지털 언어 중심의 법해석은 이러한 요청들과 함께 법문화적 요소나 그 핵심을 구성하는 일반시민들의 평균적인 법감정, 입법목적과 취지, 기타 도박현상에 대한 사회정책적 진단과 전망 등을 제대로 담아내기 어렵다. 결론적으로 입론의 깊이와 폭이 미흡하였다는 점에서 동 판결의 '튐'은 다소 성급하고 과격한 것으로 생각된다.

[9] 양심상 병역거부 무죄판결의 메시지(서울남부지방법원 2004.5.21. 2002고단3941)*

I. 머리말

'병역거부가 오직 양심상의 결정에 따른 것으로서 양심의 자유라는 헌법적 보호의 대상이 되기에 충분한 경우 입영불응의 정당한 사유에 해당된다'. 병역법 제88조에 위반한 이른바 '양심상 병역거부자'에 대하여 지난 5월 21일 서울 남부지법에서 내려진 무죄판결의 핵심논지이다. 하급심에서 엇갈리는 판결이 속출하고 있고, 아직 충분한 사회적 공감대가 형성되지 못한 상태에서 논란이 계속되고 있는 민감안 현안에 대한 다분히 파격적인 판결이라는 점에서 전 사회적으로 큰 파장을 불러일으키고 있다. 특히 동 판결은 대법원의 판례(1992.9.14. 92도1534)에 정면으로 배치되는 것일 뿐만 아니라, 헌법재판소가 동 규정에 대한 위헌심판제청사건(2002헌가1)에 대하여 2년여 지난 지금까지 결정을 내리지 못하고 있고 또한 국가인권위원회도 관련 진정에 대하여 판단을 미루고 있는 상황에서 내려진 지방법원 단독판사의 제1심판결이라는 점에서 더욱 주목된다.

Ⅱ. 평　　석

우선 매년 수백명의 젊은이들이 양심 내지는 신앙상의 병역거부로 징역형에 처해지는 딱한 일을 더 이상 그대로 지켜볼 수만은

---

* 법률신문 2004.6.3, 법조광장, 15면.

없다는 깊은 번민의 흔적이 뚜렷한 판결이라는 점에서 그 전향적인 발상의 전환에 찬사를 보낸다. 언론과의 인터뷰에서 '법대로 판단하였을 뿐'이라고 밝힌 담당판사의 차분한 목소리는 바로 그 법과 법의 해석을 통해 사람과 삶에 대한 믿음과 소망과 사랑을 담아낼 수 있고 또 그래야만 한다는 당연하지만 간과하기 쉬운 사실을 확인시켜 주었다. 법텍스트가 형식적인 기호분석론의 대상인 고착된 의미의 폐쇄구조나 힘과 지배이데올로기의 수단만이 아니라, 위대한 대화의 마당을 제공하는 열린 구조이고 또한 법관이 단순히 주어진 '법을 말하는 입'에 그치는 것이 아니라, '법을 품어서 창조하고 발전시켜 나가는 가슴과 머리'이기도 하다는 점도 재확인할 수 있었다.

동 판결은 그 내용만을 보면 새롭고 각별한 의미를 갖는 것은 아니다. 양심상 병역거부는 미국, 독일, 대만을 비롯한 많은 국가에서 이미 판례나 실정법상 인정되고 있고, 우리나라에서도 부정적이거나 유보적인 입장이 다수의견이기는 하지만, 양심상 병역거부에 대해서는 이미 많은 논의가 있어 왔다. 특히 기본권해석론의 차원에서 이른바 '규범조화적 해석'의 요청에 따른 '대안식 해결방법' 내지는 '최후수단억제의 방법' 등이 설득력 있는 해결방안으로 제시되어 왔다. 말하자면 동 판결은 '규범조화적 해석'의 지침에 충실한 헌법지향적 법률해석의 가능한 결론들 중의 하나일 뿐이기 때문이다. '콜럼버스의 계란' 자체에 관심이 모아지는 사회적인 논란의 맥락을 떠나서, 법리적인 관점에서 주목되는 바는 계란을 깨서 탁자 위에 세워 놓는 '콜럼버스법관'이 우리 헌법질서 속에서 허용되는 것인지, 바람직한 것인지 여부이다.

우선 현실 상황의 관점에서, 그 동안 딱한 현실을 외면해 온 무성의한 국회와 정부, 별다른 설득력 있는 논거 제시도 없이 "종교의 교리를 내세워 법률이 규정한 병역의무를 거부하는 것과 같은 이른바 '양심상의 결정'은 헌법에서 보장한 종교와 양심의 자유에 속하는 것이 아니다"라고 강변해 온 대법원, 전술한 바와 같이 결정을 마냥 미루고만 있는 헌법재판소 등 관련 헌법기관들의 행태에 비추어 볼 때, 동 판결은 불가피하였고 또한 법정책적 관점에서 매우 시의적절한 의제상정이었다고 생각된다.

독일 연방헌법재판소의 정의를 빌리면, 헌법상 보호되는 '양심상의 결정'은 "특정한 상황 속에서 개인이 선악에 대한 자기성찰을 통해서 스스로 구속되고 무조건 복종해야 하는 것으로 받아들인 내면의 소리에 따르는 경우 심각한 양심의 가책이 없이는 거스르기 어려운 모든 진지한 윤리적 결단"(BVerfGE 12.45/55;48.127/173)을 의미한다. 숫자의 다소를 불문하고 그 진지함과 개인적인 회피불가능성에 비추어 볼 때, 형사처벌을 감수하면서까지 전인격을 걸고 병역의무를 거부하는 사람들의 결정이 사랑으로 돌보아 주어야 하는, 이른바 '애고(愛顧)요청'(Wohlwollensgebot)의 대상인 양심상의 결정에 해당된다는 점은 의문의 여지가 없다. 이데올로기적인 교조주의적 관점을 제외한다면, 윤리적 판단의 객관적인 기준을 부인하는 상대주의 내지 회의주의든, 이성의 토대를 긍정하는 칸트의 정언명법이든 또는 인간의 감성과 열린 담론에 대한 신뢰를 전제로 하는 입장이든, 이를 부인하는 주장이 원용할 수 있는 설득력 있는 논거를 제공해 주는 윤리학은 없다. 사회적 실재로 주어져 있는 가치규범으로서 헌법은 윤리학과 토대를 같이한다.

이러한 관점에서 볼 때 구체적인 보호의 내용과 방법은 별론의 대상이되, '현역입영 또는 소집통지서를 받은 사람이 정당한 사유 없이 입영 또는 소집에 불응한 때는 3년 이하의 징역에 처한다' 라는 규정상 '정당한 사유'에 '양심상의 결정'이 포함되는 것으로 보는 해석론은 적어도 입법자의 의도나 안보논리를 절대시하는 극단적인 입장을 배제한다면 문리해석, 논리해석 등 일반적인 법해석방법론의 한계를 넘지 않는 범위 내에서 가능한 것으로 생각된다. 더구나 인간의 존엄성을 핵심가치로 하는 헌법질서 속에서 양심의 자유의 의미와 기능을 각별하게 배려하는 관점에서 헌법지향적 체계해석을 하는 경우, 합헌의 범주에서는 거의 유일하게 남는 당연한 해석론으로 여겨진다. 법적용의 양형단계에서 헌법상 국방의 의무(제39조)와 양심의 자유(제19조)를 조화시키고 형평성을 고려하는 방안을 찾는 것이 불가능하거나 극히 제한될 수밖에 없는 법구조적, 현실적 조건 하에서는 법해석론의 차원에서 선택이 가능한 대안은 무차별적인 처벌과 무죄 둘 뿐인데, 이제까지 법운용이 분단휴전상태의 특수한 안보상황을 이유로 국방의 의무를 중시하는 관점에서의 일방 극단의 법해석이었다면, 적어도 양심의 자유를 전적으로 무시하거나 외면하지 않는 관점에서 택할 수 있는 유일한 대안은 반대방향의 극단, 즉 '양심상의 결정'을 '정당한 사유'에 해당되는 것으로 확대해석하는 것만이 남게 되기 때문이다. 헌법의 통일성을 중시하는 이른바 '규범조화적 해석'의 관점에서 볼 때, 이 양 극단의 관점은 선택의 대안으로 주어져 있는 것이 아니라, 조화와 타협의 한계점, 즉 배제의 기준으로 주어져 있다. 따라서 이 양 극단의 관점에 따른 법률해석은 헌법의 통일성을 무시하였다는 점에서는 달리 평가되지 아니한다.

다만 양심상 병역거부를 인정하여 무죄로 판단하는 경우에 형평의 원칙에 위배되는 결과가 초래된다는 지적도 입법개선촉구의 논거로서는 몰라도, 처벌을 전제로 양심상 병역거부 자체를 부인해야만 하는 이유로서는 설득력이 없다. 대체복무제도 등의 형평을 맞추는 제도보완이 있기 전까지는 일단 징역형이 형평의 수단으로 계속 유지되어야 한다는 주장은 논리적으로 앞뒤가 뒤바뀐 오류에 지나지 않을 뿐만 아니라, 균형성의 감각도 결여되어 있다. 우리의 특수한 안보현실에서 수용하기 어려운 무분별한 병역거부

심리의 확산에 대한 우려도 신중하게 가늠 잡아야 할 중대한 문제이기는 하되, 다만 우리의 병력상황과 젊은이들의 의식수준이 일부 극소수의 동료 젊은이들의 고통을 덜어 줄 한 치의 여유와 유연성도 없다는 성급한 예단도 경계되어야 한다.

전술한 바와 같이 양심상 병역거부자에 대하여 형사처벌과 무죄, 두 가지 대안 중에 하나의 선택을 강요하고 있는 불가피한 법해석의 상황은 근본적으로 입법단계에서 예정 또는 용인된 것이다. 법적용상의 차별화를 통한 합리적인 문제해결을 기대할 수 없고 또한 이 상태 그대로 가는 것도 용인될 수 없다면, 이러한 법상황에 대한 진지한 재검토가 더 이상 미루어질 수는 없고, 그 선도(先導)의 책임은 온전히 의회에 있다. 상급심에서의 판단이 어떻게 내려지든 관계없이, 이미 '양심상 병역거부'를 인정한 단 한번의 하급심 판결만으로도 재론의 필요성 자체에 대한 공식적인 확증으로 충분하다.

여기에서 법관의 법형성적 기능의 한계나 법운용상의 기술적인 한계 등에 관한 상론은 약하되, 다만 양심상 병역거부의 문제는 사안의 본질상 법해석 내지는 개별 판결을 통해서 해결될 수도 없고 또한 그것은 바람직하지도 않다는 점은 분명하다. 흔히 이 문제에 대한 법리논쟁에서 양심실현의 자유에 대한 제한의 근거로 또는 그것에 우선되는 헌법적 명분으로 국가안보상의 필요성 내지는 신성한 국방의 의무가 제시되는데, 사실 이 문제가 법도그마틱 차원에서 해결될 수 없는 결정적인 요인은 그 배후에 자리 잡고 있는 심리적인 갈등과 저항감이다. 말하자면 대체복무 등의 방법으로 유무형의 손익을 따져서 형평을 맞추는 식으로 해소되기 어려운 정신적인, 심리적인 요소가 대치되고 있기 때문이다. 바로 그 양심의 자유를 지켜주는 국가를 수호하기 위하여 생명을 버릴 수도 있는 절박한 상황을 받아들이는 희생과 봉사의 자긍심이 그것이다. '모두 같이 한다'는 전제가 없다면 기대하기 어려운 마음이다. 여기에서 비롯되는 반발과 분노는 결코 그릇된 윤리적 풍토로 매도될 수 없음은 물론이고, 계산과 논증으로 해결될 수 있는 것도 아니다. 이해와 관용은 강요될 수 없을 뿐 아니라, 이성과 논리가 아닌 감성과 정념에서만 구해진다. 결국 상호 역지사지 연민의 감정과 관심을 공유하고, 대화의 마당을 여는 것이 문제해결의 시발점이다.

세계 유일의 분단국가에서 병역을 거부하는 양심의 결정을 용인하는 넉넉함을 보여주는 것은 결코 쉽지 않은 일이지만, 한 번 시도해볼 만한 아름답고 멋있는 일이다. 이미 폭넓게 대체복무제를 시행하고 있는 대만이 우리보다 크게 여유로운 상황은 아니지 않는가? 다만 멋과 아름다움은 우선 정치예술의 몫이다. 그것은 '논증의 원칙'이 적용되는 좁은 법도그마틱의 법정이 아니라, '합의의 원칙'이 적용되는 넓은 담론의 광장에서만 가능한 일이기 때문이다.

Ⅲ. 맺는 말

정치의 역할이 '타협이 필요한 때에는 그것을 가능하게 만들고, 타협이 불가능할 때에는 그것을 불필요하게 만드는 방안을 찾는 것'이라는 말을 빌리면, 양심상 병역거부의 현안은 타협을 가능하게 만들어야만 하는 전자의 경우에 해당된다. 만약 후자의 경우라 할지라도, 유감스럽게도 문제의 성격상 타협을 불필요하게 만들 수 있는 방안은 찾기 어렵지만, 열린 마음을 가지고 진지하게 재검토하여 타협이 불가능한 상황이라는 점을 확인하고, 해명과 함께 이해를 구하는 애고(愛顧)의 노력을 다해야 한다. 대법원은 물론이고, 헌법재판소가 어떤 결론을 내리든 타협 내지는 타협을 전후한 이 정치작업은 불가피하다. 다행히도 우리보다 앞서서 고민하고 대안을 마련한 선례들이 있어서 제도적인 방안의 모색을 위해서 정치적 상상력을 소모할 필요는 없다. 생각이 다른 사람들이 같은 언어로 대화를 나눌 수 있는 담론의 마당을 마련하고, 건강한 토론을 선도하는 정치 본연의 역할이 기대되고, 요구될 뿐이다.

[10] 한정위헌결정의 법원에 대한 기속력*

Ⅰ. 머리말

한정위헌결정의 기속력을 둘러싸고 헌법재판소(이하 '헌재'로 약칭함)와 대법원이 정면으로 충돌하는 난감한 사태가 해결되지 않고 언제든지 재연될 수 있는 가능성을 남겨두고 봉합된 상태이다. 1995년 양도소득세 과세기준을 둘러싸고 헌재가 한정위헌결정(1995.11.30. 94헌바40, 95헌바13 병합)을 내리면서 시작된 분쟁이 2001년 국가배상법 사건[1] 이후 한동안 잠복되어 있다 다시 불거진 바 있었고, 2009년에는 구 상속세법 제18조 제1항에 대하여 헌재가 한정위헌결정(2008.10.30. 2003헌바10)을 내리면서 위헌으로 판단한 부분, 즉 '상속인'에 '상속개시 전에 상속재산가액에 가산되는 재산을 증여받고 상속을 포기한 자가 포함되지 않는 것'으로 보는 해석을 대법원이 다시 취하면서 재판(2009.2.12. 2004두10289)에 적용하여 문제가 재발하였다. 다행히 이 사건만을 놓고 보면, 헌재와 대법원의 상이한 법률해석에도 불구하고 소송당사자의 부담세액이 달리 산정되지 아니하였기 때문에 이전의 양도세 사건(1997.12.24. 96헌마172, 173병합)[2]과 같이 동 판결에 대한 재판소원과 원처분의 취소를 구하는 헌법소원으로 이어지지는 않고 넘어갔다.[3]

---

* 공법학연구, 제12권 제3호, 2011.8, 183-210면.

1) 헌재 1994.12.29. 93헌바21, 판례집 6-2, 379면 이하. 이와 관련된 대법원의 판결은 2001.4.27. 95재다14.

2) 한정위헌결정의 기속력을 부인하는 대법원의 입장 고수에도 불구하고, 동 사건과 관련해서는 국세청이 체납절차상의 압류를 해제하여 결국은 대법원의 상고기각판결과 원처분을 취소한 헌재결정의 취지에 따라 청구인의 권리가 구제되는 결과로 정리되었다.

3) 위 결정 이후에, 헌재의 한정위헌결정에 따르지 않은 양도세 관련 재판의 취

하지만, 이 사건의 추이나 결과와는 무관하게 한정위헌결정의 법원에 대한 기속력에 관해서는 향후 언제든지 헌재와 대법원이 정면으로 충돌하는 상황이 반복될 수 있고, 이 문제는 근본적으로는 보충성의 요건과 연계된 '금지된 재판소원'에 기인하는 근본적인 제도적 문제들과 연관되어서 헌법이론 및 헌법정책론의 차원에서도 여전히 논란이 계속되고 있다. 모범답안을 제시할 자신은 없지만, 또는 오히려 그렇기 때문에, 이 문제를 재론코자 한다. 우선 헌재가 판례를 통해 형성한 이른바 '변형결정'의 한 형식으로서 한정위헌결정의 허용 여부에 관한 논의의 대강과 현황을 살펴보고(Ⅱ), 합헌적 법률해석과 연관되는 법해석론의 관점에서 기본개념을 규명하고(Ⅲ), 헌재와 대법원간의 갈등해소를 위한 법리적 단서의 검토와(Ⅳ), '금지된 재판소원'의 제도적 조건 하에서 한정위헌결정형식의 본질과 구조 및 그 독자적인 효용을 검토해보는 것(Ⅴ)은 여전히 의미가 없지 않다고 믿기 때문이다.[4]

Ⅱ. 論議의 大綱과 現況 및 期待

1. '위상경쟁'이 아닌 '역할조직'의 문제

주지하는 바와 같이, 1987년 제9차 개헌 과정에서 헌법재판제

소를 구하는 2건의 헌법소원사건(97헌마50, 97헌마314)과 1건의 국가배상 관련 헌법소원사건(2001헌마586)은 청구인이 소를 취하하여 재판 및 원처분을 취소하는 종국결정에 이르지 않고 심판이 종료된 바 있다. 헌재의 입장을 고려할 때 인용결정이 확연한 상황에서 청구를 취하한 정확한 연유는 알 수 없지만, 아무튼 어떤 수단과 방법을 통해서든 결과적으로는 헌재의 결정 취지에 따른 당사자의 권리구제가 담보되는 사정이 있었을 것으로 추측된다.

4) 이 문제는 많이 논의되어 왔지만, 대법원의 동 판결 이후에 발표된 글을 보면 여전히 그 쟁점과 연관된 '언어' 및 문제인식이 공유되고 있지 못함이 여실히 드러난다. 예컨대, 신봉철, 「한정위헌을 둘러싼 헌재와 대법원의 각 판단에 대해」, 법률신문, 2009년 3월 12일, 15면.

도를 설계하면서 가장 논란이 많았던 문제의 하나가 재판소원의 인정 여부였다. '보충성의 요건'을 요구하면서 법원의 재판을 원칙적으로 헌법소원의 대상에서 제외한 입법형성, 즉 헌법재판소법 제68조 제1항과 제2항의 내용 자체에 대한 법리적 평가는 별론의 대상이되, 헌법의 위임에 따라 재판소원을 원칙적으로 인정하지 않는 헌법소원제도가 법률로서 정해질 수 있게 하고 또 실제 그렇게 된 것은 적어도 헌법이론의 차원에서 보면 이른바 '형식의 오류'가 아닐 수 없다. 하지만 이 '형식오류'의 문제는 그것이 헌법 제111조 제1항 제5호에 명확하게 규정되어 있을 뿐만 아니라, 동 규정 자체가 개헌 당시 상황에서 정치적 타협의 소산이었다는 점에서 일반적인 체계부적합의 흠과는 그 성격이 크게 다르다. 따라서 헌법정책론의 관점에서는 물론이고, 헌법해석 또는 합헌적 법률해석의 관점에서도 이 오류가 헌법의 차원에서 적극적인 의도의 산물이었거나 또는 적어도 소극적으로 용인된 것이라는 점이 고려되어야 한다.[5)]

이 글의 관심사항인 한정위헌결정의 법원에 대한 구속 여부의 문제도 이 '형식의 오류'와 연관된 '구조적인 문제'이기 때문에 이 요청이 그대로 해당함은 물론이다. 여기에서 관련된 상론은 생략하되, 당연하지만 유감스럽게도 여전히 재확인이 필요한 한 가지 사항만을 강조하고자 한다. 구체적인 제도설계를 입법형성에 맡기는 양식으로 표현된 헌법소원에 대한 헌법규정 자체가 현실적인 타협의 산물이었지만, 사실상 본격적인 헌법재판제도를 처음 시작하는 과도기적인 당시와 현재의 상황은 크게 다르다. 따지고 보면 상호간의 양보라는 필수적인 요소가 있을 수 없었다는 점에서 타

5) 특히 헌재법 제68조 제2항의 헌법소원제도와 관련한 논의의 배경과 기능 및 성격에 대해서는 이명웅, 「헌법재판소법 제68조 제2항 헌법소원제도 - 실무상 쟁점을 중심으로-」, 『헌법논총』, 제12집, 311-322면.

협이라고 할 수 없는 타협에 의해서 제도가 설계된 것은 헌법재판제도의 실무상 운용경험이 거의 없었고, 따라서 타협의 과정에서 수렴해야 만할 헌재의 입장에서의 반론의 주장과 그 대표자가 없는 상황에서 법원 측의 요청만이 일방적으로 수용된 결과였다고 할 수 있다. 말하자면 최고법원으로서의 위상이 흔들릴 수 있을 것이라는 대법원의 극심한 우려와 반론을 무마하기 위한 잠정적인 수습책 이상의 것이 아니었다.[6)]

아무튼 한정위헌결정의 기속력을 둘러싸고 헌재와 대법원이 심급(계급)서열을 따지는 듯한 모습으로 충돌하는 상황이 계속되는 것은 유감이 아닐 수 없다. 이제는 제도 시행 당시의 상황, 즉 다분히 불합리한 '위상경쟁'의 차원을 넘어 '기본권의 최대한 보장과 실현'이라는 명제에 초점을 맞추어서 적정한 기능과 역할분담의 지침과 기준을 함께 모색하는 데 관심을 기울여야 할 것이다.

2. 바람직한 '역할의 조정과 분담'을 위한 법리적 단서 재검토

입법사적인 배경을 전술하였거니와, 헌법소원심판제도를 채택하면서 재판소원을 인정하지 않은 것의 그 당부나 위헌 여부는 별론의 대상으로 하되, 아무튼 현재의 법상황은 헌재법 제68조 제1항에서 재판소원이 금지되고 있는데, 그럼에도 불구하고 헌재는 동조 제2항의 이른바 '규범통제형 헌법소원'에서 한정위헌결정의 형식을 통하여 적지 않은 경우 사실상 우회적으로 재판소원을 수행하고 있다. 적어도 이 경우 한정위헌결정은 법원의 법률해석·적용권을 제한하고, 형식만 다를 뿐 사실상 재판을 통제하는 점에서 재판소원과 구별되기 어렵다는 점에서 한정위헌결정의 기속력 문제는 일견 현행 헌법재판제도의 '구조적인 문제'로 여겨진다.[7)]

---

6) 이에 관해서는 허영, 『헌법소송법론』, 박영사, 2011, 343, 374면.
7) 한수웅, 「헌법재판소법 제68조 제2항에 의한 헌법소원심판에서 한정위헌결

문제는 이 '구조적인 문제'의 바람직한 해결방법을 찾는 것이다. 그런데 이에 앞서서 우선 '구조적인 문제'라는 진단의 적확성을 짚어보는 것이 필요하다. 대법원의 기본인식이 그러하듯이 한정위헌의 결정형식 자체에 대하여 부정적인 인식을 갖고 있는 입장에서는, 현재의 법상황에서 헌법이나 헌법재판소법(이하 '헌재법'으로 약핑함)의 개정이 없이는 그 충돌의 근원이 완전히 해소될 수 없다는 의미에서 이 문제를 '구조적인 문제'라고 보고, 이러한 전제 하에 재판소원이 금지되어 있는 제도적 여건에서 헌법상 법원의 전속권한에 속하는 법률해석권의 포기를 요구할 수는 없는 것으로 보고, 따라서 궁극적으로는 헌재의 자제를 주문한다. 그러나 이 문제가 과연 헌재와 법원간의 충돌이 불가피하다는 의미에서 '구조적인 문제'인지 또한 헌재에게 원인제공의 책임을 물어 일방적으로 변형결정형식의 포기나 자제를 요구하는 것이 법리상 타당한 것인지는 의문이다.

우선 변형결정의 형식 자체에 대해서 근본적으로 부정적인 입장을 보이는 대법원과는 달리, 한정위헌결정이 구체적 규범통제에서 '합헌적 법률해석의 원칙'에 의해 허용되고 또 요구되는 통상적인 결정형식이라고 보는 입장에서는[8] 적어도 한정위헌결정의 법원에 대한 기속 자체가 다툼의 대상이 될 수밖에 없다는 의미에서 '구조적인 문제'라고 진단하는 것에는 동의할 수 없다. 다만, 헌법지향적 법률해석 또는 합헌적 법률해석에서 교차적인 영향관계 속에서 진행되는 작업의 구조상 '헌법의 해석'과 '법률의 해석'이 명확하게 구별되기 어렵기 때문에, 헌재법상 재판소원을 금지하고 있는 제도적 조건 하에서 재판통제의 결과가 불가피한 한정위헌결정을 결정의 한 형식을 취하는 한 법률의 해석과 적용에 관하여

정의 문제점」, 『홍익법학』 제8권 제2호, 2007, 137면 참조.

8) 이에 관해서는 허영, 앞의 책, 245면.

헌재와 대법원의 관할권이 분명하게 획정되기 어렵다는 의미에서라면 이견이 없다.

이러한 의미의 '구조적인 문제'의 범주에서 보면, 법리적으로 법원이 헌재의 한정위헌결정에 구속되는 것과 법률의 해석권한이 법원에 전속되는 것은 모순관계로 파악되지 아니한다. 헌재는 한정위헌결정을 통해 법원의 법률의 해석과 함께 또는 그에 앞서 우선 법원이 법률해석의 지침 또는 전제로 선판단하여 반영한 부분, 즉 법원이 헌법지향적 법률해석을 함에 있어서 존중한 '헌법의 기본결정'의 해석문제에 대하여 법원과 다른 의견을 제시하는 것일 뿐이고, 이 경우 헌법은 헌재에게 최종결정권을 주고 있기 때문이다.

Ⅲ. 합헌적 법률해석의 원칙과 한정위헌결정

1. 기본개념의 해명 - 법률(조항) = 국회의 생각 = 규범?

한정위헌결정의 기속력을 부정하는 입장에는 기본적으로 변형결정의 형식 자체를 부정하는 태도가 전제되어 있다는 것은 기술한바 있거니와, 더 나아가서 이러한 태도는 부지불식간에 법실증주의적인 해석론을 벗어나지 못한 원론적인 법인식의 오류, 예컨대, '법률', '규범', '법률해석' 등의 기본적인 개념과 그 맥락을 제대로 파악하고 있지 못한 것과도 연관되는 것으로 여겨진다. 이는 결론과 논증의 구조상 대법원의 입장에 동조하는 방향의 한 논문에서,[9] 특히 다음과 같은 서술에서 여실히 드러난다. "'법률 또는 법률조항'은 국회라는 입법자에 의하여 입법과정을 거쳐 입법된 법률이라는 '문서'(written document)에 담긴 국회의 생각으로서 문자로 기재된 문서의 형태로 존재하는 것이지만 '법률 또는 법률조항

9) 신봉철, 앞의 글.

의 해석'은 성문(written)의 법률을 해석할 권한을 가진 법원이 양심에 따른 사유과정을 거쳐 판결로 말하여진(spoken) 법원의 생각이다." 아마도 여기에서 국회와 법원의 '생각'은 '의사'의 의미로 사용된 것으로 추측되고, 그렇다면 논증의 맥락상 '법률(조항)=규범' 또는 '법률(조항)=입법자의 의사', 궁극적으로는 '써진(written) 입법자의 의사=말하여진(spoken) 법관의 의사'의 논리형식을 전제하는 것으로 생각되는데, 도대체 이 명제가 성립되는 것인지 의문이다.[10)]

우선 문서의 형태, 즉 문자기호로 구성되어 있는 법률(조항)은, 법실증주의에서 전제하는 바와 같이 그 자체가 규범이거나 하나의 확정된 의미덩어리인 규범이 저장되어 있는 창고가 아니다. 규범의 발견 또는 창출을 위한 효력 있는 '지표'나 '표현매체'이고, '입법자의 의사'도 입법목적이나 입법취지 등과 같이 '법률해석'의 과정에서 반영되는 유력한 참고자료들일 뿐이라는 것에 대해서는 법해석방법론상 이견이 있을 수 없다. 말하자면 의미덩어리인 법규범은 법률해석에 앞서 선재하는 것이 아니기 때문이다. 법률은 우선 효력만을 가질 뿐이고, 그 의미, 즉 법규범의 내용은 '의미론적 실천작업'인 법률해석을 통해 그 결과로 사후에 찾아질 뿐이다.[11)] 또한 '입법자의 의사'와 객관적인 법규범 자체가 동일한 것이 될 수 없다고 본다면, "헌법재판소가 위헌심사를 할 수 있는 대상은 국회의 생각과 행위인 '법률 또는 법률조항'이지 '법률 또는 법률조항의 해석'이 아니다"라는 말은, 그것이 해석의 한계, 특히 전자는 법문의 어의적 한계를 벗어나지 않는 범위에서 가능한 모든 법률해석의 방법을 통해 발견 또는 창출되는 의미들, 즉 개연성이

---

10) 이 부분은 저자가 법률신문(2009년 4월 20일, 14면) 연구논단에 발표했던 글 중 일부를 미세한 수정을 하여 활용한 것임을 밝혀둔다.

11) 이와 관련해서는 김하열, 「법률해석과 헌법재판: 법원의 규범통제와 헌법재판소의 법률해석」, 저스티스 통권 108호, 2008. 8-14면; F. Müller 외 2인, 이덕연(역), 법텍스트와 텍스트작업, 법문사, 2007, 특히 17-24면.

있는 모든 규범내용들의 '전체'나 또는 이 '전체'를 포괄하는 법률 문언을, 후자는 합헌해석과 위헌해석의 개연성이 공존하는 상황에서 법원이 선택한 특정한 합헌적 법률해석에 따른 규범내용의 '부분'을 의미하는 것이라면 모르겠으되, 그렇지 않은 경우라면 성립될 수 없는 명제이다.

아무튼 규범의 해석과 적용이 넓은 의미에서의 규범의 구성부분에 속하는 것으로 보고, 따라서 법률의 해석과 적용 대안 중 일부를 위헌으로 배제하는 것이 '법문의 축소가 없는 질적인 부분위헌선언'(qualitative Teilnichtigkeitserklaerung ohne Normtextreduzierung)[12]으로 파악될 수 있다면, 법이론상 전자의 경우를 취할 수밖에 없고, 그렇다면 이는 바로 합헌적 법률해석의 원칙에 따라 가능하고 또한 요구되는 한정위헌이나 한정합헌 등 이른바 '변형결정형식'에 법원의 법률의 해석과 적용에 대한 헌법적 통제, 즉 '간접적인 재판소원'의 효과가 수반될 수밖에 없다는 것에 유력한 논거가 될 뿐이다. 합헌적 법률해석은 특수한 위헌적인 해석을 배제함으로써 법률해석의 기준을 제시하는 동시에 법률의 일반적인 법적 효력을 인정하는 해석이기 때문이다.[13]

이렇게 본다면, 한정위헌결정은, 다의적인 해석이 가능한 법률조항의 문언을 소재로 하여 헌법의 '해석규칙'에 따라 헌법지향적인 법률해석작업을 한 결과 다양한 의미덩어리들인 규범의 대안들이 도출될 수 있는데, 그 대안들 중에 특정한 해석이 '저촉규칙'으로서 헌법에 위배 또는 합치되는지 여부에 대하여 헌재와 대법원의 의견이 다른 상황에서 헌재로서는 자신이 헌법에 위배되는

---

12) W. Heun, "Normenkontrolle", in; P. Badura/H. Dreier, Fs. f. 50 Jahre Bundesverfassungsgericht, 2001, 637-8면.

13) K. Schlaich, Das Bundesverfassungsgericht, 2. Aufl., C.H. Beck, 1985, Rn. 409.

것으로 판단하는 대법원의 법률해석의 부분을 합헌적인 것으로 용인할 수 없음을 확인하는 것일 뿐이다. 이 경우 헌법해석의 부분, 즉 대법원의 법률해석을 위헌인 것으로 판단한 '저촉규칙'으로서 헌법과 '법률해석의 헌법에의 포섭 여부'에 관하여는 헌재의 확인이 우위에 있다는 점에는 의문의 여지가 없다. 또한 대법원은 한정위헌결정의 기속력을 부인하는 논거의 하나로 제시하고 있지만, 법률의 문언이 바뀌지 않고 그 의미, 즉 규범의 내용이 축소 또는 확장되거나 그 적용범위가 제한되는 것은 헌법변천의 경우와 마찬가지로 법률의 경우에도 다르지 아니하다. 일반 법원이 행하는 통상적인 법률의 해석과 적용의 한 양식이다. 다만, 헌재의 한정위헌 또는 한정합헌결정에 의한 합헌적 법률해석은 부분에 대한 무효선언이되 그것이 일반적인 기속력을 갖는 객관적인 종국결정이라는 점에서 '단순한 해석'(blosse Auslegung)[14]인 일반법원의 헌법지향적인 법률해석의 기속효와는 다르다. 또한 결정의 내용은 법원이 헌법지향적 법률해석을 하기 위해 또는 그것을 하는 과정 속에서 '해석규칙'으로 삼은 헌법의 해석을 '저촉규칙'으로서 헌법의 해석을 통해 부정하는 것일 뿐이다. 법원의 구체적인 법률해석의 방법과 그 결과가 배제되는 재판통제의 효과는 이 과정에 수반되는 부수적인 결과로 나타나는 것이다.

2. 합헌적 법률해석과 헌법 및 법률의 해석과 적용

위헌법률심판에서 법률 또는 법률조항에 대한 해석은 당연히 전제되는 것이고, '합법률적 헌법해석'이 아니라 합헌적 법률해석의 전제 하에서도 법률의 해석에 대하여 헌법 또는 헌법의 해석은 순차적인 단계의 관계 속에서 일단 헌법과 유리된 상태에서 법률을 해석하고 난 후에 그것이 헌법에 위배되는지 여부를 판단하는

14) K. Schlaich, 위의 책, Rn. 112.

것이 아니다. 헌법의 해석과 법률의 해석은 동시적인 교차관계 속에서 서로 영향을 미친다. 법률의 해석이 헌법규범과 무관하게 또는 해석기준으로서 그 헌법규범의 의미가 분명한 조건 하에서 이루어지는 합헌인 법률의 해석과 적용은 법원에 고유한 전속권한이고, 헌재의 입장에서 법원의 법률해석을 존중해야만 하는 것은 물론이다. 그러나 법원에 전속하는 사법권을 논거로 하여 원천적으로 헌재의 법률해석권 자체를 부인하는 것은 헌법과 관련된 헌재 고유의 사법기능을 은폐하고 그 권한을 최대한 축소하려는 의도를 갖고 헌법에 규정된 개념을 형식논리적으로만 해석하는 견해에 지나지 않는다.[15] 재확인하건대, 헌법의 기본적인 결정을 존중하는 범위 내에서 다의적인 해석이 가능한데, 법원이 제시하는 법률해석의 부분은 헌재가 해석하는 헌법에 위배되고 헌법에 합치되는 법률해석의 대안이 가능한 경우, 정확하게 말한다면, 법문의 어의적 한계나 입법목적 등에 따른 해석의 한계를 넘어서지 않는 범위 내에서 헌재가 그렇게 판단하는 경우 그 대안을 취하여 법률의 효력을 유지시키는 것이 바로 합헌적 법률해석의 원칙이다. 동 원칙의 배후에는, 반증에 의하여 부정될 수 있는 것이기는 하지만, 민주적 정당성을 갖고 또한 합헌적으로 입법을 할 것으로 추정되는 의회입법자에 대한 존중이 자리 잡고 있고, 이 추정은 법문과 규범의 목적을 고려하는 어떤 해석 방법으로도 헌법에 합치되는 대안이 찾아지지 않는 경우에만 부정될 수 있는 것이다.[16]

결국 헌재와 일반 법원간의 관계에서뿐만 아니라, 이와 함께 또는 이에 앞서 헌재와 의회입법자간의 권한배분의 준거이기도 한 합헌적 법률해석의 원칙에 따른 법률해석과 그에 따른 규범통제의

---

15) 이에 대한 상세한 논의는 방승주, 「국가배상법 제2조 제1항 단서에 대한 한정위헌결정의 기속력」, 『인권과 정의』, 제304권(2001.12), 108-111면.

16) E. Benda/E. Klein, Verfassungsprozessrecht, 2. Aufl., C. F. Müller, 2001, Rn. 1286.

과정을 통하여 헌재가 배제 또는 수정하는 것은 법원이 '합헌인 법률을 법원이 위헌적으로 해석 또는 적용한 것'이 아니라, 법원이 법률의 '해석규칙'으로 삼은 헌법해석과 그에 따르는 경우 위헌인 법률해석의 부분이다. 이는 결국 실질적으로는 '해석에 의한 법률의 부분적 폐지'를 의미한다. 이러한 점에서 합헌적 법률해석은 법률해석의 측면에서는 '헌법의 기본결정을 고려하는 해석', 즉 헌법지향적 법률해석의 한 유형이라고 할 수 있지만, 반면에 규범통제절차로서 그 기능과 법적 효과, 즉 헌법해석의 관점에서는 헌법지향적 법률해석과는 구별되는 독자적인 헌법원칙이고, 이 원칙을 구현하는 한정위헌 또는 한정합헌의 결정형식은 '위헌결정에 대한 하나의 대안'으로서 헌재결정의 한 유형에 해당한다.[17]

법이론적으로 일반적이고 추상적인 법률 또는 법률의 제정과 개별 사건에서의 법률의 해석과 적용이 구별될 수 있고, 따라서 헌재도 이 세 단계의 모든 차원에서 위헌을 확인할 수 있는 것은 물론이다. 하지만, 전적으로 헌재의 전속권한에 속하는 합헌적 법률해석을 통한 규범통제에서, 말하자면 특정한 법률해석방법과 그 적용을 위헌적인 것으로 배제하는 한정위헌결정을 통해 법률에 대하여 '실질적인 일부위헌선언'을 하여 법률을 수정하는 과정에서 '헌법해석'과 '법률해석'이 구조적으로 명확하게 구분되기 어렵다는 점이 문제의 근원이다. 특히 헌법의 해석에 대해서 헌재와 대법원의 판단이 확연히 다르지 아니한 조건 하에서 합헌해석과 위헌해석의 개연성이 공존하는 가운데 구체적인 법률의 해석과 적용이 헌법에 위배되는지 여부에 대해서 헌재와 대법원의 의견이 충돌하는 경우이다.[18] 헌법해석에 국한되는 문제 또는 헌법규범과 직접

---

17) 헌재 2003.4.24. 2001헌마386, 판례집 15-1, 460면.

18) 합헌적 법률해석의 맥락에서 법률해석에 관하여 대법원과 헌재가 충돌하는 경우는 세 가지 유형, 즉 법원은 단순합헌으로 판단하였는데 헌재는 합헌적

연계되어 다투어지지 않는 법률해석의 문제만이라면 문제가 됨직한 문제 자체가 발생하지 아니한다. 관건은 법원의 구체적인 법률의 해석과 적용이 헌재와 법원이 그 의미를 달리 파악하지 않는 헌법에 위배되는지 여부가 다투어지는 경우에 최종결정권의 소재지가 어디인가의 문제이다.

3. 한정위헌결정과 '부수적인 재판소원'

법원의 헌법지향적인 법률의 해석과 적용의 부분을 배척하고, 결과적으로 헌재가 제시하는 대안을 관철하는 한정위헌결정이 원칙적으로 재판소원을 금지하고 있는 현행법상 허용될 수 있는 것인지 여부가 이론적으로, 실무상으로 문제가 될 수 있고, 한정위헌결정의 기속력에 관한 헌재와 대법원의 이견도 이 문제에 대한 입장의 차이에 기인한다. 하지만, 재판소원을 원칙적으로 금지하는 헌재법 제68조 제1항에서 동조 제2항에 의거한 이른바 '규범통제형 헌법소원'의 형식을 통한 '부수적인 재판소원', 말하자면 당해재판에 적용되는 법률의 위헌성을 묻는 이른바 '간접적인 법률소원'까지도 금지된다는 결론이 필연적으로 도출되지는 아니한다. 이 문제는 헌재법의 해석만이 아니라 헌법해석의 문제 또는 적어도 헌법해석과 법률해석이 중첩되는 합헌적 법률해석의 맥락에서 지침과 한계로 삼아야 할 헌법의 해석과도 연관된 문제이다.

헌재는 합헌적 법률해석을 실현하는 수단으로 한정합헌과 한정위헌결정을 활용하여 왔다. 법률의 위헌 여부를 판단함에 있어

법률해석을 하여 한정위헌 또는 한정합헌결정을 한 경우, 법원은 합헌적 법률해석을 하였는데 헌재는 위헌결정을 한 경우, 그리고 법원은 합헌적 법률해석을 하였는데 헌재는 단순합헌결정을 내린 경우가 있다. 여기에서 관심은 우선 첫 번째 유형의 충돌이고, 이 경우 헌재의 판단이 우위에 있고, 대법원이 헌재결정에 따라야 하는 것은 물론이다. 이에 관해서는 김하열, 앞의 논문, 31면 이하.

서 법률이 법문이나 법목적상의 한계를 벗어나지 않는 범위 안에서 다의적인 해석이 가능하고, 그 다수 대안들 중에 합헌의 해석방법이 존재한다면 그 해석을 선택하여 또는 위헌적인 해석방법을 배제함으로써 법률조항의 효력을 유지하는 것이 헌법을 정점으로 하는 법질서의 통일성을 유지하면서 입법형성권도 존중하는 것이 되기 때문이다. 또 한편 합헌적 법률해석의 소극적 기능, 말하자면 위헌적으로 해석으로 해석될 수 있는 가능성을 갖고 있는 법률이라도 모든 가능한 해석의 대안이 헌법에 위반되는 경우에만 위헌으로 선언되어야 한다는 요청의 관점에서 보면, 합헌적 법률해석은 규범통제에 대한 한계적 지침으로 작용된다.

요컨대, 한정합헌 또는 한정위헌의 결정형식은 최고규범인 헌법이 법률에 대한 '해석규칙' 및 '저촉규칙'으로서 적용되는 통상적인 헌법실현의 수단이다. 따라서 헌재가 이들 변형결정의 형식을 통해 법률에 대하여 실질적으로 이른바 '일부위헌선언'을 함으로써 법률의 내용을 구체화하는 동시에 그 내용을 통제하는 것은 허용여부의 문제가 아니라 헌법규범에 따른 당위적인 요청이다.

하지만, 문제는 헌재가 한정위헌결정 등의 변형결정을 하면서 일반적이고 객관적인 규범통제가 아니라 본질적으로 사실상 재판, 즉 일차적으로 법원의 전속권한인 구체적인 사건에서의 법률의 해석과 적용을 통제하는 내용의 재판소원을 용인하는 합헌적 법률해석을 해왔다는 점이다. 헌재법 제68조에 제2항의 헌법소원이 '간접적 재판소원'의 형식으로 전용되고 있다는 지적은 바로 이러한 맥락에서 설득력 있게 다가온다.[19] 다만, 헌재법 제68조 제2항의 이른바 '규범통제형 헌법소원제도' 자체의 위헌 여부를 포함하여 그 기능과 실질, 말하자면 동 헌법소원제도를 위헌법률심판과 헌법소원심판 둘 중에 어떤 것으로 이해할 것인지에 관하여 논란이

19) 한수웅, 앞의 논문, 161면

계속되고 있기는 하지만,[20] 법정책론적 차원에서라면 몰라도 적어도 법해석론 차원에서의 위헌론이나 또는 위헌론을 전제로 하는 논의는 무익하다. 또한 헌재의 판례를 통해 정착되어 온 동제도의 기능적 효용을 전적으로 무시할 수 없고 또 그래서는 아니 된다는 입장에서 보면, 비교법적으로 유사한 사례를 찾기 힘든 동 헌법소원제도의 도입과 운용은 재판을 헌법소원의 대상에서 배제하고 있는 파행적인 우리 헌법소원제도의 설계도로부터 유래된 것이고, 따라서 적어도 이 제도는 원천적으로 재판소원의 기능을 일부 대체하는 것이라는 점을 유의해야 한다. 헌재법 제75조 제7항에서 법원의 확정된 판결에 대하여 재심을 허용하고 있는 것도 사실상 헌재의 결정에 의한 '간접적인 재판취소'에 해당하는 것인 바,[21] 같은 맥락에서 그 체계적 의미가 파악된다.

이러한 점에서 한정위헌결정의 법원 기속 여부에 초점이 맞추어져 있는 논의는 이제까지와는 다른 문제인식의 틀 속에서 진행되어야 한다. 말하자면 적어도 한정위헌결정의 형식 자체에 대한 인정 여부나 정당성은 더 이상 논의의 대상이 아니고, 관건은 재판소원을 금지하고 있는 현행법상 헌재의 과제가 아닌 '법원의 법률해석이 헌법의 기본결정과 합치하는지 여부', 말하자면 '합헌인 법률에 대한 위헌적인 해석'에 대한 심판과 그 실질과 기능상 중첩되는 경우에 한정위헌결정이 허용되는 범위와 그 한계를 획정하는 것이다. 또한 이 과제는 법개정을 통해서도 또한 헌법이론적으로도 간명하게 해소되기 어려운 제도적인 문제일 뿐만 아니라 법원과 분리된 독립된 헌법재판기관이 규범통제권을 갖는 체제에서는 불가피하다는 의미에서 일종의 내재적인 문제이기도 하다는 점에

20) 이에 관해 상세한 논의는 양건, 김문현, 남복현, 헌법재판소법의 개정방향에 관한 연구용역보고서, 『헌법재판연구』, 제10권, 1999.12.
21) 헌재결 2003.4.24. 2001헌마386, 판례집 15-1, 458면.

대한 인식을 공유해야 한다.

아무튼 적어도 종래의 한정위헌결정례들이 모두 헌재에 전속되는 이른바 '특유한 헌법'(spezifisches Verfassungsrecht)의 해석이 문제가 되는 경우였는지, 헌재가 합헌의 대안으로 제시하는 법률해석이 대법원의 법률해석보다 객관적으로 더 타당하고 설득력이 있었는지는 의문이다.[22] 다만, 최고의 유권헌법해석기관인 헌재가 헌법을 그렇게 해석하여 종국결정은 선고한 이상, 당연히 그 해석과 이를 토대로 한 한정위헌결정에 대법원이 기속되는 것은 물론이다. 미국 연방대법원 대법관을 지낸 Jackson[23]의 표현형식을 빌리면, 헌재의 판단들은 '무오류이기 때문에 최종적인 것이 아니라, 최종적인 것이기 때문에 무오류'인 것이다. "한정위헌결정에 표현되어 있는 헌법재판소의 법률해석에 관한 견해는 법률의 의미 내용과 그 적용범위에 관한 헌법재판소의 견해를 일응 표명한 것에 불과하기 때문에 법원에 대하여 기속력을 가질 수 없다"는 대법원의 주장은 당연하다.[24] 그러나 여기에서 기속력을 따지는 것은 법률의 해석과 적용에 관한 헌재의 '일응 견해'가 아니라, 특정한 법률해석의 위헌 여부를 대상으로 하는 헌법의 해석과 적용에 관해 대법원과 견해를 달리하는 헌재가 종국결정으로 제시한 헌법규범이고, 또한 헌법규범에 따른 법률의 해석기준이다.

이러한 전제 하에서 볼 때 최선의 해결책이라고 할 수 있는 헌법개정 또는 입법적 해결이 난망인 여건 속에서 결국 논의의 초

---

22) 이는 특히 헌재법 제68조 제2항의 헌법소원에서 한정위헌청구에 의하여 법률조항에 대한 한정위한결정으로 인해 대법원과 충돌이 야기된 사건들, 즉 국가배상법 제2조 제1항 단서에 대한 한정위헌결정(1994.12.29. 93헌바21), 구 소득세법 단서조항에 대한 한정위헌결정(1995.11.30. 94헌바40등)의 경우에도 그러하다.

23) Brown vs. Allen, 344 U.S. 443, 540(1953), L. Fisher, Constitutional Dialogue, 1988, 244면에서 재인용.

24) 대법원 1996.4.9. 95누11405. 동지 대법원 2005.7.14. 2003카기110결정.

점은 우선 헌재법 제68조 제1항의 재판소원금지제도와 동조 제2항에 의거하는 이른바 '간접적인 재판소원'의 현실이 가능한 한 상충되지 않게 할 수 있는 운용의 묘를 찾아내는 것에 모아져야 한다.

Ⅳ. 헌재법 제68조 제2항의 '규범통제형 헌법소원'과 한정위헌결정

1. 한정위헌결정= "금지된 재판소원으로 가는 진입로" ?

법원은 우선 헌법지향적 법률해석에 의해 합헌으로 판단되는 법률해석의 대안이 있음을 확인한 이상 규범유지적인 합헌적 법률해석을 하여 그에 따른 규범의 의미와 내용을 적용하여 재판절차를 진행하면 된다. 문제는 법원이 법률해석을 하면서 고려한 '헌법의 기본결정', 즉 법률해석의 정향점 또는 그 준거에 대하여 법원과 헌재의 의견이 일치하지 않는 경우이다. 물론 이 경우, 헌법재판소는 "법률을 … 해석하는 한, 그 법률은 위헌이다"라는 한정위헌결정을 하게 되는데, 그 실질적인 내용은 "법률을 … 해석하는 한, 법원의 재판은 위헌이다"라는 확인과 다르지 않은 결과이다. 이러한 점에서 헌재법 제68조 제2항에 의한 헌법소원제도가 "금지된 재판소원으로 가는 진입로"로 오용되고 있다는 지적[25]은 적어도 논리적으로는 옳다.

하지만 헌재의 한정위헌 또는 한정합헌결정이 적지 않은 경우에 결과적으로 재판통제의 효과를 갖게 되는 것은 불가피하지만, 위헌해석 또는 합헌해석의 부분에 효력이 미치는 형식으로 법률조항 자체를 심판대상으로 하는 규범통제로서의 본질은 단순 위헌결정의 경우와 다르지 아니하다. '간접적인 재판소원'으로서의 효력

25) 한수웅, 앞의 논문, 161면.

은 독일과 같이 기본적으로 재판소원이 인정되는 경우와 마찬가지로 이는 법원의 법률해석상의 일반적인 오류가 아니라 이른바 '특유한 헌법'(spezifisches Verfassungsrecht)[26]의 기본적인 존중, 특히 기본권의 보호영역에 관한 해석상 명백한 오류만을 확인하는 헌법해석에 수반되는 결과일 뿐이다. 요컨대, 헌재와 대법원 간에 이견이 있는 부분, 궁극적으로 헌재가 유권적으로 최종 판단하는 것은 법률해석의 합헌성 여부, 즉 1차적으로는 법률해석의 문제인 동시에 헌법의 해석과 적용 및 구체적인 법률해석이 헌법에 위배되는지 여부에 대하여 판단하는 문제이기도 하다. 헌재의 설시대로, 법률의 위헌 여부를 판단하는 과정 속에서 당해 법률의 해석과 적용의 범위에 대한 확정은 당연히 부수적으로 선행되는 것이고, 기본적으로 일반 법원의 판단을 존중하는 전제 하에 그 심사의 범위와 밀도가 제한될 수밖에 없지만, 이 한도 내에서는 헌재의 입장에서도 필연적으로 법률의 해석과 적용에 관여할 수밖에 없기 때문이다.[27] 이는 말하자면, 헌재의 입장에서 본다면, 법원의 해석을 통하여 위헌 여부가 구체적인 문제로 제기되는 경우에 법원이 합헌적인 또는 합헌적으로 해석할 수 있는 가능성이 없지 않은 법률을 위헌적으로 해석하고 적용하는 것에 대하여 '금지된 재판취소' 대신 합헌적 법률해석의 원칙에 따라 가능한 한 법률의 효력을 유지시키면서 '법률의 부분적 폐지'라는 보다 원천적인 수단에 의해 법

---

26) A. Vosskuhle, "Theorie und Praxis der verfassungskonformen Auslegung von Gesetzen durch Fachgerichte", in; AoeR 125(2000), S. 196; K. Schlaich, 앞의 책, Rn. 277ff. 이 논제에 관해 상세한 논의는 이기철, 「헌법재판소의 한정위헌결정은 기속력이 있는가? - 법률해석권에 대한 헌법재판소와 대법원의 갈등해소를 위한 제언」, 『공법연구』, 제32집 제5호, 2004, 357-367면.

27) 헌재 2001.8.30. 2000헌바36, 판례집 13-2, 229면 이하. 헌재 2010.4.29. 2007헌바144, 판례집 22-1(상), 632면, 결정에서도 동일한 내용의 설시를 찾아볼 수 있다.

률조항 중 '위헌의 부분'을 일반적으로 배제하는 것일 뿐이다. 이러한 점에서 '헌법의 우위' 또는 '헌법의 최고규범성'을 이념적 근거로 하는 점에서 공통되지만, 규범통제에 대하여 일종의 제약으로 작용되는 합헌적 법률해석은 단순한 법률해석의 범주에 국한되는 것이 아니라 다의적으로 해석이 가능한 법률에서 특정한 해석의 대안을 위헌적인 것으로 배제함으로써 법문의 변화 없이 해석의 결과로 찾아질 수 있는 의미들, 즉 법률해석의 일부가 아니라 법률 자체에 내장된 규범내용 중의 일부를 위헌으로 선언하는 것이다. 요컨대, 실질적으로 법률 자체에 대한 '일부위헌선언'에 해당하는 것이다.

이 범위 안에서 법률을 해석하고 적용하는 법원의 전속권한은 법률의 합헌성을 전제로 하는 점에서 결국 법률에 대한 위헌심사에서 헌재가 제시하는 법률해석의 기준인 헌법규범에 의하여 제한될 수 있다. 이에 따라 결과적으로 구체적인 분쟁사건에 관한 법원의 재판에 대하여 헌재가 통제하게 되는 것은 대법원이 주장하는 것 같이 "우리 헌법에 규정된 국가권력 분립구조의 기본원리와 사법권독립의 원칙상 허용될 수 없는 것"이 아니다. 오히려 법률에 대한 '헌법의 우위'와 그에 따른 기능배분, 즉 일차적으로 법률해석권을 갖지만 적용하려는 법률의 합헌성을 전제로 하고, 따라서 '헌재의 위헌법률심판권에 의하여 유보된 의미의 해석권한'[28]만을 갖는 법원에 대하여 최종적인 헌법해석권한을 갖는 헌재가 예외적으로 우위에 있는 역할분담 또는 기능배분의 체계가 표출된 당연한 결과일 뿐이다.[29] 요컨대 사법권, 즉 법률해석권이 대법원을 최고법원으로 하는 법원에 있다는 것과 법원이 한정위헌결정에

28) 헌재 2003.4.24. 2001헌마386, 판례집 15-1, 460면.

29) 이 논점에 관한 상세한 논의는 남복현, 「헌법재판소와 대법원의 관할문제」, 『공법연구』, 제32집 제1호, 2003.11, 151-160면.

기속되는 것은 전혀 모순이 아니다.[30] 따라서 적어도 다음에 제시하는 단서들을 유의하면서 절제되어 활용된다면, 헌재법 제68조 제2항의 헌법소원은 동조 제1항에서 원칙적으로 '금지된 재판소원'이 아니라, 재판소원이 원칙적으로 금지되어 있음에도 불구하고 - 또는 오히려 재판소원이 금지되어 있기 때문에[31] - '허용되는 재판소원'으로 운용될 수 있는 가능성과 효용을 내포하고 있다. 관건은 '재판소원금지'와 헌재법 제68조 제2항에 의거한 '규범통제형 헌법소원', 특히 한정위헌결정을 취하는 경우에 헌재와 대법원 간의 잠재된 충돌위험을 해소하거나 또는 완화할 수 있는 방법을 찾아내는 것이다. 이를 위해서는 한정위헌결정의 본질과 구조 및 그 기능에 대한 적확한 인식이 선행되어야 한다.

2. 한정위헌결정의 문제점 - 형식과 실체의 괴리

우선, 헌재가 한정위헌결정을 구하는 심판청구의 적법성에 대하여 처음으로 판단하면서 확인한 바와 같이, 법률조항 자체의 위헌 판단이 아니라 단순히 법률의 해석을 다투면서 명백히 한정위헌을 구하는 심판청구는 부적법하여 허용되지 아니하고,[32] 구체적 규범통제에서 한정위헌청구는 법조항 자체의 위헌 여부의 문제로 볼 여지와 필요성이 있는 경우에만 적법한 것으로 보아야 한다.[33] 특히 법률조항 자체가 불확정하거나 또는 법원의 해석에 의해 구체화된 심판대상 규정이 위헌성을 갖는 경우에만 제68조 제2항에

30) 허영, 동지, 앞의 책, 248면.

31) 허영, 앞의 책, 372면, 교수는 재판소원금지에 대한 헌재의 합헌견해에 대하여는 분명하게 반대하면서도, 헌재가 1997년의 결정(96헌마172)을 통해 재판소원을 배제한 헌재법 제68조 제1항 본문 규정을 합헌적으로 해석하여 제한적이나마 재판소원이 허용되게 된 것을 기본권보호에 충실한 결정으로 매우 긍정적으로 평가하고 있다.

32) 헌재 1999.3.25. 98헌바2.

33) 헌재 2001.9.27. 2000헌바20.

다른 헌법소원심판청구의 적법성을 인정하는 것이 헌재의 일관된 입장이기도 하다.[34]

그런데, 전술한 바 있듯이, 법원의 구체적인 법률해석이 계기가 된 '규범통제형 헌법소원'에서 헌재가 한정위헌결정을 하는 것을 기본적으로 규범통제가 아니라 '금지된 재판소원'에 해당하는 것으로 보는 입장에서는, 헌재가 "법원의 법률해석이 헌법에 위반된다면 결국 법원의 해석에 의하여 구체화된 법률조항이 위헌성을 지니고 있다"는 논거로 하여 표현은 법률 또는 법률조항 자체에 대한 위헌판단으로 하면서 규범통제의 형식을 취하고 있지만, 그 실질은 법원의 구체적인 법률의 해석과 적용, 즉 재판을 통제하는 것으로 본다.[35] 예를 들면, 동 사건[36]에서는 헌재와 대법원의 견해가 다르지 않아서 합헌결정이 내려졌기 때문에 충돌문제가 발생되지 않았지만, 헌재가 민사소송법 제714조 제2항의 가처분에 대한 해석, 즉 민소법상 가처분에 방영금지가처분이 포함되는 것으로 본 법원의 해석이 언론의 자유를 비롯한 관련 기본권의 의미를 제대로 반영하지 못하였다는 취지에서 위헌인 것으로 보았다면 헌재는 동 규정에 대하여 한정합헌 또는 한정위헌의 결정을 내렸을 것이고, 이러한 결론은 논리적으로 '법률해석의 위헌성'이 '법률의 위헌성'으로 자동적으로 전환될 수 있다는 것을 전제하는 것이 된다고 주장한다. 또한 이러한 논리가 인정된다면 법원에 의해서 법률이 위헌적으로 해석되고 적용될 수 있는 가능성이 상존한다는 점에서 사실상 '모든 법률들이 잠재적으로 위헌적인 법률로 추정'되는 납득하기 어려운 결과에 이르게 된다는 지적이다.[37]

---

34) 헌재 1999.3.25. 98헌바2, 판례집 11-1, 200면; 헌재 1997.2.20. 95헌바27, 판례집, 9-1, 161면; 헌재 1995.7.21. 92헌바40, 판례집 7-2, 37면.

35) 한수웅, 앞의 논문, 166면.

36) 헌재 2001.8.30. 2000헌바36, 판례집 13-2, 229-237면.

37) 한수웅, 앞의 논문, 166면.

결국 법원의 헌법지향적인 법률해석에 대하여 헌재가 견해를 달리하여 위헌으로 판단하는 경우에는 법률의 잠재적인 위헌의 상태가 언제든지 현실화될 수 있는데, 제도적으로 재판소원이 허용된다면 헌재는 '합헌적인 법률에 대한 법원의 위헌적인 해석'을 논거로 하여 재판을 취소하였을 것인데, 그렇지 않은 상황에서 그 대신 '금지된 재판소원'을 우회하여 한정위헌결정을 하는 것이라는 것이다.[38] 요컨대, 헌법재판소는 일련의 한정위헌결정들에서 주문은 법률조항에 대한 위헌판단의 형식을 취하였지만, 실질적으로는 위헌 여부가 문제가 된 법률조항들의 해석과 적용에 있어서 의사표현의 자유나 양심의 자유 또는 재산권 등 관련된 기본권들의 규범적 의미와 효력을 제대로 고려하지 못하였다는 것을 확인하면서 간접적으로 법원의 재판에 대하여 위헌 여부를 판단하는 것이고, '한정위헌결정과 한정합헌결정 사이의 괴리현상'도 바로 여기에서 비롯된다는 것이다.[39]

3. 한정위헌결정의 가능성과 효용 - 한정합헌결정과의 관계

(1) 개 요

이러한 '한정합헌결정과 한정위헌결정의 괴리'를 주목하는 경우, 한정위헌결정, 특히 법원의 법률해석과 적용의 위헌성을 다투는 헌법소원심판청구의 타당성과 적법성에 대한 전술한 비판, 특히 그 중에서도 헌재법 제68조 제2항의 이른바 '규범통제형 헌법소원'이 법률조항에 대한 한정위헌을 청구하는 경우에 "금지된 재판소원으로 가는 진입로"가 되고 있다는 지적은 일견 설득력이 있는 것으로 보인다. 하지만 이러한 견해는 논리적으로는 타당하지만, 실제로는 한정합헌결정과 한정위헌결정의 관계를 비롯하여 한

38) 한수웅, 앞의 논문, 161면.
39) 한수웅, 『헌법학』, 법문사, 2011, 1351면.

정위헌결정과 연관되는 일부 법문제의 구조와 실상에 대한 인식의 오류에 기인되는 부분이 없지 아니하고, 이 오해는 궁극적으로 합헌적 법률해석에 따른 당연한 결과로 여겨지는 한정위헌결정형식의 효용을 지나치게 축소하는 입장으로 귀결되고 있다. 이 오류와 관련된 세 가지 문제점을 지적하고자 한다.

(2) 논리와 실제의 차이

첫째는 문제의 인식에 있어서 논리와 현실은 다를 수 있고, 또한 실제로 적잖이 다르다는 점에 유의해야 한다. 예컨대, 법원의 법률해석의 위헌성을 다투는 헌법소원심판청구의 적법성을 부인하면서 '법률해석의 위헌성'이 자동적으로 '법률의 위헌성'으로 전환되는 것이 가능하다면 사실상 잠재적으로 모든 법률이 위헌적인 법률이 되는 무리한 결과에 이른다는 지적[40]은 논리적으로는 맞다. 그러나 실무상으로는 적어도 일반적으로 타당하지는 않다. 헌재의 한정위헌결정례들이 모든 경우에 논리적으로 법률해석의 위헌성이 법률의 위헌성으로 자동전환되는 것으로 전제하고 있지 않을뿐더러, 헌재가 한정위헌의 결정을 하여 위헌인 법률해석의 부분을 적극적으로 배제하는 경우는 관념적으로 상정될 수 있는 다양한 모든 해석방법을 대상으로 하여 그 중에 하나의 대안을 배제하는 상태로 문제가 주어지지 않기 때문이다.

전술한 바 있듯이, 헌재도 법률 또는 법률조항 자체에 대한 다툼과 법률의 해석에 관한 다툼을 구별하는 입장에서, 법원의 법률해석의 위헌을 이유로 하여 법률조항에 대하여 위헌판단을 구하는 이른바 '한정위헌청구'에 대하여는 원칙적으로 그 적법성을 부인한다. 다만 단순히 법률조항의 해석을 다투는 것이 아니라 헌법상의 명확성원칙이나 또는 과세요건명확주의에 대한 위반을 다투

40) 한수웅, 앞의 논문, 166면.

는 등의 법률조항 자체의 불확정성을 다투는 경우, 또는 "법원의 해석에 의하여 구체화된 심판대상 규정",[41] 말하자면 법원의 축적된 판례나 확립된 법해석론을 통하여 실무상 일정한 사례군이 상당기간에 걸쳐 집적되어 특정한 법률해석의 방법이 법률조항 자체의 위헌 여부에 대한 판단의 대상으로 전제되는 경우에만 적법한 것으로 받아들이고 있다.[42] 말하자면 논리적으로는 다양한 해석방법의 대안들이 상정될 수 있지만, 실제로는 개별 사건에서 구체적인 법률의 해석과 적용범위에 대하여 판단하는 것이 아니라 심판대상 법률조항에 대한 일반적이고 추상적인 해석의 결과로 규범통제를 하는 것이고, 이 합헌적 법률해석에 따른 한정위헌결정에 간접적으로 재판에 대한 통제의 결과가 수반되는 것일 뿐이다. 심판대상조항에 대한 일반적이고 추상적인 해석이 설시에 포함되지 않고 생략되는 것은 법원의 축적된 판례에 의하여 위헌판단의 대상이 되는 법률해석의 부분이 특정되어서 주어졌기 때문이고, 이 경우 한정위헌결정은 개별적이고 구체적인 일부, 말하자면 세 가지 이상의 다양한 대안이 아니라 특정된 해석대안의 위헌 여부, 즉 합헌의 부분과 위헌의 부분 둘 중의 하나를 취하여 위헌의 부분을 질적으로 확인하여 배제하는 것이다. 요컨대, 헌재법 제68조 제2항의 헌법소원심판에서 한정위헌결정은 법원의 법률해석의 위헌성에 대한 확인, 즉 재판에 대하여 통제를 하는 결과를 갖게 되지만, 이는 헌재와 의회입법자 간의 관계에서 규범통제에 대하여 일종의 제약이 되는 합헌적 법률해석의 결과로서 온전히 헌재의 권한에 속하는 법률규정 자체에 대한 '실질적인 일부위헌확인'[43]에 불가피하게 수반되는 간접적인 결과일 뿐이다.

---

41) 이명웅, 앞의 논문, 334면.

42) 헌재 1997.2.20. 95헌바27, 판례집 9-1, 161면; 헌재 1995.7.21. 92헌바40, 판례집 7-2, 37면 등.

43) 한수웅, 앞의 책, 1384면.

(3) 한정합헌결정과 한정위헌결정의 표리관계

둘째는 한정위헌결정의 실제 양태를 위와 같이 이해하는 경우에 '한정합헌결정과 한정위헌결정이 서로 표리관계에 있다'고 보는 헌재[44]의 인식에서 "큰 잘못"은[45] 찾아지지 아니한다는 점에 대한 확인이다. 한정위헌결정에서 단순히 '합헌적인 법률에 대한 위헌적인 해석'을 이유로 법률의 위헌 여부를 판단하는 것이 아니라, 기술한 바와 같이, 축적된 해석례를 통해 또는 실무상 문제가 충분히 정리되고 성숙된 상황에서 이미 법률조항 자체에 확정된 규범의 내용으로 내장되어 있는 것으로 간주될 수 있는 조건 하에서 특정한 일부 의미와 내용이 위헌인지 여부가 문제되는 경우가 대부분이기 때문이다. 헌재가 밝히고 있는 바와 같이 한정합헌결정과 한정위헌결정의 표리관계가 성립되기 위해서는 심판대상 법률조항이 'A 아니면 B'식으로, 즉 'A의 해석이 합헌이면 A외에 B의 해석은 위헌'이라는 전제가 성립되어야 한다는 논리적인 지적[46]에 대해서는 이견이 없다. A, B, C 또는 그 이상의 다양한 해석의 대안들이 있는 경우에 한정합헌과 한정위헌결정이 서로 대체가능한 표리관계에 있을 수 없는 것은 자명하다. 그러나 한정위헌결정의 거의 대부분은 사실상 특정한 해석 또는 적용대안의 위헌 여부가 'A 아니면 B'의 양자택일의 구조로 문제가 주어진다는 점을 간과해서는 아니 된다.

이는 한정합헌결정의 경우에는 더욱 그러하다. 말하자면 한정합헌결정을 통해 법률조항에 대하여 한정축소해석을 하여 합헌의 내용을 확정하였다고 하더라도 나머지 가능한 해석대안이 모두 위

---

44) 헌재 1989.7.21., 89헌마38, 판례집 1, 147면(조규광 재판관의 보충의견); 헌재 1992.2.25. 89헌가104, 판례집 4, 112면(조규광 재판관의 보충의견); 헌재 1997.12.24. 96헌마172, 판례집 9-2, 842면 이하.

45) 허영, 앞의 책, 246면.

46) 허영, 앞의 책, 246-247면.

헌이 되는 것은 아니라는 원론적인 지적도 논리적으로는 타당하지만,[47] 한정합헌결정의 대표적인 예라고 할 수 있는 국가보안법에 대한 한정합헌결정[48]을 보더라도, 헌재가 한정축소해석을 하여 합헌으로 확인한 부분, 즉 '국가의 존립과 안전을 위태롭게 하거나 자유민주적 기본질서에 위해를 줄 경우에만 적용하는 범주'에 해당되지 않는 합헌적인 해석대안의 여지는 논리적으로는 상정될 수 있으나 실제로 의미 있는 범주에서 그 가능성은 희박하다. 한정위헌결정의 경우에도 기본적으로 위헌으로 해석되는 부분 이외의 나머지 해석대안이 위헌인지 합헌인지 확정하지 않은 것이기는 하지만, 이 나머지 부분의 위헌 여부는 실무상 실익이 있는 논의대상이 아니다. 예컨대, 한정위헌결정의 대표적인 예라고 할 수 있는 민법 제764조에 관한 결정, 즉 '동조의 "명예회복에 적당한 처분"에 사죄광고를 포함시키는 것은 헌법에 위반된다'는 결정[49]에서도 헌재가 헌법에 위배되는 해석대안의 모든 경우에 대하여 판단한 것도 아니지만, 그렇다고 해서 헌재가 단지 당해 사건에서 법률의 적용과 관련하여 위헌으로 확정될 수 있는 범위 내에서만 판단한 것으로 당연히 볼 수 있는 것도 아니다. 현실적으로 상당 기간 법원의 판례에 의하여 확정된 의미로 법률 자체에 내장된 사죄광고 외에 "명예회복에 적당한 처분"으로 그 위헌 여부가 재판실무상 의미 있는 문제로 제기될 수 있는 경우는 상정되지 아니한다. 결국 동 한정위헌결정은 실제로 '민법 제764조의 "명예회복에 적당한 처분"에 사죄광고를 포함시키지 않는 한 헌법에 위반되지 아니한다'는 한정합헌결정의 형식으로 바뀔 수도 있다고 할 수 있고,[50]

47) 허영, 앞의 책, 245면.
48) 헌재 1990.4.2. 89헌가113, 판례집 2, 49면 이하.
49) 헌재 1991.4.1. 89헌마160, 판례집 3, 149면 이하.
50) 초기부터 한정합헌과 한정위헌결정의 본질을 '일종의 부분적 위헌선언'으로 보고, 그 효과가 다르지 않는 것으로 일관되게 주장해 온 조규광 재판관은

이러한 관점에서 본다면, 동 사건에서 문제되는 것은 일견 “그 자체로서는 합헌인 민법 제764조의 규정”에 대한 법원의 위헌적인 해석과 적용, 즉 재판에 대한 통제인 것으로 보이지만, 실질적으로는 다의적인 해석가능성 중에 ‘사죄광고’가 위헌적인 해석의 가능성으로 특정되어서 동 조항에 위헌적인 규범요소로 내포되어 있는지를 판단하는 규범통제의 문제로 파악된다.[51)]

이러한 점에서 보충의견으로 제시된 다음과 같은 견해에 중대한 오류가 있다고 단언할 수는 없다. “법률의 위헌 여부가 심판의 대상이 되었을 경우, 재판의 전제가 된 구체적인 사건과의 관계에서 법률의 문언, 의미, 목적 등에 비추어 합헌 또는 위헌의 다의적인 해석가능성이 있을 때 헌재는 일반적인 해석방법의 한계를 넘지 않는 범위 내에서 종국적으로 어떤 해석이 헌법에 합치되는가를 가려서 한정축소의 해석을 통하여 합헌적인 일정한 범위 내의 의미와 내용을 확정함으로써 이것이 그 법률의 본래적인 의미이며 그 의미 범위 내에 있어서는 합헌이라고 결정할 수도 있고, 또 하나의 방법으로는 위와 같은 합헌적인 한정축소해석의 타당영역 밖에 있는 경우에까지 법률의 적용범위를 넓히는 것은 위헌이라는 취지로 법률의 문언 자체는 그대로 둔 채 위헌의 범위를 정하는 한정위헌의 결정을 선고할 수도 있다”는 견해가 바로 그것이

“양자는 법문의미가 미치는 사정거리를 파악하는 관점, 법문의 평가에 대한 접근방법 그리고 개개 헌법재판사건에서의 실무적인 적의성 등에 따라 그 중 한 가지 방법을 선호”할 수 있는 것으로 보았다. 헌재 1989.7.21. 89헌마38, 판례집 1, 148면.

51) 헌재 1992.2.25. 89헌가104. 이러한 관점에서 보면, 구체적인 재판에서 법원이 법률을 잘못 해석하여 적용한 경우에도 한정위헌결정을 하게 되면, 위헌성이 확인된 적용가능성의 부분 외에 나머지 적용가능성들에 대해서는 어떤 판단도 하지 않은 것이 되기 때문에 장래에 많은 적용례에 대하여 별개로 그 위헌성을 판단해야 할 가능성을 배제할 수 없다는 것이 한정위헌결정과 한정합헌결정이 일치하는 것이 아니라는 주장의 유력한 논거가 될 수는 없다. 이에 상반되는 관점으로는 한수웅, 앞의 책, 1351면.

다.[52] 이러한 이해에 따르면, 적어도 문제의 구조와 상황이 위와 같이 전제되는 한에서 두 가지 결정형식은 법률의 해석이든 적용의 범위이든 '부분위헌결정'이라는 점에서 같고, 초점을 달리하는 것일 뿐 실질적으로는 어떤 차이도 없기 때문에 상호 대체가능한 결정형식이 된다. 한정축소해석을 통한 한정합헌결정은 합헌의 부분을 획정하여 위헌적인 해석가능성과 그에 따른 법적용을 소극적으로 배제하는 것이고, 한정위헌결정은 위헌적인 법적용 영역과 그에 상응하는 해석가능성을 특정하여 적극적으로 배제한다는 점에서 차이가 있을 뿐이다.

결국 이러한 맥락에서 결국 한정합헌결정과 표리관계에 있어서 서로 대체가 가능한 한 한정위헌결정의 법원에 대한 기속력에 관하여 의문이 없는 것으로 본다면, 이 범위는 국가보안법에 대한 한정합헌결정 이후에 정리된 바와 같이 헌재가 위헌 또는 합헌으로 한정축소해석한 부분을 입법, 즉 일반적이고 추상적인 법규범의 정립을 통해서 입법적으로 배제 또는 수용하는 것이 가능한지 또는 입법실무상 무리가 없는지 여부를 기준으로 하여 구체적으로 가늠할 수 있을 것이고, 또한 문언 변경의 유무와는 무관하게 적어도 이 범위 내에서는 한정위헌결정의 기속력도 논란의 대상이 되지 않는다.

(4) 규범통제로서 한정위헌결정의 불가피성과 독자적인 효용

셋째는 한정위헌결정의 법적 효과에 대한 오해가 불식되어야 한다는 점이다. 법원의 헌법지향적 법률해석과 한정위헌결정에서 헌재의 합헌적 법률해석은 그 법적 효과의 측면에서 간과할 수 없는 차이가 있다. 판례의 일관성과 그 축적된 정도에 따라 확정성의 정도가 다를 수 있겠지만, 전자는 개별 사건에서의 법률해석일

52) 헌재 1997.12.24. 96헌마172등, 판례집 9-2, 860-861면.

뿐이지만, 후자는 특정한 법해석의 부분을 위헌으로 판단하여 무효화시킴으로써 합헌적 법률해석을 객관적으로, 일반적으로 종결짓는 것이다.[53] 말하자면 전자는 다양한 해석가능성들 중에 당해 사건에 대해서만 구속력을 갖는 '일응' 취해진 해석론이고, 따라서 아무리 확정적이라고 하더라도 '법규범' 자체 또는 '법규범에 대한 위헌확인'을 대체할 수는 없는 '법해석의 선례'일 뿐이고, 후자는 다양한 가능성 중에 위헌 또는 합헌의 부분을 확정한 결과, 즉 객관적인 '규범'을 정립하는 입법형성의 효과를 갖는다. 이러한 점에서 한정위헌결정에 표현되어 있는 헌재의 법률해석에 관한 견해가 법률의 의미 및 내용과 적용범위에 관한 헌재의 의견을 '일응 표명한 것'에 지나지 않고, 그렇기 때문에 법원에 대하여 기속력을 갖지 못하는 것으로 보는 대법원의 입장[54]에는 동의할 수 없다.

우선 개별 사건에서 법률을 해석하고 적용하는 권한이 사법권의 본질적인 내용이라는 것은 분명하지만, 기술한 바 있듯이, 법률해석권이 법원에 절대적으로 독점되는 배타적인 전속권한은 아니고, 한정위헌결정의 경우는 물론이고 위헌결정의 경우에도 법률에 대한 위헌심사의 맥락에서 당해 법률 또는 법률조항에 대한 해석 또는 법률의 적용범위에 대한 확정은 일반적으로 당연한 선결문제로 전제된다. 이 한도 내에서 헌재가 법률의 해석과 적용에 관여하는 것은 불가피하다.

예컨대, 대법원이든, 학계에서든 그 기속력에 대하여 의문이 제기되지 않는 국가보안법 관련 한정합헌결정[55]의 경우, "국가의 존립과 안전 및 자유민주적 기본질서에 위해를 줄 경우"에 특정한 사태가 포섭되는지 여부, 즉 사실판단과 사태의 구성요건 해당 여

53) 이에 관해서는 이명웅, 「합헌적 법률해석과 한정위헌결정」, 법률신문, 2002. 9.5. 14면.

54) 대법원 1996.4.9. 96누11405.

55) 헌재 1990.4.2. 89헌가113, 판례집 2, 49면 이하.

부의 문제라면 이에 대한 판단은 의문의 여지없이 법원의 전속권한에 속한다고 할 것이다. 그런데 이러한 경우 일반적이고 추상적인 한정축소해석을 통해 구체적인 법률해석과 무관하게 법률의 전반적인 위헌성이 문제되는 것이기 때문에 원칙적으로 한정합헌결정을 할 수 있는 것으로 보고, 또한 한정합헌결정은 표리관계가 성립되기 때문에 한정위헌결정으로 대체될 수 있는 것으로 본다면, 이 경우와 헌재가 한정위헌결정을 한 경우들, 예컨대 대표적인 '사죄광고결정'의 경우에 문제의 본질과 구조가 근본적으로 다른 것인지 의문이다. 논리적으로 보면 일견 다른 것으로 보이지만 실제는 그렇지 아니하다. 후자, 즉 그 기속력에 의문을 제기하는 한정위헌결정례들도 일반적이고 추상적인 법률해석을 하여 한정축소해석을 한 후 사죄광고가 그 해석된 내용에 해당되지는 여부, 말하자면 당해 사건에서 문제가 된 구체적인 적용가능성의 위헌 여부를 확인하는 것이다. 따라서 법원의 배타적인 전속권한에 속하는 재판에 대한 통제가 핵심인 것으로 보이지만, 실제로는 수 없이 많은 적용례에 대하여 개별적으로 그 위헌성을 판단해야 할 가능성은 배제되는 조건 하에서,[56] 해석 및 적용의 대안 중에 '사죄광고게재'라는 특정한 경우만이 위헌 여부에 대한 확인의 대상으로 주어지는 맥락에서 일반적이고 추상적인 해석의 단계가 생략되고, 특정한 부분만을 직접 판단대상으로 하여 한정축소해석을 하였을 뿐인 규범통제인 것이다. 요컨대, 논증형식만이 다르고, 그 판단의 본질과 구조는 동일하다.

또한 대법원의 입장에 부응하는 논리에 따른다면, 우선 대법원의 법률해석에 관한 확립된 견해와 헌재가 합헌적 법률해석에 따라 합헌인 것으로 보는 해석이 그 취지가 다르지 않은 경우에는 굳이 헌재가 한정위헌 또는 한정합헌의 결정을 할 것 없이 합헌결

56) 상반된 견해는 한수웅, 앞의 책, 1350면.

정을 하면 되는 것으로 정리된다.[57] 반면에 양자가 일치하지 않는 경우에는 헌재가 한정위헌결정을 하더라도 법원에 대하여 기속력을 갖지 못하기 때문에 법원의 개별 재판에 대하여 어떠한 영향도 미칠 수 없는 것으로 본다. 그렇다면 이는 궁극적으로는 합헌적 법률해석의 요청에 부응하는 필수적인 수단인 한정위헌결정 형식 자체의 무용론으로 이어지게 되는, 납득할 수 없는 결론으로 이어지게 된다. 헌재가 반복하여 확인하고 있는 바와 같이, 한정위헌결정은 개별 사건에서 단순히 법률을 구체적인 사실관계에 적용함에 있어서 그 법률의 의미와 내용을 밝히는 것이 아니라 법률에 대한 위헌심사의 결과로서 법률조항 중 특정의 적용영역에서 제외되는 부분을 일반적으로, 객관적으로 그 위헌성을 확정하여 무효화하는 것이다.[58]

요컨대, 한정위헌결정은 법률의 해석과 적용에 대한 헌재의 단순한 '일응 견해'가 표명된 것이 아니고, 위헌으로 판단되어 무효화된 범위가 일부에 국한되는 것일 뿐이지 기속력의 완전성에 있어서는 위헌결정과 전혀 다를 것이 없는 종국결정의 한 형식이다.

V. 맺는 말

변형결정의 한 형식으로서 한정위헌결정은 헌재와 대법원 또

57) 예컨대, 공무원연금법 제64조 제3항에 대한 한정위헌결정(2002.7.18. 2000헌바57)에 관한 비판적인 견해가 좋은 예이다. 홍기태, 대법원 판결과 동일한 취지의 해석을 전제로 한 한정위헌결정이 가능한지 여부, 법률신문, 2002년 8. 26, 14-5면. 이에 대한 반론으로는 이명웅, 「합헌적 법률해석과 한정위헌결정」, 법률신문, 2002.9.5, 14-5면.

58) 헌재 1997.12.24. 96헌마172. 한수웅, 앞의 책, 676면 주석 4번, 예컨대, 양심의 자유가 아니라 언론의 자유의 헌법적 의의와 기능에 대한 고려가 제대로 되지 못하였다는 것이 위헌판단의 논거로 더 타당하다고 보는 견해는 이미 동 결정을 당해 사건에 국한되는 구체적인 적용가능성에 대해서만 위헌을 확인한 것으로 보는 입장을 전제로 한다.

는 입법부 상호간의 위상관계와는 무관하다. 또한 헌재법 제68조 제1항의 '금지된 재판소원'의 제도적 조건과도 논리적으로 필연적인 배척 또는 모순관계에 있지 아니하다. 헌법을 정점으로 하는 법질서의 통일성을 비롯하여 권력분립원칙과 입법부에 대한 존중 등을 이론적 근거로 하는 합헌적 법률해석의 결과로서 특정한 법률해석의 가능성을 한정축소하여 위헌의 부분을 확인하여 무효화시키는 한정위헌결정의 법원에 대한 기속력과, 또한 법원의 헌법지향적인 법률해석과 헌재의 합헌적인 법률해석의 결론, 좀 더 정확하게 표현하면 헌법의 해석과 법률의 해석이 중첩 또는 교차되는 그 결론의 위헌 여부에 관해서 법원과 헌재의 의견이 다른 경우에 결과적으로는 규범통제를 통해 법원의 재판이 취소되게 되는 '간접적인 재판소원'으로서 효과가 수반되는 것은 헌법이론적으로든 실무상으로든 논란거리 자체가 되지 않는다.

논란이 계속되고 있는 문제에 대한 해결책이 아니라 문제의 성립 자체를 부정하는 이러한 결론은 헌재법 제68조 제2항의 '규범통제형 헌법소원'이 한정위헌결정의 형식을 통해 '금지된 재판소원에의 진입로'가 되는 경우에도 또한 상충하는 헌재와 대법원의 법률의 해석 및 적용에 관한 의견 중에 대법원의 의견이 적어도 당해 사건과 관련해서는 설득력이 더 큰 것으로 여겨지는 경우라 하더라도 달라질 수도 없고, 달라져서도 아니 된다. 법률에 대한 헌법의 우위와, 이에 따른 최고의 유권헌법해석기관인 헌재의 대법원에 대한 일정한 기능적 우위는 헌법국가의 근간으로서 원천적으로 인정 여부 또는 진위가 다투어질 수 있는 문제가 아니기 때문이다.

다만, 이러한 전제 하에 대법원에게는 헌법규범적인 요청으로 절제를, 헌재에게는 헌법정책적인 관점에서의 권유로 자제를 요구하는 것은, 현재로서는 난망이지만 헌법 또는 헌재법의 개정을 통해 충돌의 근원이 해소되기 전까지는, 법운용을 관장하는 최고의 두 사법기관 간에 공조만이 유효한 해결책이 될 수 있다고 믿기 때문이다. 결국 대법원과 헌재 사이의 충돌은 대법원측이 자신의 해석과 충돌되는 헌재의 법률해석에 따르거나, 아니면 헌재가 한정위헌결정의 형식을 포기 또는 자제하는 방법 중에 하나일 수밖에 없는데, 헌재가 대법원에 대한 기속력이 다투어지고 있는 한정위헌결정을 내렸고, 그 중에는 그 기속력을 부인한 대법원의 재판과 원처분에 대한 취소결정에까지 이르기도 한 현 상황에서 일단 기왕에 발생된 충돌의 문제를 해결하는 지점까지는 대법원의 후퇴가 불가피하다. 이는 개별 사건에서 구체적인 법률의 해석과 적용상 양측의 논증의 설득력의 우열이나 그에 대한 법리적, 법정책적 평가와는 전혀 무관한, 말하자면 조정과 타협의 문제가 아니라 법치국가에서 당연한 헌법의 우위에 따른 필연의 결론이기 때문이다.

또 한편 향후 헌재에게 자제를 주문하고 기대하는 것은, 일차적으로 법원의 전속권한에 속하는 법률해석권의 범주와 헌법해석권이 간명하게 구분될 수 없다고 본다면, 우선 그 분계선이 불분명하여 헌재의 관할권에 의문이 없지 않은 때에는 법률의 해석과 적용에 관해서는 원칙적으로 법원의 의견을 존중하는 것이 바람직하고, 또한 적어도 재판소원을 원칙적으로 금지하는 헌재법 제68조 제1항 자체의 합헌성을 인정한 헌재의 입장에서는 '금지된 재판소원'의 효과가 수반되는 한정위헌결정은 피하는 것이 논리적으로 일관되기 때문이다. 특히 헌재법 제68조 제2항의 '규범통제형 헌법소원'의 심판에서 이른바 '특유한 헌법해석의 문제'가 분명하게 부각되지 않는 경우, 특히 한정합헌과의 표리관계가 명백하게 성립되지 않는 경우, 말하자면 일반적이고 추상적인 법률해석을 통해 한정축소해석을 할 수 있는 합헌 또는 위헌의 부분이 분명하게 획정되지 않는 경우에는 원칙적으로 한정위헌결정을 자제하는 것이 요구된다.

[11] 환경권우선론? - 생활환경상 이익과 건축의 자유*[1]

I. 문제의 제기

이른바 '러브호텔'[2] 건축허가거부처분의 적법성 여부를 다투는 행정소송이 계속 이어지고 있다. 한편에서는 자연환경훼손이나 지역주민의 정서문제, 퇴폐 · 향락문화조장의 우려 등을 제시하면서 그 적법성을 주장하고, 또 한편에서는 법규상 명시적인 근거도 없는 생활환경적 이익에 대한 막연한 위험을 이유로 하는 건축허가

---

* 졸저, 담론과 해석: 헌법평론집, 2007, 189-200면.

1) 이 글은 대법원 이른바 '러브호텔판결'에 대한 판례평석(법률신문 1999.12.6, 14면)을 중심으로 하여 헌법판례연구(2), 2000, 363-378면에 발표되었던 논문이다. 동 판결 이후 건축법 등 관련 법령이 대폭 개정되어 법 및 현실 상황은 크게 달라졌지만, 법과 정책, 법정책과 법해석의 적정한 관계의 관점에서 이 글에서 제시된 시사점과 숙제는 그 의미와 효용이 그대로 남아있다. 헌법재판소의 판례에 대한 평석은 아니다. 그러나 이 글에서 검토하고자 하는 대법원의 '환경권우선론'과 그에 따른 법운용의 기조는 특유한 '헌법해석'의 문제이고, 그 결론은 법해석론상으로나 법정책적으로 매우 중요한 의미와 문제점을 내포하고 있다. 주지하는 바와 같이 현행 헌법재판소법(제68조 제1항)에 따르면 원칙적으로 법원의 재판에 대한 헌법소원은 허용되지 아니한다. 다만 우리의 경우에도 예컨대 독일 같이 '재판소원'(Urteilsverfassungsbeschwerde)이 인정된다면 - '재판소원'과 관련하여 여전히 어려운 숙제로 남아 있는 '헌법해석'과 '법률해석'의 경계선문제, 즉 헌법재판소와 일반법원 간의 관할권문제가 전혀 개재되지 아니하고 - 헌법재판소에 의해 심판되고 또한 심판되어야 할 가능성과 필요성에 의문의 여지가 없는 전형적인 '헌법해석'의 문제라고 할 수 있다. 요컨대, '재판소원'제도의 당위성과 필요성을 강조하고, 제도개선입법을 촉구하는 뜻이 포함되어 있음을 밝혀 둔다.

2) 여기에서 '러브호텔'의 정확한 개념은 통속적으로 사용되는 의미와 다르지 아니하다. 다만 건축허가와 관련하여 명확하게 개념을 정의하면 건축허가 처분 혹은 거부처분 당시에 '주변여건과 시설내용에 비추어 볼 때 지역주민의 정서를 해치며 퇴폐 · 향락문화를 조장하는 이른바 러브호텔로 이용될 것으로 예상되는 숙박업시설'이라고 할 수 있다. 대전고법 1997.11.28. 96구4259 참조.

거부처분은 위법한 재산권침해라고 항변하고 있다. 대립의 구도와 양상은 사안에 따라 상이하지만, 직접적인 당사자인 지방자치단체와 건축주를 포함하여 이웃주민, 환경단체 기타 일반시민 등 제3의 직·간접적인 이해당사자들이 각각 환경권과 재산권 혹은 영업의 자유 등을 내세우며 갈등을 빚고 있다.

법원은 아직 분명하게 정리된 일관된 판결을 내고 있지는 못하다. 생활환경상 이익에 대한 침해가능성이 있는 각종의 건축·시설 및 개발사업과 관련하여 하급법원의 엇갈린 판결이 속출하고 있다. 댐건설, 온천개발, 골프장 등 각종 대규모 시설사업을 비롯해서 전자파피해와 관련된 변전소, 주민의 생활환경과 관련된 쓰레기 매립장, 소각장의 설치, 안전문제와 관련된 주유소, LPG충전소 등의 위험시설 기타 주민의 정서생활의 피해가 우려되는 장례식장 등의 이른바 '혐오시설' 등이 그 대표적인 예이다. 구체적인 사안에 따라 이해관계 있는 제3자가 직접 당사자로서 개입하는지 여부에 따라 대립의 구조가 다르고 또한 시설 또는 건축의 규모와 내용에 따라 그 구체적인 갈등의 양상은 큰 차이가 있을 수밖에 없지만 공통된 논점은 관련 법규상 제한사유로 정해 놓고 있지 아니한 환경보호 혹은 생활환경상의 법익 등의 보호를 이유로 건축, 시설사업허가 등을 거부할 수 있는가의 문제이다. 대립되는 입론은 재산권과 환경권 혹은 환경보호를 양극으로 하는 기본권상충문제의 해결에 대한 상이한 방법론과 가치판단을 전제로 하고, 그 구체적인 결론은 각각의 헌법해석에 따른 합헌적 법률해석의 결과일 뿐이다. 요컨대 논의의 핵심은 헌법해석의 문제이다.

이러한 관점에서 대법원이 최근에 '러브호텔'건축과 관련된 판례[3]에서 제시한 환경친화적인 헌법해석, 말하자면 '환경권우선론'

3) 대법원 1999.8.19, 98두1857 전원합의체 판결. 이하에서는 '러브호텔판결'로 칭함.

과 그에 터잡은 입론은 구체적이고 개별적인 사안의 차원을 넘어서 그 일반적인 영향력파급의 범위와 내용을 고려할 때 헌법이론적인 관점에서도 큰 관심의 대상이 아닐 수 없다.[4)]

---

4) 환경문제와 관련된 최근의 판례의 경향을 보면 대체로 환경보호우선을 기조로 하여 생태계훼손이나 이른바 '생활환경상의 법익'침해의 우려가 있는 건축 혹은 각종 시설사업을 제한하는 것을 정당한 것으로 보는 기본입장이 정리된 것으로 여겨진다. 날로 심해지는 환경오염과 자연파괴현상에 비추어 볼 때 법원의 전향적인 인식전환과 환경친화적인 법운용의 방향에 대해서는 이론이 있을 수 없다. '러브호텔'건축 관련 판례가 행정청이 대변하는 일반적인 환경공익과 건축주의 재산권, 영업의 자유등 기타 기본권적 법익이 상충되는 양극적인 분쟁구조라고 한다면, 특히 환경 관련 隣人소송에서 논의되는 제3자보호의 문제는 '생활환경상의 이익'을 주장하는 특정한 제3자가 직접 당사자로서 가담하는 다극적 분쟁구조를 바탕으로 하고 있는바, 구체적인 법해석 · 적용의 기준과 방법 및 그 영향은 다를 수밖에 없다. 그러나 환경법익의 내용과 속성상 '환경공익'과 '환경사익'을 구분하기 어렵다는 점을 도외시하더라도 이 두 가지 유형의 법적 분쟁은 본질적으로 비교형량 혹은 규범조화의 대상이 동일한 기본권상충의 문제라는 점에서는 같다. 따라서 '제3자보호'문제의 해결방안으로 제시되는 '보호규범이론'(Schutznormtheorie)이나 '제3자고려명령'(Ruecksichtnahmegebot)의 이론이 제3자보호를 목적으로 하는 합헌적 법률해석의 한 예라고 본다면, 그 입론의 출발점과 핵심적인 내용은 법률의 해석준칙이 되는 헌법의 해석의 관점과 그 결론에 따라 결정된다. 말하자면 이 글에서 검토되는 대법원의 '환경권우선론'에 터잡은 기본권해석을 전제로 하는 경우에는 환경관련 법적 분쟁에 있어서 '제3자보호론'은 입론의 출발점과 법운용의 방향 및 그에 따른 법적 판단의 핵심적인 내용이 그에 따라 규정될 수밖에 없다. 일반적인 환경공익이 아니라, 관련되는 제3자의 '생활환경상의 이익'을 '법률상 이익'으로 인정할 것인지의 문제라는 점에서 구체적인 법해석 · 적용의 양상은 차이가 있을 수 있지만, '환경권우선론'을 전제로 하는 기본권해석에 의해서 주관적 공권의 범위를 판단하는 기준이 원천적으로 선결되기 때문이다. 환경적 이익이나 일반공중의 생활환경상의 이익을 개별적으로 보호되는 직접적이고 구체적인 법률상 이익 혹은 사법상의 구체적인 권리로 인정하여야 한다는 취지의 판결들은 일단 종래의 소극적인 입장에 비해서는 환경친화적인 점에서 전향적인 것으로 평가할 수 있다. 문제는 선결과제로 주어지는 법이론적 검토작업이 충분치 못하다는 점이다. 법해석의 일관성과 통일성이 확보되지 못하고 있는 점은 물론이고, 관련된 대법원 판례의 설시의 내용도 법적 안정성과 충분한 설득력을 확보하기에는 법리와 현실에 대한 고민의 질과 양이 크게 미흡하다. 본 평석에서는 바로 이러한 구체적인 미흡함을 지적하고, 보완하면서 헌법이론적인 토론단서를 제공해보고자 한다. 이와 관련해서는 졸고, 건축법상 제3자보호

이미 쾌적한 생활의 문제가 아니라, 생존 자체의 문제로 볼 수 있을 정도로 심각해진 환경문제에 대하여 전향적인 문제의식을 가지고, '환경보전'과 '생활환경상의 이익'에 대하여 적극적인 가치판단을 전제하는 것은 매우 시의적절하고 의미있는 시도임은 분명하다. 그러나 사회과학을 포함하는 모든 과학분야에서 새로운 패러다임을 추구하는 경우에 그러하지만, 법학 특히 상충되는 법익 간의 합리적인 조화를 실현하는 내용의 공법학분야에서 그 타당성은 단순한 이념적 전향성만으로는 확보되지 아니한다. 우선 새로운 법운용의 패러다임이 시민 대다수의 생활감각에 부합되어야 함은 물론이고, 헌법적 가치질서체계 내에서 그 바탕에 있는 이념과 법의 해석·적용 간의 논리적 일관성이 확보되고, 궁극적으로는 법해석의 결과가 법적 안정성과 형평성의 원칙에 부합되어야만 한다. 헌법해석에 있어서 고려되어야 할 지침으로 특히 헌법의 통일성과 현실정합성을 특히 강조하는 것도 바로 이 때문이다.

다음에서는 '러브호텔'건축을 비롯한 이른바 '환경분쟁'에서 내려진 관련 판결의 현황을 개관해보고(Ⅱ), 대법원이 '러브호텔판결'에서 제시한 '환경권우선론'과 그에 터잡은 기본권제한의 형식적 근거와 관련된 헌법해석의 문제점을 비판적으로 검토한다(Ⅲ).

Ⅱ. 판례변화 개관

러브호텔의 건축허가와 관련된 법적 분쟁은 환경분쟁과 관련된 건축허가문제의 구조와 내용을 단면적으로 보여주는 전형적인 사례이고, 관련된 대법원판례의 입장변화는 논의의 핵심을 쉽게 파악할 수 있게 하는 유용한 자료를 제공하고 있다. 최근 기본적

문제와 기본권 - 공사상린법의 관계, 헌법규범과 헌법현실, 권영성교수 정년기념논문집, 1999, 573-597면 참조.

인 입장선회의 변화를 보이기 이전까지만 해도 건축법, 도시계획법 등 관계법규상 아무런 명시적인 근거도 없는 '농촌지역의 향락과 퇴폐분위기확산, 생활하수방류로 인한 인근농경지의 오염우려, 부동산투기로 인한 농민들의 생산의욕감퇴, 농촌주민의 정서 및 자녀교육에 나쁜 영향을 끼칠 우려 등의 사유'를 들어 건축허가를 거부할 수는 없다는 것이 대법원의 일관된 입장이었다.[5)]

그러나 환경문제와 관련된 대규모 건축·시설사업에 대한 최근의 대법원판결들의 내용은 -전면적이고 통일된 입장은 아니지만 - '생활환경상의 이익', 특히 이웃소송에서 제 3자의 원고적격문제와 관련하여 상당한 인식의 변화를 보여 왔다. 최근의 판례에서 대법원은 대규모시설사업과 관련해서 '쾌적한 환경에서 생활할 수 있는 이익' 등을 법률상 이익으로 폭넓게 인정하는 경향을 보이고 있다. 즉 환경생활적 이익을 환경공익보호의 반사적 결과에 불과한 '국민일반이 공통적으로 가지게 되는 추상적 평균적 일반적인 이익'으로 보지 아니하고, 주민 개개인에 대하여 개별적으로 보호되는 '직접적이고 구체적인 이익'으로 판단하여 원고적격의 범위를 확대 인정하고 있다.[6)] 또한 하급법원에서도 재판부마다 각각 다른 가치전제와 논리에서 상반된 내용의 판결들이 내려지고 있지만 대체로 같은 기조를 보이고 있다.[7)]

---

5) 대판 1995.12.12. 95누9051; 대판 1996.1.26. 95누 5479; 대판 1996.2.13. 95누10594; 대판 1996.2.13. 95누16981.

6) 예컨대 인제 방대천과 양양군의 남대천 양수발전소댐의 건설사업승인처분과 관련된 대판 1998.9.22. 97누19571; 속리산 국립공원 용화온천집단시설 공원사업시행허가와 관련된 대판 1998.4.24. 97누3268.

7) 예컨대 서울 고법 1999년 2월 24일, 97구47158. 건축허가신청이 관계법규에 위반 되는 사항이 없더라도 환경미관 등의 보존유지와 우량 소나무숲의 원형상태 보전이라는 공익이 불허가처분으로 원고회사가 입게 되는 불이익을 정당화할 만큼 강한 경우에는 명시적인 법적 근거가 없는 경우에도 공익상 필요를 이유로 이를 불허할 수 있다는 입장이다.

이러한 경향은 행정소송의 범주를 넘어서 특히 상린권과 관계된 민사소송에서도 나타나고 있다.[8] 특히 '생활환경상 이익'에 대하여 적극적으로 판단한 대법원의 판결[9]에 부응하여 하급심에서도 적극적으로 환경권을 사법상의 권리로 인정하는 결정들이 나온 바 있다. 우선 충북 괴산의 문장대온천관광지조성사업에 대한 공사중지가처분결정에서 '식수에 관한 환경이익' 등과 같이 침해법익이 중대한 경우에는 명시적인 법률규정이 없더라도 예외적으로 환경권을 구체적인 사법상의 권리로 인정해야 한다는 취지의 판결이 주목된다.[10] 또한 부산지방법원 제10민사부는 새로운 생태철학적 환경관의 입장에서, '종래의 접근방법'에 따라 사법상의 구체적인 권리의 범위가 설정된다면 '일반공중의 이익'은 그것이 아무리 중대한 것이라도 법적으로 고려될 수 없고, 결국 이는 헌법 제23조 제2항이 규정한 재산권행사의 공공복리적합성을 전혀 반영할 수 없게 하는 현상을 야기하게 된다는 전제 하에 일반공중의 생활환경상의 이익에 대하여 종래와는 다른 법적 판단이 요구된다고 밝히고 있다.[11] "모든 생태계 내의 현상을 개인에 국한된 윤리(와 법)

---

8) 최근의 日照權과 관련된 손해배상청구소송에서 대법원은 건축 당시의 건축법 등의 공법적 규제에 적합하였다 하더라도 현실적인 일조방해의 정도가 현저하게 커서 사회통념상 受忍限度를 넘은 경우에는 불법행위로 손해배상책임이 인정된다는 입장을 분명히 한 바 있다. 수인한도를 넘었는지 여부는 피해의 정도, 피해이익의 성질 및 그에 대한 사회적 평가, 가해건물의 용도, 지역성, 토지이용의 선후관계, 가해방지 및 피해회피의 가능성, 교섭경과 등을 기준으로 판단되고 공법적 규제의 위반 여부는 여러 판단기준 중의 하나에 불과 하다는 견해이다. 즉 공법적 규제에 의하여 확보하고자 하는 일조는 원래 사법상 보호되는 일조권을 공법적인 면에서도 가능한 한 보증하려는 것으로서 특별한 사정이 없는 한 일조권보호를 위한 최소한도의 기준에 불과하다는 것이다. 대판 1999.1.26. 98다23850; 대판 2000.5.16. 98다56997 참조.

9) 예컨대 대결 1995.5.23. 94마2218; 대판 1997.7.22. 96다56153; 대판 1998.4.28. 97다48913 등 참조.

10) 청주지방법원 제3민사부 1998.2.26, 97카합613, 법률신문(1998.4.20), 12-13면 참조.

11) 부산지방법원 1998.9.15. 97카합9776, 법률신문(1998.10.5), 11-12면.

을 기준으로 재단하는 것이 당연시되던 시대"와 달리 "생물종과 생태계 수준으로 확장된 윤리(와 법)를 기준으로 〈생태학과 경제학이 통합되고, 윤리학이 연장되어 인간의 가치와 아울러 환경가치도 고려 할 수 있어야 한다〉는 주장이 폭넓게 지지받고 있는 작금의 시대"에는 일반공중의 이익이 적극적으로 법적 판단에 반영되어야 한다는 논리이다.

환경보전문제의 중대성과 긴박성에 관한 이러한 적극적인 문제의식과 이를 바탕으로 한 법원의 환경친화적인 법운용의 기조는 대법원의 '러브호텔판결'의 보충의견에서 그 정점을 찾아볼 수 있다.[12] '러브호텔'의 난립에 따른 환경파괴의 결과가 법원의 잘못된 법운용의 결과라는 자성과 함께, 요컨대 환경보호의 시대적인 요청에 비추어 볼때 우리 헌법상 환경권은 "재산권이나 영업의 자유보다 우위에 있는 권리로까지" 해석될 수 있다는 '환경권우선론'을 제시하고 있다. 또한 앞으로 환경관련 법규의 해석·적용은 철저하게 환경보전에 관한 헌법이념과 환경보전관련 법률의 이념에 합치되는 범위 안에서 합목적적으로 행해져야 한다는 입장이다.

Ⅲ. 대법원의 '러브호텔판결' - 평석[13]

1. 판결요지 및 문제제기

본 사안에서 기본적인 논점은 기본권의 상충문제와 연계되어 있는 건축허가거부처분의 적법성 여부에 대한 판단이다. 즉 한편으로는 재산권과 영업의 자유, 또 한편으로는 환경권이 대립되는 상충관계 속에서 이익과 위험의 합리적인 배분 혹은 조정안을 찾

12) 대법원 1999.8.19. 98두1857 전원합의체 판결.
13) 이 부분은 법률신문 1999년 12월 6일, 제14면에 발표된 판례평석을 일부 수정하여 재인용하였다.

아내는 문제이다.

판결의 요지는 '러브호텔'의 건축허가와 관련하여 우선 국토이용관리법과 동법 시행령은 일정한 시설의 건축을 제한할 수 있는 용도지역과 대상에 관한 기준을 규정하고 있고, 구체적인 행위제한지역의 지정·고시에 관해서는 조례에 위임하고, 조례 역시 제한의 일반적인 기준을 정하면서 단체장에게 구체적인 대상지역의 관리에 관해 위임하고 있는 상황에서 구체적인 제한지역의 지정이 없는 경우에도 건축제한에 관한 일반적인 기준만을 제시하고 있는 관계 법령과 조례를 근거로 하여 건축허가를 거부할 수 있다는 것이다.

동 사례는 건축 등 토지이용행위의 제한에 관해서는 국토이용관리법과 그 시행령 및 관련 조례에 의해 일반적인 해결의 방향과 기준은 주어졌던 경우이고,[14] 또한 본 평석에서 관심을 갖는 주요 논점은 개별사안의 결론보다 보충의견의 헌법상 기본권적 법익에 대한 형량과 기본권제한의 근거와 관련된 법해석방법론상의 입론에 있기 때문에 일단 효과적으로 문제를 제기하기 위해 건축허가 문제의 일반적인 문제구조를 개관하고 개별적인 주요논점을 검토한다.

주지하는 바와 같이 행정작용형식으로서 허가는 경찰목적상 설정된 일반적이고 상대적인 금지를 해제하는 기속행위이다. 따라

14) 1997년에 개정(11.19 대통령령 제15511호)되기 이전의 국토이용관리법 시행령 제14조 제1항 제4호에 따르면 법 제15조에 따라 준농림지역 내에서 원칙적으로 금지되는 '대통령령이 정하는 토지이용행위'의 하나로 '지방자치단체의 조례가 정하는 지역에서의 공중위생법의 규정에 의한 숙박업 등의 시설 중 조례가 정하는 시설의 설치행위'로 규정하여 조례를 기준으로 보면 이른바 negative system의 규율형식이었던데 반해서, 현 시행령은 준농림지역 내에서의 숙박시설설치를 원칙적으로 제한하고 다만 '수질오염 및 경관훼손의 우려' 등 예외적인 허용기준의 설정을 조례에 위임하는 affirmative system형식으로 규정하고 있다.

서 법상 요건을 구비하여 신청되는 경우에는 관계법령에서 정하는 제한사유 외에 공공복리 등의 사유를 들어 허가처분을 거부할 수는 없다.[15] 법익상충의 가능성이 상존하는 오늘날의 건축현실에서 주목되는 제3자보호의 관점을 고려하는 경우에도 그것은 우선 구체적이고 개별적으로 상충하는 기본권적 법익을 합리적으로 조정하는 법적 장치로 이해된다. 따라서 재산권을 제한하는 내용인 건축허가거부처분을 정당화시킬 수 있는 환경공익 또는 제3자보호요청은 '상당한 정도'로 현재성과 확정성이 인정되는 것이어야 하고, 그것은 원칙적으로 우선 입법자에 의해 판단 · 제시된다. 물론 '상당한 정도'는 관련되는 법익의 중대성, 특히 잠재적인 위험가능성의 크기나 객관적인 예측, 판단능력의 한계 등에 따라 달리 평가되는 탄력적인 기준이다. 예컨대 국민 혹은 주민의 생명과 신체 등 중대한 법익에 대한 심각한 침해가 우려되는 경우에는 확정되지 않은 잠재적인 위험일지라도 거분처분의 정당한 이유로 용인된다. 그러나 이러한 예외적인 경우나 입법자가 제시하고 있는 요건에 해당되지 않는 일반적인 경우에는 '상당한 정도'의 현재성과 확정성이 인정되지 않는 '가설적이고 추상적인 위험'은 건축허가거부처분의 이유가 될 수 없다. 물론 오늘날 문제되는 환경공익 혹은 생활환경적 법익에 대한 침해가 그에 해당되는지 여부는 간단하게 일률적으로 판단할 수는 없는 문제이다.

2. 환경권 우선론?

동 판결에서 보충의견은 환경보전문제의 심각성과 환경보호에 대한 법원의 전향적인 인식전환의 당위성과 필요성만을 강조하면

---

15) 일반음식점영업 혹은 허가사항변경과 관련된 판결이기는 하지만 대법원은 일반적 금지의 해제를 내용으로 하는 기속행위로서의 허가의 의미와 기능을 재확인하였다. 대판 2000.3.24. 97누12532.

서 헌법 제35조 제1항과 모든 환경이용행위에 있어서 일반적인 '환경우선고려의무'를 규정하고 있는 환경정책기본법 제2조 등을 우리 헌법의 전체질서에서 환경권이 재산권이나 영업의 자유보다 우선되는 것으로 볼 수 있는 근거로 제시하고 있다.

추측컨대 그 바탕에는 스스로 밝히고 있는 바와 같이 '러브호텔'의 난립으로 야기된 환경훼손이 "헌법 및 환경관련 법률의 정신을 외면한 채 법규의 자구에만 얽매인 법운용을 한 결과"로 보는 인식에 따른 부담과 오늘날 거의 절대적인 정언명제로 상징성과 실질성을 가지는 '환경보전의 이념'을 법해석에 적극 수렴하고자 하는 전향적인 의지가 깔려 있다고 여겨진다.

그러나 우리 헌법이 어디에서 '환경권이 개인의 재산이나 영업의 자유보다 우위에 있는 권리라고 볼 수 있는 근거를 제공'하고 있는지 의문이 아닐 수 없다. 우리 헌법은 '재산권의 내용과 한계'와 마찬가지로 '환경권의 내용과 행사'도 '법률로 정한다'고 규정하고 있다(제23조 제1항, 제35조 제2항). 또한 보충의견이 제시하고 있는 환경정책기본법 제2조상의 '환경보전우선고려의 요청'은 권리성과 함께 의무성 및 제도보장의 성격을 동시에 내포하고 있는 환경권의 특성과 폭넓은 입법형성의 자유를 갖고 있는 입법자의 환경법익에 대한 각별한 관심과 가치판단의 전제가 법률차원에서 표현된 것일 뿐이다. 환경문제의 심각성과 환경보호문제에 대한 국민과 입법자의 공감대적 인식의 확대는 가변적일 수밖에 없는 공공복리개념의 정의에서 환경가치에 부여되는 가중치를 상대적으로 높이게 하는 요인일 수는 있어도, 그것이 헌법상 기본권의 등급화 또는 서열화를 정당화시키는 이유나 기준이 될 수는 없다. 우리 헌법상 '인간의 존엄성'이나 '생명권' 등 핵심적인 기본권적 가치와 기타 기본권 간에 상하위관계를 설정하는 논리는 부인되지 않지만, 그것은 법이념과 현실에 의해 확인된 통일된 가치판단이 전제되는 제한된 범주에서만 성립될 수 있는 논리일 뿐이다.[16] 기본적으로 '규범조화의 요청'이 강조되는 헌법의 통일성에 터잡은 엄격한 절제에 유보되어 있는 논리이다.

우리 헌법은 적어도 기본권 간의 전면적인 우열관계는 설정하지 아니한다. 환경권도 그 예외가 아니다. 물론 환경보전의 중요성과 긴박성에 대해서는 오늘날 누구도 이의를 제기하지 아니한다. 그러나 그것이 우리 헌법질서에서 환경가치를 절대적으로 우선시킬 수 있는 근거가 될 수는 없다. 헌법국가의 규범성은 국가목적의 상대성과 그 실현수단의 합리성을 전제로 한다. 합리성은 헌법적 가치 간의 우열확인이 아닌, 조화와 타협에 의해 확보된다. 절대불가침의 인권 등 제한된 일정한 핵심적인 가치를 제외하고는 환경보전을 포함한 그 어떤 목적도 상충되는 목적의 일방적인 희생을 대가로 절대시 될 수는 없다. 가치질서체계로서 이해되는 헌법의 통일성에 터잡은 '규범조화적 해석이론'의 출발점이다. 환경보전의 법익도 기본권적 법익 등 기타의 헌법가치와 상충되는 경우에 '규범조화적 해석'에 의해서 수렴되어야 할 하나의 중요한 헌법해석의 관점(Topos)일 뿐이다. '규범조화적 해석'은 상충되는 가치간의 타협을 내용으로 하고, 타협은 상호간의 양보를 전제로 하는 개념이다.

또한 환경보호문제에 대하여 인식은 같이 하면서도 구체적인 방법과 수단에 있어서는 큰 입장 차이를 보이고 있는 선진국과 개발도상국가들 간의 논란은 국내에서도 다르지 아니하다. 말하자면 환경문제를 더 이상 '삶의 질의 문제'가 아니라, '생명 혹은 생존 자체의 문제'로 보는 선진국형의 생태학적 명제는 적어도 일반적인 설득력은 갖지 못한다. 환경보호론자들 사이에서도 환경보전의 이

16) 기본권 간의 위계질서에 관해서 기본적으로 성립될 수 있다고 보지만, 제한적으로만 인정하는 입장으로는 허영, 『한국헌법론』, 2000년, 262-263면.

념은 몰라도 그 구체적인 환경보호정책의 방향과 완급 및 그에 대한 법적 수용의 가능성과 내용에 관해서는 결코 시각이 같을 수 없다. 보충의견의 절대적인 환경권우선의 논리를 법리적 일관성을 지키면서 엄격하게 확대·적용한다면 환경오염원을 배출하는 모든 산업시설, 교통수단 등은 전면 폐기처분될 수밖에 없고, 그 결과는 거의 모든 생활영역에서 일정한 수준 이상의 문화생활을 포기할 수밖에 없는, 受忍불가능한 것일 수밖에 없다.[17]

최근에 대법원이 '생활환경적 법익'을 구체적인 私法상의 권리로 적극 인정하는 전향적인 입장을 취하면서도 하급법원과는 달리 일관되게 그 법적 근거를 환경권으로 보지 아니하고, 소유권에 기한 방해제거 및 예방청구권으로만 인정하는 것도 절대적인 환경권우선의 논리에 따르는 법해석론상의 문제점과 함께 그 결과의 현실부정합성을 신중하게 고려한 결론인 것으로 생각된다.[18] 환경보호문제에 관한 새로운 접근방법이 필요한 것은 부인할 수 없지만, 그것이 법적 균형감각의 포기를 대가로 하는 것이어서는 아니 된다. 기본권실현의 이념적 정당성과 현실정합성은 균형성에 터잡은 법적 판단에 의해 매개되어야 한다. 우리 헌법은 재산권이나 영업의 자유는 물론이지만 환경권에 대하여도 어떠한 절대우선적인 가치판단전제나 법적 기대가능성을 설정해준 바 없다. 우리 헌법이

---

17) Vgl. J. Isensee, Die Ambivalenz des Eigentumsgrundrechts, in: F. Ossenbuehl, Eigentumsgarantie und Umweltschutz, 1990, S.16. 이러한 관점에서 볼 때 허영 교수, 전게서, 262-263면, 가 조심스럽게 제시하고 있는 기본권효력의 우열관계를 판단할 수 있는 기준, 즉 '인간의 존엄성'과 '생명권'등의 절대우선원칙과 同位기본권의 충돌시에 적용되는 '인격적 가치우선의 원칙'이나 '자유우선의 원칙' 또는 여기에 덧붙여서 권영성 교수, 『헌법학원론』, 2000년, 327면, 가 제시하고 있는 '생존권우선의 원칙' 등에 '환경권우선의 원칙'을 추가할 수 있는가는 적어도 아직은 더 많은 토론을 필요로 하는 문제이다.

18) 대결 1995.5.23. 94마2218; 대판 1995.9.15. 95다23378; 대판 1999.7.27. 98다47258.

제공하고 있는 것은 환경권의 우선성에 대한 근거가 아니다. 중용(中庸)의 조화에 대한 명령이다.

3. 법이념·현실과 법해석 – 합목적적 법해석의 한계

보충의견은 환경권의 우선성, 환경정책목적의 긴절성(緊切性) 기타 지방자치단체의 현실여건 등을 이유로 들면서, '법규의 형식적인 자구'에 얽매인 해석이 아니라 '합목적적인 법해석'을 통해서 환경보전의 이념과 정책에 부응하는 방향으로 법을 운용해야 한다고 주장한다. 요는 국토이용관리법(제15조 제1항 제4호)과 숙박업 등 시설의 설치제한에 관하여 조례에 위임하고 있는 동법 시행령 규정(1997.9.11 개정 전 시행령 제14조 제1항 제4호)을 합목적적으로 해석하면, 구체적으로 조례를 통한 제한지역의 지정·고시가 없는 경우에도 일정한 시설의 설치행위가 금지되는 것으로 볼 수 있다는 결론이다.[19]

그러나 이러한 논리는 법해석방법론상의 체계적 해석 혹은 합목적적 해석의 방법론으로 용인할 수 없다. 해석의 대상인 법을 우리가 체계로 이해하고, 문리해석방법뿐만 아니라 체계성과 합목적성도 고려해서 해석해야 한다는 명제는 합법성의 체계를 대전제로 하는 것이다. 이미 지적한 바와 같이 그 핵심내용은 바로 '법규의 형식적인 자구'에 대한 문리해석의 한계가 합목적성의 명분에 의해서 부인될 수 없다는 것과 또한 법규의 효력에 대한 자의적인

---

19) 건축허가거부처분 당시 '서산시 준농림지역 안에서의 행위제한에 관한 조례'는 제4조 제1항에서 일정한 기준에 의하여 시장은 접객업시설의 설치제한지역을 고시하고 관리하여야 한다는 수권 및 위임근거를 정하고, 제6조에서 「제4조에 의하여 제한지역을 고시할 때에는 제한의 목적, 제한지역의 범위, 제한행위의 내용 기타 접객업시설 설치의 행위제한에 필요한 사항이 포함되어야 한다」고 규정하여 제한지역의 구체적인 지정과 관리를 시장에게 위임하였다. 단체장은 처분 당시까지 아무런 구체적인 지정·고시를 하지 아니하였다.

부인을 금지하는 것이다.

오늘날 일응 긍적적으로 평가되는 사법적극주의는 순기능과 함께 역기능도 내포하고 있다. 그 필요성에 대하여 긍적적으로 평가되는 법관의 법형성기능도 무제한적인 것일 수는 없다. 입법기술적인 한계나 기능법적인 관점에서 적용의 범주와 양식이 부분적이고 제한되는 보완적인 법운용수단으로 이해되어야 한다. 본 사건에서와 같은 지방자치입법자의 '무결정' 혹은 '결정유보'의 결정을 법원이 '환경보전의 이념'이나 '정책적 필요성'을 명분으로 국민의 자유와 권리를 제한하는 적극적이고 구체적인 '결정'으로 대체하는 것은 법운용체계의 기본원칙을 전면 부인하는 것이다. 소수의견이 지적하고 있듯이 이념과 현실을 명분으로 자의적으로 법을 해석하는 이러한 논리에 따르면 헌법 제37조 제2항에 따라 법률에 유보되어 있는 기본권제한이 법관의 주관적인 가치관에 유보되게 되는 극단적인 결론까지도 용인될 수밖에 없다. 말하자면 법률상 수권근거가 없는 경우에도 '이념적 정당성' 혹은 '현실적 필요성'이 인정되는 경우에는 헌법 규정상의 일반적인 기준만을 근거로 기본권제한이 가능하게 된다. '기본권제한의 법률유보' 자체가 기본권제한의 헌법적 한계로 이해되는바, 그 핵심적인 내용이 바로 이러한 추상적이고 가변적인 '이념'이나 '현실'의 명분이 직접 구체적인 기본권제한의 근거로 인정될 수는 없다는 것이다. 원칙적으로 입법자에 의해서 일차적으로 확인 · 정리되지 않은 '이념' 혹은 '현실'이 무분별하게 법관에 의해 직접 기본권제한의 근거로 인정된다면 그것은 법치국가가 아니라 법관국가이다. 요컨대 법관의 기능은 입법자에 의해서 주어진 기본권제한의 수권근거를 '이념'과 '현실'에 맞게 해석하는 것이지, 수권근거 자체를 독자적으로 창출하는 것은 아니다.

'목적의 정당성이 모든 수단을 정당화시키지는 못한다'는 명제는 법운용의 경우에 특히 강조되어야 한다. 설령 백해무익한 결론에 귀결될 수밖에 없는 경우일지라도 법규의 내용이 상위법에 위배되지 않는 한 그것이 '법규의 형식적인 자구'의 해석에 따른 불가피한 결론, 즉 법해석상의 한계를 전면 부인하지 아니하고는 회피할 수 없는 것이라면 당해 법규가 개정되기 전까지는 그에 따라야 하는 것이 바로 법해석의 출발점이다. 이는 비난 혹은 부인되어야 할 '형식논리'가 아니라, 법운용에서 최우선으로 강조되어야 하는 가장 '실질적인 형식명제'로 이해되는 법적 안정성의 요청이다. 소수의견이 적확하게 지적하는 바와 같이 법적 안정성과 예측가능성의 보장을 위한 법치행정의 이념은 개별적인 차원의 합목적성이나 현실적인 필요성에 의해서 결코 부인되어서는 아니 되는 거시적인 차원의 보다 큰 법가치이다. 또한 이 법가치는 단 한번의 훼손에 의해서도 그에 따른 역작용이 중차대한 것일 수밖에 없는 매우 예민하고 전방위적인 것이다. 이에 대한 훼손이나 그에 따른 역기능의 감수를 정당화시킬 수 있는 더 큰 절대적인 법가치는 존재하지 아니한다. 법적 안정성을 담보해주는 합법성이 원칙적으로 합목적성에 우선되는 논리는 법치국가이념의 핵심이고, 그것은 환경보전의 경우에도 예외일수 없다. 환경보전의 이념과 그 실현수단과 방법도 결코 법치국가질서를 초월하는 것일 수는 없다.

행정작용수단으로서 허가의 본질은 경찰목적상 설정된 일반적이고 상대적인 금지의 해제이다. 건축허가는 그 제도 자체가 기본권에 대한 제한이고, 따라서 허가거부처분은 법적 안정성과 예측가능성의 요청에 부합되는 명확한 법령상의 근거가 있는 경우에만 허용된다. 최근에 대법원은 일반음식점영업 혹은 허가사항변경과 관련된 판결에서 일반적 금지의 해제를 내용으로 하는 기속행위로서의 허가의 의미와 기능을 재확인한 바 있다.[20] 특히 식품위생법

---

20) 대법원 2000.3.24. 97누12532.

제24조 제1항 제4호에 따르면 공익상 허가를 제한할 필요가 있다고 인정되는 경우 보건복지부장관이 지정하는 영업 또는 품목에 해당되는 때에는 그 허가를 거부할 수 있도록 규정하고 있으나, 보건복지부장관이 허가제한대상을 제한하고 있지 아니하고 또한 관계법령에서 제한근거를 규정하고 있지 않은 상황에서 '대기오염 심화의 방지'라는 공익을 이유로 하는 거부처분은 위법판단을 피할 수 없다고 보았다. 이러한 판단은 적어도 앞에서 기술한 바와 같이 일정한 시설의 설치금지에 관한 기준의 설정을 지방자치단체의 조례에 위임하고 있던 1997년 개정 이전의 국토이용관리법 시행령(제14조 제1항 제4호)에 따르는 경우 건축허가와 관련해서도 달리 보아야 할 아무런 이유가 없다.[21] 또한 법률과 시행령에 의해 조례에 위임하였고, 조례를 통해 일반적인 기준 제시와 함께 다시 구체적인 제한지역의 지정을 단체장에게 위임하고 있는 법규의 효력이 합목적적 해석에 의해서 부인 또는 제한될 수 있다는 입론은 법원이 입법자의 위임입법결정의 의미와 기능을 전면적으로 무시하고 대체입법을 할 수 있다는 결론에 이른다. 보충의견이 추가적으로 지적하고 있는 지방자치단체의 법전문인력의 부족현상에 따른 조례·규칙의 입법불비도 법원의 합목적적인 법해석을 통한 자의적인 법규창조력을 정당화시키는 근거가 될 수 없음은 물론이다.

21) 이와 관련하여 최근에 준농림지역 내에서 숙박시설설치를 위한 산림형질변경허가와 관련된 판결에서 서울행정법원이 준농림지역 내에서의 숙박업시설 등의 설치를 원칙적으로 금지하고 예외적인 허용의 기준을 조례에 위임하고 있는 국토이용관리법과 시행령의 규정형식을 제시하면서 허용기준의 설정에 관한 위임범위를 폭넓게 인정하는 입장을 보인 것이 주목된다. 서울행정법원 제4부 2000.3.10. 99구29462. 말하자면 역으로 동법과 시행령의 규정이 개정 전의 내용으로 그대로 유지되었다고 하여도 동 법원은 대법원의 '환경권우선론'에 따라 동일한 법해석을 할 수 있었을지 의문이다.

4. 여론(餘論) - 법과 정책

환경정책이나 토지정책의 결정과 집행과정에서의 문제점을 들지 아니하더라도, 보충의견이 밝히고 있는 바와 같이 '러브호텔'이 난립해서 한강변 등 농촌지역의 자연환경과 생활환경이 심각하게 훼손된 것이 과연 "법원이 헌법 및 환경관련 법률의 정신을 외면한 채 법규의 자구에만 얽매인 법운용을 한 결과"로 볼 수 있을지는 의문이다. 또한 설령 환경정책론적인 관점에서 볼 때 부분적으로 그러한 인식에 동조한다고 하여도 우리 헌법의 기본권가치질서에서 '현실'과 '이념'만을 논거로 하는 '환경권우선론'은 용인하기 어려운 성급한 헌법해석이다. 또한 그것을 전제로 법규의 효력과 내용이 자의적으로 부인·수정될 수는 없다. 법과 정책 혹은 법해석론과 정책론은 본질적으로 상호 보완 및 제한의 관계에 있지, 대체관계에 있지 아니하다. 법이 정책을 대신할 수도, 대신하여서도 아니 되는 것과 마찬가지로 정책도 법을 대신할 수는 없다. 정책실패의 대가 혹은 정책개선·보완의 수단이 법해석원칙의 희생일 수는 없다.

평론 - 생태철학과 환경정의

평론 - 생태철학과 환경정의

[12] 생태철학과 심층생태주의의 헌법적 함의 - '녹색성장' 개념의 의미 확산과 심화를 위한 시론*

I. 머리말 - 문제의 제기

'녹색성장'의 개념이 유행이다. 세계적으로 이른바 '저탄소사회'(Low Carbon Society)의 슬로건이 한창이다. 우리 정부도 2008년 8월 15일 정부수립 60주년 대통령 기념사를 통해 국정의 핵심 어젠더로 '저탄소 녹색성장'(Low Carbon, Green Growth)을 내세우며 국제적인 흐름에 합류하였다.

정부는 저탄소사회화, 녹색기술의 성장동력화, 고도의 융합기술 진흥, 일자리 창출, 탄소세 등 친환경적인 세제개혁의 추진 등 10가지의 전략적인 방안을 제시하여 전방위적으로 정책에 적극 방영하고 있다. 2010년 1월에는 '저탄소 녹색성장기본법'을 제정하여 "경제와 환경의 조화로운 발전을 위하여 저탄소(低炭素) 녹색성장에 필요한 기반을 조성하고 녹색기술과 녹색산업을 새로운 성장동력으로 활용함으로써 국민경제의 발전을 도모하며 저탄소 사회 구현을 통하여 국민의 삶의 질을 높이고 국제사회에서 책임을 다하는 성숙한 선진 일류국가로 도약하는 데 이바지함을 목적"(제1조)으로 하는 법제를 마련함으로써 관련 정책의 적극적이고 효율적인 추진에 힘이 더해지고, 필요한 재원의 조달책의 강구, 탄소거래 관

---

* 연세 공공거버넌스와 법, 제2권 제1호, 2011.2, 25-53면.

련 법제나 세법 등 후속 관련 법제의 정비도 한층 가속화될 것으로 기대되고 있다. 또한 2020년까지 배출전망치(BAU)의 30%를 감축하겠다는 과감한 목표를 제시한 바 있다.

이러한 정부의 정책기조와 적극적인 대응은 국제사회의 보편적인 흐름에 순응하는 정치적 선택이었다. 적어도 정치경제학적인 관점에서 과잉도, 과속도 아닌 적확한 합류라고 할 수 있다. 기후변화문제에 대한 외면, 부정, 그리고 마지못한 수긍과, 그에 따른 일반시민들의 정서적 참여나 정치적, 정책적 조치가 뒤따르지 않는 초기의 미온적인 반응은 순식간에 과거의 일이 되어버렸고, 무엇보다도 기후변화의 문제가 인류의 생존이라는 차원에서 더 이상 이론적 가설이 아니라 현실인 것은 우리나라도 그 예외가 될 수 없기 때문이다. 또한 후술하는 바와 같이, 어엿한 OECD 가입국가이기는 하지만 이른바 '신흥발전국'에 속하는 우리나라의 정치적, 경제적 입장이 구미 선진국들과는 물론이고 저개발국들과도 크게 다른 것은 사실이나, 그것은 미시적이고 기술적인 대책을 모색하는 전술 차원에서는 고려해야 할 조건이기는 하지만, 협력과 동참의 여부나 그 시기를 정하는 전략적 결단에서는 전혀 머뭇거림을 정당화할 수 있는 합리적인 이유가 될 수 없었기 때문이다.

다만, 다분히 서두름 속에서 합류하다 보니 준비작업이 소홀하였던 것은 아닌지 되돌아 볼 적시가 바로 지금이 아닌가 싶다. 필요 재원을 조달하기 위한 중장기적인 재정계획도 수립해야 하고, '저탄소정책'을 위한 시장의 조성과 세제를 비롯한 관련 법제의 정비도 서둘러야 할 때이기도 하지만, 최근에 '탄소배출권 거래제'의 도입과 시행시기에 관해서도 좀처럼 이견의 폭이 좁혀지지 않고 논란이 증폭되고 있는 현상에서도 잘 알 수 있듯이, 이들 시급한 작업과 함께 또는 이들 작업의 효율적인 진행을 위해서라도 우선 '녹색성장'의 함의를 되짚어 보는 것이 필요한 시점이기 때문이다.

국정의 핵심 어젠다로서 또한 법적 개념으로서 '녹색성장'의 개념이 우리 공동체 구성원들이 환경보전에 대한 새로운 인식의 지평을 확장하고 세상과 삶에 대한 의식을 전환하는데 필요한 경험과 사유의 계기, 그리고 담론의 공간을 충분하게 확보해줄 수 있는지 그 크기와 깊이를 이른바 '심층생태주의'의 관점에서 가늠해본다. '녹색성장'의 개념을 통해서 정책당국자를 포함하여 일반 국민이 얼마나 적실한 철학과 가치를 공유하고 있는지 짚어보고 또한 우리 헌법상 '인간의 존엄성' 규정에 대한 해석론을 통해서 '생태철학'과 '심층생태주의'의 헌법적 함의를 살려나갈 수 있는 가능성과 한계를 검토하면서 '녹색성장' 개념의 의미 확산과 심화의 계기 및 그 단서를 찾아본다.

Ⅱ. '녹색성장' 개념 - 의미의 확장과 심화의 필수성

우선 '녹색성장기본법'에 따르면 '녹색성장'은 "에너지와 자원을 절약하고 효율적으로 사용하여 기후변화와 환경훼손을 줄이고 청정에너지와 녹색기술의 연구개발을 통하여 새로운 성장동력을 확보하며 새로운 일자리를 창출해 나가는 등 경제와 환경이 조화를 이루는 성장"으로 그 개념이 정의되어 있다(제2조 제2호). 또한 같은 조문 제3호부터 제7호까지 기술, 산업, 제품, 생활 및 경영에 녹색의 수식어를 붙여서 그 뜻을 규정하고 있는바, 그 핵심은 기후변화의 심각성에 대한 인식을 전제로 '저탄소, 즉 "화석연료(化石燃料)에 대한 의존도를 낮추고 청정에너지의 사용 및 보급을 확대하며 녹색기술 연구개발, 탄소흡수원 확충 등을 통하여 온실가스를 적정수준 이하로 줄이는 것"(동조 제1호)을 공동의 목표를 내재화한 것이다. 요컨대, '녹색성장'은 환경보전과 함께 경제성장도 지속시켜 나가겠다는 의지와 희망이 함축된 전략의 표현이다.

전술한 바와 같이, 정부가 제시한 '저탄소사회'를 지향하는 '녹색성장'은 적확한 정치적, 정책적 선택이었다. 그런데 전략의 중심축이고 핵심토대인 '녹색성장'의 개념이 기후변화문제의 심각성에 대한 바른 인식과 협력적인 태도를 이끌어낼 수 있는 철학과 윤리의 기반을 확보하고 있는지 또한 '녹색기술', '녹색산업' 등 녹색의 전술적 수단들이 녹색성장전략의 지속적이고 효과적인 실천을 위한 조건과 연계되어 있는가에 대해서는 비판적인 재검토가 필요하다. 주지하는 바와 같이, 기후변화의 문제는 '지구온난화'라는 말 그대로 그 원인과 영향이 필연적으로 전 세계의 범주에서 주어진다는 점에서 지구촌의 모든 부락과 구성원들의 협력과 동참이 없이는 효과적인 대응이 원천적으로 불가능한 '전체의 문제'이다. 또한 오늘날 우리가 당면한 기후변화의 문제는 국가와 개인의 잠정적인 절제나 부분적인 생활개선만으로 피하거나 늦출 수 없고, 경우에 따라서는 '녹색기술'로도 해결될 수 없는 최악의 상황에 대비해야 하는 '적응의 문제'이기도 하다. 문제해결의 출발점은 문제의 본질과 심각성에 대한 인식을 공유하고 포괄적이고 근본적인 자기반성의 계기와 그 단서를 마련하는 것이다. 말하자면 특정한 관점이 아니라 인식과 가치 및 행동에 관한 '관점의 다발'인 패러다임과 기본적인 사회조직의 방식의 변화를 요구하는 '근본의 문제'이기 때문이다. 더 나아가서 기후변화의 문제는 그 대응의 기본전략을 설계하고, 구체적인 방안을 선택 및 조합하여 시행해나가는 과정에서 적어도 과도적으로는 계층과 집단, 산업영역과 대기업과 중소기업 또는 개별 기업, 그리고 지역 간에도 막대한 비용부담과 직간접적인 손익의 편차가 불가피한 경우가 적지 아니하고,[1] 또한

1) 탄소배출권 거래제를 시행하는 경우 감축투자비와 배출권구입에 우리나라 산업계 전체가 부담해야 하는 비용은 매년 약 5조 6,000억원에서 최대 14조원에 이르는 것으로 추정되고, '녹색성장위원회가 제시한 일정표에 따라

경우에 따라서는 장래의 기대이익은 물론이고, 기득권의 포기까지도 일방적으로 요구해야 하는 점에서 형평의 요청과 함께 합리적인 조정과 설득의 중요성이 특히 부각되는 '정치경제학의 문제'이다.

기후변화문제의 이러한 다면적 특성에 비추어 볼 때, 우리가 사용하고 있는 '녹색성장'의 개념은 좀 더 넓고 깊은 철학과 가치를 담을 수 있는 인식과 경험의 틀로 또한 근본적인 자기반성과 개방된 대화의 계기를 제공해줄 수 있는 담론의 공간으로 발전시켜 나가는 것이 필요하다. 이러한 맥락에서 우선 비판적으로 재검토하고자 하는 것은 '녹색성장'의 개념이 지나치게 지속적인 경제성장 또는 이른바 신수종사업의 육성에 초점을 맞춘 산업구조개편의 전략의 일환으로만 편향되게 설정되어 있는 것은 아닌가 하는 점이다. 전체적으로 과도한 낙관의 전망을 전제로 성장의 가능성과 과실만을 강조하고, 반면에 상당한 고통과 비용이 수반되는 책임과 의무, 자기희생과 양보가 불가피한 부정적인 측면이 상대적으로 소홀하게 취급되고 있다는 점에 대한 우려이다. 비록 '녹생성장기본법'은 '경제와 환경이 조화를 이루는 성장'을 기본목표로 설정하고 있고 또 제2조 제6호와 제7호에서 각각 '기후변화의 심각성에 대한 인식'을 주문하면서 '일상생활에서 에너지를 절약하여 온실가스와 오염물질의 발생을 최소화'하는 절제된 생활의 책임을,

---

2013년부터 시행되는 경우에 특히 철강, 자동차, 조선 등 대표적인 중후장대산업이나 발전부문 등의 경우에는 국제경쟁력의 저하와 함께 생산량감축에 따른 고용악화나 물가상승 등 경제사회적 파급영향이 국민경제에도 큰 부담이 될 것으로 전망되고 있다. 이에 관해서는 탄소배출권 거래제의 시행시기와 관련하여 유보론을 주장한 권문식의 토론문 참조. 한국일보, 2011년 1월 17일 23면. 세계 최고 수준의 에너지고효율 국가라는 점에서 우리나라와 평면적으로 비교할 수는 없지만, 최근에 일본에서 탄소배출권 거래제의 2013년 시행계획이 일단 유보된 것은 경제단체연합을 중심으로 한 일본 산업계의 강한 반발 때문인 것으로 분석되고 있다. 이에 관해서는 오오구시 다쿠야, 박명섭/권현준(역), 탄소배출권 – 거래와 시장, 아카데미프레스, 2009, 7, 105면.

또 한편 기업에 대해서는 '녹색경영'의 책임, 즉 '자원과 에너지를 절약하고 효율적으로 이용하며 온실가스 배출 및 환경오염의 발생을 최소화'하는 사회적, 윤리적 책임을 강조하고 있기는 하지만, 정작 왜 그래야만 하는지 그 근본적인 이유에 대해서는 '경제와 환경의 조화'라는 추상적인 명제만을 제시하고 있을 뿐이다.

하지만 개인과 기업의 자원 및 에너지의 절약과 환경오염물질의 최소화에 대한 책임은 가장 중요하고 기본적인 실천지침이기는 하되, 기후변화문제에 대한 포괄적인 대응의 관점에서는 가장 초보적인 행동수단이다. 말하자면 일상생활과 기업의 생산 및 경영활동에서 개인적인 소비습관이나 구체적인 생활방식 또는 사고와 행태만을 개선하면 되는 일이다. 그런데 이 정도의 도구적 변화만으로 대응하기에는 문제가 너무 크고, 심각하다. 기후변화가 초래할 막대한 비용과 피해를 줄이기 위해서는 가능한 정책의 즉각적인 시행과 함께 수십 년 뒤를 내다보는 장기계획의 수립이 필수적인데, 단기적인 정치의 속성과 통합적인 사회조직방식의 부재 때문에 그 가능성을 확신할 수 없다.2)

문제의 다면적인 특성에 대해서는 전술한 바 있거니와, 특히 이 문제는 우리의 일상생활에서 거품을 제거하는 것을 넘어서 우리가 당연한 것으로 여기는 안락과 쾌락, 그리고 기본적인 편익에 대한 포기, 즉 알맹이까지도 포기할 것을 요구하고 있기 때문이다. 또한 기후변화의 문제는 적어도 부분적으로, 단기적으로는 성장 자체의 일부 포기나 의도적인 저성장까지도 요구할 수 있고, 이에 대한 대응의 전략과 정책은 거시적으로 또 미시적으로 자원과 소득의 (재)분배효과를 수반하는 중대한 정치적 선택일 수밖에 없다. 경제주체들 간에, 산업분야 및 개별 기업들 간에, 또한 정부 부처들 간에 이해관계의 첨예한 대립도 불가피하다. 관련 당사자들 간에 상생

2) Mark Maslin, 기후변화의 정치경제학, 조홍섭(역), 한겨레출판, 2008, 248면.

과 공존의 공동체질서에 대한 기본적인 신뢰와 절제를 토대로 하는 '협력의 태도'가 필수적인 것은 바로 이 때문이다. 여기에서 '녹색성장'의 개념을 재정립하고자 하는 것도 바로 이 '협력의 태도'를 이끌어내는 데 필요한, '좀 더 깊은 물음들'(deeper questions)[3]을 던지고 그에 대한 답을 함께 찾아내고자 하는 대화의 일환이라고 할 수 있다.

Ⅲ. 생태철학(ecosophy)[4]과 '심층생태주의'(deep ecology)[5]

1. 생태철학과 '심층생태주의'의 관계

이른바 생태주의의 대표적인 선도자라고 할 수 있는 A.

---

3) Arne Naess, "Deep Ecology", F. Capra, The Web of Life, Anchor Books, 1997, 7면에서 재인용.

4) 영미권에서는 '생태철학' 대신에 '환경철학'이라는 용어가 일반적으로 사용되고 있지만, 대체로 '반응용윤리'의 인식틀, 즉 후술하는 바와 같이 '인간중심주의'의 극복을 통한 인간과 자연의 조화라는 지향점과, 전통적인 형이상학적 전제와 그에 따른 도덕이론과의 단절을 주문하는 철학적 입장에서는 차이가 없다. 이에 관해서는 구승회, 생태철학과 환경윤리, 동국대학교출판부, 2001, 236면. 현대의 생태철학의 개념이 서양에서 유래된 것이기는 하지만, 그 바탕인 세계관과 생명관은 오히려 동양 또는 우리의 전통적인 사상과 정서에 더 가깝다고 할 수 있다. 이러한 점에서 우리의 독창적인 과학문화를 정립해나가야 한다는 학문론적 전제 하에 기존의 생명개념, 즉 하나하나의 개별 생명체들에 대한 경험을 통해서 이들이 지닌 공통점을 추상하여 정립한 생명개념과는 그 내포와 외연이 크게 다른 이른바 '온생명'(global life)이라는 개념을 통해 제시된 새로운 생명관은 시사하는 바가 매우 크다. 장회익, 삶과 온생명, 솔, 1998, 167-218면. 자연과학적 성찰을 토대로 하여 생태철학을 체계화하고 정치한 생태윤리의 프로그램을 제시하는 데는 뒤쳐졌지만, 우리의 과학 문화적 토대가 근본적으로 생태철학의 세계관 및 가치관과 맥락을 같이 한다는 점에서 적어도 근원적인 철학과 사상 및 정서의 잠재력에서 뒤질 것이 없다는 자신감을 가져봄직하다. 정신적 조건과 관련하여 이원적인 세계관과 방법론을 가진 서양에서는 의식의 혁명, 즉 인식패러다임의 변화가 필요하지만, 우리의 경우에는 잠시 잊었던 문화적 기억을 되살리기만 하면 되기 때문이다.

5) 생태철학을 토대로 하는 생태주의는 크게 '심층생태주의'와 사회적 생태주의

Naess는 생태주의와 관련하여 물음과 구체적인 실천의 관점에서 다음과 같은 4가지의 접근단계를 제시한다(아래 표 1 참조).[6] Naess는 총체적인 관점에서 이른바 '생명철학'의 일환으로 생태주의의 윤리적 타당성과 객관성을 제시한다. 그의 이른바 '심층생태주의'는 기후변화의 문제가 더 이상 늦으면 파국을 면하기 어렵고 또한 부분적이고 피상적인 대응만으로는 극복될 수 없다고 보는 절박한 '생태론적인 문제인식'과 이를 토대로 한 치열하고 근본적인 반성적 사유의 결과가 응축된 생태철학의 핵심실천전략의 표현이라고 할 수 있다. 말하자면, 생태철학에 의해 도덕적 정당성의 토대가 제공되는 '심층생태주의'는 일면 생태중심의 철학과 가치체계를 제도와 행동으로 연결해주는 매개체인 동시에, 또 한편 구체적인 실천의 관점에서 보면 생태철학을 구현하는 구체적인 정책들과 대응방안들이 적실성과 계속성을 확보할 수 있게 해주는 정신적 기반이기도 하다.

제일 높은 또는 깊은 차원의 개별 종교의 교리적인 논의나 문화철학적 접근은 여기에서 생략하고,[7] 생태철학의 개념을 중심으

(social ecology) 및 여성주의적 생태주의(feminist ecology) 또는 생태여성주의(ecofeminism)로 대별되는데, 이 세 가지 입장들은 서로 경쟁관계에 있기보다는 생태주의의 패러다임에서 중요한 측면들을 상이한 시각에서 접근하는 것으로 이해된다. Fritjof Capra, 잎의 책, 8면. 다만, 이 글에서는 생태주의적 생활양식과 적극적인 환경보호에 대하여 이상적인 철학적, 정신적 토대를 제공해주는 것으로 평가되는 '심층생태주의'에 초점을 맞춘다.

6) Arne Naess, Ecology of Wisdom, Alan Drengson/Dill Devall(ed.), Counterpoint, 2008, 33면.

7) 실제로 서양의 전통적인 세계관과 형이상학적 전제에 대한 근본적인 재고를 요구하는 생태철학의 뿌리는 유대-기독교적인 전통에 기초한 철학의 환경윤리적 토대로서의 적실성에 대한 회의에 있다. 실제로 영미권을 중심으로 하여 좀 더 자연친화적인 동양의 종교와 사상에서 생태철학의 돌파구를 찾으려는 다양한 시도가 있어 왔다. 이에 관해서는 구승회, 생태철학과 환경윤리, 동국대학교 출판부, 2001, 233-244면.

로 하여 그 핵심적인 내용만을 간략하게 살펴본다. 우선 생태철학은 그 원래 용어인 'ecological philosophy'의 합성어인 'ecosophy'의 어원에서부터 담론의 차원과 기본적인 함의를 가늠해볼 수 있다. 'eco'는 라틴어의 'oikos', 즉 "household"(살림)의 뜻을 갖고, 'sophia'는 "wisdom"(지혜)를 뜻하는 단어인바, 'ecosophy'는 "살림의 지혜"라는 의미이다.[8] 다만, 여기에서 '살림'의 의미는 개별 가구나 가정 또는 공동체의 차원보다는 더 넓은 의미, 즉 "지구살림"(Earth household)을 뜻하는 것으로 이해되는바, 요컨대, 어원으로 본 생태철학은 전 지구 차원에서 생명의 조건에 관심을 갖는 새로운 패러다임의 철학이다.

<표 1> Four Levels of Organization
For the Questioning and Articulation of Total Views

<table>
<tr><td rowspan="4">물음의 깊이 ↑</td><td>Level Ⅰ 궁극적인 철학</td><td>기독교, 불교, 생태철학 등</td><td rowspan="4">↓ 구체화의 정도</td></tr>
<tr><td>Level Ⅱ 운동의 기본원칙</td><td>평화운동, 깊은 생태주의, 사회정의운동</td></tr>
<tr><td>Level Ⅲ 정책</td><td>A, B, C 등</td></tr>
<tr><td>Level Ⅳ 실천행동</td><td>W. X. Y 등</td></tr>
</table>

이렇게 '지구살림의 지혜'로 이해되는 생태철학은 우선 학문론의 관점에서 보면 유기체, 사회체제 및 생태체계 등 살아있는 체계의 모든 차원에서 생명에 대한 새로운 이해, 즉 자연과학과 정신과학의 경계를 허무는 통합의 방법론을 취하고,[9] 인식론의 관점

8) 이에 관해서는 A. Naess, 앞의 책, 32면.

9) 지구 자체를 자정력을 갖는 의인화된 인간 외의 정신적 존재, 말하자면 유기체적 구조의 하나의 '살아있는 생명체'로 보는 J. Lovelock의 이른바 'Gaia 가설'이 대표적인 예이다. A New Look at Life on Earth(1979), 가이아,

에서 보면 일종의 '패러다임의 변환', 즉 근본적이고 포괄적인 세계관의 혁신에 해당되고, 또한 문화사적 관점에서 보면 거의 신앙적 성격의 근본적인 믿음과 의식의 전환을 내용으로 하는 점에서 거의 종교적 차원의 가치와 윤리의 혁명을 지향한다.[10] 무엇보다도 생태철학은 인간(人間), 말 그대로 사람과 사람을 포함하여 지구 또는 자연세계(입장에 따라서는 비생물체인 물질을 포함)와 인간이 대립되는 이원적 관계에 있는 것으로 보지 않는다. 자연과 인간의 관계를 근원적으로 서로 의존하는, 일종의 공생(co-life)을 위한 조화와 협력의 동반자의 관계로 본다.

관점에 따라서 강조점은 다를 수 있겠지만, 생태철학의 핵심은 조화와 평형이고, 그 공통된 실천지침은 '인간중심주의'에 대한 반성이다. 또한 자연과학적인 물리적 관점과 정신과학적인 도덕적, 윤리적 관점의 조화의 가능성과 필요성을 강조하는 생태철학은 단순히 파편화된 폐쇄적인 지식이 아니라, 개방적인 규범성을 함축하는 일종의 통합적 지혜로 이해될 수 있다. Naess의 말대로, 생태철학은 규범과 규칙, 전제 및 가치의 우선순위에 대한 공언과 함께 전 우주의 상태에 관한 새로운 가설들을 포함하는바, 말하자면 생태철학의 지혜는 오염이나 자원, 인구 등의 사실과 관련된 상이한 변수들과 그에 따른 변화들을 단순히 과학적으로 기술하고 예측하는 데 그치는 것이 아니라 가치우선순위의 변화와 그에 따른 정책변화의 당위적인 지침을 제공하기 때문이다.[11]

홍욱희(역), 갈라파고스, 2003. 생명개념과 관련한 Gaia개념에 대한 분석과 비판으로는 장회익, 앞의 책, 178-187면 참조.

10) 이에 관한 개요는 F. Capra, 앞의 책 3-13면. Capra는 생태철학의 관점과 원칙들을 제대로 이해하고 구현하기 위한 수단으로 이른바 '생태학적 독해'(Ecological Literacy)를 제시한다. 이에 관해서는 297-304면.

11) Arne Naess, "The Shallow and the Long Range Deep Ecology Movement: A Summary, Inquiry 16"(1973), 95-100면, Alan Drengson/Bill Deval(ed.), 앞의 책, 32면에서 재인용함.

요컨대, 새로운 세계관과 가치관을 토대로 하는 총체적인 문제인식 및 예지와 함께 윤리학적 호소가 농축되어 있는 생태철학은 '심층생태주의'의 도덕적 정당성의 철학적, 가치적 근거를 제공하고, 반면에 '심층생태주의'는 생태철학을 구현하기 위한 매개체 또는 전략적 교두보에 해당하는바, 양자는 이념과 원리 및 제도 또는 실천의 연관체계 속에서 그 자체가 서로 연계 및 의존되는 상보적 관계에 있다.

2. '심층생태주의'의 기본관점과 원칙

인간과 자연의 조화를 위하여 인식과 가치 및 행동의 근본적인 새로운 변화를 주문하는 생태철학은 '심층생태주의'의 플랫폼(platform)[12]과 연결되어 지구촌 차원의 풀뿌리운동으로 확산되고 있다. 전술한 바 있듯이 '심층생태주의'는 생태철학의 가치관과 세계관을 수렴하여 효과적인 대응수단으로 연결해주는 전략적인 연결고리인 동시에, 구체적인 제도와 정책 및 행동에 대하여 기본적인 지침과 윤곽을 제공한다. 말하자면 생태철학으로부터 새롭게 제기되는 다양한 문제인식을 수용하여 '깊은 물음'으로 정리하고 답을 찾아가는 담론의 공간이고, 이를 옮겨 담아서 상시적으로 정치와 행정, 교육 및 개인과 기업의 일상생활의 현장으로 전달해주는 탑승대이다.

Naess는 현대의 환경보호론을 대별하는 유용한 기준으로 생태주의의 깊이를 제시한다. 이에 따르면, 우선 '얕은 생태주의'

---

12) A. Naess는 전술한 4차원의 접근틀 속에 '깊은 생태주의'를 자리매김하면서 platform이라는 용어와 연관하여 사용하고 있다. 기반이나 탑승대 등 일상적인 의미와 함께 정당의 정강 또는 선거공약의 뜻도 포함되는 점을 고려하여 의도적으로 용어를 선택한 것으로 여겨진다. 이 글에서도 의미의 특정이 필요한 경우 외에는 이러한 함축의 뜻을 살리는 의미에서 영문용어를 그대로 사용한다.

(shallow ecology)는 생태계의 보호와 환경보전의 명제는 공유하지만 인간중심적인(anthropocentric or human-centered) 세계관과 가치질서를 고수하는 입장이다.[13] 즉 자연이 그 상위의 중심 또는 그 바깥에 있는 인간을 보필하는 것으로 보는 인식틀 속에서 인간을 모든 가치의 유일한 근원으로 전제한다. 이러한 가치질서에서 자연에는 주체로서의 인간의 생명과 삶을 위한 객체와 수단으로서의 효용만 인정될 수 있을 뿐이다.

이에 반해 '심층생태주의'는 기본적으로 인간과 자연환경이 분리되어 있는 것으로 보지 않는다. 이른바 '주체와 객체'의 전통적인 인식틀을 해체하고, 이른바 '전체적인 관점'(holistic view)에서 생태계 전체를 유리된 객체들의 집합체가 아니라 서로 연결되어 있고 의존되는 현상들의 '관계망'(network of relations)으로 이해한다. 모든 살아 있는 존재의 내재적인 가치를 인정하는 전제 하에, 인간도 '생명의 망'(the web of life) 전체 속에 있는 하나의 홑 줄에 불과한 것으로 보는 것이다.[14] 이러한 생태철학적인 세계관과 생명관은 '심층생태주의'의 핵심인 '보다 깊은 질문'의 배양토가 되는 바, 인간과 자연, 생물체와 비생물의 물질, 정신과 신체, 가치와 사실을 분리하는 근대 이후의 데카르트식 단절적 이원주의를 완전히 부정하는, 자연과학을 넘어서는 하나의 근본적인 형이상학(metaphysics)적 차원의 인식패러다임의 전환과 그에 따른 새로운 환경윤리의 정립을 촉구하는 계기와 근거를 제공한다. Naess가 제시하는 다음 8가지의 '심층생태주의의 기본원칙'은 현대의 과학, 산업, 성장지향적인 물질주의적 세계관의 토대와 삶의 방식 자체에 대한 '깊은 물음'에 대하여 '인간중심주의'의 극복과 윤리적 관심과 배려의 범위를 생태계 전체로 확장할 것을 요구하는 최소한

13) Capra, 앞의 책, 7면.
14) A. Naess, 앞의 책 106-39면; Capra, 앞의 책, 7-8면.

의 답을 환경윤리의 강령으로 표현한 것이라고 할 수 있다.

<The platform principles of Deep Ecology>[15]

1) 모든 생물체는 내재적인 가치를 갖는다.
2) 생명의 풍부성과 다양성은 내재적인 가치를 갖는다.
3) 기본적인 수요를 충족하기 위한 경우 외에 인간은 이 풍부성과 다양성을 감소시킬 수 있는 권리를 갖지 못한다.
4) 인간을 위한 것이 적어지고 다른 생명체에 좋은 것이 많아지면 인간에게도 좋을 수 있다
5) 오늘날 다양한 생태계에 대한 인간의 개입의 범위와 성격은 더 이상 지속될 수 없고, 지속가능성은 점점 감소되고 있다.
6) 결정적인 개선을 위해서는 사회적, 경제적, 기술적 그리고 이데올로기적으로 근본적인 변화가 요구된다.
7) 이데올로기적 변화에는 근본적으로 생활수준의 향상보다는 좀 더 나은 삶의 질을 추구하는 것이 포함된다.
8) 위에 적시된 사항들을 용인하는 사람들은 직간접적으로 필요한 변화를 위해 기여하는 노력을 기울여야 할 책임을 진다.[16]

---

15) A. Naess, Life's Philosophy, 108-109면, 앞의 책 28면에서 재인용함.

16) Naess는 '심층생태주의운동'의 지지자들이라면 기꺼이 적응할 수 있을 것으로 생각되는 생활방식들을 망라하여 일상생활에서 지켜야 할 다음 25가지의 지침을 제시한다. 1) 단순한 수단의 사용: 필요 이상으로 복잡한 도구와 수단을 피할 것, 2) 가장 직접적으로 자체적으로 가치가 있는 것에 기여하고 또 내재적인 가치가 있는 활동을 선택할 것 단순히 보조적이고, 내재적인 가치를 갖지 못하거나 또는 근본적인 목표와 거리가 있는 활동들을 피할 것, 3) 반과소비주의를 실천할 것. 이 부정적인 태도는 1번과 2번에 적시된 행태에서 비롯된다., 4) 모든 사람들이 향유할 수 있도록 충분히 공급할 수 있는 범위 내에서 재화에 대한 감수성과 감사하는 마음을 유지하고 확대하기 위해 노력할 것, 5) 어떤 것이 새 것이라는 이유만으로 새로운 것을 좋아하는 의식(neophilia)을 없애거나 줄일 것, 6) 내재적인 가치에 충실하기 위해 노력하고, 분주함보다는 행동하기 위해 노력할 것, 7) 사람들 간에 인종적, 문화적 차이를 용인할 것; 차이를 위협으로 보지 말 것, 8) 개발도상국가의 상황에 대한 관심을 유지하고, 궁핍한 사람들보다 지나치게 높은 생활수준을 피하기 위해 노력할 것(전 지구적인 생활양식의 연대성을 유지할

Ⅳ. '인간의 존엄성'과 '심층생태주의'의 헌법적 함의

1. 개 요

생태계 전체에 대한 근본적인 인식의 전환과 모든 생활영역에서 생태윤리의 생활화를 요구하는 '심층생태주의'는 우선은 개인과 기업에 대한 윤리적 요청이지만, 궁극적으로는 공공선의 실현이라는 정치적 과제로 주어진다. 인류공동체 전체의 차원에서 근원적

것), 9) 보편적으로 유지될 수 있는 생활양식(동료 인간이나 다른 종에 대한 부정의를 초래하지 않으면서도 지속이 가능한 생활양식)을 수용할 것, 10) 경험의 강도보다는 깊이와 풍부함을 추구할 것, 11) 단순한 인위적인 생활보다는 가능한 한 의미 있는 일을 수인하고 선택할 것, 12) 틈이 날 때마다 가능한 한 긍정적인 경험의 많은 측면들을 실현하기 위해 노력하는, 복합적이되 번잡하지 않은 생활을 이끌어 나갈 것, 13) 사회(Gesellschaft)보다는 공동체(Gemeinschaft) 속에서 삶을 일구어나갈 것, 14) 소규모 농업, 임업, 어업 등과 같은 일차적 생산활동을 받아들이거나 참여할 것, 15) 욕망보다는 필수적인 수요만을 충족하기 위해 노력할 것, 16) 단순히 아름다운 장소를 방문하는 것보다는 자연 속에서 사는 시도를 할 것; 관광을 피할 것(다만 때로는 관광시설을 이용하기는 할 것), 17) 취약한 자연 속에 있을 때에는 '힘을 가하지 말고 흔적이 남지 않도록'(light and traceless) 생활할 것, 18) 아름답거나 눈에 띄는 또는 좁은 의미의 효용만을 생각하기 보다는 모든 생명형태들을 용인할 것, 19) 결코 생명을 단순한 수단으로 사용하지 말 것. 그것들을 자원으로 활용할 때에도 그 내재적인 가치와 존엄성에 대해여 유의할 것, 20) 개나 고양이 등 애완동물들과 야생동물의 가치가 상충되는 경우에 야생동물을 보호하기 위해 노력할 것, 21) 개인적인 생활양식뿐만 아니라 지역의 생태계도 보호하기 위해 노력하고, 자신의 공동체를 생태계의 한 부분으로 생각할 것, 22) 자연에 대한 과도한 개입을 불필요하고, 불합리하고 또한 불경한 것으로 개탄하는 것 외에도 그 개입에 책임이 있는 사람들을 저주하지는 않되, 그 자체를 교만하고, 파괴적이고 또한 범죄적인 것으로 저주할 것, 23) 충돌이 있는 경우 단호하게 행동하고 비겁하지 않게 행동하기 위해 노력하되, 다만 언행의 비폭력성이 유지되어야 함, 24) 다른 사람들의 행동방식이 실패할 때 직접 행동에 동참하거나 또는 비폭력적으로 지원할 것, 25) 채식주의를 실천할 것. A. Naess, Ecology of Wisdom, 앞의 책, 140-141면.

이고 총체적인 문제로 주어져 있지만, 반면에 정치경제적인 이해관계가 크게 엇갈리는 문제로 주어진 환경위기에 대하여 유효한 해결책을 강구하는 선도적인 역할은 일차적으로 국가의 몫이기 때문이다. 또한 전술한 바와 같이 자연에 대한 적실한 이해가 자연스럽게 정치경제적 합의로 직결되어서 구체적인 제도와 정책으로 표현될 수 있는 것은 아니다. 기본적으로 막대한 비용부담이 수반될 수밖에 없고,[17] 비용부담배분의 불균형성을 포함하여 보상으로 해소될 수 없는 손해와 혜택의 적지 않은 편차 또한 불가피하다. 현실적인 경제 및 사회상황, 특히 정치지형의 변화에 휩쓸리지 않고 생태윤리에 충실한 정책과 프로그램이 수립되고, 지속되기 위해서는 관심과 배려, 조정과 설득의 정치가 필수조건임은 물론이다.

그 자체가 가치적 타협의 산물이고 최고의 정치경제규범인 헌법이 생태계보전의 당위성에 대한 규범적 토대와 함께 그 실천을 위해 필수적인 합리적인 조정과 설득의 준거를 제공하는 '녹색헌법'이 될 수 있고 또 그래야만 한다고 믿는 것은 바로 이 때문이다. 다음에서는 우리 헌법상 가치질서체계의 정점에 있는 헌법 제10조의 '인간의 존엄성' 개념을 중심으로 하여 헌법해석론상 생태윤리와의 접점을 찾고, 그 함의를 발전시켜 나가야 할 필요성과 그 가능성을 검토해본다.[18]

---

17) 대내적인 비용부담은 차치하더라도, 국제적인 합의과정에서 요구받게 될 비용만 해도 막대하다. 예컨대, 누적된 대기탄소량에 역사적으로 누적된 책임을 지는 선진부국들이 후진빈국들에게 갚아야 할 이른바 '생태부채'(ecological debt)는 개발도상국들의 대 선진국 전체 부채를 초과하는 1조 8,000억 달러에 이르는 것으로 추정된다. 이에 관해서는 D. Green, 주성수(역), 빈곤에서 권력으로, 이매진, 2008, 480-481면 참조. 2009년 현재 약 8,300억 달러로 전 세계 총생산의 약 1.4%를 차지하는 우리나라의 몫으로 최대한 보수적으로 1%만 잡는다고 하더라도 18조원에 달한다.

18) 같은 맥락에서 헌법해석론상 초점을 맞출 수 있는 대표적인 헌법조항들로는 환경권과 함께 국가목표규정의 형식으로 국가 및 국민의 '환경보전 노력의무'를 규정한 제35조를 비롯하여, 기타 제12조의 영업의 자유, 제23조의 재

2. 생태윤리와 '인간의 존엄성'

인격의 주체로서 모든 인간에게 내재적인 윤리적 가치로서 부여되는 '인간의 존엄성'은 우리 헌법의 가치질서체계상 정점에 있는 최고의 가치이다. 헌법의 궁극적인 존재의의는 인간의 존엄과 가치의 실현에 있기 때문에 헌법을 준거로 하는 모든 국가작용에 대하여 '인간의 존엄'은 구속력 있는 지침과 한계를 제시한다. 그 구체적인 규범적 의미와 기본권으로서의 효력에 대해서는 견해가 다르지만, '인간의 존엄성'규정의 이념적 근원을 자연법사상에서 찾는 점에 대해서는 이견이 없는 것으로 보인다. 이데올로기적인 스펙트럼에 따라 헌법철학 및 헌법이론적 근거와 범주, 그리고 그 강조점이 다를 수는 있겠지만, 그 핵심은 선국가적이고 초국가적인 천부인권을 강조하면서 그 당위성과 규범적 실천의 과제에 대하여 결정적인 윤리적, 철학적 토대를 제공한 자유주의적 인권사상을 뿌리로 하는 근대의 인권사상이라고 할 수 있을 것이다.[19]

이러한 관점에서 '인간의 존엄'을 인간의 내재적인 인격가치에 대한 도덕적 평가를 핵심으로 하는 하나의 문화적인 개념으로 본다면 그 규범적 의미는 필연적으로 '인간중심주의'와 연관되어서 파악될 수밖에 없다. 예컨대, 개인의 종교나 사상에 따라 전지전능한 절대자나 신의 존재를 전제하는 경우에는 '인간의 존엄성' 자체를 인정하기 어렵겠지만, 개인 차원에서의 생각과는 무관하게 이

산권 등 경제활동관련 기본권규정들을 들 수 있을 것이다. 또한 우리 헌법상 최고의 가치지표인 '인간의 존엄성' 규정에서 생태윤리적 함의에 대한 공감대를 도출할 수 있다면, 이는 예컨대, 탄소배출권거래제도가 직업의 자유 등의 기본권을 침해하는지 여부에 대한 과잉금지심사를 하는 경우에, 목적의 정당성은 물론이고, 특히 법익균형성의 원칙과 관련하여 공익의 우위성에 대한 유력한 토대가 될 수 있을 것이다. 배출권 거래제의 직업의 자유와 관련한 과잉금지심사에 관해서는 한상운, 「온실가스 배출권거래제의 헌법적 정당성에 관한 사례분석」, 공법연구, 2010.12, 제39집 제2호, 440-444면.

19) 이에 관해서는 허영, 한국헌법론, 박영사, 2010, 330면.

를 헌법상 객관적인 규범으로 수용한 '인간의 존엄성' 규정에는 인간을 지배하는 존재자에 대한 부정의 뜻이 내재되어 있기 때문이다.[20] 하지만, 전술한 바와 같이 '심층생태주의'의 윤리적 강령이 '인간중심주의'의 포기 또는 적어도 상당한 자제를 요구하는 생태철학의 세계관과 가치관, 특히 '지배와 복속'의 관점이 아니라 '조화와 공생'의 관점에서 생태계 모든 존재의 내재적인 상호 연관성과 의존성의 특성을 주목하는 맥락에서 보면, 생태계 내에서 인간을 독립된 존재로 이해하고, 인간의 생태적 안전에만 초점을 맞추어서 자연에 대한 배려의 이유와 그 대상의 범위를 설정하는 기존의 '인간중심주의'의 의미구조와 그 속에서 파악되는 '인간의 존엄'의 개념으로는 새로운 생태윤리의 철학과 정신을 살려나갈 수 있는 가능성이 희박하다.

환경윤리는 인간과 대비되는 도덕적 관심 및 배려대상의 범위에 따라 '강한 인간중심주의', '의식(감각)중심주의', '생명(생물)중심주의' 및 '생태중심 전체론' 등 네 가지로 대별되는데,[21] 우선 기본적으로 인간과 자연을 대립되는 이원적 관계에 있는 것으로 전제하는 '강한 인간중심주의'는 '인간에 의한, 인간을 위한, 인간중심의 환경윤리'의 한계와 이에 따른 가치적 우선순위의 고착성 때문에 도덕적 관심과 배려의 대상으로 포섭할 수 있는 생태계의 범위가 제한될 수밖에 없고 또한 구체적인 실천의 정책과 프로그램도 일관성과 계속성을 확보하기 어렵기 때문이다. 둘째로 '의식중심주의'는 의식을 가진 모든 자연존재에게 도덕적 관심 또는 배려가치를 인정하는 입장이다. 동물을 비롯하여 의식과 감각을 갖는 고등생물에 대한 보호론의 핵심논거라고 할 수 있다. 생각건대, 이 입장은 '의식' 자체가 상대적인 개념일 뿐만 아니라, 인간의 가시권

20) 정종섭, 헌법학원론, 박영사, 2010, 400-401면.
21) 이에 관한 개략적인 논의로는 특히 구승회, 앞의 책, 298-308면.

또는 감응능력의 한계가 그대로 도덕적 배려의 범위를 정하는 기준으로 적용된다는 점에서 본질적으로 인간 중심의 이원적인 세계관에 따른 '인간중심주의'의 틀을 벗어나지 못한 것으로 보인다. 셋째로 생물계 전체를 도덕적 배려의 대상으로 포섭하는 '생명중심주의'와, 마지막으로 세계를 하나의 유기체적 구조를 갖는 복합체로 보고 물질세계를 포함하는 생태계 전체를 도덕적 관심으로 대상으로 하는 '생태중심 전체주의'가 있다. '생명중심주의'와 '생태중심 전체론'은 둘 다 전체론적 세계관을 토대로 하는바, '인간의 탈중심화'(decentering)를 요구하는 '깊은 생태주의'의 플랫폼을 공유하고, 따라서 적어도 '인간중심주의'의 편협성의 한계를 넘어선다는 점에서 일단 전향적인 환경윤리로 평가될 수 있다.

다만, 여기에서 관심은 단순히 이 네 가지 환경윤리관에 대한 철학적 평가나, 도덕적 배려대상의 적정성에 대한 가치판단에 있는 것이 아니다. 생태계위기의 사태에 대한 공유인식의 지평을 넓히고 유효한 대응책을 마련해야 하는 정치적 과제와 관련하여 헌법상 '인간의 존엄성'의 개념 속에서 환경윤리의 요청들을 수용해야 할 필요성과 그 가능성을 검토하고자 하는 것이다. 말하자면, 세계관과 가치관의 철학적 깊이만을 추구하거나, 대중적 인기에 영합하는 이른바 이데올로기적인 전위성 또는 진보성이 아니라 현실정합성과 함께 구체적인 실천의 가능성을 동시에 확보할 수 있는 규범적, 현실적 조건을 찾아내는 것이 관건이다. 공동체 구성원 모두가 환경문제의 심각성에 대하여 공감하고 함께 고민하고 동참하는 협력적인 태도를 갖추는 것이 그 핵심이다. '인간중심주의'를 벗어난 전체론적 환경윤리가 하나의 전위적인 문제제기와 정서적인 호소의 차원을 넘어서 구체적인 정책과 프로그램으로 이어지지 못하고 있는 것은 바로 그 철학적 토대인 세계관과 생명관이 '논증의 문제'가 아니라 일종의 자연에 대한 '직관적 경험'의 문제라는 점에서 그 근원이 찾아진다. 적어도 아직은 과학적인 증명을 통해 사실을 확인하고 또 그 사실을 전제로 하여 도덕적 가치판단의 객관성을 확보하는 것이 불가능한바, 인식 또는 사고의 방식과 함께 근본적인 가치관의 변화까지 요구하는 낯선 생태윤리에 대하여 공감대가 쉽게 형성될 수 없기 때문이다.

3. '무지의 전제'를 통한 '심층생태주의'와 '인간중심주의'의 조화

이러한 공감대 흠결의 한계를 갖는 생태철학의 정신과 가치를 구체적인 실천을 전제로 하여 제도와 정책의 규범플랫폼인 헌법, 특히 핵심적인 가치개념인 '인간의 존엄'의 해석을 통해 수렴할 수 있는 가능성은 우선 그 진리성의 한계를 인정하는 데서 찾아진다. 한계 자체를 부정하면서 공감을 요구하는 것은 무조건적인 개종을 주문하는 것과 다르지 않다. 선교가 아닌 헌법해석론, 즉 이견의 존재를 전제로 하여 조화와 타협을 지향하는 개방적인 담론의 광장에서 그 한계의 부정을 통한 한계극복의 계기와 단초는 이른바 '무지의 전제'에서 찾아진다. '인간의 존엄성'에 대한 유력한 철학적 근거의 하나로 제시되는 '의식'(consciousness)의 능력, 즉 자신이 무엇인가를 안다는 것뿐만 아니라 그 앎(knowledge) 자체에 대하여 알 수 있는 인간의 인식능력에는 '무지에 대한 앎'도 포함되는 것으로 이해되어야 한다. 헌법해석론의 차원에서 쉽게 벗어나기 어려운 '인간중심주의'를 고수하는 경우에도 현 상태에서의 인간의 인지능력을 기준으로 하는 앎 속에서만 '인간의 존엄'의 근거를 찾고, 인간의 생존과 안락을 위한 효용에만 가치를 부여하면서 '존엄한 인간'의 지속가능성을 극대화하려는 것은 유아독존의 자기확신에 불과하다. 전술한 바와 같이 '인간의 존엄성'은 자연법사상에서 유래된 것이기는 하지만, 정작 '자연'과는 아무 관계도 없는 인간세계의 명제일 뿐이다. 역사적인 관점에서 볼 때, '인간의 존엄성'규정의 규범적 의미는 국가권력과 국민 또는 공동체 전체와 개인의 관계에서 반전체주의를 선언한 것이고, 헌정사적으로 본다면 신이나 군주 등 절대자를 포함하는 강자 또는 다수의 지배집단이 부정하고 유린하였던 소수 약자집단에 속하는 인간의 내재적인 가치를 회복시킨 것이다. 자정체로서 자원과 생명의 순환에 자신을 그대로 맡기는 인간 이외의 생태계는 지배의 탐욕도, 과도한 욕망을 충족시키기 위한 부정직도 없기 때문에 '인간의 존엄성'을 알지도 못하고, 그렇기 때문에 그것을 침해한 일도 없다.

리프킨의 말대로, 인간이 역사 속에서 형성해 온 모든 단계의 의식은 정도의 차이가 있을 뿐 여전히 우리의 문화 속에 현존하고 있다.[22] 그 의식들 속에는 아마도 세계를 하나의 유기체적 전체로 이해하는 생태윤리적 의식의 파편들이 신화나 종교 또는 심리학적 틀의 형태로 생생하게 간직되어 있을 것이다. 기후변화로 인해 인간이 다른 모든 생물들과 공유하면서 전적으로 의존하고 있는 생태계 전체가 위험에 빠지고, 하나의 종으로서 인류의 생존 자체가 절박한 위협에 처해 있는 상황에서 모든 인간이 공유해야 하는 것이 무엇인지는 이미 문제가 아니다. 생물학적 관점에서 볼 때 답은 분명하게 주어져 있는데 '인간의 탈중심화'를 용납하지 않는 '인간중심주의'의 장막에 가려서 그것을 제대로 인식하지 못하고 있을 뿐이다.

자의적이고 편협한 '인간중심주의'를 고수하지 않는 한 외면할 수 없는 생태철학의 핵심주문이 자연에 대한 적실한 이해를 통해 인간의 본성을 되짚어볼 것을 촉구하는 것이라고 한다면, '인간의 존엄성'을 '인간중심주의'를 토대로 하는 정언명제에서 가설의 단계로 격하시켜서 인간(人間)이 아니라 자연 속에서, 즉 인간과 자연의 내재적인 의존관계에서 재구성하는 것이 이 촉구에 부응하는

22) J. Rifkin, 이경남(역), 공감의 시대, 민음사, 2010, 733면.

시발점이 될 것이다. '무지에 대한 앎'이 필수적인 전제조건임은 물론이다. 개념 내재적으로 존엄의 주체는 유일무이하다는 전제하에 인간만이 그 주체로 인정될 수 있다는 것인지,[23] 그렇다면 그 근거는 무엇인지, 인간이 중심이고 나머지 모든 생태계는 환경(環境), 말 그대로 인간을 둘러싼 주변이기 때문에 그렇다고 한다면 무한의 생태계 속에서 과연 중심과 주변의 구분이 성립될 수 있는 것인지 또는 중심에 있는 것이, 좀 더 정확하게 표현한다면 스스로 중심에 있다고 생각하는 자의식 또는 그 의식능력 자체가 도덕적인 가치판단의 객관적인 준거가 될 수 있는 것인지 등등 자기정당화의 폐쇄적인 순환론을 벗어나서 보면 '무지의 전제'가 불가피한 화두들이 잇닫는다. '심층생태주의'의 생명관과 가치관에 대한 동의 여부와 무관하게 겸손과 절제의 태도가 요구되는 것은 바로 이 때문이다.

예컨대, 의식능력이 있는 인간의 공동체와 의식능력과 언어, 정의, 그리고 민주주의도 없는 생태계를 구별하는 입장에서 생태계로부터 인간의 가치나 단점 등에 관해서 아무 것도 배울 것이 없다고 보는 경우에도 가장 중요한 한 가지, 즉 수십 억년에 걸친 '공생의 진화' 속에서 찾아지는 '지속가능한 삶의 방법'을 배울 수 있고 또 그래야만 한다고 주장하는 생태윤리[24]를 외면하는 태도는 인간 의식의 핵심요소인 반성의 능력을 스스로 부정하는 것이다.

---

23) 1991년 7월 1일부터 시행된 「동물보호법」에는 2007년 1월 26일 전부개정(법률 제8282호)의 기회에 "인류의 복지의 증진과 동물 생명의 존엄성을 고려하여 실시하여야 한다"는 동물실험의 원칙이 명시적으로 규정되었다(제13조 제1항). 헌법상 '인간의 존엄성'과 그 규범적 의미와 내용이 다를 수 있고 또 그럴 것으로 생각되지만, 법률 차원에서 동물을 '존엄'의 자격을 갖는 도덕적 배려의 대상으로 포섭한 것은 적어도 '강한 인간중심주의'를 넘어서 '의식중심주의' 단계의 생태윤리를 입법적으로 수용한 것으로 볼 수 있다는 점에서 주목된다.

24) Capra, 앞의 책, 298면.

또한 생물계 또는 생태계 전체를 도덕적 배려의 대상으로 포섭하지 않는 경우에는 인류공동체의 생존이 지속될 수 있는 자연환경의 보전이 불가능하다고 보는 전체론적 생태윤리에 대해서도 적어도 아직까지는 공유하기 어려운 '주관적인 직관의 경험'이라고 하더라도 그 철학과 정신을 반성과 담론의 자리에서 원천적으로 배척하는 것은 생태위기시대에 적합한 태도가 될 수 없다. 빨리 내닫거나 무엇인가를 하는 것과 함께 또는 그 보다 앞서서 무엇인가를 하지 않으면서 머물고 또는 늦추는 것에 더 관심을 가져야 하는 불확실성의 시대에 '무지의 전제'와 자기절제의 요청이 특히 강조되는 것은 비로소 이들에 의해서만 '건강한 머뭇거림'(healthy hesitation)[25]을 가능하게 하는 도덕적 다원주의(moral pluralism)가 형성될 수 있기 때문이다.

이러한 맥락에서 무한의 변양을 함축할 수 있는 인간 신체의 잠재력의 크기와 가능성에 관한 스피노자의 절제된 인식, 즉 인식론 차원에서 '무지의 전제'에 대한 들뢰즈의 독창적인 해석이 주목된다. 존재론적 차원에서 이른바 '큰 윤리적 물음'들과 관련된 함축의 주체인 동시에 그 대상이기도 한 인간의 신체에 내포된 잠재력의 크기와 가능성이 논증이 될 수 있는 것이 아니라 오로지 경험적 근거에 의해서만 가늠될 수 있다고 보는 것은 이 문제를 단순히 지식상의 결함인 '무지의 문제'로 돌리는 것이 아니라 "미래의 감응적 진화가 가지는 실험적이고 개방적인 특성의 문제"로 이해하는 태도로 파악되어야 한다는 것이다.[26] 같은 맥락에서 '무지의 전제'를 다양성과 균형성의 조건이 유지되는 가운데 진행되는 '개방적인 감응의 진화'의 필수적인 조건으로 이해한다면, 이른바

25) Done E. Marietta Jr., Beyond Certainty: A Phenomenological Approach to Moral Reflection, Lexington Books, 2004. 64면.
26) 이에 관해서는 이정우(역), 싹트는 생명, 2005, 33면.

"위험으로서의 앎"과 "기회로서의 무지"[27]라는 법학 차원의 문제의식은 극단의 불확실성에 대처해야 하는 생태기시대의 헌법해석론상 생태윤리의 함의를 발전시켜 나가고 또 그 실천의 토대로 공동체 구성원들의 윤리적 공감대를 확장해 나가야 하는 관점에서도 매우 적실한 것으로 주목된다. 이러한 의미의 '무지의 전제'와 이에 따른 절제의 태도를 유지한다면, 한편으로는 '인간중심주의'를 벗어난 생태윤리 및 그에 함축된 의미와 가치의 잠재적인 가능성을 원천적으로 배제하는 폐쇄적인 태도와, 또 한편으로는 당장 '인간중심주의'의 완전포기를 요구하는 성급하고 비현실적인 태도를 동시에 피해나갈 수 있을 것으로 생각된다.

생태계 전체 또는 적어도 생물계 전체를 도덕적 배려의 대상으로 포섭할 것을 주장하는 심층생태주의자들의 윤리적 입장에 대하여 회의적인 사람들이 제기할 수 있는 의문, 즉 "그렇다면 사람보다 동물을 또는 물질세계를 더 선호한다는 것인가?"라는 질문에 대하여 Naess가 제시하는 답은 양 극단의 불합리한 태도를 지양하면서 '심층생태주의'와 '인간중심주의'의 조화의 가능성을 찾아낸 모범답안으로 생각된다: "동물이나 야생의 보호를 위한 열정과는 무관하게 심층생태주의자들도 우선 동료 인간들에 대한 특별한 의무들은 인정한다. 우리가 지향하는 것은 관심과 배려의 대상을 인간에서 비인간으로 전환하는 것이 아니라 이 배려를 확장하고 심화하는 것이다. 배려의 잠재능력이 항구적이고 제한된 것이라거나 또한 어떤 종에 대한 배려가 증대되는 것이 필연적으로 다른 대상에 대한 배려의 감소를 초래할 것이라고 보는 가정은 확인되지 않은 추측일 뿐이다."[28]

---

27) 이 논제에 관해서는 W. Hoffmann-Riem, "Wissen als Risiko-Unwissen als Chance", in; Ingo Augsberg(Hr.), Ungeswissheit als Chance, Mohr Siebeck, 2009, 17-38면.

28) A. Naess, 앞의 책, 311면.

Naess의 인식에 따라, '심층생태주의'와 '인간중심주의'의 조화의 당위성을 전제로 그 가능성을 주목하는 관점에서 보는 경우, 우리 헌법상 '인간의 존엄성'규정은 어떤 특정한 생태윤리와도 연계되어 있지 않고, 다만 내재적인 선악의 가치판단을 유보하면서 모든 가치의 균형성과 다원성을 강조하는 생태철학적인 태도, 즉 투쟁을 통한 지배와 배제가 아니라 조화와 통합을 지향하는 동반적 협력의 태도를 요구하는 것으로 이해된다. 궁극적으로 인간의 생명과 인류공동체의 지속가능성을 전제로 하는 동 규정에 '존엄한 인간'의 생존을 위한 조건에 관심을 가질 것을 요구하는 명령이 포함된다고 본다면, 헌법상 '인간의 존엄성'의 개념과 심층생태주의, 즉 '인간에 의한 인간의 지배'뿐만 아니라 '인간에 의한 자연의 지배'도 부정하면서 '인간의 탈중심화'와 '도덕적 배려 대상의 확장'을 주장하는 전체론적 생태윤리는 상충되는 것이 아니라 상호 포섭이 가능하고 또 당위적으로 그래야만 하는 상보적인 관계에 있다.

요컨대, 생태위기의 심각한 사태와 헌법규범의 교차점에서 볼 때, '인간의 존엄성' 개념에는 '인간중심주의'에 대한 포기의 뜻이 포함되어 있는 것으로 이해된다. 하지만 '인간중심주의'의 포기나 심대한 수정이 '인간의 존엄성'의 폐기를 의미하는 것은 아니다. 오히려 그것을 지속하기 위한 필수조건으로서 일종의 사고의 혁신, 즉 근본적인 인식틀의 변화를 요구하는 것이다. 이러한 혁신의 요청에 부응하는 해석론을 통해서 재정립되는 경우에 '인간의 존엄성'의 개념은 생태철학 및 생태윤리와의 교섭을 통해서 인간의 본성과 자연에 대한 적실한 이해의 새로운 계기와 단서를 함축할 수 있게 되고, 이를 토대로 하여 '심층생태주의'와 '인간중심주의'의 조화를 지향하는 헌법해석론에 유용한 창구와 공간을 제공할 수 있을 것이다.

Ⅴ. 맺는 말

EU를 중심으로 한 27개 나라에서의 성과가 잘 보여주듯이 기후변화문제에 대한 환경정책 중에 가장 실효성이 클 것으로 기대되는 탄소배출권 거래제의 도입 여부와 그 시행시기를 둘러싸고 논란이 계속되고 있다. 녹색성장위원회가 제시한 일정에 따르면 2013년부터 온실가스배출권을 사고 팔수 있게 되는데, 과연 예정대로 시행될 수 있을 것인지는 장담할 수 없는 실정이다. 녹색성장위원회와 환경부는 2011년 중에 국회에 관련 법안을 제출하여 준비작업을 서두르겠다고 하고, 반면에 산업계와 지식경제부는 강력한 반대의견을 고수하고 있다. 조속한 시행을 주장하는 적극론은 온실가스감축이 '경제문제'가 아니라 '생존의 문제'이기 때문에 더 이상 배출권거래제의 시행을 미루는 것은 정당화될 수 없다고 한다. 반면에 시행시기를 좀 더 늦추어야 한다는 신중론의 입장에서는 국내 산업의 국제경쟁력 격감과 국민경제적 부담을 그 이유로 제시한다. 한마디로 논의가 충분하지 않은 상황이다.

'저탄소 녹색성장기본법'이 제시하고 있는 '국민경제의 발전'과 '국민의 삶의 질 향상', '국제사회에서 책임을 다하는 성숙한 선진일류국가로의 도약' 등의 목적을 위한 기본지침, 즉 '경제와 환경의 조화'가 추상적인 슬로건을 넘어서 구체적인 제도와 정책으로 추진되는 경우에 부문별 또는 계층별로 득실의 이해관계가 크게 엇갈릴 수밖에 없다. 문제에 대한 접근 이전에 문제에 대한 합의, 말하자면 기후변화문제의 본질과 심각성에 대한 공유인식의 지평을 확대하는 노력을 주문하고 또 대응책을 마련하고 시행해나가는 과정에서 형평성의 요청을 각별하게 강조하는 것도 바로 이 때문이다.

'녹색성장'의 개념은 '경제와 환경의 조화'를 위한 전략적 플랫폼이다. “에너지와 자원을 절약하고 효율적으로 사용하여 기후변화와 환경훼손을 줄이고 청정에너지와 녹색기술의 연구개발을 통하여 새로운 성장동력을 확보하며 새로운 일자리를 창출해 나가는 등 경제와 환경이 조화를 이루는 성장”이 경제논리에 따른 극심한 갈등과 이해관계의 대립을 극복하고 지속되기 위해서는 구성원 대다수가 일상생활에서의 크고 작은 불편을 포함하여 막대한 비용부담과 손해 등의 부정적인 영향을 수인할 수 있는 협력의 태도를 갖추고 있어야만 한다. 국가의 입장에서는 경제적 여건이나 정치지형의 변화와 무관하게 이 불가피한 부정적인 측면을 충분히 고려하여 장기적이고 거시적인 조정계획을 수립하고, 정치한 정책과 프로그램을 마련하여 일관되게 집행해나가야 하는 것은 물론이다. ‘녹색성장’의 개념이 경제논리를 넘어서 ‘심층생태주의’의 철학과 정신을 토대로 하는 생태윤리의 도덕적인 차원에서 그 의미가 확산되고 심화되어야만 하는 이유는 바로 여기에 있다.

다분히 작위적인 접근이라는 비판을 예상하면서도 헌법상 ‘인간의 존엄성’ 규정에서 생태철학과 ‘심층생태주의’의 함의를 찾아보려고 한 것은, 이러한 시론 자체가 생태철학적 담론의 원칙, 즉 인식과 주장의 균형성과 다양성에 부응하는 것이고 또한 그 논증과 결론에 흠결이 있다고 하더라도 적어도 ‘배움의 다양성’을 위해 필요한 ‘실수의 다양성’(diversity of mistakes)[29]에는 일조하는 의미가 있을 것으로 믿기 때문이다.

---

29) Capra는 생태주의에 충실한 공동체에 필요한 요소로 해석과 학습양식의 다양성과 함께 ‘실수의 다양성’을 강조한다. 앞의 책, 304면.

[13] 환경정의 개념의 외연과 내포 - 헌법해석론 및 환경법적 함의*

I. 개요 및 문제의 제기

환경적 편익과 부담의 공정한 배분을 요구하는 환경정의의 명제는 1980년대부터 미국을 중심으로 하여 사회운동의 차원에서 원주민과 African-American 등 사회적 약자집단의 권익향상을 비롯한 다양한 민권운동과 풀뿌리 환경운동의 슬로건으로 주목되었다.[1] 특히 1990년대 초반 이후 소수민족과 빈곤층이 거주하는 지역이 환경위험을 과잉 부담하고 환경편익으로부터 소외되는 불평등문제와 관련하여 법 및 정치 · 사회적 이슈로 부각되기 시작하였다.[2] 인종이나 계층 등 정치 · 경제 · 사회적 조건들을 고려하지 않고 중립적으로, 오로지 자연환경의 보호 자체에만 초점을 맞추었던 종래의 환경운동의 이념 및 목표와 상충되는 것으로 인식되는

---

* 환경법연구, 제35권 제2호, 2013.8, 133-178면.

1) 미국에서 환경정의운동이 사회적 이슈로 부각된 것은 North Carolina의 Warren County 매립장의 폐기물매립에 대한 시민불복종 운동의 과정에서 500여명이 체포되었던 1982년부터였다. 이에 관해서는 Dale Jamieson, "Justice: The Heart of Environmentalism", in: R. Sandler/Ph. C. Pezzullo (ed.), Environmental Justice and Environmentalism-The Social Justice Challenge to the Environmental Movement, 2007, MIT Press, 88면.

2) Thomas Lambert, Christopher Boerner, Environmental Inequity: Economic Causes, Economic Solutions, Yale Journal on Regulation, Vol. 14, No.1, 1997, 195-234면. 미국에서 환경정의운동과 환경정의 개념의 발전 및 제도적 수용의 과정과 현황에 관해서는 김은주, "공생발전을 위한 이론적 토대, 환경정의론 - 미국에서의 이론과 법제도를 중심으로", 공법연구 제41집 제3호, 2013, 319-323면.

등 개념과 운동노선상의 혼란이 빚어지기도 했다. 하지만 오늘날에는 적어도 인종주의적인 관점은 넘어서는 포괄적인 개념으로 정립되었고 또한 '환경보호주의'(environmentalism)와도 이념적으로 상충되지 아니하고 전략적인 목표에서는 상호 보완의 관계에 있는 것으로 이해되고 있다.[3)]

주지하는 바와 같이 이른바 개발과 자연보전이 무조건적으로 상호배척의 구도로 주어지는 양자택일의 대안이 아니라 적정한 절충과 조화의 대상으로 인식되고 또한 구체적인 실천의 전략에서는 여전히 차이가 적지 아니하지만, 이 절충과 조화의 과정 속에서 인간중심의 사회정의와 함께 또는 이를 넘어서서 생태계 전체의 차원에서 인간과 자연의 상호인정(認定)과 공생(co-life)을 요구하는 환경친화의 명제는 더 이상 단순히 분파적인 진보적인 사회운동 차원의 강령에 그치지 않는다. 이미 견고한 인식론 및 존재론적 기반을 갖춘 '본원적 당위의 명제'[4)]로 설정되어 있고 또한 상당

3) 환경정의론의 이념적 통합의 흐름은 '물질만능주의의 극복'과 '정신문화의 창달', '과학기술의 환경친화성 증진' 등과 함께 '환경정의의 추구'의 원칙을 천명한 「환경윤리에 관한 서울선언문」(1997년 6월 5일)에서 잘 드러난 바 있다. 동 선언문은 세계환경의 날 제25주년을 기념하여 개최된 '세계환경지도자 서울원탁회의'에서 채택되었고, UN환경계획(UNEP) 사무총장이 선언하였다: 『지구는 인간을 비롯한 모든 생명체의 삶의 터전이다. 따라서 지구환경을 이용함으로써 얻어지는 혜택과 그에 따르는 책임은 지구공동체의 모든 구성원에게 공평하게 나누어져야 한다. 특히 국제사회는 개발로 얻는 사회적 · 경제적 이익을 국가와 민족, 그리고 세대 간에 최대한 공평하게 분배하고, 그에 따르는 부담이 편중되지 않도록 더욱 노력해야 한다. 환경윤리의 모색에서, 우리는 어느 누구에게나 온전한 환경을 누릴 권리와 번영을 추구할 권리가 있음을 인정하고 이를 존중해야 한다. 아울러 환경오염의 영향은 누적적이고 장기적임에 비추어, 철저한 사전예방조치로 미래세대의 환경권을 보호해야 할 의무를 지고 있다.』 최병두, 비판적 생태학과 환경정의, 한울, 2010. 17-18면에서 재인용함.

4) 물리학자이면서 '온생명'의 화두를 쥐고 생태적 과학철학을 탐구해 온 장회익은 "인류문명은 한 단계의 커다란 정신적 도약을 이루어내지 않으면 안 될 상황에 놓여 있다"고 단언하고, 시급한 실천의 지침으로 '기존 가치 이념에 대한 철저한 비판적 검토와 새 가치 이념에 대한 필요성의 분명한 자각',

한 정도로 숙성된 환경법이념 및 원칙으로 정착되었다.

생태철학(ecosophy)[5]과 심층생태주의(deep ecology)[6]의 인식이 그 지평을 확대하여 나감에 따라 환경법 및 정책을 포함한 환경 관련 담론의 공용어로 자리를 잡은 환경정의는 다분히 규범적이고

'과학적 지식의 균형잡힌 추구와 정리 및 보급'과 함께 '인류사회의 모든 계층에서 합의할 수 있는 본원적 명제의 설정'을 제시하면서, 종래 윤리규범의 바탕이 되어 온 전통적 가치와 이념은 이러한 '본원적 당위의 원칙' 아래 재검토되어야 하며, 특히 과학기술의 대규모 활용과 관계되는 모든 산업계획은 새로운 가치와 이념에 입각하여 비판적으로 검토된 후에 시행되어야 한다는 점을 강조한다. 과학과 메타과학, 현암사, 2012, 13면, 368-370면.

5) 영미권에서는 '생태철학' 대신에 '환경철학'이라는 용어가 일반적으로 사용되고 있지만, 대체로 '반응용윤리'의 인식틀, 즉, 후술하는 바와 같이 '인간중심주의'의 극복을 통한 인간과 자연의 조화라는 지향점과, 전통적인 형이상학적 전제와 그에 따른 도덕이론과의 단절을 주문하는 철학적 입장에서는 차이가 없다. 이에 관해서는 구승회, 생태철학과 환경윤리, 동국대학교출판부, 2001, 236면. 현대의 생태철학의 개념이 서양에서 유래된 것이기는 하지만, 그 바탕인 세계관과 생명관은 오히려 동양 또는 우리의 전통적인 사상과 정서에 더 가깝다고 할 수 있다. 이러한 점에서 우리의 독창적인 과학문화를 정립해나가야 한다는 학문론적 전제 하에 기존의 생명개념, 즉 하나하나의 개별 생명체들에 대한 경험을 통해서 이들이 지닌 공통점을 추상하여 정립한 생명개념과는 그 내포와 외연이 크게 다른 이른바 '온생명'(global life)이라는 개념을 통해 제시된 새로운 생명관은 시사하는 바가 매우 크다. 장회익, 삶과 온생명, 솔, 1998, 167- 218면. 자연과학적 성찰을 토대로 하여 생태철학을 체계화하고 구체적인 생태윤리의 실행프로그램을 마련하는 데는 뒤쳐졌지만, 우리의 전통적인 정신 · 문화적 토대가 근본적으로 생태철학의 세계관과 가치관, 그리고 생태윤리와 맥락을 같이 한다는 점에서 적어도 근원적인 철학과 사상 및 정서의 잠재력에서 뒤질 것이 없다고 여겨진다. 정신적 조건과 관련하여 이원적인 세계관과 방법론을 가진 서양에서는 의식의 혁명, 즉 인식패러다임의 변화가 필요하지만, 우리의 경우에는 잠시 잊었던 문화적 기억과 그 속에 담긴 잠재인자를 되살리기만 하면 된다.

6) 생태철학을 토대로 하는 생태주의는 크게 '심층생태주의'와 '사회적 생태주의'(social ecology) 및 '여성주의적 생태주의'(feminist ecology) 또는 생태여성주의(ecofeminism)로 대별되는데, 이 세 가지 입장들은 서로 경쟁관계에 있기보다는 생태주의의 패러다임에서 중요한 측면들을 상이한 시각에서 접근하는 것으로 이해된다. Fritjof Capra, The Web of Life, Anchor Books, 1997, 8면. 생태철학과 심층생태주의 및 생태윤리에 관해서는 아래 Ⅲ장에서 상론함.

윤리적인 개념이고, 또한 그렇기 때문에 "매우 이데올로기적인 개념"이다.[7] 환경정의의 개념에는 도덕적 가치나 정치적 이상이 이념으로 함축되어 있고, 구체적인 목표와 실천의 방향과 구체적인 프로그램은 다르지만[8] 이 이념을 공유하는 모든 개인과 집단들은 "자신의 주장을 윤리적으로 의미 있는 것", 즉 당위적인 것이라는 인식공유의 폭과 깊이를 더하고자 하고, 궁극적으로는 이를 환경법제와 정책에 반영시키기 위하여 자신들의 주장을 이데올로기적으로 정당화시키는데 관심을 갖기 때문이다.[9]

환경정의는 대체로 광협의 두 가지 개념으로 구별된다. 우선 광의의 개념은 일종의 문화적 명제로서 "지속가능한 발전과 환경의 안전성 및 생산성에 대한 확신을 가질 수 있는 삶의 조건을 뒷받침하며, 분배적 정의가 우선하는 지역사회를 지지하는 제도적 정책, 결정 및 문화적 형태"[10]로 정의된다. 협의의 환경정의는 환경재(가치)의 배분에 특유한 평등원칙, 말하자면 환경적 편익과 부담의 정당한 배분에 대한 준거로 제시되는 이른바 '공정한 대우'(fair treatment)[11]의 원칙으로 파악된다. 그 핵심은 개발정책을 비롯한 모든 환경(규제)정책의 기획과 집행, 환경법의 입법과 집행, 강제, 특히 환경영향평가 단계에서 인종과 피부색, 출신국가 또는

7) 최병두, 앞의 책, 7-8면.

8) 환경정의에 관한 연구동향과 다양한 이론유형들에 관해서는 최병두, 앞의 책, 29-38면.

9) 최병두, 앞의 책, 8면.

10) Bunyan Bryant, "Issues and Potential and Solutions for Environmental Justice, An Overview", in: B. Bryant(ed.), Environmental Justice, California Island Press, 1996, 5면.

11) A. Ramo, "Environmental Justice as an essential Tool in Environmental Review Statutes: A New Look at Federal Policies and Civil Rights Protections and California's recent Initiatives", Hastings West-Northwest Journal of Environmental Law, Policy, Winter 2013, 45면 이하.

소득 등과 무관하게 모든 사람들이 공정한 취급되어야 하고 또한 정책결정의 전 과정에 관련 당사자들의 실질적인 참여가 보장되어야 한다는 요청이다.[12)]

후자의 협의의 환경정의 개념이 구체적으로 환경정책과 법제에 수용된 가장 결정적인 계기는 미국의 Clinton 전 대통령이 발령한 방대한 내용의 행정명령 제12,898호(Executive Order, 1994. 2.11)라고 할 수 있다. 그 핵심 내용은 모든 연방기관에게 소수집단과 저소득계층에 대한 환경영향과 관련된 데이터를 수집하고, 이를 토대로 하여 실행가능하고 또한 법상 허용되는 최대한의 범위에서 환경평등을 실현할 수 있는 정책을 수립할 것을 지시하는 것이었다.[13)] 동 행정명령은 일면 중요한 사회적 현안으로서 환경정의문제에 관한 정치적, 정책적 결단이었지만, 타면 강력하게 착근된 환경운동의 성장세가 반영된 것인 동시에 1992년 선거 당시에 자신을 지지하였던 민권운동집단의 로비에 따른 정략적 수용의 산물이기도 하였다.[14)] 하지만 동 명령 제6-609조는 동 명령이 행정부의 내부적 규율을 개선하기 위한 것일 뿐이지 국가 및 행정기관 등에 대한 당사자의 실체적, 절차적 권리와 책임을 인정하기 위한

12) 미국 환경청(EPA)도 유사한 내용으로 환경정의의 개념을 규정하고 있다. 이에 관해서 상세한 내용은 김은주, 앞의 논문, 320-321면. 이 개념은 환경법에 의한 평등한 보호를 의미하는 이른바 '환경평등', 예컨대 Peter S. Wenz가 정의한 환경정의와 다르지 아니하다: "환경정의는 우선 배분적 정의의 문제로서, 인간의 욕구나 수요에 비해서 편익은 희소한데 부담은 과대하게 존재하는 세계에서 편익과 부담을 (정당하게: 저자 부기) 배분하는 방법에 관한 이론이다.", Environmental Justice, State University of New York Press, 1988, xi-xii면. 토다 키요시, 김원식(역), 환경정의를 위하여, 창작과 비평사, 1996, 299면에서 재인용.

13) Bradford C. Mank, Executive Order 12,898, in: M. B. Gerrard/Sh. R. Foster(ed.), The Law of Environmental Justice, 2nd. Ed. American Bar Association, 2008, Chapter 4, 101면 이하.

14) M. Kloepfer, Umweltgerechtigkeit – Environmental Justice on der deutschen Rechts- ordnung, 2006; ders., JoeR 56(2008), 1면 이하.

것이 아니라는 것, 즉 법규적 효력을 갖지 않는다는 점을 분명하게 규정하고 있다. 말하자면 원칙적으로 대외적 구속력이 부인되는 행정규칙 성격의 재량준칙 또는 내부법적 지침일 뿐이라는 의미다. 또한 그 후 환경정의를 수용 및 반영한 이론과 제도가 지속적으로 발전되어왔지만, 환경정의의 규범적 효력, 특히 재판규범으로서 효력은 아직 미지수로 남아 있다. 특히 행정작용과 관련하여 환경정의는 법적 논거로서보다는 다분히 정치적, 경제적 쟁점으로 제기되고 있는바, 헌법재판을 비롯한 소송실무상 직접 구속력 있는 통제 및 준거규범으로서 효력, 특히 평등원칙 위반을 이유로 하는 위헌 주장의 논거로서 독자적인 효용은 미흡하고, 불명확한 것이 현실이다.[15)]

우리 입법자도 「환경정책기본법」 제2조 제2항에서 "국가와 지방자치단체는 지역 간, 계층 간, 집단 간에 환경 관련 재화와 서비스의 이용에 형평성이 유지되도록 고려한다"(2012.2.1 신설)고 규정하여 환경정의를 환경법상 기본원칙의 하나로 수용한 바 있고, 각급 법원도 일부 전향적인 판례들을 통해 환경보호우선의 명제를 (헌)법해석의 관점으로 수용하고 있다. 하지만 이념과 인식패러다임의 폭과 깊이가 다양한 생태철학의 세계관과 가치관, 그리고 이를 기초로 한 환경운동의 차원에서 논의되고 주장되는 진보적인 법 및 정책적 요구들을 아무런 법철학적 성찰과 법이론 및 법정책론적 여과와 변용의 과정을 거치지 않고 법적 담론이나 법제에 그대로 담아내는 것은 한계가 있을 수밖에 없다.[16)] 규범적 당위성과 함께 실효성, 그리고 규범체계적 정합성을 고려해야 하기 때문에 근본적으로 현실과 이상의 조화, 즉 보수와 진보 간의 건강한 타

15) 김은주, 앞의 논문, 326면 이하.

16) 동지, 한상운, "환경정의의 규범적 의미-환경, 정의 법의 3면관계를 바탕으로", 환경포럼, 제12권 제2호(2008.3), 4면.

협을 지향해야 하는 법적 담론에서는 전향적인 태도 그 자체가 정당성을 담보하지는 못한다. 적어도 늘 일반적으로 그렇지는 않다.

일반적으로 법적 담론과 그 결과로 형성되는 법제도는 다분히 보수편향의 속성을 갖는 것으로 여겨지고 또한 그래야 한다. 이는 법영역에 따라 상대적인 차이는 있을망정 정치철학이나 사회운동과는 목적과 기능이 다른 법규범의 본질과 독자적인 기능, 특히 법적 안정성의 요청에 따른 당연한 것이다. 법이론과 실무상 환경정의의 원칙이 종래 공법상 일반원칙으로 정립된 일반적인 평등원칙과 구별되는 독자적인 법원칙으로서 또한 입법 및 법집행에 대한 지침 및 재판통제규범으로서의 효력과 그 구체적인 내용이 충분히 해명 및 정리되지 못하고 있는 것은 우선 환경문제 자체가 긴박하고 불가측한 급변의 상황 속에서 복합적이고 다면적인 문제로 주어지고 있기 때문이기도 하거니와, 근본적으로는 사회운동차원의 이념적 목표와 요청을 신속하고 유연하게 수용할 수 있는 법적 담론과 법제설계의 한계에 기인되는 것으로 이해된다. 이러한 문제는 비단 우리만의 특유한 것은 아니되, 다만 우리 환경법 담론의 폭과 깊이, 특히 다양한 실행 프로그램으로 연결되는 구체적인 환경규제입법과 법집행 실무상의 적극적인 수용의 속도와 밀도는 국제환경법의 흐름에 부응하지 못하고 있는 것으로 생각된다.

본 논문은 이 흐름에 적극적으로 합류해야 하고, 더 나아가서 우리가 선도적인 역할을 수행할 수 있는 정신적, 철학적 토양을 갖추고 있고 또한 이를 적극적으로 발전시켜 법제에 반영해야 한다는 당위적 전제 하에 이를 위한 효과적인 법적 담론의 틀을 정립하는데 일조하고자 하는 의도를 갖고 있다. 우선 두 가지, 즉 광협의 환경정의의 개념을 광의의 환경정의는 '환경정의'로, 협의의 환경정의는 '환경적 정의'로 구별하는 제안을 하면서, 법언어로서 '환경'과 '정의', 그리고 이 두 개념을 합한 '환경정의'의 개념을 언어철학적 관점에서 비판적으로 재검토하고, 그 자체가 근본적인 가치관 및 세계관이면서 동시에 가치관과 세계관의 전환을 요구하는 '가치전환적 명제'인 환경정의 및 환경적 정의의 법원칙, 법해석의 방법과 관점, 법집행의 지침으로서 그 법적 함의와 내용을 정리한다(Ⅱ). 이어서 생태철학과 심층생태주의, 그리고 이를 기초로 한 생태윤리의 논의 현황과 내용을 정리하고(Ⅲ), 이를 토대로 환경정의의 이념과 원칙이 환경법제와 환경관련 법의 해석과 집행에 수용된 현황을 검토하고 향후를 전망해본다(Ⅳ). 마지막으로 헌법해석의 관점(topos)으로서 환경정의를 대입한 일종의 시론으로 우리 헌법상 '인간의 존엄성'에 대한 생태철학적 해석론을 제시한다(Ⅴ).

Ⅱ. 환경 및 환경정의 개념의 재구성 및 변용 - 언어철학 및 법학방법론상 반성

1. 개 요

환경과 정의는 각각 다의적이기 때문에 정의(定義) 또는 기술(記述)되기 어려운 복잡개념이고, 더욱이 환경과 정의를 연결하여 복합개념을 구성하여 실정법에 수용하는 것은 그 필수성과 규범적 효용에 대한 정밀한 검토가 선행된 후에야 가능하고 타당하다. 사회운동이나 정치운동 차원의 슬로건이 아니라 법개념으로 정립하여 법적 담론에서 사용하고, 실정법으로 포섭하는 것은 비교대상(개념)과의 차이와 동일성에 대한 정치한 검토과정, 말하자면 개념의 무용한 중복과 혼란을 피하기 위해 필요한 준비작업을 생략하고 진행될 수 없다. 법과 언어의 관계와 관련하여 Morawetz는 "(법 또는 법학은: 역자 부기) 적어도 현상적으로, 제도적으로 일종의 정확성과 해석에 따른 가변성과의 거리를 열망해 왔는데, 이는 모든 형식의 소통에서, 특히 텍스트를 준거로 하여 의미를 되살리는 것에 의존하는 모든 제도들에서 불가능하다"고 단언하고 있는 바,[17] 환경법의 경우가 가장 전형적으로 이에 해당하는 분야라고 할 수 있을 것이다.

개념은 대상에 대한 경험과 인식의 수준과 내용, 그리고 궁극적으로는 문제의 인식과 제기의 적확성을 결정한다. Deleuze[18]의 말대로, 개념은 '본질'이나 '사물'이 아니라, 그 자체가 본체성(entité)을 갖는 일종의 순수한 '사건'(event)이다. 말하자면 이념과 접근의 관점을 비롯한 개념의 구성요소들의 강조적 특질(trait intensif)은 대상 또는 문제의 본질과 성격 및 구조에 대한 조감(鳥瞰: suvol)을 돕는 기능을 수행하는바, 개념을 정립한다는 것은 새가 하늘을 날아올라 아래 펼쳐진 광경을 한 눈에 내려 보듯이 대상을 단번에 개관하여 비교대상과의 차이와 그 자체의 동일성, 즉 정체성을 파악할 수 있게 하는 것으로 의미를 응축하고, 대상의 자리매김을 하는 적극적이고 형성적인 '분류와 종합', 그리고 '정돈'의 작업이다. 결국 이름을 붙이고, 개념을 바로 잡는 것 또는 세우는 것은 잘못 제기된 문제에 대하여 정확한 답을 제시하[19]는 우(愚)를 피하고, 옳게 제기된 문제에 대하여 미흡하더라도 유용한 답을 찾아 나가는 현명한 담론의 출발점인 동시에 그 종착점이기도 하다.

이러한 관점에서 우선 '인간을 둘러싼 주변부'를 뜻하는 영어 environment나 독일어 Umwelt의 번역어인 환경과, 환경과 사회정의의 조합어인 환경정의 등의 이름붙이기, 즉 용어와 개념의 적확성을 비판적으로 검토하여 '사건'으로서 환경과 환경정의의 개념을 재구성해본다.

---

17) T. Morawetz, Law and Language, 2nd Series, Introduction, vi면.
18) 질 들뢰즈/팰릭스 가타리, 철학이란 무엇인가, 이정임/윤정임(역), 35면.
19) 위의 책, 34-35면.

2. 환경의 개념 - 용어상의 오류

우리 「환경정책기본법」 제3조는 '환경'(環境)은 "자연환경과 생활환경"을 말하고(제1호), '자연환경'은 "지하 · 지표(해양을 포함한다) 및 지상의 모든 생물과 이들을 둘러싸고 있는 비생물적인 것을 포함한 자연의 상태(생태계 및 자연경관을 포함한다)"를(제2호), '생활환경'은 "대기, 물, 토양, 폐기물, 소음 · 진동, 악취, 일조(日照) 등 사람의 일상생활과 관계되는 환경"을 말한다고 규정하고 있다. 환경 자체의 개념에 대해서는 직접 구체적으로 규정한 바 없고, 추측건대, 표의(表意)문자인 한자 용어 자체에 내포되어 있는 '인간을 둘러싼 주변부'라는 일반적인 뜻으로 전제하고 있다. 이러한 추측이 틀리지 않는다고 하면, 이는 잘못된 이름붙이기이고, 원천적으로 인식의 오류를 내포하고 있는 것으로 생태철학과 생태윤리의 관점에서는 수용하기 어려운 존재론과 가치관을 전제하는 것이 아닐 수 없다.

인간을 둘러싸고 있는, 인간을 위하여 봉사하는 주변부라는 뜻의 환경이라는 번역어 자체가 인간과 자연을 대립적인 관계로 이해하고, 자연을 지배 또는 조작, 그리고 일방적인 파악의 대상으로만 인식하는 서양의 2분법적인 세계관 또는 '신인동형설'과 같이 인간 종을 동식물을 비롯한 자연세계와는 차원이 다른 존엄한 존재로서 인식하는 기독교적 인간관과, 이를 토대로 하는 인간중심의 가치관이 전제된 존재론적 관념의 산물이다. '철학문제'를 "문제를 언급하면서 사용하는 어휘 속에 선재하는 가정들을 무의식적으로 채택한 결과 - 문제 자체가 진지하게 파악되기 전 단계에서 문제가 되는 가정"[20]이라고 보는 R. Rorty의 인식과 지적의 타당성은 바로 환경이라는 번역어의 무의식적인 채택과 사용에서 분명

20) Richard Rorty, Philosophy and the Mirror of Nature, Preface, xii.

하게 드러난다.

Holmes 대법관의 말대로 어휘는 "수정같이 투명하고, 분명한 불변의 것이 아니라 살아 있는 사유의 표피일 뿐이고, 그것이 사용되는 때와 상황에 따라 다분히 그 성격과 내용이 달라질 수 있는 것"이다.[21] 이러한 점에서 환경보호가 인류의 지속가능성을 결정하는 긴절한 명제로 자리를 잡은 오늘의 상황에서 또한 생태철학에 기초한 세계관과 가치관을 단순한 환경운동의 차원이 아니라 그것을 넘어서 (헌)법언어로 수렴하여 정리하고, 그 존재론적 의미와 법적 사유의 단초로서 효용을 발전시켜 나가야 하는 현재 시점에서 환경이라는 용어의 부적절성은 단순히 번역기술상 흠의 문제로만 평가하고 넘어갈 수는 없다. 이미 오랜 기간 동안 환경(법)담론 속에서 적어도 더 이상은 주변부의 의미만을 갖지는 않게 된, 상당한 정도로 개념이 정립된 보편적인 용어로 정립되었고, (헌)법언어로도 수용된 현실을 고려하건대, 더 적확한 대체용어를 제안하는 것은 무리라고 하더라도, 적어도 용어 속에 담겨져 있는 생태계의 존재와 가치질서에 대한 인식론적 오류의 위험성에 대한 구체적인 반성, 그리고 인식패러다임 변환의 당위성과 필수성에 대한 성찰은 외면되거나 생략될 수 없다.[22]

---

21) Towne v. Eisner, 245 U.S. 418, 425(1918).

22) 이러한 맥락에서 환경 대신에 '살림터'라는 우리말 용어를 사용할 것을 제안한다. '살림'이라는 단어는 생태계를 살려나가는 타동사로서 의미와 함께 '살림을 살다'라는 자동사로서 의미도 함축하고 있고, 또한 살려나가면서 동시에 살아나가는 상생의 과정과 그 결과로서 이루어진 것을 의미하는 '살림'의 의미와 함께 '터'라는 말의 폭과 깊이, 특히 개방성과 내재적인 발전의 동인의 함의를 가다듬어 나간다면 적확한 개념으로 정립될 수 있을 것으로 생각된다. 살림의 어의에 관해서는 이덕연, "헌법명제로서 '살림'의 패러다임과 경제와 재정의 지속가능성", 법학연구, 제21권 제4호(2011.12), 연세대 법학연구원, 201면, 주석 4번 참조.

3. '환경정의'와 '환경적 정의'의 구별

(1) 개　　요

D. Harvey는 차이와 타자성에 초점을 맞추어서 환경운동의 방식을 분석하면서 '타자'로서 자연의 물신화와 외부화, 그리고 정치적 수사로 '정의'를 동원하는 공통된 경향이 있음을 지적하고, 바람직한 환경정의운동의 방향과 전략의 수립에서 사회정의의 문제를 불변의 자연법적 정의나 도덕성의 문제가 아니라 사회적 과정 속에서 형성 및 변화되어 나가는 상대적인 것으로 보는 인식의 전환이 중요하다는 점을 제시한다.[23] 맑스주의적 변증법의 관점에서 생태철학을 다양한 사회정의운동을 통합하는 인식틀로 제시하는 Harvey는 기존의 환경담론을 '표준적 견해', '생태적 근대화론', '현명한 이용' 및 '환경정의운동론'의 네 가지 유형으로 구분하고, 이들이 각각 공리주의, 사회계약론, 자유주의 그리고 급진적 호혜주의 등 특정한 정의의 개념과 연계되어 있음을 지적하면서 환경담론을 사회적 권력이 표현된 것으로 이해하고, 환경(정의)적 담론이 항상 사회에 대한 주장이라는 점을 강조한다.[24]

그러나 후술하는 바와 같이, Harvey의 분류에 따른 이 네 가지 유형의 환경담론 중에 환경정의운동론은 자연의 타자화가 아니라 인간과 자연의 동기화를 주장하고 또한 모든 생물 종들의 가치를 인정하는 생태윤리를 토대로 하는 점에서, 사회적 권력이 표현되는 사회적 주장이기는 하지만, 적어도 인간중심주의를 넘어서는 점에서 다른 환경담론들과는 철학적, 윤리적 인식의 패러다임 자체가 근본적으로 다르다. 말하자면 인간을 위한 자연의 보호나 환경재의 정당한 배분에 초점을 맞춘 환경적 사회정의의 관점이 아

---

23) 최병두, 데이비드 하비의 환경정의론과 희망의 공간, 공간과 사회 제14호 (2000), 255면.
24) 위의 논문, 256면.

니라, 인간 종이 그 일부인 일종의 유기적인 전체로서 생태계 자체의 통일성과 자연의 가치적 주체성을 전제하는 관점에서 그 외연이 확장되고 심화된 정의개념을 토대로 한다.

환경담론에 특유한 평등원칙으로 이해되는 환경정의의 개념에 포섭될 수 없는 이러한 생태학적 정의의 개념과 이를 토대로 하는 생태철학과 '환경정의운동론'의 담론을 규명하고, 독자적인 법원칙, 입법 및 법해석의 준거와 지침으로 법적 담론에 수용해야 할 필요성과 함께 그 가능성과 한계를 검토하는 것이 법학의 과제로 주목되어야 하는 것은 바로 이 때문이고, 여기에서 법개념으로서 환경정의를 재구성하는 것은 바로 그 출발점으로서 의미를 갖는 작업이다.

(2) 인간중심적 윤리와 연관된 환경정의 개념의 이념적 함의와 한계

이른바 '도롱뇽사건'[25]에서 자연의 당사자적격이 쟁점으로 주목되기도 하였으나, 동물을 비롯한 자연 생태계의 주체성, 즉 독자적인 '자연적 가치'(natural value)[26]의 전제와 자연의 권리주체성을 (헌)법이론적으로 용인하는 것은 쉽지 않다. 모든 법질서는 "인간의 의지와 이에 기초한 행태를 규율대상으로 한다"는 점에서 독자적인 의사능력이 없고, 자신의 의사에 기초하여 행태를 조절할 수 있는 능력을 갖지 못하는 자연은 주관적 공권인 기본권의 주체가 될 수 없다는 점이 논거로 제시되고 있다.[27] 요컨대, 환경보호의 관점에서 기본권이론상 관심의 초점은 자연보호의 당위성과 자연

---

25) 대결 2006.6.2. 2004마1148.

26) Andrew Dobson, Justice and The Environment, Oxford Univ. Press, 1998, 216면 이하.

27) 전광석, "지속가능성과 세대 간 정의", 지속가능성과 법학의 과제, 연세대학교 출판문화원, 2012, 68면.

보호에 대한 인간의 의지와 행태에 맞추어지는 것이지, 자연 자체가 기본권적으로 보호될 수는 없다는 논지이다.[28)]

이러한 종래의 인간중심적 법학방법론의 맥락에서 보면 관점과 논증은 적확하다. 적극적인 환경활동가의 입장에서라면 몰라도 적어도 기본권이론의 차원에서 의미 있는 이견은 제기될 수 없을 것이다. 이른바 '생태적 파괴'(ecotage: ecological+sabotage)나 '생태계보호를 위한 방해꾼'(monkey-wrenching) 등과 같이 자연세계를 훼손하는 데 이용되는 기계와 재산들을 파괴하는 방식의 과격한 급진주의에서 '인간이 아니라 지구 자체의 보호'를 이념으로 내세우는 운동강령적 성격의 구호[29)]를 기본권이론으로 포섭하는 것은 가능하지도, 타당하지도 않기 때문이다. 말하자면 '인간의, 인간에 의한, 그리고 인간을 위한 법'의 패러다임을 벗어나지 않는 한, '환경의 정의' 또는 '환경에 의한 정의'의 의미를 갖는 환경정의의 개념을 헌법과 환경법의 이념과 원리로 포섭하는 것은 무리다. 더 나아가서 평등의 관념과 연계된 정의 또는 분배적 정의의 이념과 이론은 원천적으로 가치를 창출하고, 교환하며 이 교환을 통하여 가치를 확대 재생산해내는 과정인 동시에 그 결과이기도 한 문화적 존재로서 인간의 본질과 속성에서 그 당위성과 필요성의 결정적인 논거가 찾아진다.

M. Walzer의 말대로 "의미 있는 세계들을 만들고 의미 있는 세계들 안에 거주"하는 '문화적 피조물'인 인간에 의해 이해 또는 전제되는 세계들에 대하여 사회적 가치들을 이해하는 방식과 관련하여 서열과 순위를 매기는 것은 불가능하고, 바로 그렇기 때문에 실존하는 모든 사람들과 그들의 특수한 문화적 성과물들을 존중함

28) 위의 논문, 69면.

29) 이에 관해서는 Kristin Schrader-Frechette, Environmental Justice: Creating Equity, Reclaiming Democracy, Oxford Univ. Press, 2006, 3면.

으로써 모든 사람을 공정하게 취급하라는 것이 정의의 지침이다.[30] 말하자면 자유와 평등의 내재적인 연관관계 속에서만 이해될 수 있는 정의는 본래 이성적 존재인 인간 모두에게 자신을 발전시켜 나갈 수 있는 자유의 지위가 평등하게 부여되어야만 한다는 요청인바, 이는 자율적인 의사능력과 행위능력이 있는 인간에 의해 인식되고 구성되는 사회적 가치와 이를 토대로 하는 인륜(人倫)과 문화의 세계에 국한되어 논구되는 명제이다.

하지만, 후에 상술하는 바와 같이 인간중심적인(anthropocentric or human-centered) 세계관과 가치관의 변환과 극복을 요구하는 이른바 '생태철학'과 이에 기초한 '심층생태주의'의 인식패러다임을 적극 수용하는 입장[31]에서 보면 '인간의 탈중심화'(decentering of human being)와 '환경을 위한 정의'의 의미를 갖는 환경정의의 이념과 원리를 법적 개념으로 정립하고, 이를 기본권이론에 포섭하는 것은 충분히 가능하고, 또한 시도해봄직한 과제이다. 2원론적 세계관을 토대로 하여 특정 종에 속한 존재라는 점에 따른 인간 우선의 차별의 원칙과 비인간 종이 단기간 또는 중기간의 인간의 기본욕구를 충족시키기 위해 어떤 방식으로든 지배되고 조작될 수 있다는 인식은[32] 전통적으로 자연과 인간의 조화를 지향해 온 동양 또는 우리의 일원론적 세계관에 합치되기 어려운 것은 물론이고, 더 이상 서구 세계에서도 당연한 것으로 여겨지지 않는다. N. Chomsky의 말대로 인류의 존속가능성은 지혜를 갖고 있는지 여부가 아니라, 알고 있는 것을 활용할 수 있는 능력, 즉 실천의 의지와 능력에 달려있다. 관건은 '가치변환적 가치'(transvaluative value)의 형성과 그에 부응하는 집합적 행동 자체에 대한 요청이다.

30) Michael Walzer, 정원섭 외(역), 정의와 다원적 평등, 철학과 현실사, 1999, 475면.
31) 이에 관해서는 다음 Ⅲ장에서 상론한다.
32) P. Wenz, 최병두(역), 환경정의, 2007, 61-62면.

문제의 근원은 오히려 지적 존재로서 인간 종의 본질과 특성에 있다. 종의 존속을 위해서는 영리한 것보다 둔한 것이 더 유리하다는 진화생물학의 연구성과는 시사하는 바가 적지 아니하다.[33] 재승덕(才勝德)의 천박한 영리함이 아니라 인간중심의 세계관과 이기심을 버리는 덕승재(德勝才)의 큰 바보로 '살림터'의 한 구석에 자리를 잡는 것이 최선의 전략이다. 인간 종의 생존 여부에 대해서 자연은 철저하게 무관심하다. 생태철학의 관점에서 볼 때 인간종은 문제해결의 주체가 아니라 문제의 근원이다. 환경법의 기본원칙의 하나인 '원인제공자책임의 원칙'을 원용하여 말하자면 인간은 유일무이한 원인제공자인데 책임을 져야 하는 자가 높은 중심의 자리를 고집하는 것은 말 그대로 자연의 이치, 즉 '자연법'에 맞지 않는다. 이러한 자연의 이치, 즉 생태윤리와 인륜을 동기화하는 것이 책임을 지는 출발점인 동시에 종착점이다.

(3) '환경적 정의'와 '환경정의' - 개념 구별의 필수성과 의의

지속가능성을 담보하는 인간화가 바로 자연화, 즉 자연의 타자화가 아니라 중심과 주변의 패러다임 자체를 넘어서 인간 종을 자연 속에 일부로 인식하는 일종의 자연과의 동기화이고, 법 또는 법적 담론도 궁극적으로 인간화를 지향하는 것이라고 본다면, 이러한 생태철학의 인식은 법개념의 정립에서부터 수용되어야 한다. 인간과 자연의 불평등을 전제로 하는 인간중심의 패러다임 속에서 환경적 부담과 편익의 공정한 배분과 그 결정과정에의 실질적인 참여의 보장을 내용으로 하는, 말하자면 '인간을 위한' 환경정의의 개념과, 인간과 자연의 대등한 지위 또는 자연우선의 패러다임을 토대로 하는 '환경을 위한' 환경정의의 개념은 법적 담론의 마당에

---

33) Noam Chomsky, Hegemony or Survival, Metropolitan Books, 2005, 1면. W. Baber/R. V. Bartlett, Global Democracy and Sustainable Jurisprudence, MIT Press, 2009, 1면에서 재인용.

서도 구별될 수 있고, 또한 그래야 한다. 이러한 맥락에서 미국을 중심으로 하여 정립되어 형성되어 온 환경정의(environmental justice)는 '환경적 정의'로, 후자의 경우를 '환경정의'로 용어를 구별하여 사용할 것을 제안한다.[34)]

이는 단순히 용어 사용상의 혼란을 피하고자 하는 기술적인 목적 때문만은 아니다. 전술한 바와 같이 '환경' 및 '정의'라는 용어 자체에 전제 또는 내포되어 있는 '인간중심주의', 즉 인간과 자연을 '중심과 주변부'로 구별하는 제국주의적 세계관과 가치관을 해체하고, 이를 통해 오히려 인간과 자연의 관계를 부분과 전체의 관계로 보는 자연중심적 세계관을 수용하고자 하는 의도에서이다. 말하자면 '자연을 위한 정의'가 바로 인류의 존속가능성을 담보하는 '인간을 위한 정의'라는, 근본적으로 중심 자체를 탈중심화하는 기본인식의 지평이 확대되고 공유되어야 한다는 생태철학적인 세계관으로의 변환을 법적 담론에 수용해야 하는 당위성과 그 가능성을 제시하고자 하는 법언어학 및 언어철학적인 구상과 연계되어 있는 제안이다.[35)]

물론 이러한 개념의 구별이 1990년대 초까지 미국에서와 같이 환경 자체의 보전에 초점을 맞춘 '환경운동'(environmental movement)과 환경재의 적정한 정당한 배분과 관련된 정책결정에의 참여기회

34) 다만 이 제안은 영미권 국가에서 정착된 환경평등을 의미하는 환경정의(environmental justice)라는 번역어가 일반적인 용어로 자리를 잡은 사정을 고려한 것일 뿐이다. 따라서 '환경평등'을 환경법에 의한 평등한 보호를 의미하는 용어로, '환경정의'를 환경평등보다 넓은 개념, 즉 '정의롭고, 안전하고, 지속가능한 지역사회를 지원하는 생활규범과 가치관, 규칙, 규제, 행동, 정책 및 의사결정'의 뜻으로 사용하는 경우에는 여기에서 제안하는 '환경적 정의'는 '환경평등'과 유사한 개념이 되고, '환경정의'는 이러한 용례에 따른 '환경정의'와는 다른 개념이 될 것이다. 예컨대, 토다 기요시, 김원식(역), 환경정의를 위하여, 창작과 비평사, 1996, 302-303면.

35) 이에 관한 상론은 A. Dobson, 앞의 책, 216-239면.

의 보장에 관심을 기울이는 '환경정의운동'(environmental justice movement)을 대립적인 사회운동의 분파로 분리해서 보는 오류로 귀착되어서는 아니 된다. 이 두 사회운동은 관점과 접근방법이 다르기는 하지만 환경보호라는 근본적인 명제와 그에 대한 전략적 지향점과 열정은 공유하는 하나의 포괄적인 운동이 두 가지 측면으로 표출된 것일 뿐이다.[36] 상호 적대적이라기보다는 경쟁과 협력의 관계로 이해되어야 하고, 또한 그렇게 발전시켜 나가야 한다.[37] 두 운동 중 어떤 것이 더 가치 있는 목표와 우월한 도덕적 권위를 갖는가 하는 것은 관심의 대상이 아니다. 관건은 이 두 운동의 목표들이 연계되어서 함께 효과적으로 달성될 수 있는 방법을 찾아내는 것이다.

요컨대, '환경정의'와 '환경적 정의'로 용어를 구별하여 사용하자는 것은 '차이'와 함께 '동일성'을 확인하는 개념의 핵심기능에 충실하되, 상호 보완적인 관계 속에서 각각의 함의와 기능적 독자성을 주목하자는 의도에서 제안하는 것이다. 특히 인간중심의 '환경적 정의'에 포섭되지 않는 환경 중심의 '환경정의' 명제의 중요성과 그 함의가 외면되거나 희석되어서는 아니 된다는 점을 강조하고자 하는 것이다. 또한 이러한 두 개념의 차이와 연계성을 확인하는 구별은 궁극적으로 일견 대립의 관계에 있는 것으로 여겨질 수 있고 또한 미시적으로는 상충되기도 하는 환경의 지속가능성과 사회정의의 이념 간의 조화의 가능성을 확인하는 것이기도 하다. A. Dobson이 적확하게 단언한 바와 같이, 사회정의와 환경의 지

36) 이에 관해서는 R. Sandler/Ph. C. Pezzullo, Introduction: Revisiting the Environmental Justice Challenge to Environmentalism, in: R. Sandler/Ph. C. Pezzullo(ed.), Environmental Justice and Environmentalism-The Social Justice Challenge to the Environmental Movement, 2007, MIT Press, 3-4면.

37) 위의 논문, 4면.

속가능성의 이념은 둘 중 어느 것도 다른 하나의 포기를 요구할 수 있는 정당성의 우위를 점할 수 없고, '환경의 지속가능성이 담보되지만 부정의한 사회'나 '환경의 지속가능성의 포기를 대가로 한 정의사회', 즉 '정의롭지만 생태계의 궤멸이 불가피한 사회' 그 어느 것도 이념의 차원에서든, 실존의 맥락에서든 선택의 대안이 될 수는 없다는 당위적, 현실적 명제를 분명히 전제하는 것이다.[38]

이렇게 구별된 '환경정의', 즉 인간의, 인간을 위한 '환경적 정의'가 아니라 자연의, 자연을 위한 '환경정의'의 개념은 헌법철학과 헌법이론, 특히 기본권이론상 충분히 유의미한 독자적 효용을 갖는 언어로 성립될 수 있고, 특히 '인간의 존엄성'을 비롯한 환경권 등 개별 기본권의 해석론에서 기본권의 객관적 질서의 측면이나 환경보호와 관련된 국가목표규정의 해석과 관련하여 전향적인 관점과 준거를 제공할 수 있을 것이다. 아래 제Ⅴ장은 이러한 준거와 지침을 적극 수용하려는 헌법철학 및 헌법해석론적 시도의 일환이기도 하다.

Ⅲ. 생태철학 및 심층생태주의와 생태윤리[39]

1. 생태철학과 심층생태주의

이른바 생태주의의 대표적인 선도자라고 할 수 있는 A. Naess는 생태주의와 관련하여 문제인식과 구체적인 실천의 관점에서 다음과 같은 4가지의 접근단계를 제시하면서 총체적인 관점에서 이른바 '생명철학'을 토대로 하는 생태주의의 윤리적 타당성을

38) A. Dobson, 앞의 책 3면.

39) 이 장의 내용은 기존의 발표하였던 논문 중의 일부를 선별, 축약 및 보정한 것임을 밝혀둔다. "생태철학과 심층생태주의의 헌법적 함의 - '녹색성장' 개념의 의미확산과 심화를 위한 시론", 연세 공공거버넌스와 법, 제2권 제1호, 2011, 31-36면.

제시한다.

그의 이른바 심층생태주의는 기후변화문제를 비롯한 환경문제가 더 이상 적확하게 대응하지 않으면 파국을 면하기 어렵고 또한 부분적이고 피상적인 대응만으로는 극복될 수 없다고 보는 절박한 문제인식과 이를 토대로 한 치열하고 근본적인 반성적 사유의 결과가 응축된 생태철학의 실천전략이라고 할 수 있다. 말하자면, 생태철학에 의해 도덕적 정당성의 준거가 제공되는 심층생태주의는 일면 생태중심의 철학과 가치체계를 제도와 행동으로 연결해주는 매개체인 동시에, 또 한편 구체적인 실천의 관점에서 보면 생태철학을 구현하는 구체적인 정책들과 대응방안들이 적실성과 계속성을 확보할 수 있게 해주는 정신적 기반이기도 하다.

Four Levels of Organization: For the Questioning and Articulation of Total Views[40]

<table>
<tr><td rowspan="4">물음의 깊이 ↑</td><td>Level Ⅰ 궁극적인 철학</td><td>기독교, 불교, 생태철학 등</td><td rowspan="4">↓ 구체화의 정도</td></tr>
<tr><td>Level Ⅱ 운동의 기본원칙</td><td>평화운동, 심층생태주의, 사회정의운동</td></tr>
<tr><td>Level Ⅲ 정책</td><td>A, B, C 등</td></tr>
<tr><td>Level Ⅳ 실천행동</td><td>W. X. Y 등</td></tr>
</table>

제일 높은 차원의 개별 종교의 교리적인 논의나 문화철학적 접근은 여기에서 생략하고,[41] 생태철학의 개념을 중심으로 하여 핵

40) Arne Naess, Ecology of Wisdom, Alan Drengson/Dill Devall(ed.), Counterpoint, 2008, 33면.

41) 실제로 서양의 전통적인 세계관과 형이상학적 전제에 대한 근본적인 재고를 요구하는 생태철학의 뿌리는 유대-기독교적인 전통에 기초한 철학의 환경윤리적 토대로서의 적실성에 대한 회의에 있다. 실제로 영미권을 중심으로 하여 좀 더 자연친화적인 동양의 종교와 사상에서 생태철학의 돌파구를 찾으려는 다양한 시도가 있어 왔다. 이에 관해서는 구승회, 앞의 책, 233-244면.

심적인 내용만을 개관한다. 우선 생태철학은 그 원래 용어인 'ecological philosophy'의 합성어인 'ecosophy'의 어원에서부터 담론의 차원과 기본적인 함의를 가늠해볼 수 있다. 'eco'는 라틴어의 'oikos', 즉 'household'(살림)의 뜻을 갖고, 'sophia'는 "wisdom"(지혜)에 해당하는바, 'ecosophy'는 "살림의 지혜"라는 의미이다.[42] 다만, 여기에서 '살림'의 의미는 개별 가구나 가정 또는 공동체의 차원보다는 더 넓은 의미, 즉 "지구살림"(Earth household)을 뜻하는 것으로 이해되는바, 어원으로 본 생태철학은 전 지구 차원에서 존속의 조건에 초점을 맞춘 새로운 패러다임의 철학이다.

'지구살림의 지혜'로 파악되는 생태철학은 우선 학문론의 관점에서 보면 유기체, 사회체제 및 생태계 등을 '살아있는 체계'(living system)의 차원에서 생명에 대한 새로운 이해, 즉 자연과학과 정신과학의 경계를 허무는 통합적인 방법론을 취하고,[43] 인식론의 관점에서 보면 일종의 '패러다임의 변환', 즉 근본적이고 포괄적인 세계관의 혁신에 해당되고, 또한 문화적 관점에서 보면 다분히 교리적 성격의 근본적인 믿음과 의식의 전환을 내용으로 하는 점에서 거의 종교적 차원의 가치관와 윤리의 변환을 지향한다.[44] 무엇보다도 생태철학은 인간(人間), 말 그대로 사람과 사람을 포함하여 지구 또는 자연세계(입장에 따라서는 비생물체인 물질을 포함)와 인간이 대립되는 이원적 관계에 있는 것으로 보지 않는다. 자연과 인간의

---

42) 이에 관해서는 A. Naess, 앞의 책, 32면.

43) 지구 자체를 자정력을 갖는 의인화된 인간 외의 정신적 존재, 말하자면 유기체적 구조의 하나의 '살아있는 생명체'로 보는 J. Lovelock의 이른바 'Gaia 가설'이 대표적인 예이다. A New Look at Life on Earth(1979), 가이아, 홍욱희(역), 갈라파고스, 2003. 생명개념과 관련한 Gaia개념에 대한 분석과 비판으로는 장회익, 앞의 책, 178-187면 참조.

44) 이에 관한 개요는 F. Capra, 앞의 책, 3-13면. Capra는 생태철학의 관점과 원칙들을 제대로 이해하고 구현하기 위한 수단으로 이른바 '생태학적 독해'(Ecological Literacy)를 제시한다. 이에 관해서는 297-304면.

관계를 근원적으로 서로 의존하는 공생을 위한 조화와 협력의 동반자의 관계로 본다.

시각과 관점의 층위에 따라서 강조점은 다르지만, 생태철학의 핵심은 조화와 평형이고, 이를 행동지침으로 전환시키는 출발점은 '인간중심주의'에 대한 존재론적 반성이다. 또한 자연과학적인 물리적 관점과 정신과학적인 윤리적 관점의 조화의 가능성과 필수성을 강조하는 생태철학은 단순히 파편화된 폐쇄적인 지식이 아니라 일종의 '통합적 지혜'로 이해될 수 있다. Naess의 말대로, 생태철학은 규범과 규칙, 전제 및 가치의 우선순위에 대한 공언과 함께 전 우주의 상태에 관한 새로운 가설들을 포함하는바, 말하자면 생태철학의 지혜는 환경오염이나 자원고갈, 인구증가 등의 사실과 관련된 상이한 변수들과 그에 따른 변화들을 단순히 과학적으로 기술하고 실증적으로 예측하는 데 그치는 것이 아니라, 이를 토대로 하여 가치우선순위의 전환과 그에 따른 공적 정책패러다임의 변환의 필수성과 사고 및 생활양식의 실천적 변화의 지침을 제공하기 때문이다.[45]

요컨대, 새로운 세계관과 가치관을 토대로 하는 총체적인 문제인식과 이에 대한 대응의 예지와 함께 윤리적 호소가 농축되어 있는 생태철학은 심층생태주의의 도덕적 정당성의 철학적, 가치적 근거를 제공하고, 반면에 심층생태주의는 생태철학을 구현하기 위한 매개체 또는 전략적 교두보에 해당하는바, 양자는 이념과 원리 및 제도적 실천의 연관체계 속에서 그 자체가 서로 연계 및 의존되는 상보적 관계에 있다.

45) Arne Naess, "The Shallow and the Long Range Deep Ecology Movement: A Summary, Inquiry 16"(1973), 95-100면, Alan Drengson/Bill Deval(ed.), 앞의 책, 32면에서 재인용함.

2. 심층생태주의와 생태윤리

인간과 자연의 조화를 위하여 인식과 가치 및 행동의 근본적인 새로운 변환을 주문하는 생태철학은 심층생태주의의 플랫폼(platform)[46]과 연결되어 지구촌 차원의 풀뿌리운동으로 확산되고 있다. 전술한 바 있듯이 심층생태주의는 생태철학의 가치관과 세계관을 수렴하여 효과적인 대응수단으로 연결해주는 전략적인 연결고리인 동시에, 구체적인 제도와 정책 및 행동에 대하여 기본적인 지침과 윤곽을 제공한다. 말하자면 생태철학으로부터 새롭게 제기되는 다양한 문제인식을 수용하여 '깊은 물음'으로 정리하고 답을 찾아가는 담론의 공간이고, 이를 옮겨 담아서 상시적으로 정치와 행정, 교육 및 개인과 기업의 일상생활의 현장으로 전달해주는 탑승대이다.

Naess는 현대의 환경보호론을 대별하는 유용한 기준으로 생태주의의 깊이를 제시한다. 우선 '얕은 생태주의'(shallow ecology)는 생태계의 보호와 환경보전의 명제는 공유하지만 인간중심적인 세계관과 가치질서를 고수하는 입장이다.[47] 즉 자연이 그 상위의 중심 또는 그 바깥에 있는 인간을 보필하는 것으로 보는 인식틀 속에서 인간을 모든 가치의 유일한 최고의 준거로 전제하고, 이러한 가치질서에서 자연에는 주체로서의 인간의 생명과 삶을 위한 객체와 수단으로서의 효용만 인정되는 것으로 보는 인식론이다.

이에 반해 심층생태주의는 기본적으로 인간과 자연환경이 분리되어 있는 것으로 보지 않는다. 이른바 '주체와 객체'의 대립을

---

46) A. Naess는 전술한 4차원의 접근틀 속에 심층생태주의를 자리매김하면서 'platform'이라는 용어와 연관하여 사용하고 있다. 기반이나 탑승대 등 일상적인 의미와 함께 정당의 정강 또는 선거공약 등의 정치적인 의미도 포함되는 점을 고려하여 의도적으로 용어를 선택한 것으로 여겨진다.

47) Capra, 앞의 책, 7면.

전제하는 전통적인 인식틀을 해체하고, 이른바 '총체적인 관점'(holistic view)에서 생태계 전체를 유리된 객체들의 집합체가 아니라 서로 연결되어 있고 의존되는 현상들의 '관계망'(network of relations)으로 이해한다. 모든 자연적 존재 자체의 내재적인 가치를 인정하는 전제 하에, 인간도 '생명의 망'(the web of life) 전체 속에 있는 하나의 홑 줄에 불과한 것으로 보는 것이다.[48] 이러한 생태철학적인 세계관과 생명관은 심층생태주의의 핵심인 '보다 깊은 질문'의 준거가 되는바, 인간과 자연, 생물체와 비생물의 물질, 정신과 신체, 가치와 사실을 분리하는 근대 이후 데카르트식의 단절적인 이원주의를 완전히 부정하는, 자연과학을 넘어서는 하나의 근본적인 형이상학(metaphysics)적 차원의 인식패러다임의 전환과 그에 따른 새로운 환경윤리의 정립을 촉구하는 계기와 근거를 제공한다.

3. 소 결

Naess가 제시하는 8가지의 심층생태주의의 기본원칙[49]은 피상적이고 즉응적인 사소한 환경친화적 행동(지침)에만 관심을 갖고

48) A. Naess, 앞의 책, 106-139면; Capra, 앞의 책, 7-8면.

49) i) 모든 생물체는 내재적인 가치를 갖는다. ii) 생명의 풍부성과 다양성은 내재적인 가치를 갖는다. iii) 기본적인 수요를 충족하기 위한 경우 외에 인간은 이 풍부성과 다양성을 감소시킬 수 있는권리를 갖지 못한다. iv) 인간을 위한 것이 적어지고 다른 생명체에 좋은 것이 많아지면 인간에게도 좋을 수 있다. v) 오늘날 다양한 생태계에 대한 인간의 개입의 범위와 성격은 더 이상 지속될 수 없고, 지속가능성은 점점 감소되고 있다. vi) 결정적인 개선을 위해서는 사회적, 경제적, 기술적 그리고 이데올로기적으로 근본적인 변화가 요구된다. vii) 이데올로기적 변화에는 근본적으로 생활수준의 향상보다는 좀 더 나은 삶의 질을 추구하는 것이 포함된다. viii) 위에 적시된 사항들을 용인하는 사람들은 직간접적으로 필요한 변화를 위해 기여하는 노력을 기울여야 할 책임을 진다.
A. Naess, Life's Philosophy, 108-109면, 앞의 책 28면에서 재인용함.

정작 인간중심적 가치관과 세계관의 반성과 그에 따른 근본적인 태도의 변화는 외면하는 이른바 '부띠크 환경주의'(boutique environmentalism)[50] 와는 거리가 멀다. 심층생태주의와 생태윤리적 행동원칙은 현대의 과학, 산업, 성장지향적인 자본주의와 물질주의적 가치관의 토대와 삶의 방식 자체에 대한 '깊은 물음'에 대하여 '인간중심주의'의 극복과, 윤리적 관심과 배려의 범위의 생태계 전체로의 확장을 요구하는 최소한의 답을 환경윤리의 강령으로 표현한 것이고, 이는 환경친화적인 법제의 모색과 이에 부응하는 법운용과 법리의 발전에 유용한 철학적, 정신적 준거가 될 것으로 믿고 또 기대한다.

Ⅳ. 환경법상 환경정의 이념과 개념의 법제 및 사법(司法)적 수용과 실천의 현황

1. 개　　관

전술한 바와 같이, 환경적 정의를 '환경정책집행의 대상이 되는 하위 인구집단들 간의 환경위험의 불균등한 부담을 시정하고 불평등한 영향을 미치는 관련 법령, 제도, 정책의 변경 및 형평성 있는 적용을 요구하는 사회적 정의에 대한 주장, 말하자면 '환경평등'의 내용으로 전제하는 경우, 이른바 '환경정의론'의 범주, 즉 "환경정의운동의 주장 내용과 함께 지속가능한 지역사회를 유지하기 위한 환경정책, 법령의 입안, 결정, 집행 등 전 과정에서의 형

50) '다문화주의'와 관련하여 말투나 억양과 외모, 음식 등 일상의 사소한 차이에만 관심을 갖고 용인할 뿐, 근본적인 문화적 성찰과 그에 따른 사회심리적 분위기의 조성 등에는 주목하지 않는 현상을 Stanley Eugene은 'boutique multiculturalism'이라고 칭하였는데, 이는 같은 맥락에서 환경주의에도 원용될 수 있을 것으로 생각된다. The Trouble with Principle, Harvard Univ. Press, 1999, pp. 56.

평성 확보를 주장하는 이론들"[51]에 자연의 독자적인 가치를 인정하고 생태계 자체의 보전을 목표로 하는 환경정의의 이념은 포섭되지 아니한다.

따라서 여기에서는 종래의 환경정의론의 지평을 넘어서, 말하자면 생태철학과 심층생태주의의 플랫폼을 토대로 하는 환경정의의 이념이 환경입법을 비롯하여 환경정책의 수립과 집행, 그리고 사법(司法)을 통한 환경법의 해석과 적용에 수용 및 반영된 현황을 검토하고, 향후 발전의 필요성과 방향을 전망해본다.

2. 환경입법적 수용의 현황과 전망

(1) 개 요

집단과 계층에 따라, 더 나아가서는 개인별로 다른 가치관과 세계관, 삶의 목표 및 그에 따라 다양한 행동전략과 지침과 연계되어 있는 환경문제의 본질과 구조를 고려하건대, 환경문제의 해결을 위한 환경정책과, 이를 담아내는 환경법제의 결정은 근본적으로 경제적·기술적 문제인 동시에 가치 및 정치의 문제일 수밖에 없는 정치문제 또는 정치적 법의 문제이다. 오늘날 환경법은 긍정 또는 부정적으로 공적 생활의 양태를 결정하는 문화적 충돌의 한 부분이다. 특히 정치 및 사회운동의 맥락에서 보면, 예컨대 기후변화문제만을 보아도 이에 관한 문제인식과 신념은 실증적인 판단의 문제라기보다는 오히려 피아진영을 나누는 문화적 정체성의 표식이다.[52]

---

51) 홍준형, 환경법, 박영사, 2005, 95면.

52) Dan M. Kahan et al., Second National Risk and Culture Study: Making Sense of-and Progress in-the American Culture War of Fact, 1-2 (Yale Law Sch. Publ. Law Working Paper No. 154, 2007). Jedediah Purdy, American Natures: The Shape of Conflict in Environmental Law, in; 36 Harvard Environemntal Law Review,

그렇기 때문에 오늘날 '도덕적 다원주의'(moral pluralism)의 사회에서 환경문제와 관련하여 환경적 정의와 환경정의의 이념을 입법적으로 수용하는 과정은 가치와 자원, 편익과 부담의 분배에 대한 공시적, 통시적 타협일 수밖에 없다. '도덕적 반성'(moral reflection), 그리고 이를 위하여 가능한 한 최대한으로 '건강한 머뭇거림'(healthy hesitation)과[53] 최대한의 숙고가 요구되는 것도 바로 이 때문이다. 환경문제는 과학적, 경제적 관점과 윤리적 관점, 즉 효율성과 정당성 또는 현실과 가치 간의 바른 조화를 통해서만 적확한 대응책이 마련될 수 있고, 이는 오로지 환경입법의 내용의 측면에서는 대립 갈등관계에 있는 가치적 선판단과 가치관 간의 융복합을 통해서, 절차의 측면에서는 최대한의 실질적인 참여의 기회가 보장되는 열린 대화와 공정한 토론을 통해서만 가능하다.

또한 불가측의 상황 속에서 새로운 문제가 발생되고, 좋은 것이든 새로운 것이든 새로운 가능성이 확인되는 극단의 가변성의 조건 속에서 일반적이고 추상적인 규범인 법률을 통해서 환경규율을 담아내는 것은 입법의 현실적 한계가 가장 극명하게 드러나는 경우에 해당한다. 적어도 법률유보 또는 의회유보의 원칙을 비롯하여 법적 안정성과 명확성, 예측가능성과 객관적 타당성 등의 법치국가적 요청은 '유토피아적 희망'이라고 하여도 무리가 아닌 분야가 바로 환경입법이다.[54]

다음에서는 이러한 환경입법의 일반적인 특성을 개관하고, 특히 환경정의의 이념이 환경법제에 반영되고 있는 현황을 검토해본다.

169(2012)에서 재인용.

53) Done E. Marietta Jr., Beyond Certainty A Phenomenological Approach to Moral Reflection, Lexington Books, 2004, 64면.

54) H. Sendler, 40 Jahre Rechtsstaat des Grundgesetzes: Mehr Schatten als Lichte?, DOEV 1989, 483면.

(2) 환경입법의 특성

환경입법의 분야에 특유한 문제로는 우선 자연과학적인 전문성이 특별하게 요구되는 점에서 입법기술적인 한계와 함께 이에 대한 대응방안으로 국회의 입법기능을 강화하는 방안이 제시된다.[55] 하지만 이미 발생한 또는 우려되는 환경오염의 원인과 처방에 대하여 자연과학적으로도 객관적으로 확실하게 규명되지 못하는 것은 물론이고, 항상적으로 복잡한 양태로 새로운 문제가 발생하기 때문에 이른바 '본질성이론'에 따라 환경과 관련된 근본적인 사항은 의회가 법률의 형식으로 결정해야 한다는 '국회중심입법주의'가 이론과 원칙 그대로 관철되기는 어려운 것이 사실이다.[56] 기본적인 지침만 법률로 정하고, 중요한 결정을 행정입법에 위임할 수밖에 없고, 그것도 법규명령이 아니라 상당 부분을 행정규칙에 의해서 규율하고 있는 것이나,[57] 독립된 위원회나 공무수탁사인 성격의 agency에게 환경규제 관련 업무를 위탁하고 있는 것도 같은 맥락에서 이해된다.

하지만, 기술적이고 전문적인 규준을 정하는 것은 입법적으로 포착하기 어려운 규율대상의 속성에 따른 불가피한 것이라고 하더라도, 환경보전과 개발정책 간의 선택 또는 절충을 내용으로 하는 거시적인 정책기조의 설정이나, 예컨대, 대규모 개발사업을 비롯하여 원자력발전소나 핵폐기물 저장소, 공항, 철도, 고속도로, 기타 변전소, 고압 송전탑, 쓰레기매립지 등 대규모 사회기반시설이나 혐오시설 등의 위치설정 등과 관련한 중요한 환경관련 결정은 환경재의 공정한 배분의 문제, 즉 환경적 정의의 관점에서 접근해야 하는 동시에, 자연과 인간의 편익이 대립되는 환경정의의 복합적

---

55) 예컨대, 허영, 한국헌법론, 박영사, 2013, 469-470면.

56) H. Sendler, 앞의 논문, 485-486면.

57) 우리나라 환경법체계의 문제의 하나로 '지나친 하위법령 위임방식'을 적시하는 비판적인 의견은 김홍균, 환경법, 홍문사, 2012, 28면.

인 문제로 주어지기 때문에 상충되는 가치관과 세계관, 그리고 경제 사회적 이해관계를 조정하는 정치문제인바, 말 그대로 '타협의 기술'인 정치를 통해 결정되어야 하는 점에서 결국 이 결정의 주체와 형식은 의회이고, 법률일 수밖에 없다.

(3) 환경정의 이념의 입법적 수용의 현황

최근에 개정된 우리 「환경정책기본법」이 제2조에서 기본적인 관점과 지향점으로 '인간과 환경 간의 조화와 균형의 유지' 및 '환경보전우선의 원칙'을 천명하고, "국가와 지방자치단체는 지역 간, 계층 간, 집단 간에 환경관련 재화와 서비스의 이용에 형평성이 유지되도록 고려한다"고 규정하여(제2조 제1항) 환경정의와 환경적 정의를 환경정책의 기본이념으로 수용한 것은 이러한 맥락에서 적절한 입법으로 평가된다.[58]

2013년 9월 23일부터 시행되는 개정 「자연환경보전법」[59]도 자연환경보전 기본원칙의 하나로 "자연생태와 자연경관은 인간활동과 자연의 기능 및 생태적 순환이 촉진되도록 보전 · 관리되어야 한다"라고 규정하여(제3조 제3호) 생태윤리적 인식을 수용하고 있다. 특히 기존의 법체계와 그 토대, 말하자면 인간중심주의의 관념과 그에 터잡은 가치질서를 기반으로 하는 전통적인 법치국가체제와의 부정합성의 한계를 고려하건대,[60] "환경의 질적인 향상과 그 보전을 통한 쾌적한 환경의 조성 및 이를 통한 인간과 환경 간의 조화와 균형의 유지"가 "국민의 건강과 문화적인 생활의 향유 및 국토의 보전과 항구적인 국가발전에 반드시 필요한 요소"라는 점을 분명하게 확인하고 '인간과 환경 간의 조화와 균형의 유지', 즉 환경정의 이념을 천명한 것은 생태철학과 생태윤리의 관점에서 적

---

58) 2012.2.1. 개정(2012.7.22. 시행; 법률 제11268호).
59) 법률 제11671호(2013.3.22).
60) 한상운, 앞의 논문, 2면.

확한 문제인식과 전향적인 세계관의 전환으로 주목된다.

또한 「야생생물 보호 및 관리에 관한 법률」도 "야생생물과 그 서식환경을 체계적으로 보호·관리함으로써 야생생물의 멸종을 예방하고, 생물의 다양성을 증진시켜 생태계의 균형을 유지함과 아울러 사람과 야생생물이 공존하는 건전한 자연환경을 확보함을 목적으로 한다"고 규정하여(제1조) 전향적인 환경친화의 정책목표를 제시하고 있다. 특히 기존의 법체계와 그 토대, 말하자면 인간중심주의의 이념적 전제와 그에 터잡은 가치질서를 수용한 전통적인 법치국가체제와의 부정합성의 한계를 고려하건대,[61] "환경의 질적인 향상과 그 보전을 통한 쾌적한 환경의 조성 및 이를 통한 인간과 환경 간의 조화와 균형의 유지"가 "국민의 건강과 문화적인 생활의 향유 및 국토의 보전과 항구적인 국가발전에 반드시 필요한 요소"라는 점을 분명하게 확인하고 '인간과 환경 간의 조화와 균형의 유지', 즉 환경정의 이념을 천명한 것은 생태철학과 생태윤리의 관점에서 적확한 문제인식과 전향적인 세계관의 전환으로 주목된다.[62]

환경적 정의와 환경정의의 이념의 규범적 효용은 바로 이러한 환경법입법의 현실적, 규범적 여건에 대한 문제인식과 이를 토대로 한 적확한 접근의 태도와 지침을 제공하는 법 및 (법)정책적 숙고의 과정 자체인 동시에 그 결과라는 점에서 찾아진다. 특히 이 효용을 전자보다는 후자의 환경정의, 즉 '환경을 위한 정의'의 플랫폼으로 더욱 발전시켜 나가면서 정치하게 가다듬어나가고, 의회입법과 행정입법, 그리고 국가와 사회 또는 시장 간의 적정한 역할분담의 체계 속에서 환경정의의 이념을 구체적인 환경정책의 기획과 법령의 해석 및 집행과정에서 실천의 프로그램으로 연결하여

61) 한상운, 앞의 논문, 2면.

62) 1999년 2월(법률 제5866호)에 제정된 「습지보전법」도 '습지와 그 생물다양성의 보전'을 목표로 하는 점에서 생태윤리의 관점에서 중요한 의미를 갖는다. 특히 습지보호지역의 지정 등과 관련된 실천지침을 규정하고 있는 제8조 참조.

구현해나가는 것이 향후 환경법학과 법실무상의 긴절한 과제의 하나이다.[63]

3. 환경정책의 수립 및 집행을 통한 반영

「환경정책기본법」과 「자연환경보전법」 등에 적극 수용된, 적어도 부분적으로는 '인간중심주의'를 탈피한 환경정의의 이념과 환경보전우선의 원칙은 모든 환경정책의 수립과 집행 및 평가에서, 특히 대규모 개발사업을 비롯하여 직간접적으로 자연환경에 심대한 영향을 미치는 환경유해시설의 설치와 운용 및 입지결정 등 중요한 결정의 과정에서 시종일관 관철되어야 한다. 「자연환경보전법」도 제6조 제2호에서 자연환경보전 기본방침에 포함되어야 하는 것으로 '자연환경의 체계적 보전 · 관리'와 '자연환경의 지속가능한 이용'을 비롯하여 '중요하게 보전하여야 할 생태계의 선정, 멸종위기에 처하여 있거나 생태적으로 중요한 생물종 및 생물자원의 보호', '자연환경 훼손지의 복원 · 복구', '생태 · 경관보전지역의 관리 및 해당 지역주민의 삶의 질 향상', '산 · 하천 · 내륙습지 · 농지 · 섬 등에 있어서 생태적 건전성의 향상 및 생태통로 · 소생태계 · 대체자연의 조성 등을 통한 생물다양성의 보전' 등을 적시하고 있다.

문제는 이러한 환경친화적 원칙과 방침들이 단순히 법문상의 전향성에 그치지 않고 모든 국가작용에서는 물론이고 자연환경에 관한 교육을 비롯하여 민간활동[64]을 통해서도 활성화되는 것이다. 환경오염시설물의 입지결정 등 중요한 환경정책결정의 절차와 방식의 전환을 통해서 이해관계자, 특히 환경부담을 지게 되는 당사자집단의 실질적인 참여가 보장되어야 하고, 합리적인 환경영향평

---

63) 우리나라 환경법의 연혁과 체계에 관해서는 박균성, 환경법, 박영사, 2012, 30-36면; 김홍균, 앞의 책, 11-21면.

64) 이는 「자연환경보전법」에서도 기본방침으로 규정되어 있다(제6조 제2항 제6호).

가제도 등 환경법제의 공정성을 담보할 수 있는 전제조건과 제도 설계 및 운영의 지침을 비롯하여 객관적인 지표가 개발되어 환경친화적인 환경정책의 준거로 활용되어야 한다는 적확한 지적은 환경적 정의와 함께 환경정의의 이념의 측면에서도 주목되어야 한다.[65]

여기에서는 전술한 생태철학과 심층생태주의적 인식과 윤리, 특히 '무지(無知)의 전제'를 전제로 한 겸손과 절제의 태도가 환경정책의 수립과 집행에서 환경정의이념을 구현해낼 수 있는 유일한 전략적 플랫폼이라는 점과 함께, 이러한 플랫폼은 단순히 환경친화를 명분으로 한 관념적인 구두선만이 아니라 이미 환경정책의 합헌성과 합법성, 그리고 정책집행의 행정재량에 대한 위법성 심사의 준거로 반영되고 있고, 앞으로 이러한 경향이 더욱 가속화될 것이고 또한 그래야 한다는 점만을 강조하고,[66] 환경정의론과 관련한 환경법제의 현황과 보완의 필요성과 내용에 대한 개별적이고 구체적인 검토는 생략한다.[67]

4. 사법(司法)적 반영

환경정의론은 환경법의 해석과 적용에도 적극적으로 반영되어야 한다. 해묵은 논제이지만 환경소송에서 주관적 공권의 인정 범위와 관련한 제3자보호의 범위, 즉 원고적격확대의 문제는 물론이고, 환경관련 행정행위의 재량하자에 대한 사법적 통제의 밀도를 비롯하여 입증책임론의 분야에서 생태철학과 생태윤리적 관점을 반영한 법리를 적극적으로 발전시켜 나가야 할 것이다. 환경적 정의는 평등심사의 범주에 포함하여 논의될 수 있고 또한 그래야 한다고 보는 입장에서 여기에서는 환경정의에 초점을 맞추어서 주목

65) 홍준형, 앞의 책, 98-100면.

66) 이에 관해서는 다음 절에서 상론하는 '새만금사건판결'의 반대의견 참조.

67) 이에 관해서는, 본고의 용례에 따르면 '환경적 정의'에 국한된 논의이지만, 김은주, 앞의 논문, 333-336면 참조.

되는 우리나라의 선도판례를 중심으로 그 현황을 살펴보고, 향후 추세를 전망해본다.

우리 법원은 이미 상당한 정도로 환경정의의 요청에 부응하는 판례를 축적하고 있다. 우선 비록 상급심에서 취소되기는 하였지만, 새로운 생태철학적 관점에서 매우 전향적인 법해석을 시도한 부산지방법원 제10민사부의 판결은 시사하는 바가 크다.[68] '종래의 접근방법'에 따라 사법(私法)상의 구체적인 권리의 범위가 설정된다면 '일반공중의 이익'은 그것이 아무리 중대한 것이라도 법적으로 고려될 수 없고, 결국 이는 헌법 제23조 제2항이 규정한 재산권행사의 공공복리적합성을 전혀 반영할 수 없는 결과로 귀착된다는 전제 하에 일반 공중의 생활환경상의 이익에 대하여 종래와는 다른 법적 판단이 요구되는바, "모든 생태계 내의 현상을 개인에 국한된 윤리(와 법)을 기준으로 재단하는 것이 당연시되던 시대"와 달리 생물종과 생태계 수준으로 확장된 윤리(와 법)"이 법적 판단의 기준으로 반영되어야만 한다고 설시하면서 『살아가는 곳에 대한 연구(생태학 ecology)과 사는 곳에 대한 관리(경제학 economics)가 통합될 수 있을 때, 그리고 윤리학(ethics)이 연장되어 인간의 가치와 아울러 환경가치도 고려 할 수 있을 때, 인류의 미래는 낙관적일 수 있다. 따라서 이들 3E를 하나로 묶는 것이 궁극적인 총체주의이며 우리의 미래를 위한 위대한 도전이 된다』는 주장을 인용하고 있다.[69]

대법원도 일찍이 이른바 '서산시 러브호텔사건'에서 환경훼손을 예방하고 자연환경 및 생활환경을 적정하게 관리 · 보전할 책무는 일차적으로는 법집행을 직접 담당하고 있는 행정기관의 책무가

---

68) 부산지법 1998.9.15. 97카합9776, 법률신문(1998.10.5), 11면.

69) 전거를 확인할 수 없어서 직접 인용한 위 판결문에서 재인용하였음을 밝혀 둔다.

될 것이지만, 환경보전이 국가와 국민 모두에게 부과된 의무인 이상 가능한 한 구체적인 법규를 해석·적용함에 있어 전체 공동체의 삶의 질을 높여야 하는 의무는 법원에도 해당한다는 점을 재확인하면서 환경친화적인 법해석을 주문하고 있다.

> 『헌법과 환경관련 법률을 비롯한 전체 법질서와 모순을 초래하지 않도록 환경보전의 이념에 부합하게 합목적적으로 해석하여야 하는 것이지, 그 자구에만 매달려 형식적으로 해석하여 헌법과 환경관련 법률이 지향하는 법의 이념을 몰각하는 결과를 초래케 하여서는 아니 된다. 그러한 형식적이고 기능적인 해석은 헌법이 지향하고 있는 환경보전을 통하여 공동체의 삶의 질을 높여야 할 우리 모두의 임무를 저버리는 일이 되는 것임은 물론이고, 법해석의 일반원칙에도 반하는 것이다. 반대의견이 다수의견을 공격하는 것처럼, 헌법 및 환경관련 법률의 정신을 바탕으로 하여 아무런 근거도 없이 국민의 자유와 권리를 무작정 제한하자는 것이 아니라, 이를 제한하는 각종 법규를 합리적으로 해석하여 오늘날 개발이라는 이름 아래 행하여지고 있는 자연환경 및 생활환경의 훼손을 막는 데 법원도 그 책임의 일부를 담당하여야 한다는 취지이다.
> 법원은 마땅히 이러한 헌법 및 환경관련 법률의 정신을 존중하여 환경을 보전하려고 하는 행정기관의 노력을 지지하고, 오히려 지방자치단체를 비롯한 일선행정기관이 목전의 이익에 집착하여 환경을 훼손하는 행정을 펴나가는 것을 엄히 견제하여야 할 것이다. 그리함으로써 무분별한 환경훼손을 방지하여 후손들에게 쾌적한 삶의 토대를 물려주어야 함은 오늘을 사는 우리 세대의 임무이기도 하다.』[70]

환경정의의 관점에서 가장 획기적인 계기로 주목되는 것은 '새만금사건'[71]에서 제시된 반대의견이다. "인류를 비롯한 지구상의

---

70) 대법원 1999.8.19. 98두1857(전원합의체 판결)(보충의견), [법원공보 1999.9.15.(90), 1889].

71) 대법원 2006.3.16. 2006두330(전원합의체 판결).

모든 생명체는 지구라는 환경에 기초하여 생존하고 있다. 인간의 생존은 지구환경에 절대적으로 의존하고 있으며 그 환경조건의 변화에 따라 생존 자체가 위협받기도 하고 엄청난 재앙에 맞닥뜨리기도 한다"는 생태철학적 세계관을 기초로 한 문제의식과, "인간의 능력은 무한하고 놀랄 만한 정도로 문명을 발달시켜 이제는 지구를 거의 정복할 단계에 이르렀다고 자만하고 있지만, 대기 중의 탄산가스 농도가 몇 퍼센트만 변하여도, 북극 바닷물의 온도가 몇 도만 상승하여도, 지구 중력이나 자전속도가 조금만 변하여도 인간의 생존조건에는 엄청난 변화가 초래되고 경우에 따라 당장 수억의 인류가 죽음에 직면하게 될 수도 있다는 학자들의 연구"를 원용한 반대의견의 생태철학적 관점과 생태윤리적 인식은 향후 우리 법원이 좀 더 환경친화적인 방향으로 법리를 발전시켜 나갈 것으로 전망할 수 있게 하는 결정적인 단초를 제공한 것으로 여겨진다. 특히 다음과 같은 겸손과 절제의 태도는 전술한 '무지의 전제'를 십분 고려한 것으로 대법원의 최고법원으로서의 위상에 걸맞는 담론의 수준과 무게를 잘 보여주는 증좌로 보기에 충분하다. 또한 이러한 생태윤리적 인식을 토대로 하여 환경권을 기본권으로 보장하고 있는 우리 헌법 제120조 제2항의 '균형있는 개발'의 요청에 '자연환경과 인간의 편익 사이의 균형'도 포함되어 있는 것으로 보는 반대의견의 헌법해석론도 '인간중심주의'를 탈피한 점에서 주목된다.

> 『인간은 강한 것 같지만 이와 같이 지극히 취약하고 지구환경에 전적으로 생존을 의탁하고 있다. 그런데도 인간은 아직 지구환경이 인간의 생존에 미치는 영향을 아주 작은 일부밖에 알지 못하고 그 대부분은 알지 못하는 미지의 영역으로 남겨두고 있다. 이와 같이 인간의 생존에 절대적으로 영향을 미치는 지구환경의 의미와 가치를 제대로 알지 못한 상태에서 함부로 환경을 변화시키는 것은 지

극히 위험한 일이고 경우에 따라서는 자기 생존의 기반을 파괴하는 어리석은 일이다. 별 문제 없을 것으로 생각하여 자연환경을 변화시킨 것이 나중에는 엄청난 악영향을 미치는 결과로 나타난 경우를 우리는 여러 번 경험하고 보아 왔다.』

이러한 인식 하에 입증책임을 준거로 하여 원고 측의 사정변경의 주장을 배척한 다수의견에 대하여 환경친화적 관점에서 정반대의 결론을 제시한 논증도 향후 대규모 개발사업과 관련된 환경소송에서 새로운 입증책임론의 지평을 연 것으로 평가될 수 있다. 입증책임과 관련한 환경친화적 판단, 즉 '입증의 중간영역', 즉 "환경 변화로 인하여 나타날 구체적 위험성이나 훼손될 환경 가치의 중대성 등에 관하여 어느 정도의 가능성까지는 입증하였지만 정확하게 확인되는 정도까지 입증하지 못한 경우"라도 "환경 변화의 영향력이 미치는 범위가 아주 넓고 예측되는 환경 변화의 폐해가 심각한 것이어서 혹시라도 그 가능성이 현실화되는 것을 도저히 용인하기 어려운 사정이 있는 경우라면 희생되는 환경의 가치나 환경 훼손으로 인한 폐해의 위험성과 관련하여 경제성이나 안전성이 확인되지 않은 것"으로 보아야 한다는 입장이다.

V. 헌법해석론적 함의 - 인간의 존엄성과 환경정의[72]

1. 개 요

전술한 바와 같이, 생태철학적 인식의 전환과 모든 생활영역에서 생태윤리의 생활화를 요구하는 심층생태주의는 우선은 개인과 기업에 대한 윤리적 요청이지만, 궁극적으로는 공공선의 실현

72) 이 장은 기존에 발표하였던 논문의 일부를 보정 및 재편하여 전재한 것이다. "생태철학과 심층생태주의의 헌법적 함의 - '녹색성장' 개념의 의미확산과 심화를 위한 시론", 연세 공공거버넌스와 법, 제2권 제1호, 2011, 37-46면.

이라는 국가의 정치적 과제로 주어진다. 인류공동체 전체의 차원에서 근원적이고 총체적인 문제로 주어져 있지만, 반면에 정치경제적인 이해관계가 크게 엇갈리는 문제로 주어진 환경위기에 대하여 유효한 해결책을 강구하는 선도적인 역할은 일차적으로 국가의 몫이다. 또한 자연에 대한 적실한 이해가 자연스럽게 정치경제적 합의로 직결되어서 구체적인 제도와 정책으로 표현될 수 있는 것은 아니다. 기본적으로 막대한 비용부담이 수반될 수밖에 없고, 비용부담배분의 불균형성을 포함하여 보상으로 해소될 수 없는 손해와 혜택의 적지 않은 편차 또한 불가피하다. 현실적인 경제 및 사회상황, 특히 정치지형의 변화에 휩쓸리지 않고 생태윤리에 충실한 정책과 프로그램이 수립되고, 일관성이 유지되는 가운데 지속되기 위해서는 관심과 배려, 조정과 설득의 정치가 필수조건임은 물론이다.

그 자체가 가치적 타협의 산물이고 최고의 정치경제규범, 문화규범인 헌법은 생태계보전의 당위성에 대한 규범적 토대와 함께 그 실천을 위해 필수적인 합리적인 조정과 설득의 준거를 제공한다. 환경권을 기본권으로 규정하고 있는 우리 헌법상 가치질서체계의 정점에 있는 헌법 제10조의 '인간의 존엄성'의 개념을 중심으로 하여 헌법해석론상 생태윤리와의 접점을 찾고, 그 함의를 발전시켜나가야 할 필요성과 그 가능성을 검토해본다.[73)]

73) 같은 맥락에서 헌법해석론상 초점을 맞출 수 있는 대표적인 헌법조항들로는 환경권과 함께 국가목표규정의 형식으로 국가 및 국민의 '환경보전 노력의무'를 규정한 제35조를 비롯하여, 기타 제12조의 영업의 자유, 제23조의 재산권 등 경제활동 관련 기본권규정들을 들 수 있을 것이다. 또한 우리 헌법상 최고의 가치지표인 '인간의 존엄성' 규정에서 생태윤리적 함의에 대한 공감대를 도출할 수 있다면, 이는 예컨대, 탄소배출권거래제도가 직업의 자유 등의 기본권을 침해하는지 여부에 대한 과잉금지심사를 하는 경우에, 목적의 정당성은 물론이고, 특히 법익균형성의 원칙과 관련하여 공익의 우위성에 대한 유력한 토대가 될 수 있을 것이다. 배출권거래제의 직업의 자유와 관련한 과잉금지심사에 관해서는 한상운, "온실가스 배출권거래제의 헌법적

2. 생태윤리와 인간의 존엄성

인격의 주체로서 모든 인간에게 내재적인 윤리적 가치로서 부여되는 '인간의 존엄성'은 우리 헌법의 가치질서체계상 정점에 있는 최고의 가치이다. 헌법의 궁극적인 존재의의는 '인간의 존엄과 가치'의 실현에 있기 때문에 헌법을 준거로 하는 모든 국가작용에 대하여 '인간의 존엄성'은 구속력 있는 지침과 한계를 제시한다. 그 구체적인 규범적 의미와 기본권으로서의 효력에 대해서는 견해가 엇갈리나 '인간의 존엄성' 규정의 이념적 근원을 자연법사상에서 찾는 점에 대해서는 이견이 없는 것으로 보인다. 이데올로기적인 스펙트럼에 따라 헌법철학 및 헌법이론적 근거와 범주, 그리고 강조점이 다를 수는 있겠지만, 그 핵심은 선국가적이고 초국가적인 천부인권을 강조하면서 그 당위성과 규범적 실천의 과제에 대하여 결정적인 윤리적, 철학적 토대를 제공한 자유주의적 인권사상을 뿌리로 하는 근대의 인권사상이라고 할 수 있을 것이다.

이러한 관점에서 '인간의 존엄성'을 인간의 내재적인 인격가치에 대한 도덕적 평가를 핵심으로 하는 하나의 문화적인 개념으로 본다면 그 규범적 의미는 필연적으로 '인간중심주의'와 연관되어서 파악될 수밖에 없다. 예컨대, 개인의 종교나 사상에 따라 전지전능한 절대자나 신의 존재를 전제하는 경우에는 '인간의 존엄성' 자체를 인정하기 어렵겠지만, 개인 차원에서의 가치적 또는 세계관적 선판단과는 무관하게 이를 헌법상 객관적인 규범으로 수용한 '인간의 존엄성' 규정에는 인간을 지배하는 절대존재에 대한 부정의 뜻이 내재되어 있기 때문이다.[74] 하지만 '인간중심주의'의 포기 또는 적어도 상당한 절제를 요구하는 생태철학의 세계관과 가치관, 특

정당성에 관한 사례분석", 공법연구, 제39집 제2호(2010.12), 440-444면.

74) 정종섭, 헌법학원론, 박영사, 2010, 400-401면.

히 '지배와 복속'의 관점이 아니라 '조화와 공생'의 관점에서 생태계의 모든 존재의 내재적인 상호 연관성과 의존성을 주목하는 맥락에서 보면, 생태계 내에서 인간을 독립된 존재로 이해하고, 인간의 생태적 안전에만 초점을 맞추어서 자연에 대한 배려의 이유와 그 대상의 범위를 설정하는 기존의 '인간중심주의'의 의미구조와 그 속에서 파악되는 '인간의 존엄성'의 이념과 개념으로는 새로운 생태윤리의 철학과 정신을 포섭하기 어렵다.

환경윤리는 인간과 대비되는 도덕적 관심 및 배려대상의 범위에 따라 '강한 인간중심주의', '의식(감각)중심주의', '생명(생물)중심주의' 및 '생태중심 전체론' 등 네 가지로 대별되는데,[75] 우선 기본적으로 인간과 자연을 대립되는 이원적 관계에 있는 것으로 전제하는 '강한 인간중심주의'는 '인간에 의한, 인간을 위한, 인간 중심의 환경윤리'의 한계와 이에 따른 가치적 우선순위의 고착성 때문에 도덕적 관심과 배려의 대상으로 포섭할 수 있는 생태계의 범위가 제한될 수밖에 없고 또한 구체적인 실천의 정책과 프로그램도 일관성과 계속성을 확보하기 어렵기 때문이다. 둘째로 '의식중심주의'는 의식을 가진 모든 자연존재에게 도덕적 관심 또는 배려가치를 인정하는 입장이다. 동물을 비롯하여 의식과 감각을 갖는 고등생물에 대한 보호론의 핵심논거라고 할 수 있다. 생각건대, 이 입장은 '의식' 자체가 상대적인 개념일 뿐만 아니라, 인간의 가시권 또는 감응능력의 한계가 그대로 도덕적 배려의 범위를 정하는 기준으로 적용된다는 점에서 본질적으로 인간중심의 이원적인 세계관에 따른 '인간중심주의'의 틀을 벗어나지 못한다. 셋째로 생물계 전체를 도덕적 배려의 대상으로 포섭하는 '생명중심주의'와, 마지막으로 세계를 하나의 유기체적 구조를 갖는 복합체로 보고 물질

75) 이에 관한 개략적인 논의로는 특히 구승회, 앞의 책, 298-308면.

세계를 포함하는 생태계 전체를 도덕적 관심으로 대상으로 하는 '생태중심 총체주의'가 있다. '생명중심주의'와 '생태중심 총체론'은 둘 다 총체적 세계관을 토대로 하는바, '인간의 탈중심화'를 요구하는 심층생태주의의 플랫폼을 공유하고, 따라서 적어도 '인간중심주의'의 편협성의 한계를 넘어선다는 점에서 일단 전향적인 환경윤리로 평가될 수 있다.

다만, 여기에서 관심의 대상은 단순히 이 네 가지 환경윤리관에 대한 철학적 평가나, 도덕적 배려대상의 적정성에 대한 가치판단이 아니라 생태계위기의 사태에 대한 공유인식의 지평을 넓히고 유효한 대응책을 마련해야 하는 정치적 과제와 관련하여 헌법상 '인간의 존엄성'의 개념 속에서 환경윤리의 요청들을 수용해야 할 필요성과 그 가능성에 대한 검토이다. 세계관과 가치관의 철학적 깊이만을 추구하거나, 대중적 인기에 영합하는 이른바 이데올로기적인 전위성이나 진보성이 아니라 현실정합성과 함께 구체적인 실천의 가능성을 동시에 확보할 수 있는 규범적, 현실적 조건을 찾아내는 것이 관건이고, 그 핵심은 공동체 구성원 모두가 환경문제의 심각성에 대하여 공감하고 함께 고민하고 동참하는 협력적인 태도를 갖추는 것이다. '인간중심주의'를 벗어난 총체론적 환경윤리가 하나의 전위적인 문제제기와 정서적인 호소의 차원을 넘어서 구체적인 정책과 프로그램으로 이어지지 못하고 있는 것은 바로 그 철학적 토대인 세계관과 생명관이 '논증의 문제'가 아니라 일종의 자연에 대한 '직관적 경험'을 토대로 하고 있기 때문이다.

3. '무지의 전제' – 심층생태주의와 인간중심주의의 조화

이러한 과학적 객관성과 공감대 흠결의 한계를 갖는 생태철학의 정신과 생태윤리적 가치를 구체적인 실천을 전제로 하여 제도와 정책의 규범적 플랫폼인 헌법, 특히 핵심적인 가치개념인 '인간의 존엄성'의 해석을 통해 수렴할 수 있는 가능성은 우선 그 진리성의 한계를 인정하는 데서 찾아진다. 선교(宣敎)가 아닌 헌법해석론, 즉 이견의 존재를 전제로 하여 조화와 타협을 지향하는 개방적인 담론의 광장에서 그 한계에 대한 긍정을 통한 한계극복의 계기와 단초는 전술한 바 있는 '무지의 전제'에서 찾아진다.

'인간의 존엄성'에 대한 유력한 철학적 근거의 하나로 제시되는 '의식'(consciousness)의 능력, 즉 자신이 무엇인가를 안다는 것뿐만 아니라 그 '앎'(knowledge) 자체에 대하여 아는 인간의 자기성찰의 능력에는 '무지에 대한 앎'도 포함되는 것으로 이해되어야 한다. 헌법해석론의 차원에서 쉽게 벗어나기 어려운 '인간중심주의'를 고수하는 경우에도 현 상태에서의 인간의 인지능력을 기준으로 하는 앎 속에서만 '인간의 존엄성'의 근거를 찾고, 인간의 생존과 안락을 위한 효용에만 가치를 부여하면서 '존엄한 인간'의 지속가능성을 극대화하려는 것은 유아독존의 자기확신에 불과하다. '인간의 존엄성'은 자연법사상에서 유래된 것이기는 하지만, 정작 '자연'과는 아무 관계도 없는 인간(세계)의 명제일 뿐이다. 역사적인 관점에서 볼 때, '인간의 존엄성' 규정의 규범적 의미는 국가권력과 국민 또는 공동체 전체와 개인의 관계에서 반전체주의를 선언한 것이고, 헌정사적으로 본다면 신이나 군주 등 절대자를 포함하는 강자 또는 다수의 지배집단이 부정하고 유린하였던 소수 약자집단에 속하는 인간의 내재적인 가치를 회복시킨 것이다. 자정체로서 자원과 생명의 순환에 자신을 그대로 맡기는 인간 이외의 생태계는 지배의 탐욕도, 과도한 욕망을 충족시키기 위한 부정직도 없기 때문에 '인간의 존엄성'을 알지도 못하고, 그렇기 때문에 그것을 침해한 일도 없다.

J. Lifkin의 말대로, 인간이 역사 속에서 형성해 온 모든 단계의 의식은 정도의 차이가 있을 뿐 여전히 우리의 문화 속에 현

존하고 있다.[76] 그 의식들 속에는 아마도 세계를 하나의 유기체적 전체로 이해하는 생태윤리적 의식의 파편들이 신화나 종교 또는 심리학적 틀의 형태로 생생하게 간직되어 있을 것이다. 기후변화로 인해 인간이 다른 모든 생물들과 공유하면서 전적으로 의존하고 있는 생태계 전체가 위험에 빠지고, 하나의 종으로서 인류의 생존 자체가 절박한 위협에 처해 있는 상황에서 모든 인간이 공유해야 하는 것이 무엇인지는 이미 문제가 아니다. 생물학적 관점에서 볼 때 답은 분명하게 주어져 있는데 '인간의 탈중심화'를 용납하지 않는 '인간중심주의'의 장막에 가려서 그것을 제대로 인식하지 못하고 있을 뿐이다.

'인간중심주의'의 인식틀을 한 치의 양보도 없이 고수하지 않는 한 외면할 수 없는 생태철학의 핵심주문이 자연에 대한 적실한 이해를 통해 인간의 본질과 좌표를 되짚어볼 것을 촉구하는 것이라고 한다면, '인간의 존엄성'을 '인간중심주의'를 토대로 하는 정언명제에서 가설의 단계로 격하시켜서 인간(人間)이 아니라 자연 속에서, 즉 인간과 자연의 구조적인 의존관계에서 재구성하는 것이 이 촉구에 부응하는 시발점이 될 것이다. '무지에 대한 앎'이 필수적인 전제조건임은 물론이다. 개념 내재적으로 존엄의 주체는 유일무이하다는 전제 하에 인간만이 그 주체로 인정될 수 있다는 것인지,[77] 그렇다면 그 근거는 무엇인지, 인간이 중심이고 나머지

---

76) 이경남(역), 공감의 시대, 민음사, 2010, 733면.

77) 1991년 7월 1일부터 시행된 「동물보호법」(법률 제8282호, 2007.1.16. 전부개정시 규정)에는 "인류의 복지의 증진과 동물 생명의 존엄성을 고려하여 실시하여야 한다"는 동물실험의 원칙이 명시적으로 규정되었다(제23조 제1항). 헌법상 '인간의 존엄성'과 그 규범적 의미와 내용이 다를 수 있고 또 그럴 것으로 생각되지만, 법률 차원에서 동물을 '존엄'의 자격을 갖는 도덕적 배려의 대상으로 포섭한 것은 적어도 '강한 인간중심주의'를 넘어서 '의식중심주의' 단계의 생태윤리를 입법적으로 수용한 것으로 볼 수 있는 점에서 주목된다.

모든 생태계는 '환경'(環境), 전술한 바 있듯이 말 그대로 '인간을 둘러싼 주변부'이기 때문에 그렇다고 한다면 무한의 생태계 속에서 과연 중심과 주변의 구분이 성립될 수 있는 것인지 또는 중심에 있는 것이, 좀 더 정확하게 표현한다면 스스로 중심에 있다고 생각하는 자의식 또는 그 인식능력 자체가 도덕적인 가치판단의 객관적인 준거가 될 수 있는 것인지 등등, 인강중심적인 자기정당화의 폐쇄적인 순환론을 벗어나서 보면 '무지의 전제'가 불가피한 난제들이 잇닿는다. 심층생태주의의 생명관과 가치관에 대한 동의 여부와 무관하게 관용과 절제의 태도가 요구되는 것은 바로 이 때문이다.

예컨대, 의식능력이 있는 인간의 공동체와 의식능력, 언어, 정의, 그리고 민주주의도 없는 생태계를 구별하는 입장에서 생태계로부터 인간의 가치나 단점 등에 관해서 아무 것도 배울 것이 없다고 보는 경우에도 가장 중요한 한 가지, 즉 수십 억년에 걸친 '공생의 진화' 속에서 찾아지는 '지속가능한 삶의 방법'을 배울 수 있고 또 그래야만 한다고 주장하는 생태윤리[78]를 외면하는 태도는 인간 의식의 핵심요소인 반성의 능력을 스스로 부정하는 것이다. 또한 생물계 또는 생태계 전체를 도덕적 배려의 대상으로 포섭하지 않는 경우에는 인류공동체의 생존이 지속될 수 있는 자연환경의 보전이 불가능하다고 보는 총체론적 생태윤리에 대해서도 적어도 아직까지는 공유하기 어려운 '주관적인 직관의 경험'이라고 하더라도 그 철학과 정신을 원천적으로 배척하는 것은 생태위기시대에 적합한 태도가 될 수 없다. 빨리 내닫거나 무엇인가를 하는 것과 함께, 또는 그 보다 앞서서 무엇인가를 하지 않으면서 머물고 또는 늦추는 것에 더 관심을 가져야 한다. '불확실성의 시대'에 '무지의 전제'와 절제의 요청이 특히 강조되는 것은 비로소 이들에 의

78) Capra, 앞의 책, 298면.

해서만 '건강한 머뭇거림'을 가능하게 하는 도덕적 다원주의(moral pluralism)가 형성될 수 있기 때문이다.

이러한 맥락에서 인간 신체의 잠재력의 무한한 가능성과 관련하여 인식론의 차원에서 '무지의 전제'에 대한 G. Deleuze의 독창적인 해석이 주목된다. 존재론적 차원에서 이른바 '큰 윤리적 물음'들과 관련된 함축의 주체인 동시에 그 대상이기도 한 인간의 신체에 내포된 잠재력의 크기와 가능성은 논증이 될 수 있는 것이 아니라 오로지 경험적 근거에 의해서만 가늠될 수 있다고 보는 것은 이 문제를 단순히 지식상의 결함인 '무지의 문제'로 돌리는 것이 아니라 "미래의 감응적 진화가 가지는 실험적이고 개방적인 특성의 문제"로 이해하는 태도로 파악되어야 한다는 것이다.[79] 같은 맥락에서 '무지의 전제'를 다양성과 균형성의 조건이 유지되는 가운데 진행되는 '개방적인 감응의 진화'의 필수적인 조건으로 이해한다면, 이른바 "위험으로서의 앎"(Wissen als Risiko)과 "기회로서의 무지"(Unwissen als Chance)[80]라는 발상의 전환과 법학적 문제의식은 극단의 불확실성에 대처해야 하는 생태위기시대에 헌법해석론상 생태윤리를 숙성시켜 나가고 또 그 실천의 토대로 공동체 구성원들의 윤리적 공감대를 확장해 나가야 하는 관점에서도 매우 적실한 것으로 주목된다. 이러한 의미의 '무지의 전제'와 이에 따른 절제의 태도를 유지한다면, 한편으로는 '인간중심주의'를 벗어난 생태윤리 및 그에 함축된 의미와 가치의 잠재적인 가능성을 원천적으로 배제하는 폐쇄적인 태도와, 또 한편으로는 당장 '인간중심주의'의 완전포기를 요구하는 성급하고 비현실적인 태도를 동시

79) 이에 관해서는 이정우(역), 싹트는 생명, 산해, 2005, 33면.
80) 이 논제에 관해서는 W. Hoffmann-Riem, "Wissen als Risiko-Unwissen als Chance", in; Ingo Augsberg(Hr.), Ungeswissheit als Chance, Mohr Siebeck, 2009, 17-38면.

에 피해나갈 수 있을 것으로 생각된다.

생태계 전체 또는 적어도 생물계 전체를 도덕적 배려의 대상으로 포섭할 것을 주장하는 심층생태주의자들의 윤리적 입장에 대하여 회의적인 사람들이 제기할 수 있는 의문, 즉 "그렇다면 사람보다 동물을 또는 물질세계를 더 선호한다는 것인가?"라는 질문에 대하여 Naess가 제시하는 답은 양 극단의 불합리한 태도를 지양하면서 심층생태주의와 '인간중심주의'의 조화의 가능성을 찾아낸 모범답안으로 생각된다: "동물이나 야생의 보호를 위한 열정과는 무관하게 심층생태주의자들도 우선 동료 인간들에 대한 특별한 의무들은 인정한다. 우리가 지향하는 것은 관심과 배려의 대상을 인간에서 비인간으로 전환하는 것이 아니라 이 배려를 확장하고 심화하는 것이다. 배려의 잠재능력이 항구적이고 제한된 것이라거나 또한 어떤 종에 대한 배려가 증대되는 것이 필연적으로 다른 대상에 대한 배려의 감소를 초래할 것이라고 보는 가정은 확인되지 않은 추측일 뿐이다."[81]

요컨대, 심층생태주의와 '인간중심주의'의 조화의 당위성을 전제로 그 가능성을 주목하는 관점에서 보면 우리 헌법상 '인간의 존엄성' 규정은 어떤 특정한 생태윤리와도 연계되어 있지 않고, 다만 내재적인 선악의 가치판단을 유보하면서 모든 가치의 균형성과 다원성을 강조하는 생태철학적인 태도, 즉 투쟁을 통한 지배와 배제가 아니라 조화와 통합을 지향하는 동반적 협력의 태도를 요구하는 것으로 이해된다. 궁극적으로 인간의 생명과 인류공동체의 지속가능성을 전제로 하는 동 규정에 '존엄한 인간'의 생존을 위한 조건에 관심을 가질 것을 요구하는 명령이 포함된다고 본다면, 헌법상 '인간의 존엄성'의 개념과 심층생태주의, 즉 '인간에 의한 인간의 지배'뿐만 아니라 '인간에 의한 자연의 지배'도 부정하면서

81) A. Naess, 앞의 책, 311면.

'인간의 탈중심화'와 '도덕적 배려 대상의 확장'을 주장하는 전체론적 생태윤리는 상충되는 것이 아니라 상호 포섭이 가능하고 또 당위적으로 그래야만 하는 상보적인 관계에 있다.

4. 소 결

오늘날 생태위기의 심각한 사태와 헌법규범의 교차점에서 볼 때, '인간의 존엄성'의 개념에는 '인간중심주의'에 대한 포기의 뜻이 포함되어 있는 것으로 이해된다. 하지만 '인간중심주의'의 포기나 근본적인 수정이 '인간의 존엄성'의 폐기를 의미하는 것은 아니다. 오히려 그것을 지속하기 위한 필수조건으로서 일종의 사고의 혁신, 즉 근본적인 인식틀의 변화를 요구하는 것이다. 이러한 변환의 요청에 부응하는 해석론을 통해서 재정립되는 경우에 '인간의 존엄성'의 개념은 생태철학 및 생태윤리와의 교섭을 통해서 인간의 본성과 자연에 대한 적실한 이해의 새로운 계기와 단서를 함축할 수 있게 되고, 이를 토대로 하여 심층생태주의와 '인간중심주의'의 조화를 지향하는 헌법해석론에 유용한 창구와 공간을 제공할 수 있을 것이다.

Ⅵ. 맺는 말

인간 종을 포함하는 생태계 자체의 보전에 초점을 맞춘 환경정의는, 단기적으로나 부분적으로는 상충될 수 있지만, 궁극적으로 또한 기본적으로는 인간을 중심으로 하여 환경재의 공정한 배분을 내용으로 하는 환경적 정의를 포섭할 수 있지만, 그 역은 성립되지 않는다. 인간세계에만 국한된 '공생'과 정의가 아니라 '인간중심주의'의 극복과 인간과 자연의 '공생'과 화해를 요구하는 생태철학과 총체적인 생태윤리의 관점에서 환경적 정의와 환경정의를 구별하고, 환경정의의 이념을 독자적인 헌법 및 환경법의 이념으로 설정하여 그에 따른 법리발전의 필요성과 가능성을 검토한 것도 바로 이 때문이다.

인간의 생존에만 초점을 맞춘, 심지어는 필요 이상의 안락을 추구하는 무분별한 개발정책과 생태계의 조작이나 파괴에 대하여 자연은 적어도 단기, 중기적으로는 아무런 자기방어의 수단을 갖고 있지 못하다. 자연은 소송은 물론이고, 법적 담론도 시위도 모른다. 환경적 정의든, 환경정의든 정의는 인간의 논리이고 언어일 뿐이다. 생태철학적 세계관의 관점에서 보면 인간 종의 지속가능성은 인간의 관심사일 뿐이지 자연은 전혀 관심을 갖지 아니하고 또한 그럴 필요도 없다. 궁극적으로 또한 장기적으로 자연은 '인간의 자연법'과는 무관한 '생태계의 자연법'을 근거로 하는 '공멸(共滅)의 선택권'을 갖고 있기 때문이다.

이미 자연은 친절하게도 공생의 방법을 제시해주면서 충분할 정도로 수 없이 많이 경고의 신호를 보여주었다. 정의론과 법적 담론이 환경평등, 즉 환경적 정의와 함께 또는 그에 앞서서 인간 종의 당장 내일의 생존을 위한 또는 인간의 지속가능성을 전제로 하는 논제이고 공론의 마당이라고 한다면, '인간의 탈중심화'와 이를 토대로 하는 환경정의의 이념, 즉 Kant의 말을 빌려서 말하자면 사람과 마찬가지로 '자연을 단순한 객체로 다루지 말라!'는 요구는 지구적 차원이든, 지역의 차원에서든 모든 생활영역에서 인간중심의 세계관과 가치관의 근본적인 전환과 집합적인 행동의 변화를 촉구하는 '정언명제'이다. 환경정의를 헌법과 환경법상 최우선의 이념으로 자리매김하고, 즉각적이고 효과적인 실천의 전략과 수단을 마련해야 하는 법학의 과제는 더 이상 미루거나, 천천히 서두를 일이 결코 아니다. '부티끄 환경주의'식의 대응으로 해결하기에는 문제가 심각하고 긴절하다. Nietzsche가 차라투스트의 입을 통해 말한 다음과 같은 경고가 예사롭게 들리지 않는 것이 저자만의 느낌은 아닐 것으로 믿고 또 기대한다.

> 『인간의 위대함은 그가 다리(橋)일 뿐 목적이 아니라는 데 있다. 인간이 사랑스러울 수 있는 것은 그가 건너가는 존재이며 몰락하는 존재라는 데 있다 … 이제는 인간이 자신의 목표를 세워야 할 때다. 이제는 마지막 희망의 씨앗을 뿌릴 때다 … 인간의 대지는 아직도 씨앗을 심기에 충분할 만큼 비옥하다. 그러나 이 대지는 언젠가 메마르고 생기를 잃게 될 것이다. 그렇게 되면 이 대지에서 다시는 나무가 자라지 못할 것이다.』[82]

---

82) F.W. Nietzsche, 장희창(역), 민음사. 2004.19, 22면. 일부 표현은 저자가 수정하였음.

저자약력

연세대학교 법과대학 동 대학원(법학사, 법학석사)
독일 Bonn대학교(비교법학석사, 법학박사)
공주대학교 법학과 교수
연세대학교 정경대학 법학과 교수
강원도 지방노동위원회 공익위원
법제연구원 재정법제 자문교수
공법학회, 헌법학회 부회장
국회 입법지원위원(현)
헌법재판연구원 초빙연구위원
한국헌법판례연구학회장(현)
연세대학교 법학전문대학원 교수(현)

주요 저(역)서

법텍스트와 텍스트작업(역서)(법문사, 2005)
재정헌법의 흠결에 대한 헌법정책적 평가(한국법제연구원, 2005)
담론과 해석(21세기교육사, 2007)
재정과 헌법(21세기교육사, 2007)
경제와 헌법(한국학술정보, 2012)
헌법재판주요선례연구1(공저)(헌법재판연구원, 2012)
언어와 헌법 그리고 국가(공역)(신조사, 2013)

주요 논문

기본권의 본질과 기능 - 『한국에서의 기본권이론의 형성과 발전』, 허영 교수 화갑기념 논문집(1997)
인간다운 생활을 할 권리의 본질과 법적 성격, 공법연구, 제27집 제2호(1999)
건축법상 제3자보호문제와 기본권-공사상린법의 관계, 『헌법규범과 헌법현실』, 권영성 교수 정년기념논문집(1999)
'텍스트학'의 관점에서 본 헌법해석의 이해, 헌법판례연구4(2002)
건축허가의 취소와 국가배상, 공법연구, 제31집 제4호(2003)
헌법문제로서 동성간 혼인-동반공동체(시민결합), 헌법학연구, 제10집 제2호(2004)년
정당국가적 대의민주제에서의 선거와 정당에 대한 헌법재판소의 결정 평석, 헌법실무연구, 제5권(2004)
재정과 헌법 - 재정헌법개정의 필수성, 헌법판례연구7(2005)
안마사자격 '비맹제외기준'에 대한 헌재결정평석, 공법연구 제35집 제2호(2006)
대입3불정책의 헌법적 문제점, 헌법학연구 제13권 제3호(2007)
헌법 제103조에서 법관의 독립과 양심, 공법연구 제38집 제2호(2009)
한정위헌결정의 법원에 대한 기속력, 공법학연구, 제12권 제3호(2011)
'거창사건'에 대한 대법원 판결 평석, 저스티스 제129호(2012)
'헌법적 정체성' 확립의 과제와 북한이탈주민의 헌법적 지위, 저스티스, 제136호(2013)
환경정의 개념의 외연과 내포. 환경법연구, 제35권 제2호(2013)
의약품부작용피해 구제의 헌법 및 (공사)법체계론적 쟁점 - '규율흠결' 상태의 진단과 처방, 공법연구 제42집 제2호(2013)

언어권력으로서 사법권과 헌법

2014년 12월 20일 초 판 제1쇄인쇄
2014년 12월 30일 초 판 제1쇄발행

저 자 이덕연
발행인 이명재 · 이종은
발행처 신조사
서울특별시 마포구 독막로 295 삼부골든타워 212호
전 화 (02) 713-0402 FAX (02) 713-0403
등 록 1994. 7. 4, 제17-179호(倫)
E-mail: sinjosa@sinjosa.co.kr http://www.sinjosa.co.kr

저자와 협의하여 인지첩부를 생략함

파본은 바꿔드립니다.

정 가 26,000원
ISBN 978-89-92841-95-5